プリント形式のリアル過去問で本番の臨場感！

香川県公立高等学校

2025年春受験用　解答集

本書は，実物をなるべくそのままに，プリント形式で年度ごとに収録しています。
問題用紙を教科別に分けて使うことができるので，本番さながらの演習ができます。

■ 収録内容

・解答集(この冊子です)

書籍ＩＤ番号，この問題集の使い方，最新年度実物データ，教科別入試データ解析，解答例と解説，ご使用にあたってのお願い・ご注意，お問い合わせ

・2024(令和６)年度 ～ 2022(令和４)年度　学力検査問題

・リスニング問題音声《オンラインで聴く》　詳しくは次のページをご覧ください。

○は収録あり	年度	'24	'23	'22			
■ 問題(一般選抜)		○	○	○			
■ 解答用紙		○	○	○			
■ 配点		○	○	○			
■ 英語リスニング音声・原稿		○	○	○			

全教科に解説があります

注)国語問題文非掲載:2024年度国語の問題三と社会の問題1，2022年度国語の問題一

問題文などの非掲載につきまして

著作権上の都合により，本書に収録している過去入試問題の本文や図表の一部を掲載しておりません。ご不便をおかけし，誠に申し訳ございません。

本文の一部を掲載できなかったことによる国語の演習不足を補うため，論説文および小説文の演習問題のダウンロード付録があります。弊社ウェブサイトから書籍ＩＤ番号を入力してご利用ください。

なお，問題の量，形式，難易度などの傾向が，実際の入試問題と一致しない場合があります。

教英出版

JN131895

■ 書籍ＩＤ番号

リスニング問題の音声は，教英出版ウェブサイトの「ご購入者様のページ」画面で，書籍ＩＤ番号を入力してご利用ください。

入試に役立つダウンロード付録や学校情報なども随時更新して掲載しています。

書籍ＩＤ番号 166536

（有効期限：2025年9月30日まで）

【入試に役立つダウンロード付録】

「ラストチェックテスト（標準／ハイレベル）」

「高校合格への道」

【リスニング問題音声】

オンラインで問題の音声を聴くことができます。

有効期限までは無料で何度でも聴くことができます。

■ この問題集の使い方

年度ごとにプリント形式で収録しています。針を外して教科ごとに分けて使用します。①片側，②中央のどちらかでとじてありますので，下図を参考に，問題用紙と解答用紙に分けて準備をしましょう（解答用紙がない場合もあります）。

針を外すときは，けがをしないように十分注意してください。また，針を外すと紛失しやすくなりますので気をつけましょう。

① 片側でとじてあるもの

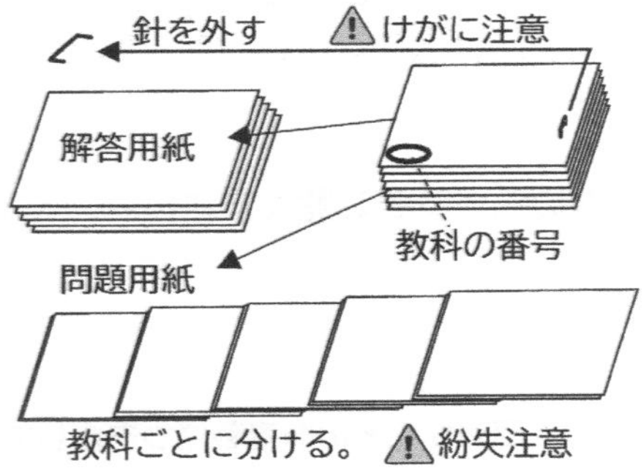

② 中央でとじてあるもの

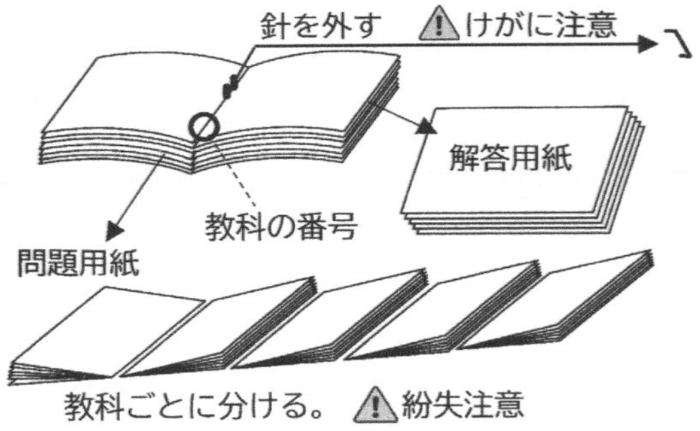

※教科数が上図と異なる場合があります。
解答用紙がない場合や，問題と一体になっている場合があります。
教科の番号は，教科ごとに分けるときの参考にしてください。

■ 最新年度 実物データ

実物をなるべくそのままに編集していますが，収録の都合上，実際の試験問題とは異なる場合があります。実物のサイズ，様式は右表で確認してください。

問題用紙	Ａ４冊子（二つ折り）
解答用紙	Ｂ４片面プリント 国その二：Ｂ５片面プリント

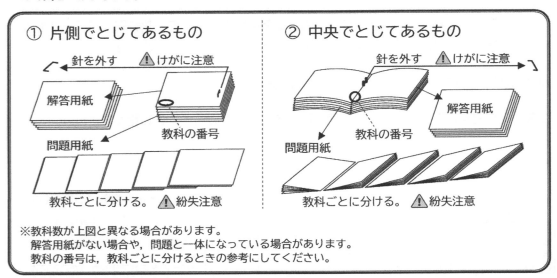

香川県　公立高校入試データ解析　国語

分野別データ			2024	2023	2022
大問の種類	長文	論説文・説明文・評論	○	○	○
		小説・物語	○	○	○
		随筆・紀行文			
	古文・漢文		○	○	○
	詩・短歌・俳句				
	その他の文章				
	条件・課題作文		○	○	○
	聞き取り				
漢字・語句	漢字の読み書き		○	○	○
	熟語・熟語の構成				○
	部首・筆順・画数・書体				
	四字熟語・慣用句・ことわざ				
	類義語・対義語				
文法	品詞・用法・活用		○	○	
	文節相互の関係・文の組み立て				
	敬語・言葉づかい				
文章の読解	長文	語句の意味・補充	○	○	○
		接続語の用法・補充			
		表現技法・表現の特徴		○	○
		段落・文の相互関係	○		○
		文章内容の理解	○	○	○
		人物の心情の理解	○	○	○
	古文・漢文	歴史的仮名遣い	○	○	○
		文法・語句の意味・知識			○
		動作主			
		文章内容の理解	○	○	○
	詩・短歌・俳句				
	その他の文章				

形式データ	2024	2023	2022
漢字の読み書き	8	8	8
記号選択	15	12	14
抜き出し	4	8	4
記述	5	3	4
作文・短文	1	1	1
その他			

2025 年度入試に向けて

漢字の読み書きが合計８問出題されている。文法や語句の意味など，基本的な国語知識も出題されるので，しっかり復習しておこう。文学的文章では，書き出しに指定がある記述問題や，本文全体をふまえた心情の読み取りなどがよく出題されている。物語の展開に沿って丁寧に読み進め，人物の気持ちを捉えよう。説明的文章では，書き出しに指定がある記述問題や，段落内容に関わる問いなどが出題されている。論の展開をおさえ，筆者が最も言いたいことを理解しよう。古文では，話の筋を理解できているかを問うものが出題されている。作文は例年 250 字程度。短時間で意見を端的にまとめられるように，同程度の字数の条件作文を練習しておこう。

香川県　公立高校入試データ解析　数学

分類		2024	2023	2022
式と計算	数と計算	○	○	○
	文字式	○	○	○
	平方根	○	○	○
	因数分解	○	○	○
	1次方程式	○	○	○
	連立方程式	○	○	○
	2次方程式		○	○
統計	データの活用	○	○	○
	確率	○	○	○
関数	比例・反比例		○	
	1次関数	○	○	○
	2乗に比例する関数	○	○	○
	いろいろな関数			
	グラフの作成			
	座標平面上の図形	○		○
	動点，重なる図形	○		○
図形	平面図形の性質	○	○	○
	空間図形の性質	○	○	○
	回転体			
	立体の切断			
	円周角	○	○	○
	相似と比	○	○	○
	三平方の定理	○	○	○
	作図			
	証明	○	○	○

分類	問題構成	2024	2023	2022
式と計算	小問			3 (4)連立方程式の文章問題 4 (1)立体を題材にした方程式の文章問題
式と計算	大問	1 (1)～(6)計算問題 (7)無理数の大小 4 (1)文字式の文章問題	1 計算問題 4 (1)文字式の文章問題 (2)連立方程式の文章問題	1 (1)～(6)計算問題 (7)文字式の文章問題
統計（データの活用）	小問	3 (2)相対度数	3 (3)箱ひげ図	3 (2)代表値
統計（データの活用）	大問			
統計（確率）	小問	3 (1)2つのさいころ	3 (2)当たりくじ	3 (1)さいころ
統計（確率）	大問			
関数	小問	3 (3)放物線，直線，線分の長さ 4 (2)動点と三角形の面積，三角すいの体積	3 (1)反比例 (4)放物線と直線	3 (3)放物線と直線，座標平面上の図形 4 (2)重なる図形の面積
関数	大問			
図形	小問			
図形	大問	2 図形の小問集合 (1)平行四辺形と角度 (2)長方形と三角形 (3)円と三角形 5 平面図形の証明問題 円と三角形	2 図形の小問集合 (1)円と三角形 (2)三角柱 (3)円と正方形 5 平面図形の証明問題 正方形と三角形	2 図形の小問集合 (1)台形と角度 (2)四角すい (3)円と三角形 5 平面図形の証明問題 半円と三角形

2025年度入試に向けて

ほぼすべての分野の問題が出題されるので，教科書を中心に復習をしておくとよい。また，大問4は問題文の長い問題が出題され，大問5はやや難易度の高い証明問題が出題される。これらは教科書だけでは不十分なので，参考書を使ってしっかりと学習しておこう。

香川県　公立高校入試データ解析　英語

分野別データ		2024	2023	2022
音声	発音・読み方			
	リスニング	○	○	○
文法	適語補充・選択	○	○	○
	語形変化	○	○	○
	その他			
英作文	語句の並べかえ	○	○	○
	補充作文	○	○	○
	自由作文	○	○	○
	条件作文	○	○	○
読解	語句や文の補充	○	○	○
	代名詞などの指示内容	○	○	○
	英文の並べかえ			
	日本語での記述	○	○	○
	英問英答	○	○	○
	絵・表・図を選択			
	内容真偽	○	○	○
	内容の要約			
	その他			

形式データ			2024	2023	2022
リスニング	記号選択		6	6	6
	英語記述				
	日本語記述		3	3	3
文法・英作文・読解	読解	会話文	1	1	1
		長文	2	2	2
		絵・図・表			
	記号選択		13	13	13
	語句記述		2	2	2
	日本語記述		2	2	2
	英文記述		8	8	8

2025 年度入試に向けて

問題構成はここ数年同じなので，過去問を必ずやって慣れておくこと。基本的な問題がまんべんなく出題されるが，英文を書かせるものが多い。単語の語形変化(特に不規則変化の単語)や，よく出題される連語表現，基本的な会話表現は押さえておきたい。英文を書く問題は，問題５以外は基礎的なものが多いので，教科書の例文を暗記したり，問題集で練習したりしよう。問題５は与えられた条件に合うように，自信のある表現で書けばよい。今後は自分の考えを英語で表現する力がますます求められるだろう。

香川県　公立高校入試データ解析　理科

分野別データ		2024	2023	2022	形式データ	2024	2023	2022
物理	光・音・力による現象	○	○	○	記号選択	27	26	23
	電流の性質とその利用	○	○	○	語句記述	6	8	9
	運動とエネルギー	○	○	○	文章記述	8	8	7
化学	物質のすがた	○		○	作図	2	1	1
	化学変化と原子・分子	○	○	○	数値	8	5	11
	化学変化とイオン	○	○	○	化学式・化学反応式	2	1	2
生物	植物の生活と種類	○	○	○				
	動物の生活と種類	○	○	○				
	生命の連続性と食物連鎖	○	○	○				
地学	大地の変化	○	○	○				
	気象のしくみとその変化		○	○				
	地球と宇宙	○	○					

2025 年度入試に向けて

例年，問題１が地学分野，問題２が生物分野，問題３が化学分野，問題４が物理分野からの出題になっている。どの分野も，中学校３年間で学習した内容を幅広く問う構成になっていて，問題数も多い。したがって，苦手分野をなくすこと，制限時間内にすべての問題に目を通すことなどを目標にして，日々の学習を進めるとよいだろう。答える内容は，教科書の語句や公式を暗記して，使いこなせるようにしておけば，十分に対応できる。文章で答える問題も，教科書に載っている実験や観察などの注意点や目的，結果や考察などで一度は目にしたことがある内容がほとんどなので，覚えるべきことを１つ１つ確実に覚えていけば，自信をもって入試本番に臨むことができるだろう。

香川県　公立高校入試データ解析　社会

分野別データ		2024	2023	2022
地理	世界のすがた	○	○	○
	世界の諸地域 （アジア・ヨーロッパ・アフリカ）	○	○	○
	世界の諸地域 （南北アメリカ・オセアニア）		○	○
	日本のすがた	○	○	○
	日本の諸地域 （九州・中国・四国・近畿）	○		
	日本の諸地域 （中部・関東・東北・北海道）		○	○
	身近な地域の調査	○	○	○
歴史	原始・古代の日本	○	○	○
	中世の日本	○	○	○
	近世の日本	○	○	○
	近代の日本	○	○	○
	現代の日本	○	○	○
	世界史	○	○	○
公民	わたしたちと現代社会	○	○	
	基本的人権	○	○	○
	日本国憲法			
	民主政治	○	○	○
	経済	○	○	○
	国際社会・国際問題	○	○	○

形式データ		2024	2023	2022
地理	記号選択	12	8	8
	語句記述	1	3	2
	文章記述	3	3	2
	作図	1	0	1
	計算	1	2	2
歴史	記号選択	9	9	11
	語句記述	4	5	2
	文章記述	3	3	3
	並べ替え	2	2	2
公民	記号選択	12	11	12
	語句記述	3	3	3
	文章記述	3	4	3

2025年度入試に向けて

他県に比べて公民色が強く，記号選択，語句記述，文章記述がバランスよく出題される。地理は，地形図を利用した問題は必出で縮尺と時差の計算はできるようにしておきたい。歴史は，知識を問う問題がほとんどだから，重要語句をしっかりと覚え，それに関連する事項を覚えれば十分である。公民は，全分野からまんべんなく出題されるので，教科書を使って重要語句を覚え，記述練習をしよう。指定語句を使った記述問題が出されるので，重要事項のキーワードをしっかりと覚えたい。

香川県公立高等学校

《2024　国語　解答例》

問題一　㈠ａ．りんかく　ｂ．けわ　ｃ．くわ　ｄ．しんちょう　㈡２　㈢岳より登山に興味を持つ学生もいるはずなのに、半ば無理矢理連れてきた岳と一緒にいることが愉快そうな穂高の様子を不可解だ　㈣４　㈤１　㈥ア．楽しそう　イ．過去を懐かしんでしまう　㈦２　㈧４

問題二　㈠くいて　㈡４　㈢ア．飯を食べる　イ．菓子を食べる　㈣１　㈤２

問題三　㈠ａ．昔　ｂ．位置　ｃ．寒　ｄ．経験　㈡３　㈢ア．人間の力は小さなもの　イ．真っ向から取り組む　㈣３　㈤２　㈥人間社会の近くにあって、人の心を慰め、疲れを癒やしてくれるものであり、それをみんないっしょに、同じ美しさを感じて、同じように見る　㈦４　㈧８　㈨１　㈩２

問題四　〈作文のポイント〉

・最初に自分の主張、立場を明確に決め、その内容に沿って書いていく。

・わかりやすい表現を心がける。自信のない表現や漢字は使わない。

さらにくわしい作文の書き方・作文例はこちら！→https://kyoei-syuppan.net/mobile/files/sakupo.html

《2024　数学　解答例》

問題１　⑴-9　⑵$4$　⑶$8a^2b$　⑷$x=3$　$y=-1$　⑸$7\sqrt{2}$　⑹$(x+8)(x-3)$　⑺ⓤ→ⓐ→ⓘ

問題２　⑴70　⑵ア．$2\sqrt{5}$　イ．$\frac{38}{7}$　⑶$\frac{\pi}{3}-\frac{\sqrt{3}}{4}$

問題３　⑴$\frac{7}{36}$　⑵0.2　⑶ア．-2　イ．$\sqrt{6}$

⑷ｍ，ｎを整数とすると，２つの奇数は，$2m+1$，$2n+1$と表される。

したがって，$(2m+1)^2+(2n+1)^2+2=4m^2+4n^2+4m+4n+4=4(m^2+n^2+m+n+1)$

$m^2+n^2+m+n+1$は整数だから，２つの奇数をそれぞれ２乗してできた２つの数の和に２を加えた数は４の倍数である。

問題４　⑴ア．㋑，㋓　イ．57　⑵ア．$\frac{32}{3}$　イ．$-\frac{1}{2}x^2+4x$　※ウ．$4+2\sqrt{3}$

問題５　⑴△ＡＣＨと△ＧＢＨにおいて，

対頂角は等しいから，∠ＡＨＣ＝∠ＧＨＢ　$\overset{\frown}{AG}$に対する円周角は等しいから，∠ＡＣＨ＝∠ＧＢＨ

２組の角がそれぞれ等しいから，△ＡＣＨ∽△ＧＢＨ

⑵△ＣＤＥと△ＣＤＦにおいて，

ＣＤは共通　仮定より，ＣＥ＝ＣＦ，∠ＣＤＥ＝∠ＣＤＦ＝90°

直角三角形の斜辺と他の１辺がそれぞれ等しいから，△ＣＤＥ≡△ＣＤＦ

よって，∠ＤＣＥ＝∠ＤＣＦ…①，∠ＣＥＤ＝∠ＣＦＤ…②

△ＡＢＦと△ＡＢＧにおいて，

ＡＢは共通…③

$\overset{\frown}{BE}$に対する円周角は等しいから，∠ＢＡＦ＝∠ＤＣＥ　$\overset{\frown}{BG}$に対する円周角は等しいから，∠ＢＡＧ＝∠ＤＣＦ

①より，∠ＢＡＦ＝∠ＢＡＧ…④

対頂角は等しいから，∠ＡＦＧ＝∠ＣＦＤ　$\overset{\frown}{AC}$に対する円周角は等しいから，∠ＡＧＦ＝∠ＣＥＤ

②より，∠ＡＦＧ＝∠ＡＧＦ

２つの角が等しいから，△ＡＦＧは二等辺三角形　よって，ＡＦ＝ＡＧ…⑤

③，④，⑤より，２組の辺とその間の角がそれぞれ等しいから，△ＡＢＦ≡△ＡＢＧ

※の求める過程は解説を参照してください。

《2024　英語　解答例》

問題１　Ａ．②　Ｂ．④　Ｃ．ウ　Ｄ．Manabu が今年の夏に行く都市…ニューヨーク　Manabu が日本を出発する日…７月25日　Manabu が今回その都市でしようとしていること…買い物

Ｅ．No.１．エ　No.２．イ　No.３．ウ

問題２　(1)(a)エ　(b)ク　(c)キ　(d)カ　(2)lunch　(3)イ

問題３　(1)heard　(2)ウ　(3)イ　(4)Why is it popular now　(5)is one of the people who started

(6)it is very hard to make it　(7)ア　(8)エ　(9)I will make it as famous as *udon* by using the Internet

問題４　(1)ウ　(2)祖父のスイカ作りを手伝うこと　(3)イ　(4)What are you doing　(5)試行錯誤によって学んだ多くのことを日記に書いてきた　(6)エ　(7)(a)Yes, she did　(b)He thought that it was fast and convenient

(8)㋐，㋓

問題５　(buying books at a store の例文)

I can read books when I want to read

So, I don’t have to worry about time

Also, I can write some ideas in books

So, it is useful for me to remember them later

(borrowing books from a library の例文)

First, we don’t need money to read books

We can try various kinds of books we’re interested in

Second, we don’t have to keep books for a long time

We can read many books without worrying about places for books

《2024　理科　解答例》

問題１　A．⑴赤道半径と質量は大きいが，平均密度が小さい。　⑵ａ．位置関係…㋑　見える時間と方向…カ

ｂ．内容…太陽の近くを公転〔別解〕内側を公転　記号…㋐　⑶エ　⑷㋐，㋒

B．⑴ａ．イ　ｂ．㋑，㋒，㋕　ｃ．ウ　⑵活断層　⑶㋐，㋒

問題２　A．⑴対立形質　⑵イ　⑶エ　　B．⑴エ　⑵㋒　⑶子房の中に胚珠がある。　⑷胞子

C．⑴ａ．ウ　ｂ．㋐，㋒　ｃ．器官　⑵ａ．記号…㋑　理由…細胞壁がみられる　ｂ．ＤＮＡ

問題３　A．⑴㋑　⑵数値…7.9　記号…㋐　⑶ウ　⑷記号…㋑

化学式…SO_4^{2-}　⑸自然界の微生物に分解されにくい／ごみになると陸上や海洋で長期間残ってしまう〔別解〕波や紫外線の影響でくだけて細かくなってしまう／細かくなったプラスチックを生物が食物といっしょに飲みこんでしまう

B．⑴ウ　⑵イ　⑶右グラフ　⑷$4Ag+O_2$　⑸4.35

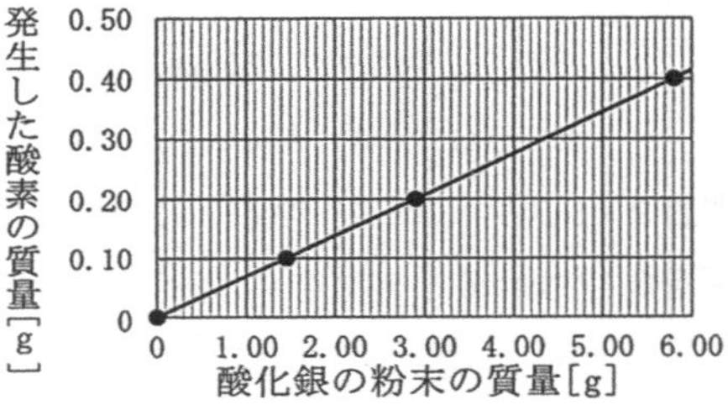

問題４　A．⑴まわりの空気によって水があたためられ，水温が上昇するから。

⑵8.0　⑶1200　⑷記号…㋐，㋓　数値…25.0　⑸数値…0.5　記号…㋐

B．⑴㋑　⑵㋒，㋓　　C．⑴0.98　⑵P．大きいほど大きい

Q．高いほど大きい　⑶20　⑷右図　⑸言葉…仕事　記号…㋑，㋒

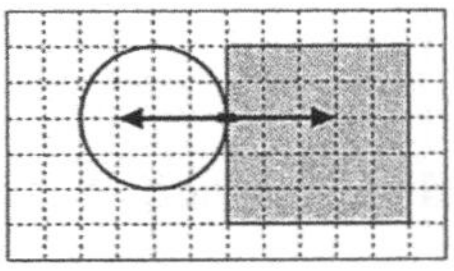

《2024　社会　解答例》

問題１　⑴ウ　⑵生存権　⑶エ　⑷ａ．言葉…地方裁判所　記号…㋐　ｂ．えん罪を防ぐ。／自白の強要を防ぐ。などから１つ　⑸太郎さんの意見…㋐　花子さんの意見…㋓　⑹ウ　⑺内容…銀行(金融機関)から国債などを買い，その代金を支払う　記号…㋐，㋓　⑻㋑，㋓，㋔　⑼ａ．ＩＣＴを利用できる人とできない人との間で情報格差が生じている。／情報システムの障害が生じることで社会が混乱することがある。などから１つ

ｂ．㋒　ｃ．ＳＤＧｓ

問題２　⑴記号…㋑　言葉…白村江の戦い　⑵ａ．ア　ｂ．ア　⑶ａ．ウ　ｂ．ウ　ｃ．㋐→㋒→㋑　⑷税を納めるかわりに，営業を独占する／税を納めるかわりに，独占的に営業をおこなう　などから１つ

⑸大塩平八郎　⑹ａ．大量生産された価格が安い綿織物や綿糸が輸入されたから。　ｂ．王政復古の大号令

ｃ．エ　⑺ａ．㋑，㋓　ｂ．ほとんどの大臣が衆議院で最も議席の多い政党の党員で構成されているから。　⑻ａ．㋒→㋐→㋑　ｂ．ウ　⑼日韓基本条約

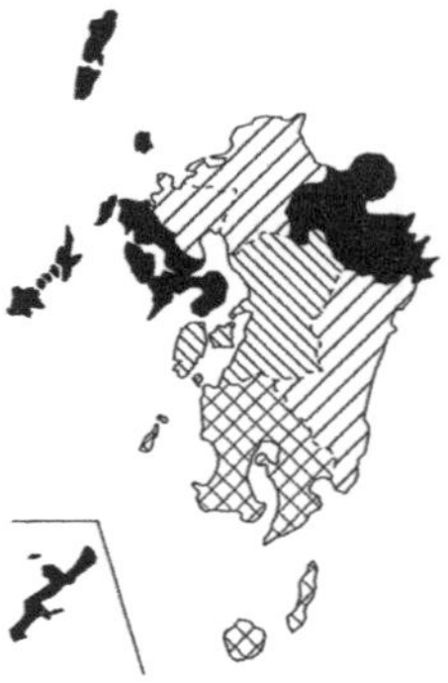

問題３　⑴ａ．ウ　ｂ．内陸国　ｃ．12月２日午前６時　ｄ．内容…夏に少なく乾燥し，冬に多い　記号…㋐，㋒　⑵ａ．Ｄ　ｂ．㋒　ｃ．川や海沿いの平地よりも標高が一段高くなっているため，水が得られにくいから。

ｄ．記号…カ　内容…地域の防災訓練　ｅ．㋒，㋓

ｆ．遠洋漁業の漁獲量…エ　加工品を含む水産物輸入量…ア　ｇ．右図

⑶フランス…エ　スウェーデン…ウ　⑷エ

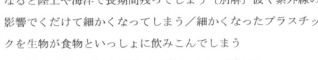

《2024　国語　解説》

問題一

(二)　直後に「それほど視界の中の情報量が多い」とある。岳《がく》がこのように感じた理由は、３～７行前に書かれている。穂高《ほだか》が「もうちょっとしたら楽になってペースが摑《つか》めるよ」と「言う通り」、岳は「十分ほど歩くと～視界が開けた」。つまり、ペースが摑めて余裕が生まれて、周囲の様子が目に入るようになったのである。すると、目に入るものの「輪郭が妙にはっきりして～遠くまで見渡せる」ようになり、「野鳥の鳴き声まで鮮明に聞こえ」るようになった。その内容をまとめた、２が適する。

(三)　「穂高《ほだか》の様子」については、②の直前の段落に「半ば無理矢理連れてきた後輩(＝岳)が一緒にいることが、そんなに愉快なのか」とある。その様子を「どのように思って見ていた」のかについては、②の直前に「不可解だった」とある。よって、「半ば無理矢理連れてきた岳と一緒にいることが愉快そうな穂高の様子を不可解だ（と思って見ていた)」とまとめられる。これに、解答欄の書き出しの「新入生の中には、」を手がかりに、「その(新入生の)中には岳よりずっと登山に興味を持つ学生がいるはずなのに」の部分の内容をつけ加えてまとめる。

(四)　穂高が「君はさ、どうしてスポーツクライミングをやってたの」と唐突に聞いてきたため、岳はバランスを崩しそうになった。そのとき「咄嗟《とっさ》に近くにあった巨石に手をかけた～体を前へ前へ進める」という動作をとったが、「その感覚がスポーツクライミングに似て」いたので、③のようになった。よって、４が適する。

(六)ア　岳がスポーツクライミングについて話す様子に穂高は、「楽しそうに話すんだね」「国方の勧誘を頑《かたく》なに断ってるのが嘘《うそ》みたいに饒舌《じょうぜつ》に話すなあって」と言っている。　**イ**　岳がスポーツクライミングに対して内心で感じているものの、否定していることを読み取る。⑥の直前の段落に「胸の奥で勝手に過去を懐《なつ》かしんでしまう自分を非難しながら」とある。

(七)　この後に続く部分が手がかりとなる。登山客のたてる音や野鳥の声など様々な音は聞こえるものの、「すべてが自分から少し離れたところにあって、岳の思考や感情を侵食してこない。穂高が話しかけてこない限り、岳は独りになれた。心地の良い～孤独だった」とある。山の中には、岳が気になるような音がなく、独りだと感じられたのだから、２の「静か」が適する。

(八)　⑦の「それ」は直前の段落の内容を指示する。岳は、これまで「記憶や自問自答の渦で」混沌《こんとん》としていた思考が、穂高と共に登山道を歩く中で「整理され、淀《よど》みが取れ、澄んでいく」のを感じ、それらと「対峙《たいじ》（＝向かい合ってじっと動かずにいること)」しようとしている。

問題二

(一)　古文で言葉の先頭にない「はひふへほ」は、「わいうえお」に直す。

(二)　「御辺(＝あなた)」が「君の思《おぼ》し召し」に叶っている様子が「類《たぐい》なし(＝比べるものがない)」だと言うのである。その内容をまとめた４が適する。

(三)　曽呂利《そろり》が「明日より飯をやめて、うまき甘き菓子計《ばかり》くひて居給《たま》ふべし」と述べたことに対して、近習《きんじゅ》が②のように答えたことを踏まえる。よって、アには「飯」にあたる言葉が、イには「菓子を食べる」にあたる内容が入る。

(四)　菓子はうまくて甘いが、飯の代わりに菓子を食べて過ごせと言われると無理だと感じる。一方飯は、「いつにてもよき物」である。曽呂利は、近習の仕え方は、主君に菓子を勧めるようなもの(＝特別な心配りをしている)だが、自分は主君に、ずっと食べていられる飯を勧めるように(＝ありのままの態度で)仕えているため、飽きられる

ことがないと言っている。

(五)　自分と近習の主君への対し方を、「飯」と「菓子」という日常生活にあるものにたとえ、両者の違いを伝えている。今の近習のやり方、つまり「心に甘き所を以て（＝特別な心配りで）」仕えるようでは、主君の「思し召し」に叶うことはないと言うのである。その内容をまとめた、２が適する。

【古文の内容】

太閤《たいこう》（豊臣秀吉）のそば近くに仕えていたある者が、曽呂利へ尋ねて申すことには、「あなたのことを本当に主君が大切になさっていて、（それについて）他の者では到底及ばない。どうすればこのように（主君の）御意向にかなうことができるのか」と言ったので、曽呂利が言うことには、「飯の風味はどのようなものであるか」と尋ねる。（太閤の近習が）答えて言うことには、「こうと定まっている味はないけれども、ただうまいものだ」と。曽呂利はまた「菓子はうまいものであるか」と（尋ねた）。（太閤の近習が）答えて言うことには、「うまくてあまい」。曽呂利は「そうであるならば、明日から飯をやめて、うまく甘い菓子ばかりを食べなさるのがよい」（と言う）。かの者（＝太閤の近習）は（それを）聞いて「それは一向に賛成できない」と言う。曽呂利は大いに笑って「だから（そういうこと）だ。あなたは（特別なものである）菓子を主君に勧め、私は（特別なものではない）飯を主君に勧めるからこそ、（私は主君に）いつまでも飽きられるということがなく、甘いものは時と場合によっては悪く、飯はいつでもよいものである。あなたは心に甘いもの（＝特別な心配り）をもって、主君が（自分を）使ってくださるようなことを期待するため、大いに考えが間違っている。私は飯の評判ほどの風味もないものだけれど、（主君が）退屈しなさるという気がかりがないことを仕事にしている。

問題三

著作権上の都合により文章を掲載しておりませんので、解説も掲載しておりません。ご不便をおかけし、誠に申し訳ございません。

《2024　数学　解説》

問題１

(1)　与式$=-14+5=$ **-9**

(2)　$a^2+\frac{15}{a}$にa$=-3$を代入すると，$(-3)^2+\frac{15}{-3}=9-5=$ **4**

(3)　与式$=4a^3b^2\times\frac{2}{ab}=$ **$8a^2b$**

(4)　$3x+5y=4$…①，$x-y=4$…②とする。

①+②×５でyを消去すると，$3x+5x=4+20$　　$8x=24$　　$x=3$

②に$x=3$を代入すると，$3-y=4$　　$-y=1$　　$y=-1$

(5)　与式$=5\sqrt{2}-\sqrt{2}+\frac{6\sqrt{2}}{2}=4\sqrt{2}+3\sqrt{2}=$ **$7\sqrt{2}$**

(6)　$x+3=A$とおくと，与式$=A^2-A-30=(A+5)(A-6)$

Aを元に戻すと，$(x+3+5)(x+3-6)=$ **$(x+8)(x-3)$**

(7)　３だけが正の数なので，最も大きい数は３である。$-\sqrt{11}$の絶対値の$\sqrt{11}$と，-4の絶対値の４を比べると，$4=\sqrt{16}$より，$\sqrt{11}<\sqrt{16}$，$\sqrt{11}<4$だから，$-4<-\sqrt{11}$である。よって，小さい順に㋒→㋐→㋑となる。

問題２

⑴　**【解き方】ＢＤ＝ＢＥから△ＢＤＥは二等辺三角形なので，１つの内角がわかればすべての内角を求められる。**

平行線の錯角は等しいから，ＡＤ//ＢＥより，∠ＡＤＣ＝60°

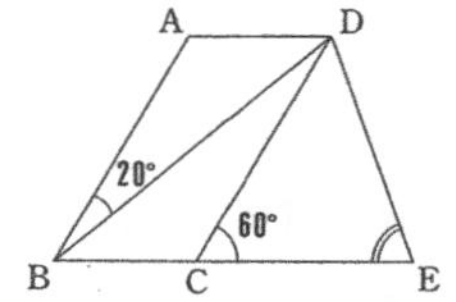

平行四辺形の向かい合う角は等しいから，∠ＡＢＣ＝∠ＡＤＣ＝60°

∠ＤＢＥ＝60°－20°＝40°

△ＢＤＥは二等辺三角形だから，∠ＣＥＤ＝(180°－40°)÷２＝**70°**

⑵ア　ＦＣ＝５－３＝２(㎝)，ＤＣ＝４㎝だから，三平方の定理より，

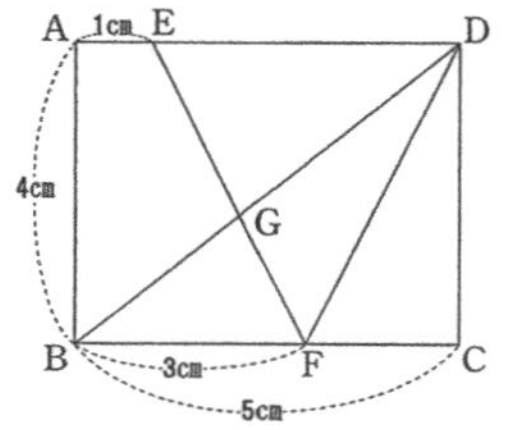

ＤＦ＝$\sqrt{\text{ＦＣ}^2+\text{ＤＣ}^2}=\sqrt{2^2+4^2}=\mathbf{2\sqrt{5}}$(㎝)

イ　【解き方】台形ＡＢＦＥの面積から，△ＢＦＧの面積を引けばよい。

△ＢＦＧの面積は△ＢＦＤの面積から求める。

台形ＡＢＦＥの面積は，$\frac{1}{2}\times(1+3)\times4=8$(㎠)

△ＢＦＤ＝$\frac{1}{2}\times3\times4=6$(㎠)

ＡＤ//ＢＣより，△ＤＥＧ∽△ＢＦＧだから，ＤＧ：ＢＧ＝ＤＥ：ＢＦ＝(５－１)：３＝４：３

したがって，ＢＧ：ＢＤ＝３：(３＋４)＝３：７であり，△ＢＦＧと△ＢＦＤは，底辺をそれぞれＢＧ，ＢＤとしたときの高さが等しいから，面積比はＢＧ：ＢＤ＝３：７なので，△ＢＦＧ＝$\frac{3}{7}$△ＢＦＤ＝$\frac{3}{7}\times6=\frac{18}{7}$(㎠)

よって，四角形ＡＢＧＥの面積は，$8-\frac{18}{7}=\mathbf{\frac{38}{7}}$(㎠)

⑶　**【解き方】Ｄ，Ｅ，Ｆを通る円の中心をＰとする。右のように作図し，おうぎ形ＰＦＤの面積から△ＰＦＤの面積を引けばよい。そのために，円Ｐの半径と∠ＤＰＦの角度を求める。**

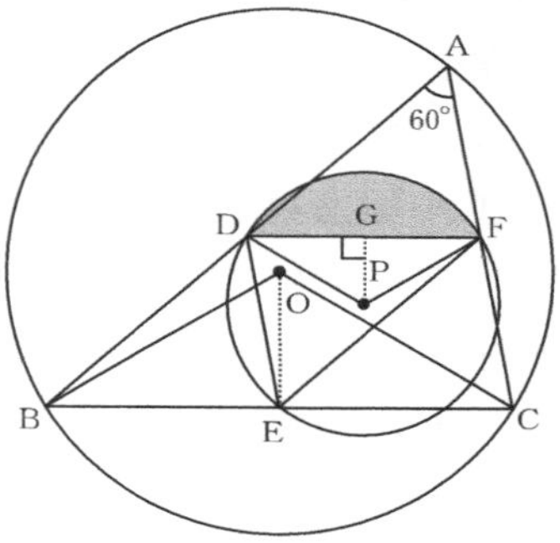

中心角は，同じ弧に対する円周角の２倍の大きさだから，

∠ＢＯＣ＝２∠ＢＡＣ＝２×60°＝120°

△ＯＢＣは二等辺三角形だから，ＯＥはＢＣを垂直に二等分する。

したがって，∠ＣＯＥ＝120°×$\frac{1}{2}$＝60°だから，△ＯＥＣは３辺の比が

１：２：$\sqrt{3}$の直角三角形なので，ＣＥ＝$\frac{\sqrt{3}}{2}$ＯＣ＝$\frac{\sqrt{3}}{2}\times2=\sqrt{3}$(㎝)，

ＢＣ＝２ＣＥ＝$2\sqrt{3}$(㎝)

△ＡＢＣにおいて，中点連結定理より，ＤＦ＝$\frac{1}{2}$ＢＣ＝$\sqrt{3}$(㎝)，ＤＥ//ＡＣ，ＦＥ//ＡＢ

四角形ＡＤＥＦは平行四辺形だから，∠ＤＥＦ＝∠ＤＡＦ＝60°，∠ＤＰＦ＝２∠ＤＥＦ＝120°

ＰＧは二等辺三角形ＰＦＤの頂角の二等分線なので，∠ＤＰＧ＝120°×$\frac{1}{2}$＝60°，ＤＧ＝$\frac{1}{2}$ＤＦ＝$\frac{\sqrt{3}}{2}$(㎝)

△ＰＧＤは３辺の比が１：２：$\sqrt{3}$の直角三角形だから，ＧＰ＝$\frac{1}{\sqrt{3}}$ＤＧ＝$\frac{1}{\sqrt{3}}\times\frac{\sqrt{3}}{2}=\frac{1}{2}$(㎝)，ＰＤ＝２ＧＰ＝１(㎝)

よって，求める面積は，(おうぎ形ＰＦＤの面積)－△ＰＦＤ＝$1^2\pi\times\frac{120}{360}-\frac{1}{2}\times\sqrt{3}\times\frac{1}{2}=\mathbf{\frac{\pi}{3}-\frac{\sqrt{3}}{4}}$(㎠)

問題３

⑴　**【解き方】さいころを２つ使う問題では，右のような表にまとめて考えるとよい。**

２つのさいころの目の出方は全部で６×６＝36(通り)ある。10の約数を１以上６以下の２つの整数の積で表すと，１＝１×１，２＝１×２，５＝１×５，10＝２×５となる。よって，条件にあう出方は表の○印の７通りだから，求める確率は，$\mathbf{\frac{7}{36}}$

		B					
		1	2	3	4	5	6
A	1	○	○			○	
	2	○				○	
	3						
	4						
	5	○	○				
	6						

⑵　30個のデータの第１四分位数は，30÷２＝15，15÷２＝７余り１より，小さい方から８番目のデータである。度数分布表より，小さい方から８番目のデータは

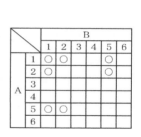

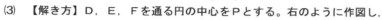

15m以上20m未満の階級に含まれる。この階級の相対度数は，$\frac{6}{30}=0.2$

(3)ア　【解き方】(変化の割合)＝$\frac{(y\text{の増加量})}{(x\text{の増加量})}$で求める。

$y=-\frac{1}{2}x^2$において，$x=1$のとき$y=-\frac{1}{2}\times1^2=-\frac{1}{2}$，$x=3$のとき$y=-\frac{1}{2}\times3^2=-\frac{9}{2}$である。

よって，求める変化の割合は，$\{-\frac{9}{2}-(-\frac{1}{2})\}\div(3-1)=$**$-2$**

イ　【解き方】C，D，Eの座標をaの式で表してからCDとDEの長さをaの式で表して，aの方程式を立てる。

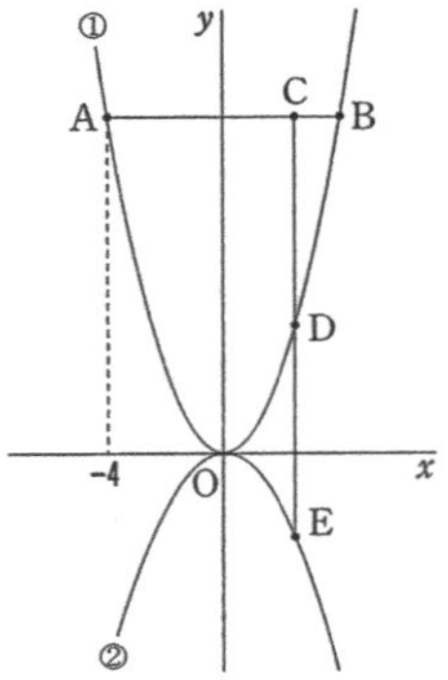

$y=\frac{3}{4}x^2$にAのx座標の$x=-4$を代入すると，$y=\frac{3}{4}\times(-4)^2=12$となるから，

A(－4，12)である。したがって，C(a，12)である。

Dは$y=\frac{3}{4}x^2$のグラフ上の点だから，D(a，$\frac{3}{4}a^2$)，

Eは$y=-\frac{1}{2}x^2$のグラフ上の点だから，E(a，$-\frac{1}{2}a^2$)と表せる。

CD＝(Cのy座標)－(Dのy座標)＝$12-\frac{3}{4}a^2$，DE＝(Dのy座標)－(Eのy座標)＝

$\frac{3}{4}a^2-(-\frac{1}{2}a^2)=\frac{5}{4}a^2$と表せるから，CD＝DEより，$12-\frac{3}{4}a^2=\frac{5}{4}a^2$

これを解くと$a=\pm\sqrt{6}$となり，aは正の値だから，**$a=\sqrt{6}$**

(4)　2つの奇数を異なる文字を用いて表し，それぞれを2乗した数の和に2を加えた文字式が，4×(整数)の形に変形できることを説明すればよい。

問題4【解き方】上段は○●の2個の並びが繰り返され，下段は●●○の3個の並びが繰り返される。2と3の最小公倍数は6だから，6列ごとに同じ並びが繰り返される。つまり，6列が1周期であり，1周期の中の碁石の並び方は1列目から6列目を見ればわかる。

(1)ア　2024列目は，2024÷6＝337余り2より，337回の周期がくり返された2つあとの列である。したがって，2列目と同じ並びになるので，上段が**黒の碁石**，下段が**黒の碁石**である。

イ　上段も下段も白の碁石が並ぶのは，ある周期の中の3列目である。n列目が含まれる周期の1つ前の周期がt回目の周期だとすると，その周期の中の最後の列は6t列目と表せるので，$n=6t+3$である。

1つの周期の中に白の碁石は5個，黒の碁石は7個含まれるから，t回目の周期までに白の碁石は5t個，黒の碁石は7t個並ぶ。n列目が含まれる周期の1列目から3列目までに，白の碁石は3個，黒の碁石は3個並ぶから，$(5t+3):(7t+3)=8:11$が成り立つ。これを解くと$t=9$となるから，$n=6\times9+3=$**57**

(2)ア　【解き方】4秒後にPとQは1×4＝4(cm)ずつ進んでいるので，PはEと，QはBと重なっている。したがって，三角すいABDEの体積を求めればよい。

△ABD＝$\frac{1}{2}\times4\times4=8$(cm²)だから，求める体積は，$\frac{1}{3}\times$△ABD×AE＝$\frac{1}{3}\times8\times4=$**$\frac{32}{3}$**(cm³)

イ　【解き方】$4<x<8$のとき，△APQは右図のようになる。正方形AEFBの面積から，△AEP，△ABQ，△FPQの面積を引けばよい。

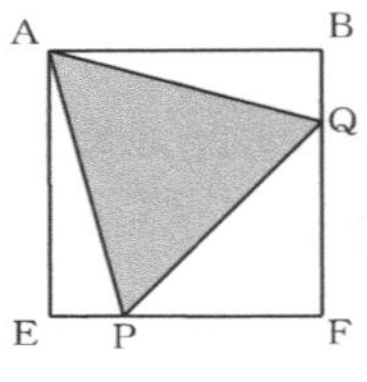

正方形AEFBの面積は，4×4＝16(cm²)…①

EP＝(Pが進んだ長さ)－AE＝$x-4$(cm)，BQ＝(Qが進んだ長さ)－CB＝$x-4$(cm)

EP＝BQなので，△AEP≡△ABQである。

△AEP＝$\frac{1}{2}\times$AE×EP＝$\frac{1}{2}\times4\times(x-4)=2x-8$(cm²)…②

PF＝AE＋EF－(Pが動いた長さ)＝$4+4-x=8-x$(cm)であり，同様にQF＝$8-x$(cm)だから，

△FPQ＝$\frac{1}{2}(8-x)^2=\frac{1}{2}x^2-8x+32$(cm²)…③

①，②，③より，△APQ＝$16-(2x-8)\times2-(\frac{1}{2}x^2-8x+32)=$**$-\frac{1}{2}x^2+4x$**(cm²)

ウ　【解き方】イの結果を利用して，x秒後の三角すいＡＰＱＤの体積をxの式で表す。次に１秒後の三角すいＡＰＱＤの体積を求め，xの方程式を立てる。

$4<x<8$のとき，x秒後の三角すいＡＰＱＤの体積は，

$\frac{1}{3}\times\triangle APQ\times AD=\frac{1}{3}\times\left(-\frac{1}{2}x^2+4x\right)\times4=\frac{4}{3}\left(-\frac{1}{2}x^2+4x\right)$（cm³）

１秒後は右図のようになり，三角すいＡＰＱＤの体積は，

$\frac{1}{3}\times\triangle ADQ\times AP=\frac{1}{3}\times\left(\frac{1}{2}\times4\times4\right)\times1=\frac{8}{3}$（cm³）

したがって，$\frac{4}{3}\left(-\frac{1}{2}x^2+4x\right)=\frac{8}{3}$を解くと，$x=4\pm2\sqrt{3}$となる。

$4<x<8$より，$\boldsymbol{x=4+2\sqrt{3}}$

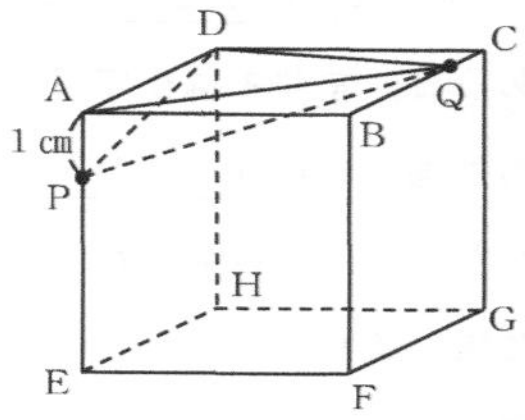

問題５

(1)　相似の証明問題としてはよくある基本的な問題である。

(2)　合同の根拠として，ＡＢが共通であること以外を見つけることが難しい。問題で与えられた条件である，「ＣＥ＝ＣＦ」と「ＡＥ⊥ＢＣ」から何がわかるかということに注目して考えたい。

《2024　英語　解説》

問題１

A　「ケンは昨夜７時にお風呂に入っていました」より，②が適当。

B　「おはようございます。今日は金曜日です。現在雨が降っていますが，雨は午後２時にはやみ，曇りになるでしょう。明日は曇りで，雨は降らないでしょう。今日よりも涼しいでしょう。日曜日の天気は一日中晴れでしょう」より，④が適当。

C　メアリー「わあ，あなたは英語を上手に話すんだね」→アキラ「ありがとう。留学するために英語の勉強をがんばってるよ」→メアリー「すごいね。どれくらいの期間英語を勉強しているの？（＝継続の期間を尋ねる現在完了の疑問文）」より，アキラの応答はウ「６年間だよ」が適当。　・for＋期間「～の間」

D　【放送文の要約】参照。

【放送文の要約】

ケイト：マナブ，今年の夏はどこに行く予定？去年の夏は，ロンドンに行ったよね？

マナブ：うん。今年の夏に行く都市今年の夏はニューヨークに旅行に行くつもりだよ。

ケイト：いいね。いつ日本を出発するの？

マナブ：日本を出発する日７月25日だよ。

ケイト：そっか。あなたの一番好きなスポーツは野球だよね。そこで野球の試合を見るの？

マナブ：チケットがあればそうするんだけど。たぶん次回だね。しようとしていること今年の夏は買い物を楽しむつもりだよ。

E　【放送文の要約】参照。

No. 1　質問「誰がマサキに度々，将来なりたい職業を尋ねましたか？」…エ「彼の母親」が適当。

No. 2　質問「マサキは小学校で何をしましたか？」…イ「子どもたちと一緒にサッカーをしたり，英語を勉強したりした」が適当。

No. 3　質問「マサキの両親はなぜうれしそうだったのですか？」…ウ「マサキが将来なりたい職業を探すためにたくさんの新しい経験をしようと決めたから」が適当。

【放送文の要約】

マサキは中学生です。3年生になった時，彼は将来の職業について考え始めました。しかし何の考えも浮かびませんでした。No. 1エ母親は度々彼に，将来何になりたいのか尋ねました。彼はいつも「わからないよ…」と答えていました。

ある日，マサキは小学校のボランティア活動に参加しました。No. 2イ彼は子どもたちと一緒にサッカーをしたり，英語の勉強をしたりしました。それは彼にとって初めての経験でした。家に帰る前にひとりの男の子がマサキにこう言いました。「今日は楽しかったよ。おにいちゃんはいい先生だね！」この言葉から，マサキは教えるというのはいい職業だと思いました。

夕方，マサキは両親に小学校での経験について話しました。母親は「いい経験をしたわね。他のイベントに参加すれば，また別の経験ができるわ。そうしたら，また別の好きな職業が見つかるかもしれないよ。たくさん経験するといいよ」と言いました。No. 3ウマサキは「わかった。やったことのないことをたくさんやってみるよ」と言いました。両親はそれを聞いてうれしそうでした。

問題2　【本文の要約】参照。

(2)　have の目的語を補う。「昼食」を意味する lunch が適当。　「～を食べる」＝have ～

(3)　particular「特定の／特別な」の意味がわからない場合は前後の内容から類推しよう。紙幣を洗ってしまったとしても使えるのは，イ「特別な」素材で出来ているからだと考えられる。ア「同じような」，ウ「恐ろしい／ひどい」，エ「弱い」は不適当。

【本文の要約】

リオ　：映画，面白かったね！このシリーズの他の映画は見たことある？

テッド：うん，あるよ。このシリーズは大好きなんだ。そうだ，君はお腹がすいてる？(a)エ何か食べない？

リオ　：いいよ。①レストランに行って昼食を食べよう。（＝Let's go to a restaurant and have lunch.）

（レストランにて）

テッド：それはそうと，僕は日本の硬貨を見た時とても驚いたよ。

リオ　：(b)クなぜそんなに驚いたの？

テッド：オーストラリアでは，穴の開いた硬貨なんて見たことがないよ。これはとても面白い特徴だよね？

リオ　：そうだね。日本とオーストラリアのお金には他にも何か違いがあるの？

テッド：素材が違うよ。オーストラリアの紙幣はプラスチックでできてるよ。それを作るために②イ特別な（＝particular/special）素材が使われているから，お札は洗ったあとでも使えるよ。

リオ　：面白いね！その紙幣を見て触ってみたいな。(c)キ今持ってる？

テッド：ちょっと待って。あ，5ドル札があるよ。(d)カはいどうぞ。

リオ　：ありがとう。わあ，日本のお札より小さいんだね。

テッド：そうだね。それに，オーストラリア紙幣は日本の紙幣よりもカラフルだよね。

問題3　【本文の要約】参照。

(1)　I've never＋過去分詞「一度も～したことがない」という意味の現在完了"経験"の文だから，hear の過去分詞 heard が適当。

(2)　□の前の部分が引き金となり，□の後の部分の行動を取ったという流れだから，ウ and が適当。

(3)　直後に〈人＋that ～〉が来ているから，〈tell＋人＋that ～〉「(人)に～ということを伝える／教える」の文だと判断する。tell の過去形のイ told が適当。

(4)　理由を尋ねる文はWhyで始める。Whyの後は疑問文の語順にする。「人気である」＝be動詞＋popular

(5)　「～のうちの一人」＝one of＋名詞の複数形　「それを栽培し始めた人々」は〈関係代名詞（＝who）＋語句（＝started to grow it）〉で後ろから名詞（＝people）を修飾して表す。

(7)　第２段落の４～７行目に書かれた和三盆と，和三盆を用いたあめを作る過程から，それが長い時間と技術を必要とするア「大変な」作業であることを汲み取る。イ「悲しい」，ウ「安い」，エ「短い」は不適切。

(8)　理由を表すエ「～のおかげで／～のせいで」が適当。ア「～などの」，イ「最初に」，ウ「向こうに」は不適当。

(9)　「～するつもりです」はI will ～で表す。「うどんと同じくらい有名に」は「（もの）を（状態）にする」＝make＋もの＋状態 を使う。「～と同じくらい…」＝as … as ～　「～を使って」＝by using ～

【本文の要約】

ある日，私がミサとウィリアムと一緒に話している時，ミサがウィリアムにこう言いました。「和三盆って知ってる？」彼は「ううん，①一度もそれを聞いたことがないよ（＝I've never heard of it）。和三盆って何？」と答えました。ミサは「一種の日本の砂糖だよ。私は和三盆工場に行ったの。これ，あなたたちにあげるね」と言って，私たちに和三盆のあめをくれました。私たちは彼女のかわいらしいプレゼントをあっという間に食べてしまいました。それはとてもおいしかったので，私は他の和三盆スイーツを探しました。私は友達に和三盆スイーツについて尋ね，さまざまな和三盆スイーツを見つけました。例えば，ミサは，和三盆ケーキを見つけたと教えてくれました。和三盆が多くのスイーツに使われていて，驚きました。④なぜそれは今，人気なのでしょうか？（＝Why is it popular now?）

その答えを見つけるために，私は和三盆について調べました。砂糖はサトウキビから作られています。一部の人々は，平賀源内は香川でそれを栽培し始めた人々のうちの一人だと言います。のちに，別の人がサトウキビ由来の砂糖の製造に成功し，それが和三盆と呼ばれました。良質の和三盆を作るためには，サトウキビからとった液を長時間かけて煮込み，それを何度もこねる必要があります。そしてそれを乾燥させます。このように，それを作ることはとても難しいのです。また，和三盆のあめには多くの形があります。それらは，４つの季節，自然，動物などを表しています。その形を作るには，木製の型と技術が必要です。これらの⑦ア大変な（＝difficult）過程によって，私たちはおいしい味と美しい形の両方を楽しむことができるのです。

和三盆のことを調べることによって，私は香川のいいところをもっとたくさん見つけました。素晴らしい和三盆を作るためには，偉大な技術が必要です。努力と偉大な技術⑧エのおかげで（＝Because of），人々は和三盆を楽しむことができるのです。私は以前よりもっとそれに興味があります。私は，「香川」という言葉を聞くと多くの人がうどんを思い浮かべることを知っています。私はもっと多くの人に，和三盆を知ってもらい，楽しんでほしいと思います。私はそれを，インターネットを使って，うどんと同じくらい有名にするつもりです。（＝I will make it as famous as *udon* by using the Internet.）一緒に和三盆を楽しみましょう！

問題４　【本文の要約】参照。

(1)　文中に疑問詞を含む間接疑問の文。「最初に[　　]に取り組むべきか」より，ウ what「何」が適当。

(2)　代名詞などの指示語の指す内容は直前にあることが多い。ここでは直前の祖父の提案を指している。

(3)　〈gets＋形容詞〉は「…になる」という意味。世話を怠ると畑はgets bad「ダメになる」と判断。イが適当。

(4)　直後に祖父がI'm writing in my diary「日記を書いているんだよ」と，今やっていることを説明したから，何をしているかを尋ねる現在進行形の疑問文にする。

(5)　代名詞などの指示語の指す内容は直前にあることが多い。ここでは直前の祖父の発言全体を指している。
a lot of things I learned by trial and error は，〈省略可能な関係代名詞（＝which/that）＋語句（＝I learned by trial and error）〉が後ろから名詞（＝things）を修飾する文で「試行錯誤から学んだ多くのこと」という意味。

・have/has＋been ～ing「（ずっと）～している」

(6)　but 以下の we fail many times「私たちは度々失敗する」と相反する内容のエ「良い結果を得ること」が適当。ア「インターネットで調べること」，イ「アドバイスをもらうこと」，ウ「他の人とアイデアを共有すること」は不適当。

(7)(a)　「アリサは夏休みの間に祖父と一緒に２週間過ごしましたか？」…第３段落１～２行目より，Yes, she did.と答える。　(b)　「ショウタロウはインターネットで調べることについてどう考えていましたか？」…第５段落２～３行目の“”の部分を引用し，He thought that it was fast and convenient.と答える。

(8)　㋐○「アリサは同じクラスの二人と発表をするために，地元の職業について調べていた」　㋑×「ショウタロウはそれぞれのフルーツや野菜を収穫するのに最適な季節を知るために，インターネットで検索した」…本文にない内容。　㋒×「祖父の家があまりに暑かったため，アリサは熟睡できなかった」…本文にない内容。　㋓○「アリサは，祖父が農家友達からスイカ栽培に関するアドバイスをもらったことに気づいた」　㋔×「発表のメンバーは，×９月に学校で自分たちのアイデアを共有し合った時に興奮気味だった」　㋕「ハルトは×ショウタロウと一緒に地元の野菜を使った料理教室へ行き，トマトを使った料理がたくさんあることに気づいた」

【本文の要約】

アリサは中学生です。(8)㋐彼女はクラスメートのショウタロウとハルトと一緒に発表をするために，自分の町にあるさまざまな職業を調べていました。多くの職業の中で，彼らは農業と，果物や野菜を栽培している農家に興味を持ちましたが，まず最初に①ゥ何（＝what）に取り組むべきなのか，わかりませんでした。

夏休みが始まりました。ショウタロウとハルトは，たくさんの果物や野菜を販売するイベントについての情報を得るために，インターネットで検索しました。アリサは自分の祖父に電話しました。彼は毎年スイカを栽培しています。彼女は祖父に尋ねました。「スイカを作っている時，難しいことは何？」祖父は，「私のスイカ作りを手伝ってみるか？」と言ってくれました。彼女は，「それはいい考えだね！」と言いました。

アリサは電車で祖父の家に行きました。(7)(a)彼女は夏休みの間に祖父と一緒に２週間過ごし，祖父がスイカに水をまいたりスイカを収穫したりするのを手伝いました。暑い天候での作業は大変でした。時々ヘビにも遭遇しました。一日の終わりには彼女は疲れて，夜はぐっすり眠ってしまいました。アリサが祖父と話している時，祖父は言いました。「問題もあるさ。天気について心配する必要があることもある。雑草は早く成長するし，動物が畑に入ってくることもある。私の畑は，私が手入れをしなければすぐに③ィだめになってしまう（＝gets bad）んだよ」彼女は尋ねました。「おじいちゃんはなぜスイカの栽培を続けているの？」祖父は答えました。「みんながスイカを食べて喜んでいるのを見るのが好きだからだよ。だから試行錯誤をしながらおいしいスイカを育てているよ」

ある夜，アリサの祖父は部屋で何かをしていました。アリサは祖父に「④何をしているの（＝What are you doing）？」と尋ねました。「日記を書いているんだよ」と祖父は答えました。祖父はまた，机の上の多くのノートを見せてくれました。祖父は言いました。「私は試行錯誤によって学んだ多くのことを日記に書いてきたんだよ」アリサはそれを聞いて驚きました。彼女は祖父の日記の一部を読みました。それはすべてスイカの栽培についてでした。(8)㋓祖父は，天気，問題点，農家友達からのアドバイスを書いていました。祖父は言いました。「もちろんいいスイカが収穫できればうれしいし，それが私にとって大事なことだ。でも物事はうまくいかないことがよくある。私はそれもまたいいと思っている。そういう経験からたくさんのことを学べるからね」彼女は「私も同感だな」と言いました。

８月20日，発表のメンバーが意見を共有するためにハルトの家に集合しました。彼らは興奮気味に話し合いました。(7)(b)ショウタロウは「インターネットで検索すれば速いし便利だよ！」と言いました。ハルトは「僕は新聞で，地元の野菜を使った料理教室についての情報を見つけて母と一緒に行ってきたよ。トマトを使った料理がたくさんあることがわかったよ」と言いました。アリサは「私は祖父からたくさんのことを学んだよ。⑥ェ良い結果を得ることは大事だけ

ど，私たちは何度も失敗するよね。試行錯誤から学んで，よりいい方法を見つけることの方がもっと大事だよ」と言いました。自分たちの考えを出し合った後，彼らは試行錯誤しながら発表に取り組み続けることに決めました。

問題５　無理に難しい内容にする必要はないので，ミスの無い文にしよう。４文で書く，１文は５語以上にする，などの条件に沿って書くこと。(店で本を買うことの例文)「私は店で本を買う方がいいと思います。自分が読みたい時に読書することができます。ですから，時間を気にする必要がありません。また，本にアイデアを書き込むこともできます。ですから私にとって，後からそれらを思い出すのに便利です」　(図書館で本を借りることの例文)「私は図書館で本を借りる方がいいと思います。まず，本を読むのにお金が必要ありません。興味を持った様々な本を読んでみることができます。次に，本を長期間保管しなくてすみます。本のための場所を心配することなくたくさんの本を読むことができます」

―《2024　理科　解説》―

問題１

Ａ(2)ａ　図に示したある日から３か月後までに，金星は約 50×３＝150(度)動き，地球は $360\times\frac{3}{12}=90$(度)動くから，地球と金星の位置関係は㋑のようになる。また，地球から太陽の方を見たときに，金星が左側にあれば日の入り直後の西の空に，右側にあれば日の出直前の東の空に見える。　**ｂ**　表において，太陽からの平均距離が１より小さい金星とＰは地球の内側を公転する惑星なので，真夜中に観察することはできない。なお，太陽からの平均距離が小さい順に，水星(Ｐ)，金星，地球，火星(Ｑ)，木星，土星(Ｒ)，天王星，海王星である。　**(3)**　Ｑが地球から最も遠い位置にあるのは，Ｑ－太陽－地球の順に一直線に並ぶときだから，表より，その距離は 1.52＋1.00＝2.52 と表せる。また，Ｑから地球が最も近い位置にあるのは，太陽－地球－Ｑの順に一直線に並ぶときだから，表より，その距離は 1.52－1.00＝0.52 と表せる。よって，2.52÷0.52＝4.84…→4.8 倍である。　**(4)**　Ｒ(土星)をふくむ木星型惑星は，水素とヘリウムを主成分とする大気をもつ。また，Ｒ(土星)は氷や岩石でできた巨大な環をもっている。なお，二酸化炭素を主成分とする大気をもつ惑星は金星と火星であり，自転軸が公転面に垂直な方向から大きく傾き，ほぼ横倒しになっているのは天王星である。

Ｂ(1)ａ　初期微動を起こすＰ波と主要動を起こすＳ波の伝わる速さはほぼ一定だから，初期微動と主要動のそれぞれが始まった時刻についてグラフをかくと右図のようになる。これより，地震発生の時刻(震源からの距離０km でゆれが始まった時刻)はおよそ 22 時 08 分 18 秒と考えられる。　**ｂ**　震度は観測地点における地震のゆれの大きさを表し，マグニチュードは地震がもつエネルギーの大きさを表す。また，震源からの距離が大きくなるほど，震度は小さくなることが多い。　**ｃ**　この地震において，緊急地震速報が発表されたのは，地震発生の２＋８＝10(秒後)である。したがって，震源から 73 kmの地点にＳ波が到着したのは，地震発生から 10＋10＝20(秒後)だから，震源から 154 kmの地点にＳ波が到着したのは，地震発生から $20\times\frac{154}{73}=42.1\cdots\rightarrow$ 約 42 秒後である。よって，震源から 154 kmの地点にＳ波が到着したのは，緊急地震速報の発表から約 42－10＝32(秒後)である。

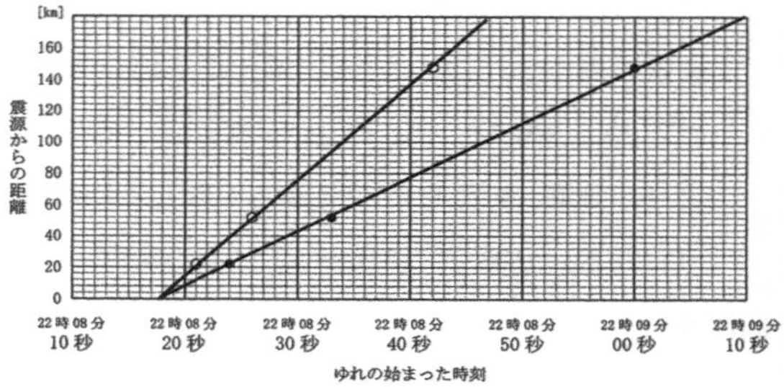

問題２

Ａ(2)　Ａａどうしをかけ合わせてできる子の遺伝子の組み合わせとその比はＡＡ《丸形》：Ａａ《丸形》：ａａ《しわ形》＝１：２：１となるから，丸形：しわ形＝(１＋２)：１＝３：１となる。なお，ＡＡどうしをかけ合わせると子の形質は丸形のみ(すべてＡＡ)，ＡＡとＡａをかけ合わせると子の形質は丸形のみ(ＡＡ：Ａａ＝１：１)となる。　**(3)**　子の丸形の

種子の遺伝子の組み合わせは，ＡＡまたはＡａである。ＡＡとａａをかけ合わせるとＡａの丸形のみができ，Ａａとａａをかけ合わせるとＡａの丸形とａａのしわ形が１：１の割合でできる。

B(1)　アブラナの花粉はｂ(おしべ)のやくに入っていて，マツの花粉は雄花(ｄ)のりん片にある花粉のうに入っている。

C(1)a　顕微鏡では，上下左右が反対に見える。したがって，視野の左下の位置に見えたミカヅキモは，実際には右上にいる。よって，ミカヅキモを視野の中央に移動させるためには，プレパラートを左下に動かす必要がある。

(2)a　細胞壁は，植物の細胞にのみ見られる。

問題３

A(1)　㋑○…鉄は磁石につくが，アルミニウムは磁石につかない。磁石につくのは，鉄やニッケルなど一部の金属のみである。なお，金属には，電気を通す性質があり，みがくと金属光沢が出て，ハンマーでたたくとうすく広がる性質がある。　**(2)**　〔密度(g/cm³) $=\frac{\text{質量(g)}}{\text{体積(cm}^3\text{)}}$〕より，鉄の密度は $\frac{39.5}{5.0}=7.9$(g/cm³)，アルミニウムの密度は $\frac{43.2}{16.0}=2.7$(g/cm³)である。　**(3)**　ア，エ×…状態変化しても，質量は変化しない。　イ×，ウ○…ふつう，同じ質量の物質が状態変化すると，体積は固体＜液体＜気体の順に大きくなるが，水は例外で，固体の方が液体よりも体積が大きい(固体＞液体)。　**(4)**　原子は，＋の電気をもつ陽子と－の電気をもつ電子を同じ数ずつもつので，原子全体では電気を帯びていない。原子が，電子を失うと＋の電気を帯びた陽イオンになり，電子を受けとると－の電気を帯びた陰イオンになる。硫酸イオン〔SO_4^{2-}〕は，硫黄原子〔S〕１個と酸素原子〔O〕４個からなる原子のまとまり〔SO_4〕が，全体として電子を２個受けとってできる。

B(1)　ア×…アンモニアなどの水に溶けてアルカリ性を示す気体であることが確かめられる。　イ×…水素などの燃える気体であることが確かめられる。　ウ○…ものを燃やすはたらきのある酸素であることが確かめられる。　エ×…石灰水を白くにごらせる二酸化炭素であることが確かめられる。　**(2)**　ア×…現在知られている原子は118 種類ある。　イ○…原子は，(陽子と中性子をもつ)原子核と電子からできている。　ウ×…原子は，種類によって質量や大きさが異なる。　エ×…化学変化によって，原子の組み合わせは変わるが，原子の種類と数は変わらない。　**(3)**　発生した酸素の質量は，酸化銀の粉末の質量から加熱後の物質(銀)の質量を引いて求める。発生した酸素の質量は，酸化銀の粉末の質量に比例する。　**(4)**　表Ⅱより，酸化銀が銀と酸素に分解したことをそのまま式に表すと，〔$Ag_2O \rightarrow Ag + O_2$〕となる。化学変化の前後で原子の種類と数は変わらないことに注意して係数をつけると，〔$2Ag_2O \rightarrow 4Ag + O_2$〕となる。　**(5)**　このとき発生した酸素は 7.25－7.05＝0.20(g)だから，(3)のグラフより，分解した酸化銀の質量は2.90ｇとわかる。よって，加熱した酸化銀7.25ｇのうち，2.90ｇは分解して銀になったから，分解せずに残っている酸化銀は7.25－2.90＝4.35(g)である。

問題４

A(2)　〔抵抗(Ω) $=\frac{\text{電圧(V)}}{\text{電流(A)}}$〕より，$\frac{8.0}{1.0}=8.0$(Ω)　**(3)**　〔電力(W)＝電圧(V)×電流(A)〕，〔電力量(J)＝電力(W)×時間(s)〕，５分間→300 秒間より，4.0×1.0×300＝1200(J)である。　**(4)**　Ｑの抵抗は $\frac{4.0}{1.0}=4.0$(Ω)で，Ｑの方がＰよりも抵抗が小さい。電熱線に加える電圧が 4.0V，電流を流す時間が５分であるときを比べると，抵抗が小さいＱの方が電流の値は大きく，水の上昇温度が大きくなるとわかる。表Ⅱより，Ｑに加える電圧と５分後の水の上昇温度(５分後の水温から室温を引いた値)を求めると，(4.0V，2.0℃)，(8.0V，8.0℃)，(12.0V，18.0℃)だから，加える電圧が２倍，３倍になると，水の上昇温度は(２×２＝)４倍，(３×３＝)９倍になるとわかる。よって，加える電圧を 4.0Vの $\frac{3}{2}$ 倍の 6.0Vにすると，５分後の水の上昇温度は 2.0℃の $\frac{3}{2}\times\frac{3}{2}=\frac{9}{4}$(倍)の4.5℃になるので，５分後の水温は 20.5＋4.5＝25.0(℃)になると考えられる。　**(5)**　図ⅡのＰとＱは直列につながれているから，ＰとＱのそれぞれに流れる電流は等しい。表ⅠとⅡより，ＰとＱのそれぞれに 1.0Aの電流が流

れるとき，Pには 8.0V，Qには 4.0Vの電圧が加わるので，PとQに加わる電圧の和は 8.0+4.0=12.0(V)となる。つまり，この実験で加えた電圧と同じである。電流を流す時間と流れる電流の大きさが等しいとき，消費電力の大きさは加わる電圧の大きさに比例するから，Qの消費電力はPの消費電力の 4.0÷8.0=0.5(倍)になると考えられる。消費電力が大きいほど，水温は高くなるから，Pが入っているカップの方が水温が高くなると考えられる。

B(1) 振動数が大きいほど，音は高いから，波の数が最も多い図Ⅲの波形となるおんさが最も高い音を出す。

(2) 音は物体を振動させて伝わる。そのため，振動する空気がない真空中では音は伝わらない。

C(1) K点とM点の間の 4.9+14.7=19.6(cm)→0.196mを 0.1×2=0.2(秒)で移動したから，平均の速さは$\frac{0.196}{0.2}$=0.98(m/s)である。　(2) 図Ⅲより，くいの動いた距離は，おもりを離す高さとおもりの質量のそれぞれに比例しているとわかる。　(3) (2)解説より，図Ⅲで質量25gのおもりのグラフは，質量20gと30gのおもりのグラフのちょうど真ん中になると考えられる(右図参照)。これより，くいを2.0cm動かすためにはおもりを20cmの高さから落下させればよいと考えられる。　(4) 小球が木片に衝突するとき，木片が小球から受ける力と同じ大きさの力を小球は木片から受けている(このような2力の関係を作用・反作用という)。　(5) 図Ⅴにおいて，質量24gの小球のグラフは質量22gと31gのグラフの間にあり，質量12gの小球のグラフは質量9gと14gのグラフの間にあると考えられる。これより，質量24gの小球を1.2m/sの速さで木片に衝突させると，木片が動く距離はおよそ2.8cmと4.0cmの間，質量12gの小球を2.4cm/sの速さで木片に衝突させると，木片が動く距離はおよそ4.9cmと7.0cmの間と考えられる。よって，質量24gの小球を1.2m/sの速さで木片に衝突させたときと比べて，質量12gの小球を2.4m/sの速さで木片に衝突させたときに木片が動く距離は大きくなると考えられる。

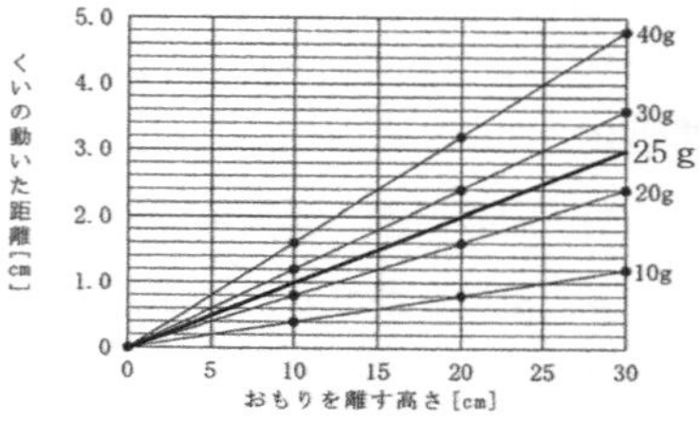

《2024　社会　解説》

問題1

(1) ウ　衆議院と参議院の各議院で，総議員の3分の2以上の賛成を得られれば，憲法改正の発議が行われる。アは天皇の国事行為，イとエは内閣の権限。

(2) 生存権　生存権は，日本国憲法第25条に規定されている。

(3) エ　地方議会議員の解職(リコール)の請求先は，首長ではなく選挙管理委員会である。

(4)a 言葉=地方裁判所　記号=㋐　第一審の判決に不服がある場合，第二審を求めることを控訴，第二審の判決に不服がある場合，第三審を求めることを上告という。民事裁判において，第一審が簡易裁判所で行われた場合，第二審は地方裁判所，第三審は高等裁判所で行われる。刑事裁判において，第一審が簡易裁判所で行われた場合，第二審は高等裁判所，第三審は最高裁判所で行われる。　b 取り調べの際に暴力を振るわれたり，自白を強要されたりして，犯していない罪を認め，えん罪が生まれることを防ぐために，可視化が行われている。

(5) 太郎さんの意見=㋐　花子さんの意見=㋓　太郎さんは，「規制緩和により，…することができる」と規制緩和を肯定している。また，「無駄を省き，より多くの利益を得られるようにすべき」と効率を重視している。花子さんは，「規制緩和により，…おびやかされるかもしれない」と規制緩和に対して慎重な態度である。また，「一人ひとりの人権が最大限に尊重される社会にしていくべき」と公正を重視している。

(6) ウ　税負担を重くし，社会保障などを充実させる政府を「大きな政府」，税負担を軽くし，社会保障などを最小限にする政府を「小さな政府」という。ア，イ，エは「大きな政府」の考え方にもとづいた政策。

(7) 日本銀行が行う景気対策を金融政策といい，一般に国債などを売買して行う公開市場操作が行われる。不景気のと

きは市中銀行の保有する資金を増やすために，市中銀行のもつ国債を買い上げる「買いオペレーション」，好景気のときは市中銀行の保有する資金を減らすために，日本銀行のもつ国債を市中銀行に売る「売りオペレーション」を行う。

(8)　㋑，㋓，㋔　　例えば，日本円で 300 万円の商品をアメリカに輸出する場合を考える。1ドル＝100 円のときのアメリカでの価格は 3000000÷100＝30000(ドル)，1ドル＝150 円のときのアメリカでの価格は 3000000÷150＝20000(ドル)になる。安く販売できた方が商品の売れ行きはよくなるので，円安は日本からの輸出企業に有利にはたらくことがわかる。

(9) a　ＩＣＴを利用できる人とできない人の情報格差をデジタルデバイドという。　b　㋒　　韓国に対する輸入の金額が総額に占める割合は，2020 年より 2000 年の方が多い。　c　ＳＤＧｓ　　持続可能な開発目標の略称である。

問題2

(1)　記号＝㋑　言葉＝白村江の戦い　　蘇我氏を滅ぼし，天皇中心の国づくりを始めた中大兄皇子は，滅亡した百済の復興を助けるために朝鮮に軍を送ったが，白村江の戦いで大敗した。その後，唐と新羅の攻撃に備えて，北九州に水城や山城をつくり，防人を置いた。

(2) a　ア　　イは奈良時代，ウは室町時代，エは鎌倉時代。　b　ア　　イは９代執権北条貞時，ウは室町幕府の３代将軍足利義満，エは鎌倉幕府の初代将軍源頼朝。

(3) a　ウ　　太政大臣は律令官制や太政官制における太政官の長官，執権は鎌倉幕府の将軍の補佐役，老中は江戸幕府の政務を統括する最高職。

b　ウ　　石見銀山は島根県にあり，石見銀山遺跡とその文化的景観は世界文化遺産に登録されている。

c　㋐→㋒→㋑　　㋐(1612 年)→㋒(1639 年)→㋑(1641 年)

(4)　株仲間は，室町時代の座と同様に，営業税を納める代わりに営業の独占権を得た。老中田沼意次は株仲間を奨励し，天保の改革を行った老中水野忠邦は株仲間を解散させた。

(5)　大塩平八郎　　1837 年，飢餓から人々を救おうとしない役所や豪商に不満をもった陽明学者の大塩平八郎は，「救民」をかかげて門人とともに挙兵した。大塩平八郎が大阪町奉行所の元役人であったため，幕府の動揺は大きかった。

(6) a　産業革命が起きたイギリスでは，機械を使って綿織物や綿糸などの綿製品を安く大量生産できるようになった。　b　王政復古の大号令　　倒幕の動きが高まってくると，土佐藩の前藩主の山内豊信らは，徳川慶喜にいったん政権を手放すように勧めた。徳川慶喜は，新たな政権の中でも主導権は維持できると考えて，これを受け入れ，1867 年，二条城で大政奉還を行った。倒幕をめざしていた勢力は，天皇中心の政治にもどすことを宣言し，新たな政府をつくった。徳川慶喜は，新政府への参加を認められず，旧幕府領をすべて差し出すように命じられた。

c　エ　　民撰議院設立建白書で，板垣退助は，少数の有力者による専制政治をやめ，早く国会を開くように主張した。

(7) a　㋑，㋓　　第一次世界大戦前のヨーロッパの関係は，右図参照。

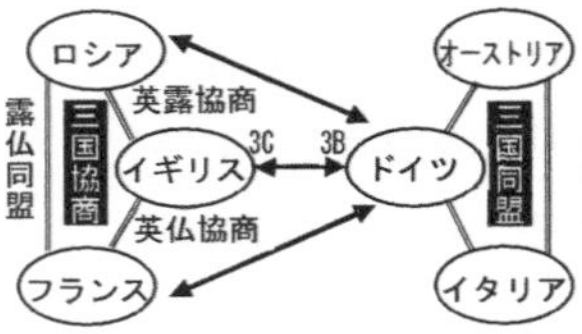

(8) a　㋒→㋐→㋑　　㋒(1930 年)→㋐(1936 年)→㋑(1941 年)

b　ウ　　友愛会→大日本労働総同盟友愛会→日本労働総同盟と改称し，1921 年に結成された。

(9)　日韓基本条約　　日本は，韓国を朝鮮半島の唯一の合法政府と承認した。

問題3

(1) a　ウ　　緯線と経線が直角に交わる地図では，緯度が高くなるほど実際より拡大されて表されるので，実際の

距離は，低緯度ほど長い。　c　12 月 2 日午前 6 時　　経度差 15 度で 1 時間の時差が生じる。日本は東経 135 度の経線を標準時子午線としているので，日本とウィーンの経度差は 135－15＝120(度)，時差は 120÷15＝ 8 (時間)になる。東経の値が大きい日本の方が時刻は進んでいるので，コンサートの開始日時は，ウィーンの時刻より 8 時間進んだ時刻になる。　d　㋐，㋒　　リールは西岸海洋性気候，ニースは地中海性気候である。

(2) a　D　　尾根線は，山頂から外側に向かって出っ張った等高線になる。　b　㋒　　右前方の角にある建物は，税務署()ではなく，裁判所()である。　e　㋒，㋓　　排他的経済水域では，水産資源や海底の鉱産資源の開発の権利は沿岸国が持つが，どの国も公海と同じように航行や上空飛行，パイプライン・海底電線の敷設は自由に行える。　f　遠洋漁業の漁獲量＝エ　加工品を含む水産物輸入量＝ア　　1970 年代に世界各国が排他的経済水域を設定したこともあって日本の遠洋漁業は衰退していったから，1970 年から 1985 年にかけて減少したエが遠洋漁業である。　g　A の佐賀県は，683÷2139×100＝31. 9…(%)，B の大分県は，3291÷4906×100＝67. 0…(%)である。

(3)　フランス＝エ　スウェーデン＝ウ　　穀類の食料自給率よりいも類の食料自給率が高いアはオランダである。野菜類の食料自給率と果実類の食料自給率がともに日本より低いイとウは，スウェーデンとカナダのいずれかである。肉類の食料自給率が 100%以上の国はア，イ，エだから，イがカナダとわかるので，ウがスウェーデンである。また，アはオランダだから残ったエはフランスである。

(4)　エ　　2019 年のアメリカ合衆国の原油消費量は約 800 百万 t，人口は 329 百万人だから，一人当たりの原油消費量は 800÷329＝2. 4…(t)，中国の原油消費量は約 700 百万 t，人口は 1434 百万人だから，一人当たりの原油消費量は 700÷1434＝0. 48…(t)になる。

2023 解答例 令和５年度　香川県公立高等学校

《2023　国語　解答例》

問題一　㈠a．ふしぎ　b．かわ　c．はず　d．す　㈡２　㈢１　㈣ア．ぴんとこない　イ．知らないことに満ちている　㈤文字を勉強して広い世界について学ぶことによって、海の向こうの異国などの知らない世界と自分をつないでくれる　㈥３　㈦頭の中が水　㈧４

問題二　㈠あたえ　㈡４　㈢百姓のため　㈣初め…米は人　終わり…事なり　㈤１

問題三　㈠a．**加工**　b．**一風**　c．**積極**　d．**厳密**　㈡４　㈢２　㈣１　㈤日常生活のなかで何気なしに自分が感じ、知覚し、思ったこととの結びつきを欠くときには、私たちにとって内面化されず、私たち自身のものにならない　㈥２　㈦３　㈧広い範囲に有効性を持ちうる　㈨ア．根本から問いなおした　イ．日常化された経験の底にある自明性をはっきり露呈させた　㈩３

問題四　（例文）

　私は、これからの社会では他者と協力して課題を解決する力が求められると思います。この力は、花子さんの意見の「自分以外の人々のことを受け入れる力」と密接に関わっています。私は今、海洋プラスチック問題への取り組みとして、使い捨てのプラスチック製品を使わないように努めています。私たちの社会は、海洋汚染をはじめ、地球規模で取り組むべき課題に直面しています。それらは、価値観や文化の異なる他者とも力を合わせなければ、解決できません。だから、広い視野を持って他者を受け入れ、お互いに理解し合ったうえで、協力して課題を解決する力が必要になると考えます。

《2023　数学　解答例》

問題１　⑴１　⑵-15　⑶$\frac{7x+5y}{6}$　⑷$9-\sqrt{2}$　⑸$(x-1)^2$　⑹-4　⑺ウ

問題２　⑴65　⑵ア．$\frac{15}{4}$　イ．180　⑶$\frac{9\sqrt{29}}{29}$

問題３　⑴$\frac{10}{3}$　⑵$\frac{17}{20}$　⑶ア，ウ　⑷ア．$0 \leqq y \leqq \frac{9}{4}$　※イ．$1-\sqrt{6}$

問題４　⑴ア．21　イ．1，3，17，18，20　⑵ア．75　イ．$\frac{3}{10}x-34$　※ウ．xの値…480　yの値…110

問題５　⑴△ＣＦＧと△ＦＩＣにおいて，

ＣＧ//ＩＦより，錯角は等しいから，∠ＦＣＧ＝∠ＩＦＣ…①

仮定より，∠ＣＧＦ＝90°　四角形ＡＣＤＥは正方形だから，∠ＦＣＩ＝90°　よって，∠ＣＧＦ＝∠ＦＣＩ…②

①，②より，２組の角がそれぞれ等しいから，△ＣＦＧ∽△ＦＩＣ

⑵△ＡＢＥと△ＡＨＣにおいて，

四角形ＡＣＤＥは正方形だから，ＡＥ＝ＡＣ…①，∠ＥＡＣ＝90°

仮定より，∠ＨＡＢ＝90°だから，∠ＥＡＣ＝∠ＨＡＢ…②

∠ＢＡＥ＝∠ＢＡＣ＋∠ＥＡＣ，∠ＨＡＣ＝∠ＨＡＢ＋∠ＢＡＣ，②より，∠ＢＡＥ＝∠ＨＡＣ…③

∠ＥＡＦ＝∠ＥＡＣ＝90°　仮定より，∠ＣＧＦ＝90°

△ＥＡＦは直角三角形だから，∠ＡＥＦ＝90°－∠ＡＦＥ

△ＣＧＦは直角三角形だから，∠ＦＣＧ＝90°－∠ＣＦＧ

対頂角は等しいから，∠ＡＦＥ＝∠ＣＦＧ　よって，∠ＡＥＦ＝∠ＦＣＧ

∠ＡＥＦ＝∠ＡＥＢ，∠ＦＣＧ＝∠ＡＣＨだから，∠ＡＥＢ＝∠ＡＣＨ…④

①，③，④より，１組の辺とその両端の角がそれぞれ等しいから，△ＡＢＥ≡△ＡＨＣ

よって，ＡＢ＝ＡＨ…⑤，∠ＡＢＪ＝∠ＡＨＫ…⑥

△ＡＢＪと△ＡＨＫにおいて，仮定より，∠ＢＡＪ＝∠ＨＡＫ＝90°…⑦

⑤，⑥，⑦より，１組の辺とその両端の角がそれぞれ等しいから，△ＡＢＪ≡△ＡＨＫ　よって，ＢＪ＝ＨＫ

※の求める過程は解説を参照してください。

《2023　英語　解答例》

問題１　Ａ．３　Ｂ．エ　Ｃ．イ　Ｄ．待ち合わせ場所…公園　待ち合わせ時刻…８，30　Yuji が Nancy に持ってくるように言ったもの…お金　Ｅ．No. １．ウ　No. ２．ア　No. ３．エ

問題２　(1)(a)ク　(b)キ　(c)カ　(d)ア　(2)cheaper　(3)イ

問題３　(1)excited　(2)ア　(3)let me see your new plate　(4)エ　(5)He showed me how to do it　(6)イ　(7)I hope that more young people will be interested in it　(8)ア　(9)has many traditional cultures which we don't know

問題４　(1)イ　(2)なぜ元気が控え選手なのかということ　(3)Can I join you　(4)ウ　(5)メンバー全員がチームのために一生懸命に働いたからこそ，元気はこの賞を手に入れた　(6)エ　(7)(a)He always tells them to run hard for the team　(b)No, he didn't　(8)ア，カ

問題５　(traveling alone の例文) I don't have to think about other people／So, I can go to the places I want to visit／I can also change my plan easily／If I find my favorite place, I can stay there for a long time　(traveling with my friends の例文) First, when I'm in trouble, they will help me／So, I feel safe to travel with them／Second, we can enjoy many things together／So, it is also fun to talk about the same experiences later

《2023　理科　解答例》

問題１　Ａ．(1)ａ．観測者　ｂ．記号…イ　言葉…日周運動　ｃ．ウ　ｄ．ア，エ　ｅ．エ　(2)単位面積あたりに地面が得るエネルギーが多くなる／同じ面積に当たる光の量が多くなる　などから１つ　Ｂ．(1)ａ．イ，エ　ｂ．気団　ｃ．ウ　(2)ａ．イ，ウ　ｂ．ア　ｃ．イ

問題２　Ａ．(1)ａ．有性　ｂ．ウ→オ→イ→エ　(2)親の形質と同じになる。　Ｂ．(1)葉が脱色される　(2)デンプン　(3)Ｐ．ウ　Ｑ．ア　(4)光をたくさん受けることができる。　Ｃ．(1)ａ．感覚　ｂ．ウ　ｃ．エ　(2)ａ．ア，エ　ｂ．イ　ｃ．空気にふれる表面積が大きくなる

問題３　Ａ．(1)水素　(2)［イ／スライドガラスに白い固体が残った／砂糖水／スライドガラスに何も残らなかった／エタノール水溶液］，［イ／スライドガラスに何も残らなかった／エタノール水溶液／スライドガラスに白い固体が残った／砂糖水］　などから１つ　(3)イ，ウ　(4)$NaCl$／Na^+／Cl^-　(5)ナトリウム　Ｂ．(1)すべてのマグネシウムが酸素と結びついた　(2)0.60　(3)右グラフ　(4)ア→ウ→イ

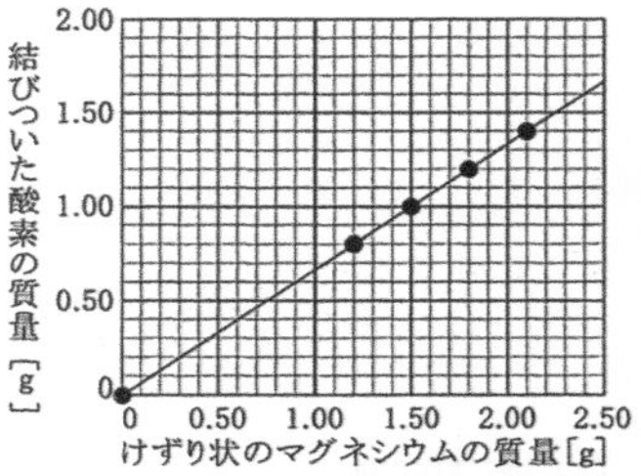

問題４　Ａ．(1)エ　(2)ア，ウ　Ｂ．(1)4.5　(2)イ，ウ　(3)3.6　(4)磁石を速く動かす。／コイルの巻き数を増やす。／磁力の強い磁石を近づける。　などから１つ　(5)イ　Ｃ．(1)ア　(2)1.8　(3)ウ　(4)１番目…ｔ　３番目…ｓ　(5)6.0

《2023　社会　解答例》

問題１　⑴エ　⑵ａ．イ　ｂ．ア，エ　ｃ．ウ　⑶総会　⑷南南問題　⑸ａ．エ　ｂ．所得が高い人ほど，税率が高くなる　⑹イ　⑺ア　⑻ａ．ア，エ，カ　ｂ．独占禁止法　⑼ａ．育児／仕事　ｂ．年齢が高くなるにつれて，正社員との賃金の格差が拡大している。／年齢が高くても，賃金が低く抑えられている。などから１つ　ｃ．情報通信技術を活用した業務の効率化／多様な働き方を労働者が選択できる制度の整備 などから１つ

問題２　⑴ウ　⑵大宝律令　⑶ａ．ア　ｂ．イ→ウ→ア　ｃ．記号…イ　言葉…院政　⑷ａ．建武の新政　ｂ．ア　⑸ａ．イ　ｂ．農民に材料や道具を貸して，生産させた製品を買い取る／農民に材料や道具を貸して，製品をつくらせる などから１つ　⑹イ，ウ　⑺ａ．版籍奉還　ｂ．ウ→ア→イ　ｃ．エ　⑻ａ．ア　ｂ．承認しない／撤兵を求める　ｃ．20 歳以上の男女に選挙権が認められることになったから。／女性の選挙権が認められるようになったから。などから１つ　ｄ．日ソ共同宣言

問題３　⑴ａ．Ａ　ｂ．20，午前１　ｃ．環太平洋　ｄ．記号…イ，エ　内容…赤道より南に位置している
⑵Ａ．扇状地　Ｂ．水はけがよい／水が地下にしみこみやすい などから１つ　⑶ａ．ウ　ｂ．イ
⑷貿易摩擦が激しくなったから。／関税などをめぐって貿易上の対立がおこったから。などから１つ
⑸ウ→イ→ア　⑹ａ．2400　ｂ．北西　ｃ．ウ　ｄ．エ　ｅ．イ

《2023　国語　解説》

問題一

㈡　チャオミンの「『わあ、嬉《うれ》しい！　ありがとう、父さん」という反応から、とても喜んでいることがわかる。そして、父さんから「それでもっとニュウシュを練習するといい」と言われて驚きながら、「うん、わかった」と、その思いを胸に刻み込むかのように筆を抱きしめている。ここから、２のような気持ちが読みとれる。

㈢　②は「サンゴというものは」、１は「眺めることが」と言い換えられる。その語を名詞と同じ働きをもつものにすることを表す(＝体言の代用)格助詞の「の」。２は連体修飾語を示す格助詞の「の」。３は「君が選ぶ」と言い換えられる、主語を示す格助詞の「の」。４は「あの」という連体詞の一部。

㈣ア　サンゴも海も知らず、説明されてもよくわからない様子は、「チャオミンは首をひねった。なにしろ生まれてこのかた、海というものを見たことがない。そう言われてもぜんぜんぴんとこないのだ」と書かれている。

イ　③を言ったグンウイは「はるか遠くを見渡すように空の向こうをながめていた」という様子で、その後「この国は広い～けれども世界はもっと広い。わたしたちの知らないことに満ちている。そういうことも、その筆で勉強なさい」と言っている。

㈤　サンゴのついた筆を、船をこぐための櫂《かい》にたとえている。この筆を使って勉強し、広い世界にこぎ出して行くのである。

㈥　グンウイは「ああ、おじょうさんは歌が上手だなあ～歌詞がいい。母さんに教わったのかい？」と言い、チャオミンが「いいえ、今考えたの」と答えると、「ほう、それはいい」と優しい声で言い、⑤のように「やわらかな」視線を送っている。ここから、３の「感じ入り～いつくしんでいる」ことが読みとれる。

㈦　見たことがない「海」についての説明を聞き、チャオミンは「頭の中が水でいっぱいになった」とある(③の３行前)。

㈧　「ザブンザブン　海から生まれたサンゴの筆で　一生懸命おけいこしよう～異国のことも知りたいな」というチャオミンの歌、本文最後の「『言葉を大事にするんだよ』 そう言われてチャオミンはうなずいた。 この筆で一生懸命おけいこをして、いつか歌うようにニュウシュを書こう」から、４のような気持ちが読みとれる。

問題二

㈠　古文で言葉の先頭にない「はひふへほ」は、「わいうえお」に直す。

㈡㈢　【古文の内容】を参照。

㈣　「仰《おほ》せ有りけるは」と「と仰せられし」の間が会話文だと判断できる。

㈤　本文最後の一文に言いたいことがまとめられている。よって、１が適する。

【古文の内容】

むかし晋《しん》という国の大王が、鴈《がん》を好んで、たくさん飼わせていらっしゃったとき、糠《ぬか》を餌としてお与えになっていた。糠がもはや全て無くなったので、市《いち》に行って買い求めた。のちに米と糠の値段が同じになった。臣下が申すには、「米と糠が同じ値段ならば、糠を買い求めずともそのまま米を食べさせよ」と申されたが、大王がおっしゃったことには、「米は人間の食べ物である。人間は糠を食べることができない。鴈は糠を食べるものであるから、米と糠が同じ値段だとしても、米を糠にかえて鴈に与えよ。それが百姓のために良いことだ」とおっしゃった。米を放出して糠に引き換えたので、国中が豊かになって人々はよろこんだ。このことを考えると、一国の君主がお好みになる物があっても、それが国家にとって無駄とならず、百姓の痛苦にならないことこそ、仁政(恵み

深く思いやりのある政治)だといえるが、自分の興味のある娯楽のために人民に痛苦を感じさせる政治は、良いものではない。

問題三

㈡　①に続けて「自分では社会や政治にまったく関心を持たなくとも～無関係でいることはありえない～意味的、価値的な関係である。そうした関係のなかでは、すべての態度、なにもしないことでさえ～なんらかの意味を帯びてくる」と述べていることから、4のような内容が読みとれる。

㈣　③にある「それ」が指しているのは、直前の「なにかをつくり出したり表現したりすること」である。また、直後の段落で「私たちは、そのようにして生き、なにかをつくり出し、表現していくとき、否応《いやおう》なしに～自分の感じたこと、知覚したこと、思ったことにのっとり、それらを出発点としないわけにはいかない」と述べている。これらの内容から、1のような理由が読みとれる。

㈤　まず、④の直後で「それらが私たちにとって内面化されず、私たち自身のものにならないからである」と理由を述べていることを押さえる。「それら」とは「知識や理論や技法」のこと。次に、④が「その結びつきを欠くときには」に続いていることに着目する。「その結びつき」とは、何と何の結びつきのことか。それは、その直前の「知識や理論や技法は、日常生活のなかで何気なしに自分が感じ、知覚し、思ったことと結びつくことなしには、生かされることができない」から読みとれる。これらの内容を、下線部を用いてまとめる。

㈥　「とらえる」は「え／え／える／える／えれ／えろ(えよ)」と活用する。未然形と連用形の活用語尾が同じなので、接続している言葉で判断する。「て」に接続しているので、2の「連用形」。

㈦　「共通性と安定性の上に立った知としての常識」とあるから、3の「固定的」が適する。

㈧　⑥の直後の一文に「たしかに高度の知識や理論や技法は、日常経験の知をこえ、また限られた社会や文化をこえて広い範囲に有効性を持ちうるだろう」とある。

㈨ア　⑦は、第2段落でこの二者を取り上げたことを指している。第2段落の最後で「展覧会場や演奏会場という特定の意味場そのものを生かして、つくることや表現することのなんたるかを、根本から問いなおしたものだからであろう」と述べていることから、下線部を抜き出す。　イ　⑦に続けて「〈芸術作品〉の通念(約束事)の底を突き破り、そこに～日常化された経験の底にある自明性をはっきり露呈させたことは、甚だ興味深い」と述べていることから、下線部を抜き出す。

㈩　第1段落で「私たちの一人ひとりは、ただ個人として在るのでないばかりか、単に集団の一員として在るのでもなくて、意味を持った関係のなかにある～社会や政治～と無関係でいることはありえない」、第7段落で「常識とは～わかりきったもの、自明になったものを含んだ知～そのなんたるかが、なかなか気づきにくい。常識の持つ曖昧さ、わかりにくさもそこにある。その点で～デュシャンとケージ～日常経験の自明性～宙《ちゅう》吊《づ》りにされ、問われているのである」と述べていることから、3のような主張が読みとれる。

《2023　数学　解説》

問題1

(1)　与式$=3-2=1$

(2)　与式$=10-25=\mathbf{-15}$

(3)　与式$=\dfrac{3(x+2y)+(4x-y)}{6}=\dfrac{3x+6y+4x-y}{6}=\boldsymbol{\dfrac{7x+5y}{6}}$

(4)　与式$=2\sqrt{2}-\sqrt{3}(\sqrt{6}-3\sqrt{3})=2\sqrt{2}-\sqrt{18}+9=2\sqrt{2}-3\sqrt{2}+9=\mathbf{9-\sqrt{2}}$

(5)　与式$=x^2-2x-3+4=x^2-2x+1=\boldsymbol{(x-1)^2}$

⑹　与式に$x=3$を代入すると，$-3^2+3a+21=0$　　$-9+3a+21=0$　　$3a=-12$　　$a=\mathbf{-4}$

⑺　$12=2^2\times3$だから，素因数分解したときに２を２個以上と３を１個以上含む数が，12の倍数である。

よって，12の倍数は㋒である。

問題２

⑴　ＡＢが直径だから，∠ＡＣＢ＝90°なので，∠ＡＣＤ＝90°－35°＝55°

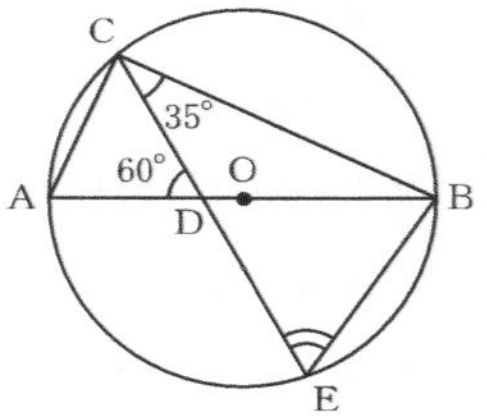

△ＡＣＤの内角の和より，∠ＤＡＣ＝180°－60°－55°＝65°

円周角の定理より，∠ＢＥＣ＝∠ＢＡＣ＝**65°**

⑵ア　**【解き方】ＧＨ//ＥＦより，△ＤＧＨ∽△ＤＥＦである。**

△ＤＧＨと△ＤＥＦの相似比は，ＤＧ：ＤＥ＝９：12＝３：４だから，

$\mathrm{GH}=\frac{3}{4}\mathrm{EF}=\frac{3}{4}\times5=\mathbf{\frac{15}{4}}$(cm)

イ　【解き方】柱体の側面は展開図において長方形になり，横が底面の周の長さ，縦が高さと等しいから，柱体の側面積は，(底面の周の長さ)×(高さ)で求められることを利用する。

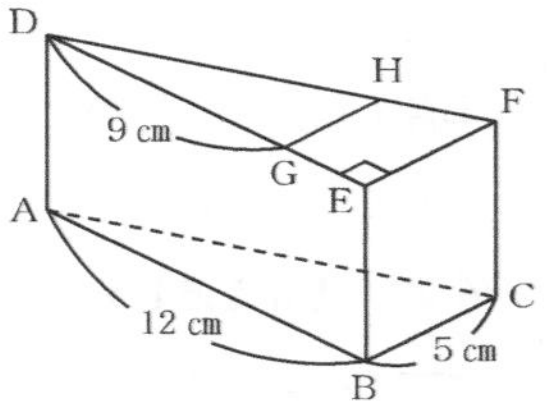

底面積は，$\frac{1}{2}\times12\times5=30$(㎠)

三平方の定理より，$\mathrm{AC}=\sqrt{12^2+5^2}=\sqrt{169}=13$(cm)だから，底面の周の長さは，

$5+12+13=30$(cm)　　したがって，高さをｈcmとすると，側面積は30ｈ㎠と表せる。

表面積について，$30\times2+30h=240$　　$30h=180$　　$h=6$　　よって，体積は，$30\times6=\mathbf{180}$(㎤)

⑶　**【解き方】ＤＧの長さからＤＨの長さを引いて求める。右のように作図すると，△ＡＨＤはＡＤ＝ＡＨの二等辺三角形で∠ＡＦＤ＝90°だから，ＤＨ＝２ＤＦとなる。**

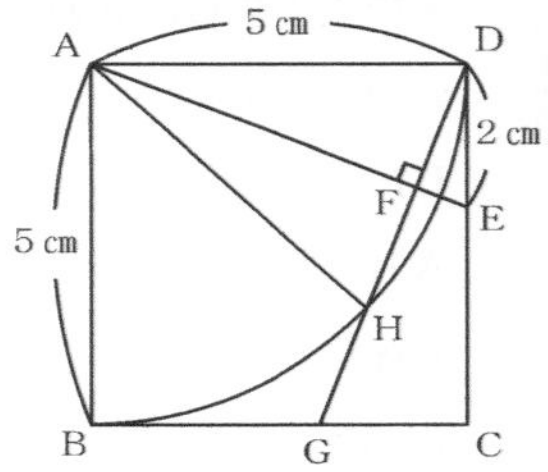

△ＡＤＥと△ＤＦＥにおいて，∠ＡＤＥ＝∠ＤＦＥ＝90°，

∠ＡＥＤ＝∠ＤＥＦだから，△ＡＤＥ∽△ＤＦＥ　　したがって，∠ＤＡＥ＝∠ＦＤＥ

△ＡＤＥと△ＤＣＧにおいて，ＡＤ＝ＤＣでその両端の角がそれぞれ等しいから，

△ＡＤＥ≡△ＤＣＧ　　したがって，△ＤＦＥ∽△ＤＣＧ

ＧＣ＝ＥＤ＝２cmだから，三平方の定理より，$\mathrm{DG}=\sqrt{5^2+2^2}=\sqrt{29}$(cm)

△ＤＦＥ∽△ＤＣＧより，ＤＦ：ＤＣ＝ＤＥ：ＤＧ　　$\mathrm{DF}:5=2:\sqrt{29}$　　$\mathrm{DF}=\frac{2\times5}{\sqrt{29}}=\frac{10\sqrt{29}}{29}$(cm)

よって，$\mathrm{GH}=\mathrm{DG}-2\mathrm{DF}=\sqrt{29}-2\times\frac{10\sqrt{29}}{29}=\mathbf{\frac{9\sqrt{29}}{29}}$(cm)

問題３

⑴　**【解き方】反比例の式は$y=\frac{a}{x}$または$xy=a$と表せる(ａは比例定数)。**

$xy=a$に$x=2$，$y=5$を代入すると，$a=10$となる。$xy=10$に$x=3$を代入すると，$3y=10$より，$y=\mathbf{\frac{10}{3}}$

⑵　**【解き方】(少なくとも１本は当たりである確率)＝１－(２本ともはずれの確率)，で求められる。**

Ａの引き方は５通り，Ｂの引き方は４通りだから，２本の引き方は全部で，$5\times4=20$(通り)ある。

Ａのうちはずれの３本を㋐，㋑，㋒，Ｂのうちはずれの１本を×とすると，２本ともはずれとなる引き方は，

(Ａ，Ｂ)＝(㋐，×)(㋑，×)(㋒，×)の３通りある。よって，２本ともはずれの確率は$\frac{3}{20}$だから，求める確率は，

$1-\frac{3}{20}=\mathbf{\frac{17}{20}}$

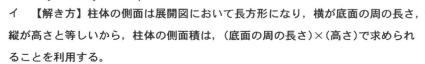

⑶　**【解き方】箱ひげ図からは，右図のようなことがわかる。半分にしたデータのうち，小さい方のデータの中央値が第１四分位数で，大きい方のデータの中央値が第３四分位数となる(データ数が奇数の場合，中央値を除いて半分にする)。**

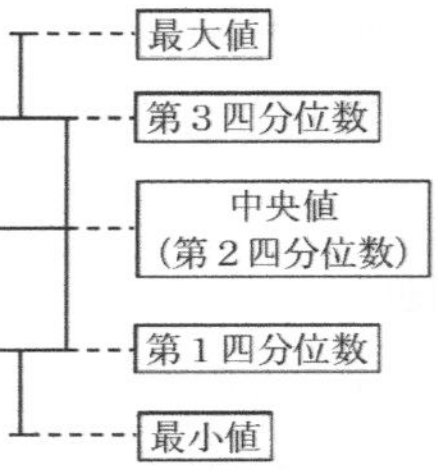

各駅ともデータは30個ずつあり，$30\div 2=15$ だから，小さい方15個のデータの中央値，つまり小さい方から８番目の値が第１四分位数，大きい方15個のデータの中央値，つまり大きい方から８番目の値が第３四分位数である。

㋐中央値以上の日は15日以上あり，Ａ駅の中央値は200より大きいから，正しい。

㋑Ａ駅もＢ駅も第１四分位数が150台だから，150台以下のデータが少なくとも８個あることはわかるが，150台未満はどちらが多いかわからない。よって，正しいとはいえない。

㋒(四分位範囲)＝(第３四分位数)－(第１四分位数)で箱ひげ図では箱の長さで表されるから，Ｃ駅の方がＢ駅より大きい。よって，正しい。

㋓最大値は大きい順にＢ駅，Ｃ駅，Ａ駅だから，正しくない。

よって，正しいといえるものは㋐，㋒である。

⑷ア　**【解き方】$y=x^2$のグラフは上に開いた放物線だから，xの絶対値が大きいほどyの値は大きくなる。**

$-\frac{3}{2}\leqq x\leqq 1$ でのyの最大値は，$x=-\frac{3}{2}$ のときの$y=(-\frac{3}{2})^2=\frac{9}{4}$，$y$の最小値は，$x=0$ のときの$y=0$ である。

よって，yの変域は，$\mathbf{0\leqq y\leqq \frac{9}{4}}$

イ　**【解き方】ＡＢの長さからＣＤの長さを求める。また，Ｃ，Ｄの座標をａの文字式で表して，ＣＤの長さをａの式で表し，ａの方程式を立てる。**

$y=x^2$ にＡのx座標の $x=-2$ を代入すると，$y=(-2)^2=4$ となるから，Ａ$(-2,\ 4)$である。

ＢはＡとy軸について対称だから，Ｂ$(2,\ 4)$なので，ＡＢ＝(ＡとＢのx座標の差)$=2-(-2)=4$

ＡＢ：ＣＤ＝８：５より，$\mathrm{CD}=\frac{5}{8}\mathrm{AB}=\frac{5}{8}\times 4=\frac{5}{2}$

直線ＯＢの式を$y=mx$とし，Ｂの座標を代入すると，$4=2m$ より $m=2$ となるから，直線ＯＢの式は，$y=2x$

$y=x^2$ にＣのx座標の $x=a$ を代入すると，$y=a^2$ となるから，Ｃ$(a,\ a^2)$である。

Ｄのy座標はＣのy座標と等しく$y=a^2$で，これを直線ＯＢの式$y=2x$に代入すると，$a^2=2x$ より $x=\frac{a^2}{2}$ となるから，Ｄ$(\frac{a^2}{2},\ a^2)$　　ＣＤ＝(ＣとＤのx座標の差)$=\frac{a^2}{2}-a$

したがって，ＣＤの長さについて，$\frac{a^2}{2}-a=\frac{5}{2}$　　$a^2-2a-5=0$

２次方程式の解の公式より，$a=\frac{-(-2)\pm\sqrt{(-2)^2-4\times 1\times(-5)}}{2\times 1}=\frac{2\pm\sqrt{24}}{2}=\frac{2\pm 2\sqrt{6}}{2}=1\pm\sqrt{6}$

$a<0$ だから，$a=\mathbf{1-\sqrt{6}}$

問題４

⑴ア　**【解き方】操作③を終えたあとの太郎さんの３枚のカードから考える。**

操作④で太郎さんが[5]と[7]を取り出した場合，$5+7+2=14$ を袋に入れるから，$X=14+7=21$ となる。

操作④で太郎さんが[7]と[7]を取り出した場合，$7+7+2=16$ を袋に入れるから，$X=5+16=21$ となる。

よって，求める値は**21**である。

イ　**【解き方】「私も太郎さんもＸ＝[　Ｐ　]になりました」という花子さんの発言から，カードの取り出し方に関わらず，Ｘの決まり方には一定の法則があると予想できるので，まずそれについて考える。**

アより，太郎さんの操作③のあとの３枚の数の和は $5+7+7=19$ であり，操作④のあとの２枚の数の和は21だから，その差は $21-19=2$ である。これは操作④でｃに２を加えたためである。同様に考えれば，最初の５枚の数の和は，操作②では変わらず，操作③で１増え，操作④で２増えるから，結局 $1+2=3$ 増えることになる。

つまり，X＝(５枚のカードの数の和)＋３となるから，次郎さんの５枚のカードの数の和は，62－３＝59 である。
また，操作③のあとの３枚の数の和は 59＋１＝60 だから，このときは 60÷３＝20 のカードが３枚入っていた。
最初の５枚の数はすべて異なるのだから，⑳のカードのうち２枚が最初から入っていたということはないので，
１枚の⑳は操作②でできたもの，つまりａ＝20 であり，１枚の⑳は操作③でできたもの，つまりｂ＝20－１＝19 であり，１枚の⑳は最初から入っていたものである。
よって，最初から入っていた５枚のカードは，**3** と 20－３＝**17**，**1** と 19－１＝**18**，**20** であり，和が
１＋３＋17＋18＋20＝59 となるから条件に合う。

(2)ア　【解き方】ペットボトル飲料の本数については第３段落でしかふれられていないので，ここから考える。
１日目に売れたペットボトル飲料の本数をａ本とすると，２日目に売れた本数は(ａ＋130)本と表せるから，
ａ＋(ａ＋130)＝280 より，２ａ＝150　　ａ＝75　　よって，求める本数は，**75** 本である。

イ　【解き方】条件が複雑なので，表にまとめて考える。
１日目については右表のようになる。

	1日目	
	届いた個数	売れた個数
アイスクリーム	x個	$\frac{30}{100}x$個
ドーナツ	y個	y個

$\frac{30}{100}x$がyより 34 大きいので，$\frac{30}{100}x=y+34$　　$y=\frac{3}{10}x-34$

ウ　【解き方】右のように表にまとめながら考える。

	1日目		2日目		残った個数
	届いた個数	売れた個数	届いた個数	売れた個数	
アイスクリーム	x個	$\frac{30}{100}x$個	0個		5個
ドーナツ	y個	y個	3y個		3個

ドーナツは２日目の販売開始時点で３y個あり，３個売れ残ったので，売れた個数は(３y－３)個である。これらはすべてセットで売れたので，セットで売れたアイスクリームも(３y－３)個である。
２日目の販売開始時点でアイスクリームは$x-\frac{30}{100}x=\frac{7}{10}x$(個)あり，セットで(３$y$－３)個，単品で４個売れて５個余ったので，$\frac{7}{10}x=(3y-3)+4+5$　　これを整理すると，$y=\frac{7}{30}x-2$
この式とイで求めた式を連立方程式として解くと，x＝**480**，y＝**110** となる。

問題５

まず，問題文の仮定を図にかきこんで，証明のために必要な条件を探そう。条件が足りない場合は，問題の内容に応じて，図形の性質，平行線の同位角・錯角，円周角の定理などからわかることもかきこんでみよう。
(2)については，ＢＪ＝ＨＫを証明するために何を証明すればよいか，それを証明するためには何を証明すればよいか，と結論からさかのぼって考えていこう。

《2023　英語　解説》

問題１

A　「ケンジは昨日，昼食後に父と皿洗いをしました」より，③が適当。

B　「私たちの学校には興味深い行事があります。クラスメイトの半数は学園祭が一番好きです。運動会も人気があると思うかもしれませんが，それよりも英語ドラマコンテストの方が人気があります。３人の生徒は合唱コンクールが一番好きです」より，①はイ「学園祭」，②はエ「英語ドラマコンテスト」，③はア「運動会」，④はウ「合唱コンクール」となる。

C　メグ「フルーツジュースを作りましょう！リンゴとバナナがあるよ。他に何かいるかな？」→ジョージ「牛乳は？」→メグ「あるといいな」より，ジョージの応答はイ「わかった。スーパーで牛乳を買ってくるよ」が適当。

D　ナンシー「土曜日に図書館でプロジェクトを終わらせましょう」→ユウジ「いいね。どこで待ち合わせする？」

→ナンシー「図書館のとなりの待ち合わせ場所公園で待ち合わせするのはどう？」→ユウジ「いいよ。８時50分に待ち合わせできる？」→ナンシー「うーん，待ち合わせ時刻８時30分だと早すぎる？９時には図書館の前にたくさんの人がいると思うよ」→ユウジ「わかった。早すぎないよ。１日中プロジェクトのことをやるから，どこかで一緒にランチを食べよう。Yuji が Nancy に持ってくるように言ったものお金を持ってきてね」

Ｅ　【放送文の要約】参照。

No. １　質問「ケンは自転車でどこへ行くのが好きでしたか？」…ウ「海」が適当。

No. ２　質問「ジムはなぜ四国に来たのですか？」…ア「寺院を訪れるため」が適当。

No. ３　質問「ケンは将来，ジムに何をしてほしいと頼みましたか？」…エ「ケンをイギリスの素敵な場所に連れていくこと」が適当。

【放送文の要約】

ケンの趣味は自転車に乗ることです。No. １ウ彼は海が好きで，自転車でよく海を見に行きました。彼はいつかもっと広い世界を見るために海を渡りたかったのです。

ある日，ケンが自転車に乗っているとき，困っている男性を見つけました。彼は日本人ではなさそうだったので，ケンは英語で「何かお手伝いしましょうか？」と尋ねました。男性は彼に「自転車に問題があるんです」と言いました。ケンは男性を最寄りの自転車店に連れて行くことにしました。No. ２アその男性の名前はジムで，自転車で四国の寺院を訪れるためにイギリスからやってきたのでした。彼はすでに88の寺院を参拝し終えるところでした。ケンはジムに「あなたのような強い男になりたいです」と言いました。ジムはケンに「あなたはすでに強いです。だって誰の助けも借りずに私を助けようとしてくれたから」ケンはそれを聞いて喜びました。ケンはジムに「No. ３エ将来イギリスに行くので，自転車で素敵な場所に連れて行ってください」と言いました。ジムは「もちろん！」と笑顔で言いました。

問題２　【本文の要約】参照。

(2)　直後にthanがあるので，〈比較級＋than＋○○〉「○○より～」の形にする。cheap「安い」の比較級cheaperが適当。

(3)　incredible「信じられない」と同じような意味の語はイ「驚くほど(すごい)」である。ア「人気のある」ウ「重要な」　エ「役に立つ」は不適当。

【本文の要約】

アヤ：こんにちは，ボブ。(a)ク今日の学校はどうだった？

ボブ：とても楽しかったよ。特に歴史の授業はとても面白かった。

アヤ：(b)キ授業で何を学んだの？

ボブ：日本の有名なお城について勉強したよ。そこに行きたいな。

アヤ：いいね。香川に有名なお城があるんだけど知ってる？(c)カいつかそこに連れて行くね。

ボブ：ありがとう。ところで，あの小屋は何？小屋の中にたくさんの野菜が見えるよ。

アヤ：そこは野菜のお店よ。たくさんの種類の野菜が売られているの。スーパーマーケットの野菜(2)より安い(＝cheaper)の。

ボブ：おお，本当に？それは面白い！店員はどこにいるの？

アヤ：あの店には店員がいないの。農家の人たちが来て，野菜を置いているだけよ。

ボブ：そうなの？店員がいないなんて驚きだよ。信じられない。(d)アそれらの野菜はどうやって買うの？

アヤ：買いたい野菜を選んで，箱にお金を入れるよ。

ボブ：なるほど。農家と客はお互いに信頼し合っているね。これは素晴らしい日本文化の１つかもしれないな。

問題3　【本文の要約】参照。

(1)　excitedは主語が人の文で，excitingは主語がものの文で使う。

(2)　look＋形容詞「～そうに見える」より，アが適当。

(3)　let＋人＋動詞の原形「(人)が～することを許す」より，let me see～「(僕に)～を見せてよ」となる。

(4)　ア「～も」，イ「そのとき／それから」，ウ「たいてい」は不適当。

(5)　「(人)に(こと／もの)を見せる」＝show＋人＋こと／もの　の「こと／もの」の部分に「～の方法」＝how to～を使う。

(6)　at first「最初は」より，イが適当。

(7)　「もっと多くの若い人々」＝more young people　「～に興味がある」＝be interested in～

(8)　伝統工芸教室に興味を持った蓮が，友達と一緒に別の教室に入ることにしたという話の流れを読み取る。直後のtraditional craft classが単数になっていることから，ア another「(別の)もう1つの」が適当。

(9)　「(場所に)～がある」と言うときは，〈場所＋has＋～〉とすることができる。関係代名詞(＝which)と語句(＝we don't know)が後ろから名詞(＝cultures)を修飾し，「私たちが知らない文化」という意味にする。

【本文の要約】

私は2年前に香川に引っ越してきました。ここに来てから，うどんや金毘羅山，オリーブなど，たくさんの面白いものを見つけました。どの文化にも長い歴史があり，私をわくわくさせてくれます。

ある日，私が家族と夕食を食べていたとき，祖母は新しいお皿を使っていました。お皿はとても綺麗で特別なもの②アのようでした(＝looked)。私は祖母に「新しいお皿を見せてよ。手描きの美しい模様がいいね。これはどこで買ったの？」と言いました。祖母は「あら，私はそれを買っていないわ。④エ実は(＝Actually)，私がこのお皿に模様を描いたの。漆芸って聞いたことある？このお皿を作るのに漆が使われていて，私はその上から模様を描いたの。友達が漆芸の講師をやっているのよ。彼は私にそれのやり方を見せてくれたわ。あなたもその教室に参加しない？」と言いました。私は驚いて「漆芸は聞いたことがあるけど，香川でできるとは知らなかったよ。やってみたいな」と言いました。

数日後，私は漆芸教室に行きました。⑥イ最初は(＝At first)模様を描くのが難しかったです。でも，お皿作りでは講師がずいぶん手助けしてくれました。教室が終わった後，私は講師に「手助けしていただき，ありがとうございました。楽しかったです」と言いました。講師は「それを聞いてうれしいです。漆芸は香川の伝統工芸のひとつです。多くの人に漆芸を伝えるために，私はこの教室を始め，私たちの生活に合った新しい漆芸を作ってきました。私たちはこの伝統的な工芸品を次の世代に伝えなければならないと思います。私はもっと多くの若い人々が，それに興味をもつことを望んでいます」と言いました。私は家に帰る時に彼女の言葉について考えました。そして，友達に電話をしてそのことを話しました。そして，彼と一緒に⑧アもう1つの(＝another)伝統工芸教室に入ることにしました。

香川は好きですか？ 私の答えはyesです。私は香川が大好きで，香川に住めて幸せです。私は，香川には私たちが知らない多くの伝統的な文化があると思います。私はそれらについてもっと知りたいです。一緒にそれらの文化を見つけませんか？

問題4　【本文の要約】参照。

(1)　控えに回された元気の様子が入る。get angry「怒る」より，イが適当。ア「忙しい」，ウ「眠い」，エ「疲れた」は不適当。

(2)　代名詞などの指示語の指す内容は直前にあることが多い。ここでは直前の元気の質問全体を指している。

(3)　直後のワタルの返答Of course, you can「もちろん，いいよ」と，チームのことを考えるワタルの姿に心を動かされている元気の様子から，元気はワタルにCan I join you?「君と一緒にやってもいい？」と尋ねたと考えられる。

(4)　元気が監督に，なぜワタルがキャプテンになったのかを尋ねられた場面。元気はワタルの姿から学び，ウ「彼のような人になりたい」と思っていることを読み取る。ア「彼のようにサッカーが上手になりたい」，イ「あなたのようにサッカーが上手になりたい」，エ「あなたのような人になりたい」は不適当。

(5)　直前の元気のインタビューでの発言に対して，チームのメンバーはうれしく思った。

(6)　2年生でキャプテンに選ばれなかったころの元気と比べて，3年生の最後のトーナメントで最優秀選手に選ばれた元気の変化を読み取る。エ「変えた」が適当。ア「見た」，イ「尋ねた」，ウ「勉強した」は不適当。

(7)(a)　「田中さんは試合中にいつも選手に何をするように言っていますか？」…第1段落3～4行目の内容を答える。　(b)　「2年生になったとき，元気はチームのキャプテンになりましたか？」…第2段落1～2行目より，元気ではなくワタルがキャプテンになったことがわかる。

(8)　㋐○「2年生になる前，元気はよくチームのために走ることをサボっていました」　㋑×「元気はワタルほどサッカーが上手くなかったので，控え選手でした」…本文にない内容。　㋒「練習試合中，×元気はチームのメンバーに素早く飲み物を渡しました」　㋓「ワタルは×チームのためにやるべきことがたくさんあったので，しばしば悲しくなりました」　㋔×「ワタルは元気に，他人のことを考えずに自分のことをもっと考えることが大切だと示しました」…本文にない内容。　㋕○「最後のトーナメントでは，元気はレギュラー選手としてチームのために懸命にプレーしました」

【本文の要約】

元気は香川県の中学生です。彼はサッカー部員で，毎日放課後にサッカーの練習をしています。彼はサッカーがとても上手なので，1年生の時からずっとチームのレギュラー選手です。(7)(a)チームでは，監督の田中さんは常に選手に，試合中はチームのために一生懸命走るように言います。しかし，(8)㋐元気は走ることが好きではなく，よくサボっていました。また，彼は時々，チームのメンバーの失敗を責めていました。

(7)(b)元気が2年生になったとき，彼はチームのキャプテンになれると思っていました。しかし，なれませんでした。彼のチームのメンバーのひとりであるワタルがキャプテンに選ばれました。彼は元気ほど上手にプレーすることができず，控え選手でした。元気はワタルがなぜキャプテンに選ばれたのか理解できませんでした。

ある日，練習試合が行われました。元気はその試合のメンバーではありませんでした。彼は①イ怒って（＝got angry），田中さんに「なぜ僕が控え選手なんですか？」と尋ねました。彼は「それについて，自分で考えてなさい。その答えがわかれば，もっといい選手になれるよ」と言いました。元気はワタルの隣で試合を観戦しました。そのとき，彼はワタルの良いところをいくつか見つけました。試合中，チームのメンバーが失敗をすると，ワタルはいつも彼らを励ましていました。また，彼は飲み物を素早く持ってきて，助けになるメッセージを添えて選手たちにそれらを渡しました。元気は驚き，ワタルに「なんでそんなに頑張って働いているの？」と尋ねました。彼は「だって，それはすべてチームのためだから。そりゃ，レギュラー選手になれないから，悲しくなることも多いけどね。でも，チームのためにできることは何でもしたいよ」と答えました。その言葉から，元気は，自分は自分のことしか考えておらず，ワタルは他人のことを考えていることがわかりました。試合後，ワタルは誰よりも先にグラウンドを整備し始めました。元気は「③君と一緒にやってもいい？」と言いました。ワタルは笑顔で「もちろん，いいよ」と言いました。その後，彼らは一緒にグラウンド整備をしました。その後，田中さんは元気に「ワタルがなぜキャプテンなのかわかった？」と尋ねました。彼は「はい。ワタルは，他人のことを考えてチームのために頑張ることが大切だということを僕に教えてくれました。彼は素晴らしい人です。僕は④ウ彼のような人になり（＝be the person like him）たいです」

元気とワタルは3年生になり，最後のトーナメントが始まりました。(8)㋕トーナメントでは元気はレギュラー選手でしたが，ワタルは依然として控え選手でした。試合中，元気は走ることをサボらず，チームのメンバーを励まし続けました。すべてはチームのためでした。彼らは勝ち続け，ついにトーナメントで優勝しました。また，元気は最優秀選手

賞を受賞しました。インタビューを受けた彼は，「僕がこの賞を受賞できたのは，メンバー全員がチームのために頑張ってくれたからです」と言いました。彼のチームのメンバーはそれを聞いてうれしく思いました。元気は「キャプテンのワタルに『ありがとう』と言いたいです。僕は彼から多くの重要なことを学びました。彼は僕を大きく⑥エ変えてくれました(＝changed)」とも言いました。ワタルは笑顔で彼を見ていました。

問題５　無理に難しい単語を使う必要はないので，書ける単語を使って文を作ろう。４文で書き，１文は５語以上にすること。(一人での旅行の例文)「私は一人での旅行の方がいいと思います。他人のことを考える必要はないので，行きたいところに行くことができます。簡単に計画を変更することもできます。お気に入りの場所が見つかれば，長く滞在することができます」　(友人との旅行の例文)「私は友達との旅行の方がいいと思います。まず，困ったときは助けてくれるので，一緒に旅行すれば安心です。次に，多くのことを一緒に楽しむことができます。後になって同じ体験について話すのも楽しいです」

《2023　理科　解説》

問題１

A(1)b　太陽が透明半球上を東から西に移動するのは，地球が地軸を中心にして西から東へ自転しているために起こる見かけの動きである。この動きは太陽の１日の動きだから，太陽の日周運動と呼ばれる。　**c**　透明半球上で，１時間に太陽が移動する長さと15時からQまで太陽が移動する長さを比べることで，日の入りの時刻を求める。表Ⅰより，太陽は１時間に13.0－10.4＝2.6(cm)移動し，15時からQまでの長さは37.2－26.0＝11.2(cm)だから，15時からQまで太陽が移動するのにかかる時間は$\frac{11.2}{2.6}$＝4.3…→４時間18分となる。よって，15時＋４時間18分＝19時18分より，ウが正答となる。　**d**　南中時刻は日の出の時刻と日の入りの時刻のちょうど真ん中の時刻だから，日の出の時刻と日の入りの時刻がともにZよりも早いYの方が，南中時刻も早い。また，YとZは同じ緯度にあるので，太陽の南中高度は同じである。　**e**　太陽の南中高度は夏至の日の６月20日ごろを境に少しずつ低くなったあと，冬至の日の12月20日ごろを境に少しずつ高くなっていくので，７月上旬と同じ南中高度になるのは，６月上旬である。よって，エが正答となる。

(2)　単位面積あたりに地面が得るエネルギーが最も多くなるのは，太陽の光が地面に垂直に当たるときである。

B(1)a　水蒸気が液体の水に変化すると体積が約1700分の１になるので，空き缶の中の気体の体積が減って，圧力が空き缶の外の気圧よりも小さくなる。　**c**　極付近の地表近くで吹く北東の風を極偏東風，赤道付近の地表近くで吹く北東の風を貿易風という。　**(2)a**　台風は日本の南の海上で発生した熱帯低気圧が発達したものである。台風は太平洋高気圧のふちに沿って進む。　**b**　９月29日の18時に気圧が最も低くなっていることから，この時刻に台風の中心が最も近づいたと考えられる。また，台風の中心に向かって，風は反時計回りに吹き込むので，台風の中心が最も近づいたときの風向が北であることから，観測地点の南側を通過したと考えられる。よって，アが正答となる。　**c**　エの乱層雲は，長い時間，弱い雨を降らせる雲である。

問題２

A(1)a　有性生殖に対し，受精が関係しないふえ方を無性生殖という。　**b**　㋐→㋒→㋔→㋑の順に細胞分裂によって細胞の数が増えていき，㊀でからだの形ができてくる。　**(2)**　受精が関係しない無性生殖では，子の形質は親と同じになる。

B(2)　ヨウ素液はデンプンにつけると青紫色に変化する。　**(3)**　ある条件について調べたいときは，その条件だけが異なる２つの実験の結果を比べる。アルミニウムはくでおおった部分は光が当たらないので，Pはaとd，ふの部分は葉緑体がないので，Qはaとbである。　**(4)**　葉が光をたくさん光を受けることで，光合成を盛んに行うことができる。

C(1)b　目が受け取った刺激の信号はせきずいを通らず，直接脳に伝わる。脳からの命令の信号は，せきずいを通って筋肉へ伝わり，反応が起こる。　c　うでを曲げている状態からのばすとき，Lの筋肉がゆるみ，Mの筋肉が縮む。反対に，うでをのばしている状態から曲げるときはLの筋肉が縮み，Mの筋肉がゆるむ。脳やせきずいは中枢神経，運動神経や感覚神経は末しょう神経である。　(2)a　ゴム膜(横隔膜)を引き下げると，ペットボトル内(胸部の空間)の空気の圧力が下がるので，ストロー(気管)からゴム風船(肺)に空気が吸いこまれる。　b　吸う息とはく息で，ともに最も割合が大きいXが窒素，次に大きいYが酸素，吸う息に比べてはく息で割合が大きく増えたZが二酸化炭素である。　(3)　肺胞と同様に，小腸の柔毛も表面積を大きくするつくりである。

問題3

A(1)　実験Ⅰで，Ⓐを入れたときに陽極から発生した気体が酸素だったので，Ⓐはうすい水酸化ナトリウム水溶液である。うすい水酸化ナトリウム水溶液を図Ⅰの装置に入れて電流を流すと，陽極から酸素，陰極から水素が発生する。　(2)　実験Ⅰで電流が流れないⒹとⒺは砂糖水かエタノール水溶液である。よって，操作㋑をおこなえば，砂糖水は固体が残り，エタノール水溶液は何も残らないので，これらがどの水溶液か調べることができる。

(3)　ⒷをつけたところのｐＨ試験紙は赤色に変化し，ⒸをつけたところのｐＨ試験紙は変化しなかったので，Ⓑはうすい塩酸，Ⓒは食塩水とわかる。電圧を加えると，うすい塩酸中の水素イオン〔H^+〕は＋の電気を帯びているので陰極に向かって移動する。　(4)　食塩水では，塩化ナトリウム〔NaCl〕がナトリウムイオン〔Na^+〕と塩化物イオン〔Cl^-〕に電離している。　(5)　うすい水酸化ナトリウム水溶液にうすい塩酸を加えていくと，たがいの性質を打ち消し合う中和が起こり，塩化ナトリウムと水ができる。このとき，うすい水酸化ナトリウム水溶液中の水酸化物イオン〔OH^-〕とうすい塩酸中の水素イオン〔H^+〕が反応して水ができるが，うすい水酸化ナトリウム水溶液中のナトリウムイオン〔Na^+〕とうすい塩酸中の塩化物イオン〔Cl^-〕はイオンのまま残っている。よって，水溶液の色が青色でアルカリ性だから，水酸化物イオンは水素イオンよりも多く，反応前の水酸化物イオンの数とナトリウムイオンの数は同じだから，この水溶液に含まれているイオンのうち最も数が多いのはナトリウムイオンである。

B(1)　すべてのマグネシウムが酸素と結びついて酸化マグネシウムになると，質量は変化しなくなる。　(2)　1.20ｇのマグネシウムがすべて反応すると　2.00－1.20＝0.80(ｇ)の酸素と結びつくので，1.60－1.20＝0.40(ｇ)の酸素と結びついたとき，半分のマグネシウムが反応したことがわかる。よって，1.20÷２＝0.60(ｇ)となる。　(3)　結びついた酸素の質量は，加熱後と加熱前の質量の差である。　(4)　図Ⅱでは，二酸化炭素はマグネシウムによって還元されて炭素になり，マグネシウムは酸化されて酸化マグネシウムになった。次に行った実験では，酸化銅は炭素によって還元されて銅になり，炭素は酸化されて二酸化炭素になった。よって，酸素と結びつきやすい順に㋐マグネシウム，㋒炭素，㋑銅となる。

問題4

A(1)　凸レンズを通してできる実像は実物と上下左右が反対向きになる。光源側から見たとき，厚紙のKは㋐の向きに見えるので，㋐と上下左右が反対の㋓が正答となる。　(2)　光源を焦点距離の２倍の位置に置くと，反対側の焦点距離の２倍の位置のスクリーンに物体と同じ大きさの実像ができる。この位置を基準にする。スクリーンにできる像の大きさを小さくするには，基準の位置から物体と凸レンズの距離を大きくし，スクリーンと凸レンズの距離を小さくすればよい。

図ｉ
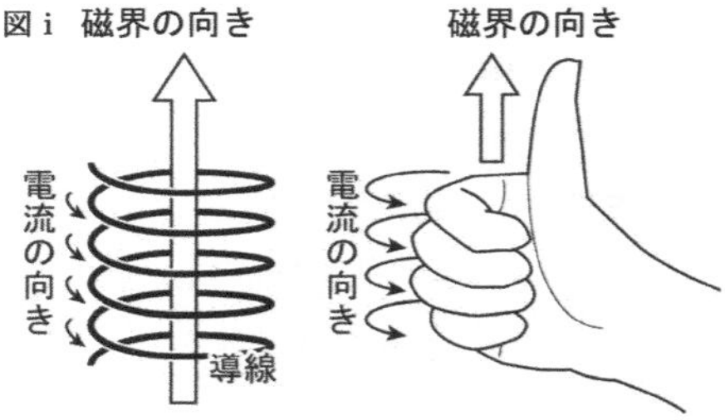

B(1)　〔電圧(Ｖ)＝抵抗(Ω)×電流(Ａ)〕より，3.0×1.5＝4.5(Ｖ)となる。　(2)　コイルにできる磁界の向きは，図ｉのように右手を使って調べることができる。磁力線の本数が多いYの磁界は，本数が少ないXの磁界よりも強い。　(3)　LとMの合成抵抗を求める。合成抵抗をR，並列部分のそれぞれの抵抗をR_1，R_2とするとき，〔$\frac{1}{R}=\frac{1}{R_1}+\frac{1}{R_2}$〕

が成り立つので，$\frac{1}{R}=\frac{1}{3.0}+\frac{1}{6.0}=\frac{1}{2}$より，R＝２(Ω)となる。よって，電圧計は２×1.8=3.6(V)を示す。

(5)　誘導電流の向きは，コイルに近づける棒磁石の極，棒磁石の動かし方，コイルのどちら側か，の３つによって決まる。１つ反対にすると誘導電流の向きは反対に，２つ反対にすると誘導電流の向きは同じに，３つ反対にすると誘導電流の向きは反対になる。図Ⅵで棒磁石をコイルに近づけるとき，図Ⅴと比べて２つ反対になったので，電流の向きは同じになり，図Ⅵで棒磁石をコイルから遠ざけるとき，図Ⅴと比べて３つ反対になったので，電流の向きは反対になる。よって，イが正答である。

C(1)　ばねばかりを一定の速さで引き上げたので，このとき糸が力学台車を引く力と滑車をとりつけた力学台車にはたらく重力はつり合っている。よって，糸が力学台車を引く力と滑車をとりつけた力学台車にはたらく重力の大きさは等しい。　　(2)　仕事の原理より，斜面や動滑車を使っても，仕事の大きさは6.0Nの力学台車を30㎝→0.3m持ち上げたときと変わらないので，〔仕事(Ｊ)＝力(N)×物体を動かした距離(m)〕より，6.0×0.3＝1.8(Ｊ)となる。

(3)　質量と速さが大きいほど物体がもつ運動エネルギーは大きくなり，質量と基準面からの高さが大きいほど物体がもつ位置エネルギーは大きくなる。図Ⅲでは，力学台車を一定の速さで真上に引き上げたので，運動エネルギーは変化しないが，高さが高くなったので位置エネルギーは大きくなる。よって，力学台車がもつ力学的エネルギー(位置エネルギーと運動エネルギーの和)は大きくなる。　　(4)　ｓ，ｔ，ｕの仕事の大きさは同じだから，〔仕事率(W)＝$\frac{仕事(Ｊ)}{時間(ｓ)}$〕より，時間が長いほど仕事率は小さくなる。力学台車が30㎝の高さまで上がるのにかかる時間は，ｓが30÷5.0＝６(秒)，ｔが9.0秒，ｕは動滑車を使っており，糸を引く長さは力学台車が持ち上がる高さの２倍になるので，(30×２)÷8.0＝7.5(秒)となる。よって，仕事率は小さい順にｔ，ｕ，ｓとなる。　　(5)　実験Ⅲでは動滑車を使っており，ばねばかりが示す値は滑車をとりつけた力学台車にはたらく重力の半分の3.0Nになるので，Ｘによってばねばかりが示す値が4.0−3.0＝1.0(N)，Ｙによってばねばかりが示す値が5.0−3.0＝2.0(N)増えたことから，力学台車にＸとＹを同時にとりつけると，ばねばかりの値は3.0＋(1.0＋2.0)＝6.0(N)となる。

《2023　社会　解説》

問題１

(1)　エ　　労働基本権の１つである団結権の説明である。アは参政権，イは日本国憲法に規定のない新しい人権，ウは財産権(自由権)である。基本的人権の分類については，右図を参照。

基本的人権
- 平等権(法の下の平等・両性の本質的平等)
- 自由権(生命身体の自由・精神の自由・経済活動の自由)
- 社会権(生存権・教育を受ける権利・労働基本権)
- 請願権(裁判を受ける権利・請願権・国家賠償請求権など)
- 参政権(選挙権・被選挙権など)

(2)a　イ　　議院内閣制…国会の信任に基づいて存立する内閣が，国会に対して連帯して責任を負う仕組み。国会議員の国会における発言の免責特権は，国会議員の自由な発言を保障するもので，議院内閣制にあてはまらない。　b　㋐，㋓　　逮捕・勾留・差し押さえなどの強制捜査・強制処分には，裁判所が発行する令状が必要である(令状主義)。　c　ウ　　すべての裁判所(最高裁判所・下級裁判所)の運営は国が行っている。

(3)　総会　　「すべての加盟国が平等に１票をもって」とあることから総会と判断する。国際連合の安全保障理事会については，５の常任理事国と10の非常任理事国の投票によって採決される。

(4)　南南問題　　ヨーロッパ・アメリカ・日本などの先進国に対し，発展途上国は低緯度地域や南半球に多いことから，発展途上国を南に例える。先進国と発展途上国の間の経済格差の問題は南北問題という。

(5)a　エ　　税を負担する人と納める人が一致する税を直接税，税を負担する人と納める人が異なる税を間接税といい，日本の直接税と間接税の比率(直間比率)は，およそ６：４である。よって，Ⓧは間接税である。

b　所得が高くなるほど税率が高くなることが書かれていればよい。累進課税には所得の再分配の機能がある。

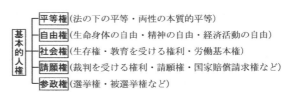

(6)　㋑　口約束でも契約は成立する。

(7)　ア　株式会社が倒産した場合，株主は，出資した金額を失うだけで，それ以上の負担を負う必要がない。これを株主の有限責任という。

(8) a　㋐，㋓，㋕　デフレーション…物価が継続的に下落する現象。インフレーション…物価が継続的に上昇する現象。デフレーションは不況時に，インフレーションは好況時に起こりやすい。需要…商品を買う動き。供給…商品を売る動き。需要量が供給量を上回ると商品の価格は上昇し，需要量が供給量を下回ると商品の価格は下落する傾向にある。

(9) a　夫婦間において，家事と育児は女性，仕事は男性の仕事という古くからの固定概念から，育児や家事をする30代の女性の就業率が低くなるため，年代別の就業率のグラフは30代が落ち込むM字型になる。　b　正社員は年齢とともに賃金が上昇していくのに対して，非正規労働者の賃金は上昇していかないことを読み取る。一度採用された非正規労働者の時給はなかなか上がらないことが読み取れる。　c　働き方改革の内容を考えよう。働き方改革…個々の労働者の事情に応じて，多様な働き方を選択できるようにする取り組み。フレックスタイム制の導入や，ライフステージ(結婚・出産・育児・介護など)に合わせて働き方を選択可能にするなどの取り組みをする企業が増えている。

問題２

(1)　ウ　アは弥生時代，イは古墳時代，エは旧石器時代。

(2)　大宝律令　律は刑罰，令は行政上の決まりを意味する。文武天皇の指示によって，藤原不比等・刑部親王らによって作成されたのが大宝律令である。

(3) a　ア　国風文化は，遣唐使が停止された後の平安時代中頃に栄えた日本独特の文化である。国風文化を代表するものとして，かな文字・寝殿造・十二単・大和絵などがある。イは奈良時代，ウは室町時代，エは鎌倉時代。
b　㋑→㋒→㋐　㋑(墾田永年私財法の制定による荘園の発生・奈良時代)→㋒(藤原氏などの有力貴族による寄進地系荘園の増加・平安時代)→㋐(太閤検地による荘園制の否定・安土桃山時代)　c　㋑／院政　堀河天皇は，白河天皇の子。後三条天皇…藤原氏による摂関政治が続く中，藤原氏を外戚とせず，藤原氏と関係の薄い貴族を登用し，親政を行った天皇。白河天皇…後三条天皇の子。初めて院政を始めた天皇・上皇。院政…子に位を譲った上皇が，天皇に代わって行う政治。院政は，自分の子に権力・地位が確実に伝えるために行われた。

(4) a　建武の新政　後醍醐天皇は，それまでのやり方を変え，権力を天皇に集中させた政治を行ったため，武家や公家の反感を買い，新政はわずか２年余りで終わった。　b　ア　本居宣長は『古事記伝』で知られる国学者。杉田玄白は『解体新書』で知られる蘭学医。滝沢馬琴(曲亭馬琴)は『南総里見八犬伝』で知られる作家。

(5) a　イ　戦乱＝応仁の乱，中断されていた祭り＝祇園祭，絹織物＝西陣織などから京都を導く。
b　問屋制と工場制の違いを理解しよう。各家庭で作業を行うために，材料や道具を貸し出すのが問屋制，働き手を一カ所に集め，分業によって生産するのが工場制である。作業を手作業で行えば手工業，機械を使って作業を行えば機械工業となる。

(6)　㋑，㋒　北アメリカの北部13州は，茶条例に反発してボストン茶会事件を起こし，独立戦争を始めた。王政の廃止→共和政→ナポレオンによる帝政までをフランス革命とする場合がある。ナポレオンが失脚すると，ルイ18世による王政復古が実現した。

(7) a　版籍奉還　大名のもつ版(土地)と籍(人民)を，朝廷に返させることを版籍奉還と呼ぶ。大名は知藩事に任命され，その地に残ることができたため，中央集権が進まなかった。そこで，廃藩置県を行い，中央政府から府知事・県令を送り，中央集権体制を築いていった。　b　㋒→㋐→㋑　㋒(岩倉使節団・1871年)→㋐(西南戦争・

1877 年)→㋑(国会期成同盟・1880 年)　**c**　㋓　ロシアが旅順と大連の租借権を日本にゆずりわたしたのは，日露戦争(1904 年)の講和条約であるポーツマス条約(1905 年)においてであった。㋐の琉球処分は 1879 年，㋑の三・一独立運動は 1919 年，㋒の二十一か条の要求は 1915 年。

(8) a　ア　イは昭和時代(1960 年代)，ウは明治時代，エは昭和時代(1950 年代)。

b　満州国の建国を認めないこと，日本軍が満州から撤退することの２つを盛り込もう。　**c**　選挙権の年年齢や要件の変化については，右表を参照。

選挙法改正年 (主なもののみ抜粋)	直接国税の要件	性別による制限	年齢による制限
1889 年	15 円以上	男子のみ	満 25 歳以上
1925 年	なし	男子のみ	満 25 歳以上
1945 年	なし	なし	満 20 歳以上
2015 年	なし	なし	満 18 歳以上

d　日ソ共同宣言　ある国とはソ連(現在のロシア)のこと。ソ連は国際連合の安全保障理事会の常任理事国の１つであり，常任理事国には議案を廃案にする拒否権があった。アメリカと冷戦状態であったソ連は，日本がアメリカ側で国際社会に復帰することに反対し，拒否権を行使して，日本の国際連合への加盟を阻んでいた。1956 年に日ソ共同宣言に調印し，日本とソ連の国交が回復すると，ソ連の反対がなくなり，日本の国際連合への加盟が実現した。サンフランシスコ平和条約に調印していなかった大国には，ソ連，中華人民共和国，インドなどがあった。

問題３

(1) a　A　アテネからの距離は，Aが約 15000 km，Bが約 8000 km，Cが約 12000 km，Dが約 10000 kmである。

b　20 日午前１時　経度差 15 度で１時間の時差が生じる。日本は東経 135 度の経線を標準時子午線としているから，東京とキングストンの経度差は 135＋75＝210(度)，時差は 210÷15＝14(時間)になる。東経に位置する東京の方が，西経に位置するキングストンより時刻は進んでいるから，キングストンの時刻は，東京の時刻より 14時間遅れた，３月 20 日午前１時になる。　**c**　環太平洋造山帯　環太平洋造山帯は，太平洋を取り巻く新期造山帯で，活発な火山活動をする火山が多く，地震が多い地域である。　**d**　㋑，㋓　資料Ⅰを見ると，６月から８月までの気温が低く，10 月から１月までの気温が高いことが読み取れる。これは南半球の特徴だから，オーストラリア大陸に位置するダーウィンが資料Ⅰだとわかる。次に資料Ⅰの６月から８月の降水量を見ると，ほとんど雨が降っていないことが読み取れるから，この時期は乾季であると判断できる。

(2)　Bの「水はけがよい」は「水持ちが悪い」でもよい。

(3) a　ウ　年ごとの変化は折れ線グラフにするとわかりやすい。割合は，帯グラフや円グラフにするとよい。

b　イ　資料Ⅰを見ると，2006 年から 2009 年にかけて，米の生産量は増え，輸出量は減っていることから，世界全体の米の生産量に占める輸出量の割合は，2009 年の方が小さい。

(4)　貿易摩擦…２国間貿易において，輸出量と輸入量に大きな隔たりが生じること。特に日米間の貿易において，日本からアメリカへの自動車の輸出量が増えたことで，日本の輸出量が輸入量を大幅に上回る輸出超過となった。これによってアメリカの自動車産業が打撃を受け，そこで働く労働者たちによるジャパンバッシングが起きた。そこで日本の自動車メーカーは，貿易摩擦の解消と現地の労働者の雇用対策として，組み立て工場をアメリカに移転させた。

(5)　㋒→㋑→㋐　1955～1975 年はほぼ高度経済成長期にあたる。この時期，三大都市(東京・大阪・名古屋)への人口集中が進み，地方で過疎化が進行したから，1955～1975 年の略地図は㋒が適当である。高度経済成長が終わると，地方の産業構造が変わり，地方に生産拠点をうつす工場が増えたことで，地方の人口減少が止まったから，1975～1995 年の略地図は㋑が適当である。1995 年以降は東京への一極集中が進むことから，1995～2015 年の略地図は㋐が適当である。

(6) a　2400m　(実際の距離)＝(地図上の長さ)×(縮尺の分母)より，9.6×25000＝240000(cm)＝2400(m)

b　北西　　警察署(⊗)の地図記号は，東武日光駅の北側にある。地図上では上が北，左が西を示すから，左上の方角は北西になる。　c　ウ　　大雨による土石流の被害を防ぐための砂防ダムの写真である。火砕流は火山の噴火，液状化は地震，高潮は台風などによって起きる災害である。　d　エ　　Ｙ＋Ｚの値がほぼＸの値に等しくなることから，Ｘは消費量である。ＹとＺのうち，年々減少していくＺが国内生産量だから，残ったＹは輸入量である。　e　イ　　製造品出荷額等の総額が高いアとイは，北関東工業地域と瀬戸内工業地域である。この２つのうち，化学の割合が高いアが瀬戸内工業地域，機械の割合が高いイが北関東工業地域である。ウは東海工業地域，エは京葉工業地域。

香川県公立高等学校

《2022　国語　解答例》

問題一　㈠ａ．こうてい　ｂ．ただよ　ｃ．ていねい　ｄ．きざ　㈡別次元の存在だと感じていた徹が、川木の発言の自分を頼りにしている　㈢３　㈣４　㈤誰にも気づかれていないと思っていた下を見ないという自分の信念に、川木が気づいていたこと　㈥３　㈦一人で　㈧１

問題二　㈠おわし　㈡２　㈢ことわり　㈣３　㈤３

問題三　㈠ａ．単　ｂ．複雑　ｃ．政策　ｄ．前提　㈡２　㈢聞き手と語り手の相互作用といった条件のもとで創造されるもので、聞き手には積極的に相手を受容すること　㈣２　㈤４　㈥ア．決められた枠組み　イ．代替できない固有の価値があり、意味がある　㈦１　㈧１　㈨Ⓓ　㈩４

問題四　（例文）

私は、成長するために大切なこととして、太郎さんの言った「周囲の助言をよく聞くこと」と同時に、自分の苦手なことにも挑戦することを挙げたいと思います。サッカー部員の私は、自分がだれよりも得点したいという気持ちでプレーしていました。あるときコーチに、チームワークを大切にしなければ勝てないと助言されました。チームメイトとコミュニケーションをとることは、人見知りの私にとって、苦手なことへの挑戦でした。しかし、努力するうちに少しずつチームメイトと心が通うようになりました。この挑戦で人として成長できたと思います。

《2022　数学　解答例》

問題１　(1)-6　(2)$x-11y$　(3)$3a-2b$　(4)$3-\sqrt{2}$　(5)$3(x+2)(x-2)$　(6)$x=2\pm\sqrt{5}$　(7)㋓

問題２　(1)55　(2)ア．㋑　イ．$32\sqrt{5}$　(3)$\frac{9\sqrt{3}}{13}$

問題３　(1)$\frac{5}{36}$　(2)㋑，㋓　(3)ア．-1　イ．$\frac{3}{4}x+\frac{9}{2}$　※(4)ａの値…５　ｂの値…12

問題４　(1)ア．56　イ．12，13　(2)ア．12　イ．$0\leqq x\leqq 5$のとき…$\frac{12}{25}x^2$　$5\leqq x\leqq 10$のとき…$\frac{12}{5}x$　※ウ．３

問題５　(1)△ＡＣＤと△ＡＥＢにおいて，

仮定より，∠ＣＡＤ＝∠ＥＡＢ…①

$\overset{\frown}{AC}$に対する円周角は等しいから，∠ＡＤＣ＝∠ＡＢＣ

∠ＡＢＣ＝∠ＡＢＥだから，∠ＡＤＣ＝∠ＡＢＥ…②

①，②より，２組の角がそれぞれ等しいから，△ＡＣＤ∽△ＡＥＢ

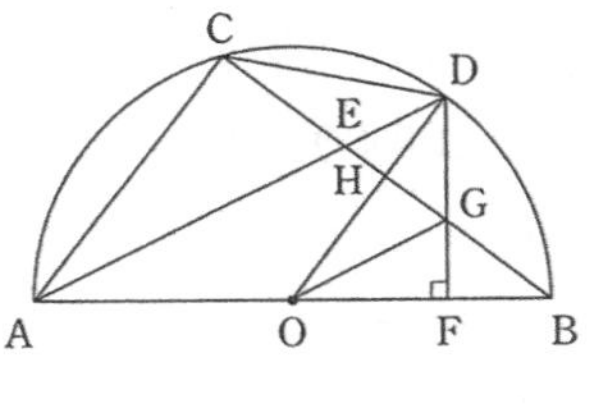

(2)半円Ｏの半径だから，ＯＡ＝ＯＤ…①，ＯＤ＝ＯＢ…②

①より，△ＯＡＤは二等辺三角形　よって，∠ＯＡＤ＝∠ＯＤＡ

仮定より，∠ＣＡＤ＝∠ＯＡＤだから，∠ＣＡＤ＝∠ＯＤＡ

錯角が等しいから，ＡＣ//ＯＤ…③

△ＯＤＦと△ＯＢＨにおいて，

共通な角だから，∠ＤＯＦ＝∠ＢＯＨ…④

ＡＢは直径だから，∠ＡＣＢ＝90°　③より，同位角が等しいから，∠ＯＨＢ＝∠ＡＣＢ＝90°

仮定より，∠ＯＦＤ＝90°　よって，∠ＯＦＤ＝∠ＯＨＢ＝90°…⑤

②，④，⑤より，直角三角形の斜辺と１つの鋭角がそれぞれ等しいから，△ＯＤＦ≡△ＯＢＨ

よって，ＯＦ＝ＯＨ…⑥

△ＯＦＧと△ＯＨＧにおいて，

ＯＧは共通…⑦

⑤より，∠ＯＦＧ＝∠ＯＦＤ，∠ＯＨＧ＝∠ＯＨＢだから，∠ＯＦＧ＝∠ＯＨＧ＝90°…⑧

⑥，⑦，⑧より，直角三角形の斜辺と他の１辺がそれぞれ等しいから，△ＯＦＧ≡△ＯＨＧ

※の求める過程は解説を参照してください。

―《2022　英語　解答例》

問題１　A．③　B．④　C．ウ　D．Emi が行こうとしている場所…駅　Emi が選ぶ交通手段でその場所までかかる時間…15　Emi が楽しみにしていること…アップルパイを食べる

E．No. 1．イ　No. 2．エ　No. 3．イ

問題２　(1)(a)ウ　(b)エ　(c)キ　(d)ク　(2)believe　(3)エ

問題３　(1)イ　(2)began　(3)Can you tell me what it means　(4)ア　(5)person like my grandfather is called　(6)エ　(7)ウ　(8)will try to make kendo popular　(9)please imagine that kendo will spread to other countries in the future

問題４　(1)Why do you think so　(2)イ　(3)勇太がこれらのトマトが一番好きだということ。　(4)イ

(5)コンテストは，この町のおいしい野菜を多くの人に紹介するために開かれること。　(6)エ

(7)(a)A vegetable cooking contest is　(b)No, he didn't　(8)㋐，㋕

問題５　(the country の例文) People in the country know each other well／So, when we have problems there, we try to help each other／Also, there are quiet places with mountains and rivers／So, we can enjoy climbing mountains and fishing in the rivers　(a city の例文) First, there are many trains and buses in a city／It is helpful when we are out／Second, we can find many big stores in a city／So, it is easy to buy things we want

―《2022　理科　解答例》

問題１　A．(1)a．エ　b．77　(2)a．1016　b．㋑，㋓　(3)a．㋑，㋒　b．露点に達した空気中の水蒸気が水滴に変わり　B．(1)a．イ　b．斑晶　c．㋐，㋒　(2)a．㋑，㋒　b．㋓　(3)ウ

問題２　A．(1)P．食物連鎖　Q．食物網　(2)㋐→㋒→㋑　B．(1)㋓　(2)P．イ　Q．オ　(3)㋑，㋓　(4)a．柔毛　b．㋐，㋒　(5)血液中の尿素などの不要な物質をとり除くはたらき。／栄養分などの必要なものを血液中に戻すはたらき。／血液中の塩分などの量を一定に保つはたらき。などから１つ　C．(1)気泡が入らないようにするため。　(2)数値…150　記号…㋐　(3)気孔　(4)オ　(5)道管

問題３　A．(1)$BaSO_4+2H_2O$　(2)記号…㋐，㋓　言葉…質量保存　(3)容器内の気体の一部が容器から逃げたから。

(4)1.2　B．(1)㋓　(2)［二酸化炭素と水が発生するが／水だけが発生する］，［二酸化炭素が発生するが／二酸化炭素が発生しない］などから１組　(3)P．酸化　Q．発熱　(4)$HCl \rightarrow H^+ + Cl^-$　(5)記号…ア　性質…水にとけやすく，空気より軽い　(6)ウ

問題４　A．(1)0.60　(2)ウ　(3)9.0　(4)㋒，㋓　(5)［包丁／食品を切りやすく］，［フォーク／食品にささりやすく］，［針／布にささりやすく］などから１組

B．(1)0.40　(2)2.8　C．(1)㋐，㋒　(2)40　(3)右グラフ　(4)1.0　(5)9.0

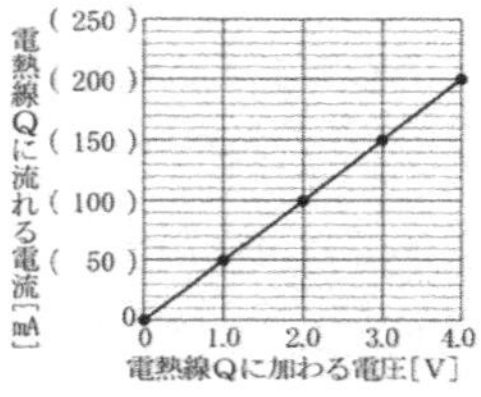

《2022　社会　解答例》

問題１　⑴エ　⑵ａ．国政調査権　ｂ．ア　ｃ．記号…㋒　理由…衆議院の優越が認められている〔別解〕衆議院の議決が国会の議決になる　ｄ．イ　⑶パリ協定　⑷ａ．㋒，㋓　ｂ．ウ　ｃ．発展途上国の生産者の自立した生活を支えることを目的に，農作物などを一定以上の価格で買い取る取り組み。　ｄ．エ　ｅ．従業員の生活を守ること。／社会貢献活動をすること。／環境に配慮すること。などから１つ　⑸ａ．ウ
ｂ．記号…㋐　言葉…拒否権

問題２　⑴エ　⑵ａ．イ　ｂ．ア　ｃ．北条時宗　ｄ．㋐，㋒　ｅ．肥料として用いられた。　⑶ａ．ア
ｂ．㋒→㋐→㋑　ｃ．仏教である〔別解〕キリスト教ではない　⑷ａ．㋑→㋒→㋐　ｂ．イ　⑸ａ．イ
ｂ．戦争に必要な船舶や鉄鋼などを生産し，重工業が急成長したから。／戦場とならなかったわが国に，軍需品の注文があいついだから。／連合国などへの工業製品の輸出が大幅に増えたから。などから１つ　ｃ．ア
ｄ．㋐，㋓　⑹ポツダム宣言　⑺ａ．㋐　ｂ．エ

問題３　⑴ａ．Ｄ　ｂ．11，50　ｃ．オーストラリア　ｄ．イ　ｅ．ウ　⑵右図　⑶㋒
⑷ア　⑸ａ．4000　ｂ．ア　ｃ．㋐，㋑　ｄ．対馬　ｅ．広い耕地で農業をおこなっており，農家一戸あたりの農業産出額が高い。　ｆ．エ　⑹低い／燃料を船で輸入しやすい（下線部は燃料を輸入に頼っているでもよい）

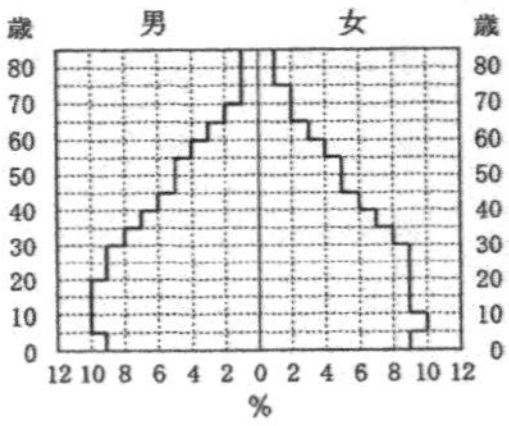

《2022　国語　解説》

問題一

著作権に関係する弊社の都合により本文を非掲載としておりますので、解説を省略させていただきます。ご不便をおかけし申し訳ございませんが、ご了承ください。

問題二

㈠　古文で言葉の先頭にない「はひふへほ」は、「わいうえお」に直す。

㈡　「京の人」が、「この頃京わらんべの謡《うたひ》に～とうたふ」ということを、「小早川《こばやかは》中《ちゅう》納言《なごん》殿」に語ったのである。よって、2が適する。

㈢　傍線部③の直後で、中納言は「それ(「おもしろの春雨《はるさめ》や。花のちらぬほどふれかし」という謡)はすべての物事に渉《わた》りてことわりある謡なり」と感心している。「花のちらぬほど」が、「よき程」(「本業を喪《うしな》はぬほど」)にあたるのである。

㈣　「いかで」は、どうして～か、いや、そんなことはない、という意味(反語)。反語は、断定を強調するために、言いたいことと反対の内容を疑問の形で述べる表現。

㈤　中納言は、謡に感心して「茶道や香道がおもしろくても、能楽がおもしろくても、学問がおもしろくても、本業を失わない程度にするべきものである」と言ったという。それに対して筆者は、「(中納言が)学問について本業を失うとおっしゃったのは真意の解釈が間違っている。学問は、自分の行いを正しくして家庭をととのえ、国家や天下を平和に治める道～どうして本業を失うことがあるものか」と言っている。つまり、「本業を失わない程度にするべきもの」に「学問」を含むかどうかが違うのである。よって、3が適する。

【古文の内容】

小早川中納言殿が、三原《みはら》の館にいらっしゃった時、京の人が訪ねてきて、近ごろ京の町の若者の謡で、「なんと趣深い春雨だことよ。花が散らない程度に降ってくれ」と歌っていることを話すと、中納言殿は感心なさって、「それはすべての物事にわたって通用する道理を述べた謡である。どんなにおもしろい物であっても、ちょうどよい程度というものがあって、茶道や香道がおもしろくても、能楽がおもしろくても、学問がおもしろくても、本業を失わない程度にするべきものである」とおっしゃったということだ。たしかに茶道・香道・能楽の類《たぐい》はそういう事なのだが、学問について本業を失うとおっしゃったのは真意の解釈が間違っている。学問は、自分の行いを正しくして家庭をととのえ、国家や天下を平和に治める道だから、そのために本業を失ったら学問ではない。自分の行いが正しくなり家庭がととのったら、どうして本業を失うことがあるものか。

問題三

㈡　「相互」は、「相」も「互」も、たがいに、という意味で、同じような意味の漢字の組み合わせ。2の「歓喜」は、「歓」も「喜」も、よろこぶ、という意味で、同じような意味の漢字の組み合わせ。1の「就職」(職に就《つ》く)は、後の漢字から前の漢字に返って読むと意味がわかるもの。3の「必要」(必ず要《い》る)は、前の漢字が後の漢字を連用修飾しているもの。4の「温泉」(温かい泉)は、前の漢字が後の漢字を連体修飾しているもの。

㈢　「『物語』がどのようなもの」であるかについては、⑤段落に「聞き手と語り手の相互作用やその場の空気といった条件下で創造された『物語』」とある。この部分の「その場の空気」が、書き出しに指定された「それが語られたときの雰囲気」にあたる。「聞き手にはどのようなことが求められる」かについては、傍線部②の直後で「聞き手の姿勢としては、まずもって耳を傾けること、受容的に聞くことが重要になってくる」と述べている。こ

の内容を、同じ段落の最後で「積極的に相手を受容すること」と表現しているのを用いるとよい。

㈣　④段落で「何かを聞かれる者は、その聞かれるという行為によって、みずからの認識を再構築する」、⑦段落で「自然との関係、社会の中での関係を再構築するときの、最も基本的かつ根本的な方法が『聞く』という行為である」と述べていることに、2が適する。

㈤　どのような想像力を働かせながら話を聞く必要があるのか、その具体例を挙げているのが⑨段落である。この例をふまえて、⑪段落で「社会学的感受性とでもいうべき、そのような感受性が重要になってくる」とし、⑫段落以後で「社会学的感受性」を第一から第三に分けて論じている。よって、4が適する。

㈥ア　傍線部④とは反対の姿勢なので、⑬段落の「決められた枠組みで物事を見るのではなく」より。

イ　「社会学的感受性のまず第一」として述べた⑫～⑭段落の、まとめにあたる部分に着目する。「それぞれの地域、それぞれの人生には、決して代替できない固有の価値があり、意味がある。そこに思いをいたすこと」より。

㈦　直後の⑯段落で「語りの向こうにあるもの、その時代時代の状況、地域の揺れ動く状況、背景にある政策。それらに思いをいたす。その人がもっている人的ネットワークの広がりを想像する～その人の話の前の時代には何があったか～地域の歴史の中で、どう位置づけられるか。一年後～同じ話になりそうか」と具体的に説明している。そのような想像力のことなので、1が適する。

㈨　本文(⑳段落)では、「現実を見るなかで、あるいは、話を聞く中で、その『フレーム』を絶えず壊したり再構築したりすることが求められる」「現場のディテールを見落とさないという意識があれば、あらかじめ持っている『フレーム』の組み直しが必ず必要になってくるに違いない」と述べている。この内容に、Ⓓの「揺るぎない枠組みを構築していくことが大切」は合わない。

㈩　1.「物事の真実を明らかにすべき時にも非常に有効なものとなる」とは述べていない。⑤段落で「語られたことは、『真実』であるというよりも～創造された『物語』である」と述べていることに合わない。　2.このようなことは本文中で述べていない。　3.このような聞き方は、⑥段落で「耳を傾けるというのは透明人間になることではない」の「透明人間になること」にあたるので、合わない。　4.⑦段落、⑪段落の内容に合う。

《2022　数学　解説》

問題1

(1)　与式$=-15+9=-6$

(2)　与式$=5x-10y-4x-y=x-11y$

(3)　与式$=6a^2\div 2a-4ab\div 2a=3a-2b$

(4)　与式$=\sqrt{16}-\sqrt{8}+\sqrt{2}-1=4-2\sqrt{2}+\sqrt{2}-1=3-\sqrt{2}$

(5)　与式$=3(x^2-4)=3(x^2-2^2)=3(x+2)(x-2)$

(6)　与式より，$x-2=\pm\sqrt{5}$　　$x=2\pm\sqrt{5}$

(7)　㋐連続する奇数の差は2だから正しくない。　㋑nが奇数のときどちらも偶数となるので，正しくない。

㋒2nは偶数を表すので，正しくない。　㋓2n+1は偶数より1大きい数だから，必ず奇数であり，2n+3も同様なので，正しい。

問題2

(1)　**【解き方】∠DBCを求めて，△BCDの内角の和から∠BCDを求める。**

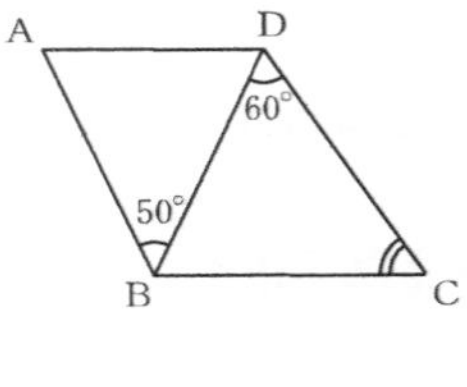

△ABDはAB=BDの二等辺三角形だから，∠ADB=(180°−50°)÷2=65°

平行線の錯角は等しく，AD//BCだから，∠DBC=∠ADB=65°

△ＢＣＤの内角の和より，∠ＢＣＤ＝180°－60°－65°＝55°

⑵ア　面ＡＢＣと交わらない辺は，㋐～㋓のうち㋑の辺ＤＥだけだから，これが平行な辺である。

イ　【解き方】△ＡＣＥの底辺をＣＥとしたときの高さをｈとすると，四角すいの高さもｈである。

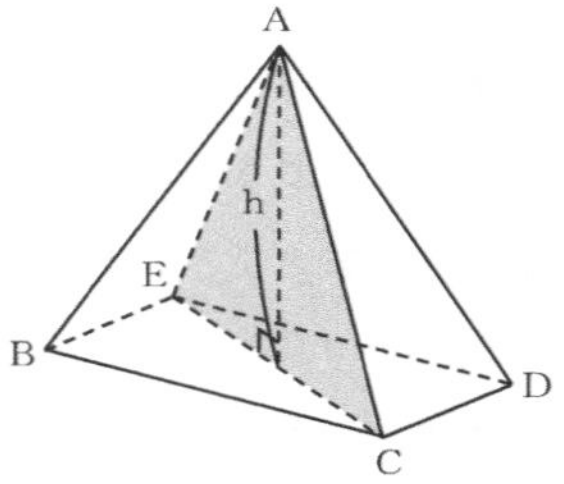

三平方の定理より，ＣＥ＝$\sqrt{\mathrm{CD}^2+\mathrm{DE}^2}=\sqrt{4^2+8^2}=4\sqrt{5}$(cm)

△ＡＥＣの面積について，$\frac{1}{2}\times4\sqrt{5}\times h=30$　　$h=3\sqrt{5}$

よって，四角すいの体積は，$\frac{1}{3}\times(8\times4)\times3\sqrt{5}=32\sqrt{5}$(cm³)

⑶　**【解き方】高さが等しい三角形の面積比は底辺の長さの比に等しいから，△ＡＢＤ：△ＢＤＥ＝ＡＤ：ＤＥなので，△ＡＢＤの面積とＡＤ：ＤＥを求める。正三角形の内角が等しいことと円周角の定理から右図①のように作図できるので，△ＡＥＣ∽△ＢＥＤ，△ＡＢＥ∽ＣＤＥである。ＣＥ＝$x$cmとし，ＡＤとＤＥの長さをxの式で表す。**

図①

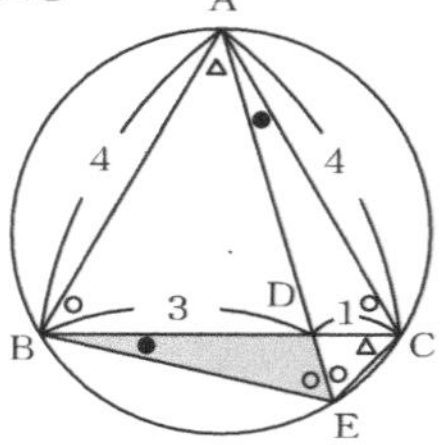

図②

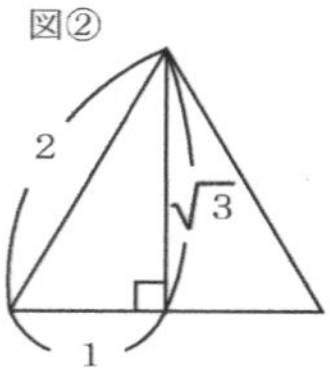

正三角形の１辺の長さと高さの比は，図②のように２：$\sqrt{3}$となるから，

△ＡＢＤの底辺をＢＤとしたときの高さは，$4\times\frac{\sqrt{3}}{2}=2\sqrt{3}$(cm)

これより，△ＡＢＤ＝$\frac{1}{2}\times3\times2\sqrt{3}=3\sqrt{3}$(cm²)

△ＡＥＣ∽△ＢＥＤだから，ＣＥ：ＤＥ＝ＡＣ：ＢＤより，x：ＤＥ＝４：３　　ＤＥ＝$\frac{3}{4}x$(cm)

△ＡＢＥ∽△ＣＤＥだから，ＡＥ：ＣＥ＝ＡＢ：ＣＤより，ＡＥ：x＝４：１　　ＡＥ＝$4x$(cm)

ＡＤ＝ＡＥ－ＤＥ＝$4x-\frac{3}{4}x=\frac{13}{4}x$(cm)だから，△ＡＢＤ：△ＢＤＥ＝ＡＤ：ＤＥ＝$\frac{13}{4}x:\frac{3}{4}x$＝13：３

よって，△ＢＤＥ＝$\frac{3}{13}$△ＡＢＤ＝$\frac{3}{13}\times3\sqrt{3}=\frac{9\sqrt{3}}{13}$(cm²)

問題３

⑴　**【解き方】さいころを２回ふる問題では，表にまとめて整理するとよい。**

２回のさいころの目の出方は全部で６×６＝36(通り)ある。10ａ＋ｂの値は，十の位がａ，一の位がｂの２けたの整数だから，８の倍数になる値として，16，24，32，56，64がある。よって，条件に合う出方は右表の○印の５通りだから，求める確率は，$\frac{5}{36}$

		b					
		1	2	3	4	5	6
a	1						○
	2				○		
	3		○				
	4						
	5						○
	6				○		

⑵　４月～９月の平均値は，(１＋６＋４＋２＋８＋３)÷６＝４(冊)で，10月の冊数も４冊だから，４月～10月の平均値も４冊のまま㋑変わらない。

６つのデータの中央値は，大きさ順に並べたときの３番目と４番目の平均で，７つのデータの中央値は，４番目の値である。したがって，４～９月の中央値は(３＋４)÷２＝3.5(冊)で，４～10月の中央値は４冊だから，４～10月の方が㋓大きい。

⑶ア　**【解き方】(変化の割合)＝(yの増加量)÷(xの増加量)で求める。**

$y=\frac{1}{4}x^2$において，$x=-3$のとき$y=\frac{1}{4}\times(-3)^2=\frac{9}{4}$，$x=-1$のとき$y=\frac{1}{4}\times(-1)^2=\frac{1}{4}$だから，求める変化の割合は，$(\frac{1}{4}-\frac{9}{4})\div\{(-1)-(-3)\}=-1$

イ　【解き方】右のように作図する。平行線の錯角は等しいから，ＢＡ//ＰＯより，∠ＯＡＢ＝∠ＡＯＱとなる。したがって，∠ＯＡＢ＝∠ＢＰＯのとき，∠ＡＯＱ＝∠ＢＰＯとなるから，同位角が等しいので，ＢＰ//ＡＯである。つまり，四角形ＯＡＢＰは平行四辺形になる。

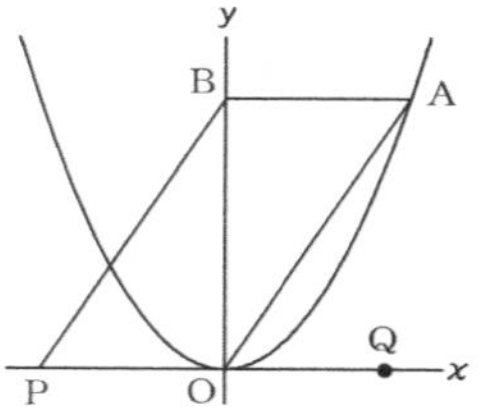

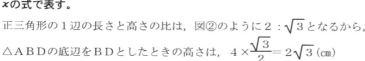

$y=\frac{1}{4}x^2$にAのx座標の$x=6$を代入すると，$y=\frac{1}{4}\times 6^2=9$となるから，A(6，9)

PO＝BA＝6だから，P(－6，0)

直線APの式を$y=ax+b$とする。Aの座標から$9=6a+b$，Pの座標から$0=-6a+b$が成り立つ。

これらを連立方程式として解くと，$a=\frac{3}{4}$，$b=\frac{9}{2}$となるから，直線APの式は，$y=\frac{3}{4}x+\frac{9}{2}$

(4)　【解き方】箱Cに入っている枚数は2a枚と表せる。合計が27枚になるときと118枚になるときそれぞれで式を立て，a，bの連立方程式を作る。

$a+b+2a=27$より，$3a+b=27$…①　　$8a+4b+2a\times 3=118$より，$7a+2b=59$…②

②－①×2でbを消去すると，$7a-6a=59-54$　　$a=5$

①に$a=5$を代入すると，$15+b=27$　　$b=12$

問題4

(1)ア　【解き方】立方体では8個あるすべての頂点に●印がつき，12本ある辺それぞれにも同じ数だけ●印がつく。

$n=5$のとき，立方体の各辺には$5-1=4$(個)ずつ●印がつくから，$a=8+12\times 4=56$

イ　【解き方】(1)より，$a=8+(n-1)\times 12=12n-4$となる。正四面体では，各辺をn等分するときに中点に●印がつくのはnが偶数のときであり，中点に●印がつかないのはnが奇数のときだから，nが偶数のときと奇数のときで場合を分けて考える。

nが偶数のとき，正四面体では，4個ある頂点に1個ずつ●印がつき，6本ある辺それぞれに$(n-1)$個の●印がつく。したがって，$b=4+6(n-1)=6n-2$となる。よって，$a-b=70$となるとき，

$(12n-4)-(6n-2)=70$　　これを解くと，$n=12$となり，これは偶数だから，条件に合う。

nが奇数のとき，正四面体では，4個ある頂点に1個ずつ●印がつき，6本ある辺それぞれに$(n-1)+1=n$(個)の●印がつく。したがって，$b=4+6n=6n+4$となる。よって，$a-b=70$となるとき，

$(12n-4)-(6n+4)=70$　　これを解くと，$n=13$となり，これは奇数だから，条件に合う。

以上より，求めるnの値は，12，13である。

(2)ア　【解き方】FがDA上にあるとき右図のようになり，△ADC∽△AFEとなる。

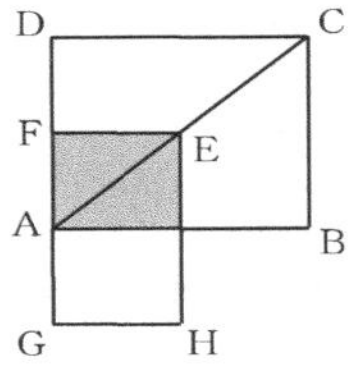

△ADCにおいて，AD：DC＝6：8＝3：4だから，△AFEにおいて，

AF：FE＝3：4である。したがって，$AF=\frac{3}{4}FE=\frac{3}{4}\times 4=3$(cm)だから，

$S=3\times 4=12$(cm²)

イ　【解き方】△ADCにおいて，三平方の定理より，

$AC=\sqrt{AD^2+DC^2}=\sqrt{6^2+8^2}=10$(cm)だから，$x=5$のとき，Eは5cm進んでACの中点にある。△ADCと相似な直角三角形を探す。

図①

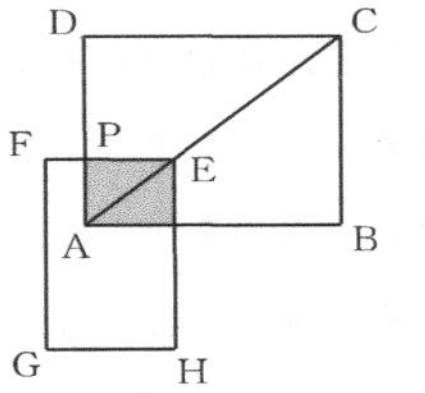

△ADCの3辺の比は，AD：DC：AC＝6：8：10＝3：4：5だから，アの図の

△AFEにおいて，$AE=\frac{5}{4}EF=\frac{5}{4}\times 4=5$(cm)となるので，このとき$x=5$とわかる。

したがって，$0\leqq x\leqq 5$のときは図①のようになり，△ADC∽△APEだから，

$AE=x$cm，$PE=\frac{4}{5}x$cm，$AP=\frac{3}{5}x$cmとなるので，$S=\frac{3}{5}x\times\frac{4}{5}x=\frac{12}{25}x^2$(cm²)

$5\leqq x\leqq 10$のときは図②のようになり，△ADC∽△AQEとなるので，

$FE=4$cm，$RF=AQ=\frac{3}{5}AE=\frac{3}{5}x$(cm)なので，$S=\frac{3}{5}x\times 4=\frac{12}{5}x$(cm²)

図②

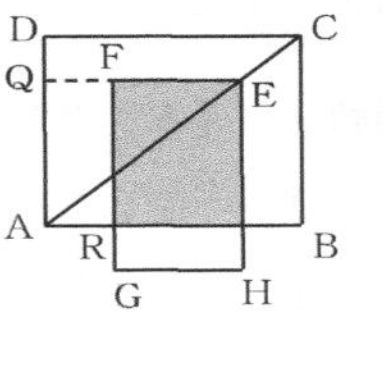

ウ　【解き方】$0\leqq t+6\leqq 10$だから，$0\leqq t\leqq 4$である。したがって，t秒後のとき，イで求めた$S=\frac{12}{25}x^2$の式を用い，$(t+6)$秒後のとき，$S=\frac{12}{5}x$の式を用いる。

t秒後のとき，$S=\frac{12}{25}x^2$に$x=t$を代入して，$S=\frac{12}{25}t^2$となり，$(t+6)$秒後のとき，

$S=\frac{12}{5}x$ に $x=t+6$ を代入して，$S=\frac{12}{5}(t+6)$ となる。

よって，$\frac{12}{25}t^2\times 5=\frac{12}{5}(t+6)$ を解くと，$t=3,\ -2$ となる。$0\leqq t\leqq 4$ より，$t=3$

問題５　まず，問題文の仮定を図にかきこんで，証明のために必要な条件を探そう。条件が足りない場合は，問題の内容に応じて，図形の性質，平行線の同位角・錯角，円周角の定理などからわかることもかきこんでみよう。

《2022　英語　解説》

問題１

Ａ　「ユミは今，母と一緒にケーキを作っています」より，③が適当。

Ｂ　コウタの発言「月曜日，水曜日，金曜日にサッカーの練習をして，火曜日にサッカーシューズを買いに行くよ」より，④が適当。。

Ｃ　店員「こんにちは，何かお出ししましょうか？」→タカシ「はい，お願いします。このセーターが気に入りました。これはいくらですか？」→店員「20 ドルです」より，タカシの応答はウ「わかりました，それを買います」が適当。

Ｄ　エミ「すみません」→受付係「はい」→エミ「このあたりの駅(＝station)に行きたいです。行き方を教えてください」→受付係「わかりました。バスかタクシーをご利用いただけます。バスで 15(＝fifteen)分，タクシーで５分かかります」→エミ「わかりました。時間が十分あるのでバスを利用します。もう１つ聞いてもいいですか？そこに何かおいしいものはありますか？」→受付係「ええ，ここはリンゴが名物です。アップルパイを食べる(＝eat apple pies)といいですよ」→エミ「いいですね。アップルパイを食べるのが待ち遠しいです！教えていただきありがとうございました」

Ｅ　【放送文の要約】参照。

No. 1　質問「夏にタクヤはどこへ行きましたか？」…イ「語学学校」が適当。

No. 2　質問「先生はタクヤに何をするように言いましたか？」…エ「英語をもっと話すこと」が適当。

No. 3　質問「なぜタクヤは英語で自分に話しかけ始めたのですか？」…イ「なぜなら彼は家で英語を話す時間を増やしたかったからです」が適当。

【放送文の要約】

私は英語が好きです。私は英語を一生懸命勉強しています。No. 1イこの夏，私は英語プログラムに参加するために町の語学学校に通いました。そこで，アメリカ，中国，インドなど，さまざまな国の人々に出会いました。彼らはみな，お互いに英語で話しましたが，私は英語を上手に話すことができませんでした。

翌日，英語の先生にそのことを話しました。「英語の授業で一生懸命勉強してきました。英語を上達させる良い方法は他にありますか？」先生は言いました。「No. 2エ英語を話す時間をもっともつといいわよ。例えば，授業中に英語の単語や表現を学んだときは，誰かと話してそれを使おうとしてみて。英語を学ぶには練習が大切よ」

その後，私はさらに英語を話し始めました。学校では英語の先生と英語だけで話します。No. 3イ家でも英語で話したいのですが，家族は英語が話せません。だから私は家では「自分」に英語で話しかけます。今，私は英語を話す時間が増えました。英語をもっと上達させます。

問題２　【本文の要約】参照。

⑵　「信じる」＝believe を入れる。

⑶　scared「おびえた」と同じような意味の語はエ「～が怖い」である。ア「腹を立てた」　イ「幸せな」　ウ「わくわくした」は不適当。

【本文の要約】

リコ：こんにちは，エマ。(a)ウ元気？

エマ：大丈夫だけど，今週はずっと忙しいの。(b)エあなたの今週末の予定は？

リコ：日曜日に新しい水族館に行くわ。ペンギンが大好きなの。

エマ：ああ，あなたはペンギンが大好きなのね。私の国，オーストラリアでは，野生のペンギンを見ることができるわ。

リコ：うわー，信じられないわ！オーストラリアにいたら野生のペンギンを見ることができるのに。小さくてとってもかわいいのよ！

エマ：そうよね。でも，私は巨大ペンギンのニュースを見たわ。

リコ：何ですって？巨大ペンギン？それについてもっと教えて。

エマ：ニュースによると，ペンギンの足の化石が見つかったそうよ。約6000万年前のものだったわ。巨大ペンギンは身長約1.6メートル，体重80キログラムだったわ。

リコ：本当に？(c)キそれは私よりも大きくて重いわ！私は大きな海の動物が好きではないの。もしこの世に巨大ペンギンがいたら，私はとても怖いと思うわ。

エマ：心配しないで。それは大昔のことで，この世のペンギンはとてもかわいいわ。新しい水族館でペンギンを見たいわ。(d)ク一緒に行ってもいい？

リコ：もちろんよ。この世でかわいいペンギンを楽しみましょう！

問題３　【本文の要約】参照。

(1)　・hear of ～「～について聞く」

(2)　文末に ten years ago「10年前」があるので，過去の文である。過去形の began が適当。

(3)　「それが何を意味するのか」の部分は文の途中に疑問詞を含む間接疑問文にする。疑問詞 what のうしろは肯定文の語順となる。

(4)　接続詞を入れる問題。後ろの文が前の文の理由になっているので，because を入れる。

(5)　call A B「AをBと呼ぶ」を受け身にした文。「～のような」＝like ～

(6)　wish を使った仮定法〈I wish＋主語＋動詞の過去形〉「～だったらなあ」の文。なお，〈動詞の過去形〉が be 動詞の場合は主語が単数であっても were を使う。

(7)　be full of ～「～でいっぱいである」より，ウが適当。

(8)　「～しようとする」＝try to ～　「(もの)を(状態)にする」＝make＋もの＋状態

(9)　「～することを想像する」＝imagine that＋主語＋動詞　「～に広がる」＝spread to ～
「将来」＝in the future

【本文の要約】

私の祖父は70歳です。彼は剣道の道場を持っており，多くの人に剣道を教えています。彼は時々剣道に興味のある人のために体験レッスンを開き，私はしばしば彼のレッスンを手伝います。

ある日，男の子が体験レッスンに来ました。私は彼のことを知っていました。彼の名前はジョンです。彼は１年前に日本に来ました。私は彼に話しかけました。「君が剣道に興味があるなんて知らなかったよ」彼は言いました。「僕は日本文化に興味があるんだ。剣道①イについて聞いたことはある（＝have heard of）けど，これまでやったことはないんだ。剣道の練習を始めたのはいつ？」私は答えました。「10年前に始めたよ。今日は君が剣道を学ぶのを手伝うよ」

剣道の話をしていると，ジョンは私に言いました。「日本語を勉強していて，柔道，書道，剣道などの日本語の単語には『道』という同じ音があることに気付いたよ。それが何を意味するか僕に言うことはできる？」私は言いました。

「それは英語で『道(＝way)』を意味するんだ。良い選手になることは，長い道のりを歩くことと同じなんだ。祖父を見て。現在，彼が熟練者なのは，より良い選手になるために繰り返し練習してきたからだよ。彼は優れた剣道の技術を持つだけでなく対戦相手に敬意を払っているんだ。祖父のような人が熟練者と呼ばれているよ」私の祖父はこれを聞いて言いました。「優れた剣道の選手はすべての人に敬意を払うことを忘れてはいけないよ。これが剣道の精神だよ」ジョンは言いました。「わあ，剣道は素晴らしい。世界中のすべての人が剣道選手だったらなあ」私は彼に尋ねました。「どうして？」彼は答えました。「みんながこの剣道精神を持っていれば，世界は敬意⑦ウでいっぱいになり(＝be full of)，もっと素晴らしいところになるよ！」これを聞いたとき，私は剣道の偉大な力に気付きました。私は彼に言いました。「僕はよい選手になって，世界中で剣道が人気になるように努めたいよ」ジョンは私に言いました。「素晴らしい！君ならできるよ！」みなさん，剣道が，将来，他の国々に広がるだろうことを想像してください。そんな世界はかっこいいですよね。もしあなたが剣道に興味があるなら，同じ夢に向かって一緒に長い道のりを歩いてみませんか？

問題４　【本文の要約】参照。

(1)　直後に勇太が町が退屈な理由を答えているので，「どうしてそう思うの？」＝Why do you think so?などが入る。

(2)　be surprised to ～「～して驚く」より，イが適当。

(3)　代名詞などの指示語の指す内容は直前に書かれていることが多い。ここでは，直前の勇太の言った言葉 I like these tomatoes the best.を日本語にする。

(4)　have no chance to ～「～する機会がない」より，イが適当。

(5)　勇太がわかったことは，直後の１文に書かれている。

(6)　コンテストを通して勇太が学んだことが入る。エ「この町の良いところに気づきました」が適当。ア「トマトについてすべてを勉強しました」，イ「野菜の育て方を学びました」，「インターネットの使い方を知りました」は不適当。

(7)(a)　「勇太の町で毎年，夏に開催されるのは何ですか？」…第１段落５～６行目より，「野菜料理コンテスト」である。　　(b)　「勇太はコンテストで優勝しましたか？」…第４段落１～２行目より，勇太は優勝できなかったことがわかる。

(8)　㋐○「勇太はコンテストに参加しようと決める前は夏休みの予定はありませんでした」　㋑×「和夫は自分の町で地元の夏野菜を売るためにワークショップを開催しようとしました」…本文にない内容。　㋒「勇太はワークショップで×日本のさまざまな場所からのたくさんの野菜を食べて楽しみました」　㋓×「野菜料理コンテストに来た人はごくわずかでした」…本文にない内容。　㋔×「和夫はコンテスト終了後，勇太と一緒に甘いトマトを使った料理を作りたいと思いました」…本文にない内容。　㋕○「野菜料理コンテストのあと，勇太は故郷に興味を持つようになりました」

【本文の要約】

勇太は中学生です。ある日，父の和夫が勇太に「夏休みは何をするんだ？」と尋ねると，勇太は答えました。「(8)㋐特別なことは何もしないよ。僕らの町はとても退屈なんだ」和夫は言いました。「本当に？①どうしてそう思うんだ？」勇太は言いました。「この町には僕にとって面白いものが何もないから」和夫は言いました。「本気で言っているのか？私たちの町では，興味深いイベントを楽しむ機会がたくさんあるじゃないか。例えば，(7)(a)毎年夏に公園で野菜料理コンテストが開催されるよ。参加してみないか？」勇太は言いました。「いいね。料理は好きだよ」勇太はコンテストに参加することにしました。

土曜日に，勇太はインターネットで野菜を使った料理のレシピを検索し，和夫に料理を出しました。勇太は和夫に言いました。「おいしいでしょ？」和夫は「美味しいよ。ところで，これらの野菜はどこから来たの？」と言いました。

勇太は答えました。「わからない」和夫は勇太に尋ねました。「じゃあ，なぜ私たちの町でコンテストが行われるのかわかる？」勇太は言いました。「わからないよ。理由を教えて」和夫は言いました。「明日，公民館で料理のワークショップが開催されるよ。答えはそこにあるはずだ」すると勇太は言いました。「答えを見つけるためにそこへ行くよ」

日曜日，人々はワークショップで料理を作り，それらを出しました。すべての料理は町の地元の夏野菜だけで作られていました。勇太はそれらを食べて楽しみました。彼は自分の町に地元のおいしい夏野菜がたくさんあることを知②ｲって驚きました(＝was surprised to)。勇太は周りの人々に言いました。「ここの夏野菜はすべてとてもおいしいです。僕はこれらのトマトが一番好きです」トマトを育てる男性は言いました。「それを聞いてうれしいよ。ここのトマトはとてもおいしいということを多くの人に知ってもらいたいよ。でも，私はこれらのトマトを多くの人々に紹介④ｲする機会がないんだ(＝have no chance to)。それを聞いた直後，勇太は父の言葉を思い出しました。それから，彼はついに求めていた答えを見つけました。コンテストはこの町の美味しい野菜を多くの人に紹介するために開かれるのです。そのとき，勇太はコンテストでトマトを使った料理を作ることに決め，男性に言いました。「この甘いトマトをたくさんの人に紹介します！」

一週間後，勇太の町や他の町からたくさんの人がコンテストに来ました。(7)(d)勇太はベストを尽くしましたが，コンテストに優勝することができませんでした。しかし，彼は「おいしい！私はこのトマトが大好きだ」，「私たちの町にこんなに甘いトマトがあるとは知らなかったよ」などのコメントをもらってとても幸せでした。コンテスト終了後，勇太は和夫と一緒に公園を散歩し，コンテストの料理について話している人たちをたくさん見かけました。彼らは幸せそうでした。勇太は和夫に言いました。「この素晴らしい経験を通して，⑥ｴこの町の良いところに気づいたよ。(8)㋕僕の故郷についてもっと知りたいよ」その時，小さな女の子が勇太のところにやってきて言いました。「あなたのお料理が一番よかったです。料理の名前は何ですか？」優太は笑顔で「Sweet hometown」だよと答えました。

問題５　無理に難しい単語を使う必要はないので，書ける単語を使って文を作ろう。４文で書くこと。

(田舎の例文)「私は田舎に住む方がいいと思います。田舎の人々はお互いによく知っています。それで，そこで問題が起きれば，お互いに助け合うことができます。また，山や川のある静かな場所があります。だから，私たちは山登りや，川での釣りを楽しむことができます」　(都会の例文)「私は都会に住む方がいいと思います。まず，都会では電車やバスがたくさん走っています。外出するときには便利です。次に，都会には大きな店がたくさんあります。だから，ほしいものが簡単に買えます」

《2022　理科　解説》

問題１

A(1)a　ア×…天気は雨などの降水がなければ，雲量で決める(０～１が快晴，２～８が晴れ，９～10がくもり)。イ×…地上1.5mぐらいの風通しのよい直射日光の当たらない場所に，乾湿計を置いて観測する。　ウ×…風向は，風が吹いてくる方位を16方位で表す。　**b**　湿球の示度は乾球の示度より小さいから，図Ⅰより，乾球の示度は13℃，乾球と湿球の示度の差は2.0℃とわかる。よって，表Ⅱより，湿度は77％である。　**(2)a**　等圧線は1000hPaを基準に４hPaごとに引かれ，20hPaごとに太線にする。Ｘは1020hPaより１本分高気圧の外側にあるから，1020hPaより４hPa低い1016hPaである。　**b**　12時から15時にかけて，気温が急に下がり，風が南よりから北よりに変化しているから，寒冷前線が通過したと考えられる。

B(1)b　大きな結晶になれなかった細かい粒などの部分を石基といい，マグマが地表や地表付近で急に冷えて固まってできる。　**c**　庵治石や花こう岩のような深成岩にみられるつくりを等粒状組織という。　**(2)a**　マグマのねばりけが小さいと，噴出物の色は黒っぽく，比較的おだやかな噴火になることが多い。　**b**　㋐と㋒は生物

の遺骸などが堆積したもので，㋐は塩酸をかけても気体は発生せず，㋒は塩酸をかけると二酸化炭素が発生する。㋑はれき(直径２㎜以上の粒)が堆積したものである。　(3)　ア×…風(天候)により発電量が左右される。イ×…燃料である生物資源(植物)を燃やすと二酸化炭素が発生するが，生物資源が成長する過程で光合成により二酸化炭素を吸収するので，大気中の二酸化炭素を増減させていないと考えられている。　エ×…太陽光の光エネルギーを利用していて，発電量が時間や天候に左右される。

問題２

Ａ(2)　肉食動物が減ると，肉食動物のえさである草食動物がふえ，草食動物がふえると，草食動物のえさである植物が減る(㋐)。草食動物がふえると，草食動物をえさとする肉食動物はふえ，肉食動物のえさである草食動物は減る(㋒)。草食動物が減ると，草食動物をえさとする肉食動物は減り，草食動物のえさである植物はふえる(㋑)。

Ｂ(1)　㋐×…試験管内の空気が膨張し，ゴム栓が勢いよくはずれるおそれがあるので危険である。　㋑×…沸騰石ははじめから入れておく。　㋒×…液体が突然沸騰して飛び散るおそれがあるので，試験管の口から中をのぞきこんではいけない。　(2)　ヨウ素液はデンプンに反応して青紫色になるから，ヨウ素液を加えたａとｃを比べると，デンプンがなくなったかどうかわかる。また，ベネジクト液を加えて加熱すると，麦芽糖などに反応して赤褐色の沈殿ができるから，ベネジクト液を加えて加熱したｂとｄを比べると，麦芽糖ができたかどうかわかる。

(3)　ペプシンは胃液に含まれる消化酵素で，タンパク質を分解する。タンパク質は，すい液や小腸のかべの消化酵素によってさらに分解されてアミノ酸になる。なお，脂肪は，胆汁のはたらきで水に混ざりやすい状態になり，すい液に含まれる消化酵素によって脂肪酸とモノグリセリドに分解される。

(4)ａ　柔毛があることで，小腸内部の表面積が大きくなり，養分を効率よく吸収することができる。　ｂ　Ｒは毛細血管，Ｓはリンパ管である。毛細血管に入った養分は小腸と肝臓をつなぐ血管(門脈)を通って肝臓に運ばれ，その後，心臓に運ばれる。

Ｃ(2)　顕微鏡の倍率は，$\overset{\text{接眼レンズの倍率}}{15}\times\overset{\text{対物レンズの倍率}}{10}=150$(倍)である。また，対物レンズは倍率が高いものほど長いので，プレパラートまでの距離は近くなる。　(4)　この実験において，質量の減少量は，葉や茎などからの蒸散量である。葉の両側にワセリンをぬったＳでも質量が減少しているから，葉以外でも蒸散が起こっていることがわかる。また，葉の裏側と茎で蒸散が起こるＱと，葉の表側と茎で蒸散が起こるＲを比べると，Ｑの方が質量の減少量が大きいから，葉の裏側は表側より蒸散量が多いとわかる。

問題３

Ａ(1)　酸性のうすい硫酸とアルカリ性のうすい水酸化バリウム水溶液を混ぜ合わせると，たがいの性質を打ち消し合う中和が起こり，硫酸バリウムと水ができる。反応の前後で原子の組み合わせは変わるが，原子の種類と数は変わらないことに注意しよう。　(4)　うすい塩酸20㎤が入ったビーカーの質量と加えた炭酸水素ナトリウムの質量の和から，反応後のビーカー全体の質量を引くと，発生した気体の質量を求めることができる。加えた炭酸水素ナトリウムの質量が2.0ｇになるまでは，0.5ｇ増えるごとに，発生した気体の質量は0.2ｇ増え，2.0ｇ以上になると発生した気体の質量は0.8ｇで一定になる。このことから，うすい塩酸20㎤と炭酸水素ナトリウム2.0ｇが過不足なく反応し，0.8ｇの気体が発生するとわかる。したがって，うすい塩酸30㎤と過不足なく反応する炭酸水素ナトリウムは$2.0\times\frac{30}{20}=3.0$(ｇ)だから，うすい塩酸30㎤がすべて反応し，$0.8\times\frac{30}{20}=1.2$(ｇ)の気体が発生する。

Ｂ(1)　有機物は炭素を含むので，燃えると二酸化炭素を発生する。加熱しても二酸化炭素を発生しない食塩やスチールウールは無機物である。　(2)　メタンは炭素と水素からできているので，燃やすと二酸化炭素と水が発生する。　(4)　塩化水素は，水にとけると水素イオンと塩化物イオンに電離する。　(5)　イは水にとけやすく，空気より重い気体，ウは水にとけにくい気体を集めるのに適している。　(6)　化学変化には，温度が下がる反応

(吸熱反応)もある。

問題４

A(1)　図Ⅰより，選手にはたらく重力の大きさは５マス分とわかる。図Ⅱにおいて，選手にはたらく重力の斜面に平行な分力は右図のようになり，その大きさは３マス分とわかる。よって，３÷５＝0.60(倍)と考えられる。　(2)　ウ○…選手の質量は変化しないから，Ｘ点より下にあるＺ点の方が位置エネルギーは小さく，速さがｘ＜ｚだから，運動エネルギーはＺ点の方が大きい。　(3)　スキー板の長さである1.8mを進むのに，$\frac{1}{30}$×６＝0.2(秒)かかったから，速さは$\frac{1.8}{0.2}$＝9.0(m/s)である。　(4)　体重が軽い選手の方が，選手にはたらく重力のリフトの傾きに平行な分力が小さいから，〔仕事(J)＝力(N)×力の向きに動かした距離(m)〕より，リフトが選手にした仕事は小さくなる。また，同じ選手を運ぶのに必要な仕事の大きさは低速リフトと高速リフトで等しい(仕事の原理)から，〔仕事率(W)＝$\frac{仕事(J)}{時間(s)}$〕より，山頂に付くまでの時間が短い高速リフトの方が仕事率は大きくなる。

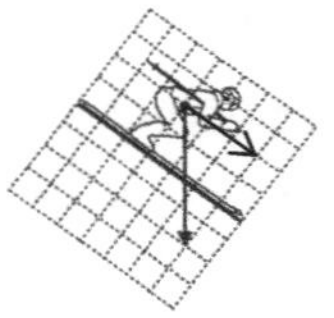

B(1)　ＸとＹののびが同じになるＰの個数から求める。のびが4.0cmになるのは，Ｘは２個，Ｙは５個のＰをつるしたときだから，２÷５＝0.40(倍)となる。　(2)　ＸにＰを１個つるすと2.0cmのび，Ｑを１個つるすと1.0cmのびるから，Ｑの質量はＰの半分とわかる。よって，Ｐ２個とＱ３個の質量の合計は，２＋$\frac{1}{2}$×３＝3.5(個分)のＰの質量と同じであり，ＹはＰ１個で4.8－4.0＝0.8(cm)のびるから，3.5個では0.8×3.5＝2.8(cm)のびる。

C(2)　スイッチ①だけを入れたときの表Ⅰの結果が，Ｐに加わる電圧と流れる電流の関係を表しているから，〔抵抗(Ω)＝$\frac{電圧(V)}{電流(A)}$〕，25mA→0.025Ａより，Ｐの抵抗は$\frac{1.0}{0.025}$＝40(Ω)である。　(3)　スイッチ①と②を入れたとき，ＰとＱが並列につながれた回路となるから，表Ⅱは，ＰとＱに加わる電圧と，ＰとＱに流れる電流の和の関係を表している。よって，表ⅠとⅡで，電圧が1.0Ｖのときに注目すると，Ｐに流れる電流は25mAだから，Ｑに流れる電流は75－25＝50(mA)である。加わる電圧と流れる電流は比例するから，解答例のようなグラフになる。

(4)　図ⅡではＰとＱが直列につながれているから，電流の大きさは回路のどこでも等しい。よって，Ｑに流れる電流は50mAだから，(3)グラフより，Ｑに加わる電圧は1.0Ｖとわかる。　(5)　図Ⅰのすべてのスイッチを入れて電流計が75mAを示すとき，表Ⅱより，Ｐに加わる電圧は1.0Ｖとわかる。また，図Ⅱで電流計が75mAを示すとき，Ｐに流れる電流も75mAであり，表Ⅰより，加わる電圧は3.0Ｖとわかる。電熱線に加わる電圧が３倍になると，流れる電流も３倍になるから，〔電力(W)＝電圧(V)×電流(A)〕より，図ⅡのＰで消費する電力は図ⅠのＰで消費する電力の３×３＝9.0(倍)である。

《2022　社会　解説》

問題１

(1)　エが正しい。精神の自由の中の「信教の自由」として日本国憲法第20条で保障されている。アは日本国憲法で定められていない新しい権利の「知る権利」，イは団結権(社会権)，ウは裁判を受ける権利(請求権)。

(2)ａ　国政調査権が正しい。国会の仕事には，立法・予算決議・内閣総理大臣の指名・弾劾裁判所の設置・国政調査などの権利がある。　ｂ　アが正しい。内閣提出法案と議員提出法案では，内閣提出法案の方が圧倒的に成立の割合が高い。内閣は与党の議員を中心に組織されているため，国会の議決でも過半数の賛成を得やすい。議員提出の法案の中には，野党から提出されたものも多いため，可決する数は少なくなる。したがって，内閣提出法案の提出件数＞内閣提出法案の成立件数＞議員提出法案の成立件数の順になる。　ｃ　㋒が正しい。内閣総理大臣の指名・法律案の再議決・条約の承認・予算の議決・予算の先議・内閣不信任決議について，衆議院の優越がある。特に，内閣総理大臣の指名・予算の議決・条約の承認については，両院の議決が一致しない場合には，必ず両院協議

会が開かれ，それでも議決が一致しない場合，または衆議院が可決した予算案を参議院が受け取ったのち，30 日以内に議決しない場合には，衆議院の議決が国会の議決となる。　**d**　イが地方議会である。有権者が直接選挙で選ぶのは地方議会議員・地方公共団体の首長・国会議員だから，資料Ⅰが地方公共団体，資料Ⅱが国である。地方議会の解散の権限は首長にあるので，アが首長，イが地方議会になる。ウは内閣総理大臣，エは国会である。

⑶　パリ協定が正しい。京都議定書では，発展途上国に二酸化炭素排出の削減義務は課せられなかったが，パリ協定では，すべての国に対して削減目標の設定を定めたことが評価されている。温室効果ガスの１つである二酸化炭素の排出削減において，カーボンオフセット・カーボンニュートラルなどの考え方が話題となっている。

⑷**a**　㋒と㋓が直接金融である。㋐は間接金融である。金融とは，お金を貸し借りすることだから，㋑は金融ではない。　**b**　ウが正しい。社会保険料は，健康保険・厚生年金・雇用保険の合計で示されている。　**c**　発展途上国で生産された原料や農作物を適正な価格で購入すること・立場の弱い発展途上国の生産者や労働者の生活改善と経済的な自立を促すことの２つを盛り込む。　**d**　エが正しい。アは独占禁止法，イは容器包装リサイクル法・小型家電リサイクル法・自動車リサイクル法・食品リサイクル法，ウはクーリング・オフ（特定商取引法）。

e　企業の社会的責任（ＣＳＲ）には，働く人に対して雇用を守り職場を提供すること・株主の利益を確保すること・法律を守って公正な経済活動をすること・環境にやさしいモノづくりをすること・障害のある人を積極的に雇用することなどがある。

⑸**a**　ウが正しい。2022 年２月に始まったロシアによるウクライナ侵攻では，国連による集団安全保障の機能がうまく働かず，2022 年５月現在でも戦争状態が続いている。　**b**　㋐が正しい。拒否権が与えられているのは，アメリカ・ロシア・イギリス・フランス・中国の５つの常任理事国である。

問題２

⑴　エがあてはまらない。奈良時代，伝染病の流行や貴族の反乱などで乱れた世の中を仏教の力で鎮めるために，聖武天皇は全国に国分寺を建立し，総国分寺として奈良の都に東大寺を建て大仏を造立した。

⑵**a**　イが正しい。壬申の乱とは，天智天皇の死後，天智天皇の弟である大海人皇子と，天智天皇の子である大友皇子による皇位継承争いで，勝利した大海人皇子が天武天皇として即位した。アは聖徳太子，ウは天智天皇，エは桓武天皇である。　**b**　アが正しい。平清盛は，兵庫の港（大輪田泊）を修築し，瀬戸内海の航路を使って日宋貿易を進めた。イは江戸時代の鎖国時の貿易，ウは安土桃山時代から江戸時代初期の朱印船貿易，エは飛鳥時代中頃から平安時代中頃までの遣唐使派遣。　**c**　北条時宗が正しい。北条時宗は，鎌倉幕府の第八代執権である。　**d**　㋐と㋒を選ぶ。足利義満は，明の皇帝から倭寇の取り締まりを条件として貿易を許された。その際，正式な貿易船と倭寇を区別するために勘合を使ったことから，日明貿易は勘合貿易とも呼ばれる。足利義満の時代に栄えた文化を北山文化，足利義政の時代に栄えた文化を東山文化と呼ぶ。　**e**　干鰯や油かすは，綿花栽培の肥料として，関西を中心に利用された。

⑶**a**　アが正しい。イは徳川家康，ウは織田信長，エは山名宗全（持豊）。　**b**　㋒→㋐→㋑　　㋒（徳川家光による参勤交代の武家諸法度への追加）→㋐（徳川吉宗による享保の改革）→㋑（水野忠邦による天保の改革）

c　キリスト教徒ではないことを証明するために，寺請制度を活用した。

⑷**a**　㋑→㋒→㋐　　薩英戦争や下関戦争（㋒）で敗北し，攘夷が不可能であることを知った薩摩藩と長州藩は，坂本龍馬を仲立ちとして薩長同盟を結び，攘夷をあきらめて倒幕に切り替えた。その後，土佐藩の提案を受け入れた徳川慶喜は，二条城で大政奉還を行った。　**b**　イが正しい。アは現在，ウは樺太・千島交換条約を締結する前，エは日露戦争のポーツマス条約を締結した後。

⑸**a**　イがあてはまらない。大日本帝国憲法の発布は 1889 年である。アは 1901 年，ウは 1900 年，エは 1895 年。

b　ヨーロッパ全土が戦場となった第一次世界大戦では，戦場とならなかった日本やアメリカに大量の注文が入り，

日本では造船業などの重工業が発展し，成金が出現した。1920 年代になるとその反動から不景気に陥ったことも覚えておきたい。　c　アが正しい。ワシントン会議からロンドン軍縮会議までの 1920 年代は，軍縮と国際協調の時代であった。イは 1956 年(日ソ共同宣言)，ウは 1911 年，エは 1919 年(ベルサイユ条約)。　d　㋐と㋓が正しい。植民地をもつイギリスやフランスは，植民地との貿易を拡大し，他国の商品に高い関税をかけて，他国の商品を締め出すブロック経済をすすめた。スターリンによる五か年計画は，農業や工業を集団化する政策で，
これによって世界恐慌の影響を受けず，経済的に発展した。アメリカは，公共事業をおこし，雇用を促進することで国民の購買力を増強するニューディール政策をすすめた。

(6)　ポツダム宣言は，アメリカ・イギリス・中国による共同宣言で，日本の降伏・戦後処理・日本の領土の限定・武装解除・戦争犯罪人の処罰・日本の民主化などが発表された。８月 15 日の天皇によるラジオ放送は，玉音放送と呼ばれる。

(7) a　㋐が正しい。五・四運動は 1919 年，日中共同声明は 1972 年，ソ連の解体は 1991 年。　b　エが正しい。吉田茂は，サンフランシスコ平和条約・日米安全保障条約を締結した首相。岸信介は，日米新安全保障条約の締結とその後の安保闘争時の首相。池田勇人は，所得倍増計画を発表した首相。

問題３

(1) a　Dが正しい。Bを通っている緯線(横の線)が赤道だから，東京とほぼ緯度が同じ南半球の位置はDになる。

b　フライト時間を計算するときは，時間を出発地か到着地に統一して考える。経度差 15 度で１時間の時差が生じるから，東京(東経 135 度が標準時子午線)とロンドン(本初子午線が標準時子午線)の経度差は(135－０)÷15＝９(時間)になる。東京の方がロンドンより時刻は進んでいるから，ロンドンを出発したときの日本時間は，２月 10 日４時 00 分になる。よって，フライト時間は，２月 10 日 15 時 50 分－２月 10 日４時 00 分＝11 時間 50 分

c　オーストラリア大陸は六大陸の中で最も小さい大陸である。　d　イが正しい。アは熱帯雨林気候，ウは南半球の亜熱帯性気候または温暖湿潤気候，エは南半球の西岸海洋性気候と思われる。　e　ウが正しい。南アメリカ大陸の西側に 3000m をこえるアンデス山脈があることから考える。

(2)　女性の 15 歳未満の人口割合を反映させるので，０～４歳は９％，５～９歳は 10%，10～14 歳は９％をとる。

(3)　㋒が誤り。1970 年の魚介類の輸入額は 683×0.08＝54.64(億円)，2018 年の魚介類の輸入額は 27707×0.04＝1108.28(億円)だから，2018 年の方が多い。

(4)　アが正しい。工業生産額の多い県は太平洋ベルトに集中していることに着目する。イは総人口に占める 65 歳以上の人口の割合，ウは人口密度，エは第三次産業就業者の割合である。

(5) a　地図上の長方形Aの周囲の長さは(3.9＋4.1)×２＝16(㎝)になる。(実際の長さ)＝(地図上の長さ)×(縮尺の分母)だから，実際の周囲の長さは，16×25000＝400000(㎝)＝4000(m)　b　アがない。寺院(卍)は見当たらない。消防署(Y)は東(二)，老人ホーム(⌂)は西(三)，交番(X)は東(一)と西(一)の間にある。　c　㋐と㋑が正しい。栃木県が宇都宮市，茨城県が水戸市である。群馬県(前橋市)と山梨県(甲府市)は通っていない。d　日本近海の海流は右図を参照。

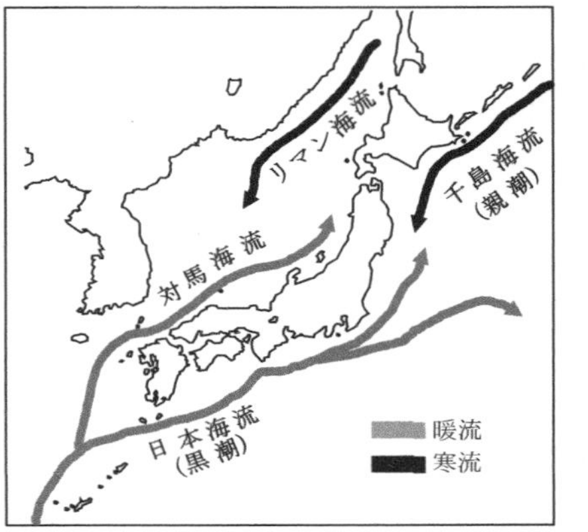

e　資料を見ると，資料Ⅰから 10ha 以上の農家が大潟村に多いことがわかり，資料Ⅱから大潟村の農家一戸あたりの耕地面積は，全国の農家一戸あたりの耕地面積よりはるかに広いことが読み取れる。資料Ⅲから大潟村の農家一戸あたりの農業産出額が全国の３倍以上であることを読み取れば，解答例のような表現が導ける。

f　エが正しい。東京国際空港(東京)は日本全国の空港と結びつきが強いことから判断する。アは中部国際空港(名古屋)，イは新千歳空港(北海道)，ウは大阪国際空港(大阪)。

(6)　表を見ると火力発電の燃料である石炭・石油・天然ガスの自給率が低いことから，これらのほとんどを輸入に頼っていることがわかる。石炭・石油・天然ガスの輸送には船が使われることから，解答例のようになる。

■ ご使用にあたってのお願い・ご注意

（1）問題文等の非掲載

著作権上の都合により，問題文や図表などの一部を掲載できない場合があります。

誠に申し訳ございませんが，ご了承くださいますようお願いいたします。

（2）過去問における時事性

過去問題集は，学習指導要領の改訂や社会状況の変化，新たな発見などにより，現在とは異なる表記や解説になっている場合があります。過去問の特性上，出題当時のままで出版していますので，あらかじめご了承ください。

（3）配点

学校等から配点が公表されている場合は，記載しています。公表されていない場合は，記載していません。

独自の予想配点は，出題者の意図と異なる場合があり，お客様が学習するうえで誤った判断をしてしまう恐れがあるため記載していません。

（4）無断複製等の禁止

購入された個人のお客様が，ご家庭でご自身またはご家族の学習のためにコピーをすることは可能ですが，それ以外の目的でコピー，スキャン，転載（ブログ，ＳＮＳなどでの公開を含みます）などをすることは法律により禁止されています。学校や学習塾などで，児童生徒のためにコピーをして使用することも法律により禁止されています。

ご不明な点や，違法な疑いのある行為を確認された場合は，弊社までご連絡ください。

（5）けがに注意

この問題集は針を外して使用します。針を外すときは，けがをしないように注意してください。また，表紙カバーや問題用紙の端で手指を傷つけないように十分注意してください。

（6）正誤

制作には万全を期しておりますが，万が一誤りなどがございましたら，弊社までご連絡ください。

なお，誤りが判明した場合は，弊社ウェブサイトの「ご購入者様のページ」に掲載しておりますので，そちらもご確認ください。

■ お問い合わせ

解答例，解説，印刷，製本など，問題集発行におけるすべての責任は弊社にあります。

ご不明な点がございましたら，弊社ウェブサイトの「お問い合わせ」フォームよりご連絡ください。迅速に対応いたしますが，営業日の都合で回答に数日を要する場合があります。

ご入力いただいたメールアドレス宛に自動返信メールをお送りしています。自動返信メールが届かない場合は，「よくある質問」の「メールの問い合わせに対し返信がありません。」の項目をご確認ください。

また弊社営業日（平日）は，午前９時から午後５時まで，電話でのお問い合わせも受け付けています。

2025 春

株式会社教英出版
〒422-8054　静岡県静岡市駿河区南安倍３丁目 12-28
TEL　054-288-2131　　FAX　054-288-2133
URL　https://kyoei-syuppan.net/
MAIL　siteform@kyoei-syuppan.net

福岡県

①福岡大学附属若葉高等学校
②精華女子高等学校(専願試験)
③精華女子高等学校(前期試験)
④西南学院高等学校
⑤筑紫女学園高等学校
⑥中村学園女子高等学校(専願入試)
⑦中村学園女子高等学校(前期入試)
⑧博多女子高等学校
⑨博多高等学校
⑩東福岡高等学校
⑪福岡大学附属大濠高等学校
⑫自由ケ丘高等学校
⑬常磐高等学校
⑭東筑紫学園高等学校
⑮敬愛高等学校
⑯久留米大学附設高等学校
⑰久留米信愛高等学校
⑱福岡海星女子学院高等学校
⑲誠修高等学校
⑳筑陽学園高等学校(専願入試)
㉑筑陽学園高等学校(前期入試)
㉒真颯館高等学校
㉓筑紫台高等学校
㉔純真高等学校
㉕福岡舞鶴高等学校
㉖折尾愛真高等学校
㉗九州国際大学付属高等学校
㉘祐誠高等学校
㉙西日本短期大学附属高等学校
㉚東海大学付属福岡高等学校
㉛慶成高等学校
㉜高稜高等学校
㉝中村学園三陽高等学校
㉞柳川高等学校
㉟沖学園高等学校
㊱福岡常葉高等学校
㊲九州産業大学付属九州高等学校
㊳近畿大学附属福岡高等学校
㊴大牟田高等学校
㊵久留米学園高等学校
㊶福岡工業大学附属城東高等学校
(専願入試)
㊷福岡工業大学附属城東高等学校
(前期入試)
㊸八女学院高等学校
㊹星琳高等学校
㊺九州産業大学付属九州産業高等学校
㊻福岡雙葉高等学校

佐賀県

①龍谷高等学校
②佐賀学園高等学校
③佐賀女子短期大学付属佐賀女子高等学校
④弘学館高等学校
⑤東明館高等学校
⑥佐賀清和高等学校
⑦早稲田佐賀高等学校

長崎県

①海星高等学校(奨学生試験)
②海星高等学校(一般入試)
③活水高等学校
④純心女子高等学校
⑤長崎南山高等学校
⑥長崎日本大学高等学校(特別入試)
⑦長崎日本大学高等学校(一次入試)
⑧青雲高等学校
⑨向陽高等学校
⑩創成館高等学校
⑪鎮西学院高等学校

熊本県

①真和高等学校
②九州学院高等学校
(奨学生・専願生)
③九州学院高等学校
(一般生)
④ルーテル学院高等学校
(専願入試・奨学入試)
⑤ルーテル学院高等学校
(一般入試)
⑥熊本信愛女学院高等学校
⑦熊本学園大学付属高等学校
(奨学生試験・専願生試験)
⑧熊本学園大学付属高等学校
(一般生試験)
⑨熊本中央高等学校
⑩尚絅高等学校
⑪文徳高等学校
⑫熊本マリスト学園高等学校
⑬慶誠高等学校

大分県

①大分高等学校

宮崎県

①鵬翔高等学校
②宮崎日本大学高等学校
③宮崎学園高等学校
④日向学院高等学校
⑤宮崎第一高等学校
(文理科)
⑥宮崎第一高等学校
(普通科・国際マルチメディア科・電気科)

鹿児島県

①鹿児島高等学校
②鹿児島実業高等学校
③樟南高等学校
④れいめい高等学校
⑤ラ・サール高等学校

新刊
もっと過去問シリーズ

愛知県

愛知高等学校
7年分(数学・英語)
中京大学附属中京高等学校
7年分(数学・英語)
東海高等学校
7年分(数学・英語)
名古屋高等学校
7年分(数学・英語)
愛知工業大学名電高等学校
7年分(数学・英語)
名城大学附属高等学校
7年分(数学・英語)
滝高等学校
7年分(数学・英語)

※もっと過去問シリーズは入学試験の実施教科に関わらず、数学と英語のみの収録となります。

教英出版
〒422-8054
静岡県静岡市駿河区南安倍3丁目12−28
TEL 054-288-2131
FAX 054-288-2133
詳しくは教英出版で検索
教英出版 検索
URL https://kyoei-syuppan.net/

㉝光ヶ丘女子高等学校
㉞藤ノ花女子高等学校
㉟栄徳高等学校
㊱同朋高等学校
㊲星城高等学校
㊳安城学園高等学校
㊴愛知産業大学三河高等学校
㊵大成高等学校
㊶豊田大谷高等学校
㊷東海学園高等学校
㊸名古屋国際高等学校
㊹啓明学館高等学校
㊺聖霊高等学校
㊻誠信高等学校
㊼誉高等学校
㊽杜若高等学校
㊾菊華高等学校
㊿豊川高等学校

三重県

①暁高等学校(3年制)
②暁高等学校(6年制)
③海星高等学校
④四日市メリノール学院高等学校
⑤鈴鹿高等学校
⑥高田高等学校
⑦三重高等学校
⑧皇學館高等学校
⑨伊勢学園高等学校
⑩津田学園高等学校

滋賀県

①近江高等学校

大阪府

①上宮高等学校
②大阪高等学校
③興國高等学校
④清風高等学校
⑤早稲田大阪高等学校
(早稲田摂陵高等学校)
⑥大商学園高等学校
⑦浪速高等学校
⑧大阪夕陽丘学園高等学校
⑨大阪成蹊女子高等学校
⑩四天王寺高等学校
⑪梅花高等学校
⑫追手門学院高等学校
⑬大阪学院大学高等学校
⑭大阪学芸高等学校
⑮常翔学園高等学校
⑯大阪桐蔭高等学校
⑰関西大倉高等学校
⑱近畿大学附属高等学校
⑲金光大阪高等学校
⑳星翔高等学校
㉑阪南大学高等学校
㉒箕面自由学園高等学校
㉓桃山学院高等学校
㉔関西大学北陽高等学校

兵庫県

①雲雀丘学園高等学校
②園田学園高等学校
③関西学院高等部
④灘高等学校
⑤神戸龍谷高等学校
⑥神戸第一高等学校
⑦神港学園高等学校
⑧神戸学院大学附属高等学校
⑨神戸弘陵学園高等学校
⑩彩星工科高等学校
⑪神戸野田高等学校
⑫滝川高等学校
⑬須磨学園高等学校
⑭神戸星城高等学校
⑮啓明学院高等学校
⑯神戸国際大学附属高等学校
⑰滝川第二高等学校
⑱三田松聖高等学校
⑲姫路女学院高等学校
⑳東洋大学附属姫路高等学校
㉑日ノ本学園高等学校
㉒市川高等学校
㉓近畿大学附属豊岡高等学校
㉔夙川高等学校
㉕仁川学院高等学校
㉖育英高等学校

奈良県

①西大和学園高等学校

岡山県

①[県立]岡山朝日高等学校
②清心女子高等学校
③就実高等学校
(特別進学コース〈ハイグレード・アドバンス〉)
④就実高等学校
(特別進学チャレンジコース・総合進学コース)
⑤岡山白陵高等学校
⑥山陽学園高等学校
⑦関西高等学校
⑧おかやま山陽高等学校
⑨岡山商科大学附属高等学校
⑩倉敷高等学校
⑪岡山学芸館高等学校(1期1日目)
⑫岡山学芸館高等学校(1期2日目)
⑬倉敷翠松高等学校
⑭岡山理科大学附属高等学校
⑮創志学園高等学校
⑯明誠学院高等学校
⑰岡山龍谷高等学校

広島県

①[国立]広島大学附属高等学校
②[国立]広島大学附属福山高等学校
③修道高等学校
④崇徳高等学校
⑤広島修道大学ひろしま協創高等学校
⑥比治山女子高等学校
⑦呉港高等学校
⑧清水ヶ丘高等学校
⑨盈進高等学校
⑩尾道高等学校
⑪如水館高等学校
⑫広島新庄高等学校
⑬広島文教大学附属高等学校
⑭銀河学院高等学校
⑮安田女子高等学校
⑯山陽高等学校
⑰広島工業大学高等学校
⑱広陵高等学校
⑲近畿大学附属広島高等学校福山校
⑳武田高等学校
㉑広島県瀬戸内高等学校(特別進学)
㉒広島県瀬戸内高等学校(一般)
㉓広島国際学院高等学校
㉔近畿大学附属広島高等学校東広島校
㉕広島桜が丘高等学校

山口県

①高水高等学校
②野田学園高等学校
③宇部フロンティア大学付属香川高等学校
(普通科〈特進・進学コース〉)
④宇部フロンティア大学付属香川高等学校
(生活デザイン・食物調理・保育科)
⑤宇部鴻城高等学校

徳島県

①徳島文理高等学校

香川県

①香川誠陵高等学校
②大手前高松高等学校

愛媛県

①愛光高等学校
②済美高等学校
③FC今治高等学校
④新田高等学校
⑤聖カタリナ学園高等学校

学校別問題集

北海道

①札幌北斗高等学校
②北星学園大学附属高等学校
③東海大学付属札幌高等学校
④立命館慶祥高等学校
⑤北海高等学校
⑥北見藤高等学校
⑦札幌光星高等学校
⑧函館ラ・サール高等学校
⑨札幌大谷高等学校
⑩北海道科学大学高等学校
⑪遺愛女子高等学校
⑫札幌龍谷学園高等学校
⑬札幌日本大学高等学校
⑭札幌第一高等学校
⑮旭川実業高等学校
⑯北海学園札幌高等学校

青森県

①八戸工業大学第二高等学校

宮城県

①聖和学園高等学校(A日程)
②聖和学園高等学校(B日程)
③東北学院高等学校(A日程)
④東北学院高等学校(B日程)
⑤仙台大学附属明成高等学校
⑥仙台城南高等学校
⑦東北学院榴ケ岡高等学校
⑧古川学園高等学校
⑨仙台育英学園高等学校(A日程)
⑩仙台育英学園高等学校(B日程)
⑪聖ウルスラ学院英智高等学校
⑫宮城学院高等学校
⑬東北生活文化大学高等学校
⑭東北高等学校
⑮常盤木学園高等学校
⑯仙台白百合学園高等学校
⑰尚絅学院高等学校(A日程)
⑱尚絅学院高等学校(B日程)

山形県

①日本大学山形高等学校
②惺山高等学校
③東北文教大学山形城北高等学校
④東海大学山形高等学校
⑤山形学院高等学校

福島県

①日本大学東北高等学校

新潟県

①中越高等学校
②新潟第一高等学校
③東京学館新潟高等学校
④日本文理高等学校
⑤新潟青陵高等学校
⑥帝京長岡高等学校
⑦北越高等学校
⑧新潟明訓高等学校

富山県

①高岡第一高等学校
②富山第一高等学校

石川県

①金沢高等学校
②金沢学院大学附属高等学校
③遊学館高等学校
④星稜高等学校
⑤鵬学園高等学校

山梨県

①駿台甲府高等学校
②山梨学院高等学校(特進)
③山梨学院高等学校(進学)
④山梨英和高等学校

岐阜県

①鶯谷高等学校
②富田高等学校
③岐阜東高等学校
④岐阜聖徳学園高等学校
⑤大垣日本大学高等学校
⑥美濃加茂高等学校
⑦済美高等学校

静岡県

①御殿場西高等学校
②知徳高等学校
③日本大学三島高等学校
④沼津中央高等学校
⑤飛龍高等学校
⑥桐陽高等学校
⑦加藤学園高等学校
⑧加藤学園暁秀高等学校
⑨誠恵高等学校
⑩星陵高等学校
⑪静岡県富士見高等学校
⑫清水国際高等学校
⑬静岡サレジオ高等学校
⑭東海大学付属静岡翔洋高等学校
⑮静岡大成高等学校
⑯静岡英和女学院高等学校
⑰城南静岡高等学校
⑱静岡女子高等学校
⑲常葉大学附属常葉高等学校
常葉大学附属橘高等学校
常葉大学附属菊川高等学校
⑳静岡北高等学校
㉑静岡学園高等学校
㉒焼津高等学校
㉓藤枝明誠高等学校
㉔静清高等学校
㉕磐田東高等学校
㉖浜松学院高等学校
㉗浜松修学舎高等学校
㉘浜松開誠館高等学校
㉙浜松学芸高等学校
㉚浜松聖星高等学校
㉛浜松日体高等学校
㉜聖隷クリストファー高等学校
㉝浜松啓陽高等学校
㉞オイスカ浜松国際高等学校

愛知県

①[国立]愛知教育大学附属高等学校
②愛知高等学校
③名古屋経済大学市邨高等学校
④名古屋経済大学高蔵高等学校
⑤名古屋大谷高等学校
⑥享栄高等学校
⑦椙山女学園高等学校
⑧大同大学大同高等学校
⑨日本福祉大学付属高等学校
⑩中京大学附属中京高等学校
⑪至学館高等学校
⑫東海高等学校
⑬名古屋たちばな高等学校
⑭東邦高等学校
⑮名古屋高等学校
⑯名古屋工業高等学校
⑰名古屋葵大学高等学校
(名古屋女子大学高等学校)
⑱中部大学第一高等学校
⑲桜花学園高等学校
⑳愛知工業大学名電高等学校
㉑愛知みずほ大学瑞穂高等学校
㉒名城大学附属高等学校
㉓修文学院高等学校
㉔愛知啓成高等学校
㉕聖カピタニオ女子高等学校
㉖滝高等学校
㉗中部大学春日丘高等学校
㉘清林館高等学校
㉙愛知黎明高等学校
㉚岡崎城西高等学校
㉛人間環境大学附属岡崎高等学校
㉜桜丘高等学校

令和６年

国 語 問 題

（50分）

注 意

1 先生の指示があるまでは，問題用紙を開いてはいけません。
2 問題用紙は，問題一から問題四までの 11 ページあります。
3 答えはすべて解答用紙に書きなさい。

香川県公立高等学校

問題 一　次の文章は、高校ではクライミング部に所属していたものの、将来を考えて競技をやめた大学一年生の筑波岳《つくばがく》が、大学のスポーツクライミング部の部長である国方の勧誘を断り続けていたときに、帽子を拾ったことがきっかけで知り合った登山部に所属する上級生の穂高《ほだか》に連れられて、山に登ることになった場面に続くものである。これを読んで、あとの(一)～(八)の問いに答えなさい。

　高校のクライミング部を引退したのは昨年の九月。半年以上、激しい運動はしてこなかった。体型は変わっていないはずなのに、意外と筋力や体力は衰えているみたいだ。

「ジョギングとかと一緒で、体が慣れてない最初の十分、十五分はちょっとしんどいんだよ」

　振り返らず、歩みも止めず、穂高が言う。息が上がっているのを見透かされ、「そうですか」と短く返した。

「もうちょっとしたら楽になってペースが摑《つか》めるよ」

　彼の言う通りだった。十分ほど歩くと、何故《なぜ》か視界が開けた。ずっと見えていたはずの背の高い木々のa輪郭が妙にはっきりして、色が濃くなって、遠くまで見渡せる。何という名前の鳥だろうか、野鳥の鳴き声まで鮮明に聞こえた。

「杉の木、あれがモミの木、あっちは多分、アカガシ」

　前を歩く穂高が振り返り、踊るような足取りで周囲の木々を指さす。ゆっくり説明してくれたのに、①目で追いきれない。それほど視界の中の情報量が多い。

　しばらく歩くと、登山道が分岐していた。「白雲橋コース」と書かれた看板に沿って、木の根と石が折り重なった急勾配を上って行く。

　明らかに道がb険しくなった。歩きやすかった階段は、ごろごろとした岩が転がる道に姿を変えた。足を取られまいと視線が下に集中し、息が苦しくなる。

　これでは余計に疲れてしまう気がした。意識して顔を上げると、苔生《こけむ》した巨木の幹に沿って、狐《きつね》色のキノコが点々と顔を出していた。その下に、まるで地中から火が噴き出したみたいな真っ赤なキノコも生えている。

　息を合わせたように同じタイミングで、そのキノコを穂高も見ていた。

「これの名前はわかんないや」

ははっと笑って、再び歩き出す。えらく楽しそうだ。普段、一人で登山するときもこうなのだろうか。もしくは、半ば無理矢理連れてきた後輩が一緒にいることが、そんなに愉快なのか。

　不可解だった。②たまたま飛んできた帽子を拾っただけの新入生を、この人はどうしてこんなにも登山仲間にしたいのだろう。新入生なんてたくさんいて、その中には岳よりずっと登山に興味を持つ学生がいるはずなのに。

　なんで俺を登山部に誘うんですか。深い呼吸の合間《あいま》に問いかけそうになる。聞いたら最後もう逃げられない気がして、慌てて飲み込んだ。

「君はさ、どうしてスポーツクライミングをやってたの」

またもこちらの心を覗《のぞ》き見たみたいに、穂高が聞いてくる。あまりに唐突で、角張った岩に置いた右足のバランスを崩しそうになる。咄嗟《とっさ》に近くにあった巨石に手をかけた。

爪先で岩の角を摑むように踏ん張り、体を前へ前へ進める。その感覚がスポーツクライミングに似ていて、③思いがけず質問に答えてしまう。

「中学まではバスケをやってたんです。高校入って、物珍しくて始めました」

「俺、あんまりスポーツにc詳しくないんだけど、スポーツクライミングって、登るスピードを競うものなの？」

「ウォールっていう人工の壁を、ホールド（壁に作られた突起物）を手がかりに登るのがスポーツクライミングですけど、実はその中でも種目が三つに分かれてるんですよ。タイムを競うスピード。課題をいくつクリアできたかを競うボルダリング。どれだけ高く登れたかを競うリード。俺はリードが得意でしたね」

話しながら岩の道を登ったせいか、どんどん息が上がってきた。胸の奥が、針で刺されたみたいに痛んでくる。

だが、不思議と息苦しくはない。森の中だからだろうか。気温もバスを降りたときよりずっと涼しく、一度に体内に取り込める空気の量が多い気がした。

「手を滑らせて落ちたら、ロープ一本で宙づり？　なかなかスリリングなスポーツだね」

穂高が一際《ひときわ》大きな岩をd慎重に跨《また》ぐ。体が上下するのに合わせて、彼の声が上擦る。

「日常生活では絶対に生身で登ることがない高さを這《は》い上がる種目がリードです。筋力や柔軟性や持久力はもちろん大事ですけど、ホールドが作り出すルートは一種類じゃないんで、最短ルートや難易度の低いルートを選ぶ嗅覚とか視野の広さとか戦略とか、できるだけ少ないパワーで自分の体重を移動させたり持ち上げたりするテクニックとか、いろんなものが勝敗を分けるんです」

④ただ闇雲に上を目指して登るのではない。どのホールドをどちらの手で摑むか。どのホールドに足をかけるか。そこからどのホールドに手を伸ばすか。一瞬の判断が勝負を決める。

「楽しそうに話すんだね」

やっと岩場を抜けただろうかというところで、穂高が再び振り返った。にやりと、岳を煽《あお》るように微笑《ほほえ》む。

正直、面食《く》らった。

「気づいてなかったの？」

「……そんなつもりはないんですけど」

「そう？　国方の勧誘を頑《かたく》なに断ってるのが嘘《うそ》みたいに饒舌《じょうぜつ》（口数が多いこと）に話すなあ、って思いながら聞いてたんだけど」

「穂高先輩がいろいろ聞いてくるからでしょう」

「穂高先輩じゃなくて穂高さんでいいのに」

「穂高先輩がいろいろ聞いてくるからです」

⑤ムキになっているのが自分でもわかる。「そうかなあ」と笑いながら首を傾《かし》げる穂高に、違うとたたみ掛けたくなる。

けれど、言葉を重ねれば重ねるほど、きっと穂高の指摘を肯定してし

まうことになるのだ。

うるさい、もう辞めたんだからいいだろ。胸の奥で勝手に過去を懐《なつ》かしんでしまう自分を非難しながら、岳は両足を動かした。

⑥山の中は［　　］だ。前後を歩く登山客の話し声や足音、衣擦《きぬず》れの音、木々の枝葉が風に蠢《うごめ》く音や野鳥の声はもちろんするが、すべてが自分から少し離れたところにあって、岳の思考や感情を侵食してこない。穂高が話しかけてこない限り、岳は独りになれた。心地のいい、とても透明感のある孤独だった。

岩肌を足先で踏みしめ、急坂《きゅうはん》を登る。足の動きに合わせて岳の頭や胸の中が掻《か》き回される。記憶や自問自答の渦で最初こそ混沌《こんとん》（物事の区別がはっきりしない様子）としているのに、いつの間にか整理され、淀《よど》みが取れ、澄んでいく。

⑦それは、腹の底から湧き水のように勝手に流れ出る筑波岳の心根と、対峙《たいじ》（向かい合ってじっと動かずにいること）するということでもあった。

（額賀澪『風は山から吹いている』による。一部省略等がある。）

㈠　a～dの ═ のついている漢字のよみがなを書け。

㈡　①に　目で追いきれない　とあるが、岳がこのように感じたのはなぜか。次の1～4から最も適当なものを一つ選んで、その番号を書け。

1　ゆっくりとしたペースで山の雰囲気を味わっていたところ、穂高が忙しく話しかけてきたことに煩わしさを感じたから

2　歩くペースを摑むと周りを眺める余裕が生じ、木々の様子や野鳥の鳴き声といった受け取る情報の多さに気づいたから

3　ペースが整っていくうちに偶然開けた場所に着いたことで、見晴らしのよい場所から山全体を眺めることができたから

4　岳なりのペースで周りを観察しようとしていたが、穂高の木々や野鳥の説明が始まると知識量の多さに圧倒されたから

㈢　②に　たまたま飛んできた帽子を拾っただけの新入生を、この人はどうしてこんなにも登山仲間にしたいのだろう　とあるが、このとき岳はどのような穂高の様子を、どのように思って見ていたと考えられるか。「新入生の中には、」という書き出しに続けて、**一緒**　という語を用いて、六十字以内で書け。

(四) ③に 思いがけず質問に答えてしまう とあるが、なぜ岳は穂高の質問に思いがけず答えてしまったと考えられるか。次の1～4から最も適当なものを一つ選んで、その番号を書け。

1 絶妙なタイミングの質問に動揺し、スポーツクライミングに対する岳自身の気持ちも既に見抜かれているのではと感じたから
2 スポーツクライミングの技術を用いて体勢を素早く整えられたことで冷静になり、穂高の質問に答える余裕を取り戻したから
3 今でもスポーツクライミングの感覚を忘れていないということは、穂高の前ではなんとしても隠しておきたいことだったから
4 スポーツクライミングについて聞かれ不意に取ってしまった行動が、慣れ親しんだ競技の感覚を思い出させるものだったから

(五) ④の 闇雲に の意味として最も適当なものを、次の1～4から一つ選んで、その番号を書け。

1 先の見通しもなく　　2 何の見返りもなく　　3 沈んだ気分のまま　　4 恐怖を抱いたまま

(六) ⑤に ムキになっているのが自分でもわかる とあるが、このときの岳の思いはどのようなものだと考えられるか。それを説明しようとした次の文のア、イの［　］内にあてはまる最も適当な言葉を、本文中からそのまま抜き出して、アは五字以内、イは十字程度でそれぞれ書け。

スポーツクライミングの話をする様子を、穂高に［ア］で饒舌な話しぶりだと指摘されたことを受けて、内心で感じている［　イ　］気持ちをなんとかして否定し、押さえ込みたいという思い

(七) ⑥に 山の中は［　］だ とあるが、［　］内には、岳がこのときの心境で山の中の様子をとらえた言葉が入る。その言葉として最も適当なものを、次の1～4から一つ選んで、その番号を書け。

1 過酷　　2 静か　　3 退屈　　4 嫌い

(八) ⑦に それは、腹の底から湧き水のように勝手に流れ出る筑波岳の心根と、対峙するということでもあった とあるが、これは岳のどのような気持ちを述べたものか。本文全体の内容をふまえて、次の1～4から最も適当なものを一つ選んで、その番号を書け。

1 自然に接する中で、スポーツクライミングに再び挑戦したいと感じるようになり、国方の熱意に応えたいという強い気持ちが生まれ始めている
2 登山道を進む中で、これまで抱えてきた悩みやいらだちから解き放たれたことで、穂高のさりげない優しさに対する感謝の念が生じ始めている
3 岩肌を踏みしめ進む中で、スポーツクライミングや穂高の言葉といった周囲の物事に向き合い、全てが岳を支えていることに気づき始めている
4 穂高と共に登山道を歩く中で、今まで直視を避けていた思いが少しずつこみ上げてきていることを感じ、落ち着いて向き合おうとし始めている

問題 二　次の文章を読んで、あとの㈠～㈤の問いに答えなさい。

太閤《たいかふ》(注1)の近習《きんじゆ》、曽呂利《そろり》(注2)へ尋ねて申すは、①「御辺(注3)誠に君の思《おぼ》し召しに叶《かな》ひ類《たぐひ》なし。いかがしてかはかくの如《ごと》くに御意には入るぞや。」といひければ、曽呂利曰《い》はく、「飯の風味はどのやうなる物にや。」と問ふ。答へて云《い》ふ、「斯《かう》と定まりたる味はなけれども、只《ただ》うまき物なり。」と。曽呂利また「菓子はうまき物にや。」と。答へて曰はく、「うまくしてあまし。」曽呂利「然《しか》らば、明日より飯をやめて、うまき甘き所の菓子計《ばかり》くひて居給《たま》ふべし。」彼《か》の者聞きて②「それは一向にならぬ事なり。」といふ。曽呂利大いに笑つて「さればの事なり。貴辺(注4)は菓子を以《もつ》て君にすすめ、③我は飯を以て君にすすむる故に、いつ迄《まで》も飽かるるといふ事なく、甘きものは時宜(注5)によりてあしく、飯はいつにてもよき物なり。貴方は心に甘き所を以て、君の用ゐ給はんところを期《ご》(注6)する故、大いに了簡《れうけん》(注7)違へり。我は飯のさたでの風味もなき物なれども、退屈し給ふと云ふ気遣ひなる事なきを事とす。」

(注1)　太閤の近習＝太閤（豊臣秀吉）のそば近くに仕えていた、ある者。
(注2)　曽呂利＝曽呂利新左衛門《しんざえもん》。豊臣秀吉のそば近くに仕えていたといわれる人物。
(注3)　御辺＝あなた。
(注4)　貴辺＝あなた。
(注5)　時宜によりて＝時と場合によっては。
(注6)　期する＝期待する。
(注7)　了簡＝考え。

㈠　本文中の　くひて　は、現代かなづかいでは、どう書くか。ひらがなを用いて書きなおせ。

問題 5　右の図のような円があり，異なる3点A，B，Cは円周上の点で，△ABCは鋭角三角形である。点Aから辺BCに垂線をひき，その交点をDとする。直線ADと円との交点のうち，点Aと異なる点をEとし，点Cと点Eを結ぶ。線分AD上にCE＝CFとなる点Fをとる。直線CFと円との交点のうち，点Cと異なる点をGとし，辺ABと線分CGとの交点をHとする。また，点Bと点Gを結ぶ。

このとき，次の(1)，(2)の問いに答えなさい。

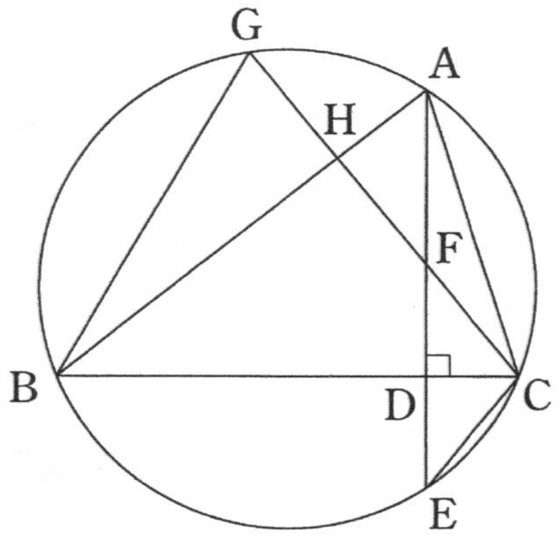

(1)　△ACH ∽ △GBH　であることを証明せよ。

(2)　点Aと点G，点Bと点Fをそれぞれ結ぶとき，△ABF ≡ △ABG　であることを証明せよ。

⑵　下の図1のような，1辺の長さが4 cmの立方体がある。点Pは，点Aを出発して辺AE，EF上を通って毎秒1 cmの速さで点Fまで動く点であり，点Qは，点Cを出発して辺CB，BF上を通って毎秒1 cmの速さで点Fまで動く点である。2点P，Qは同時に出発する。下の図2は，2点P，Qが同時に出発してから5秒後の状態を示したものである。

　これについて，あとのア～ウの問いに答えよ。

図1

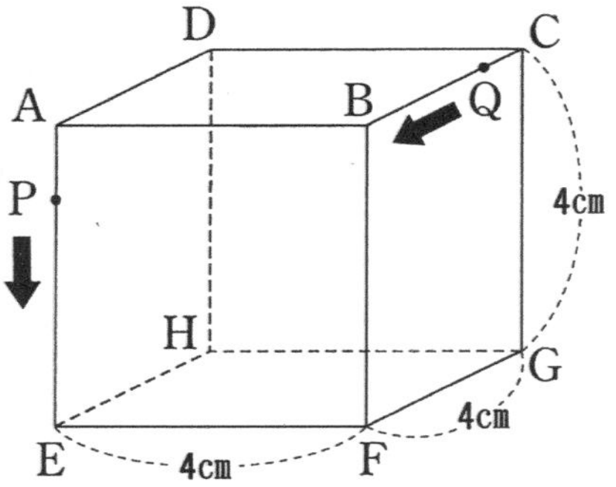

図2

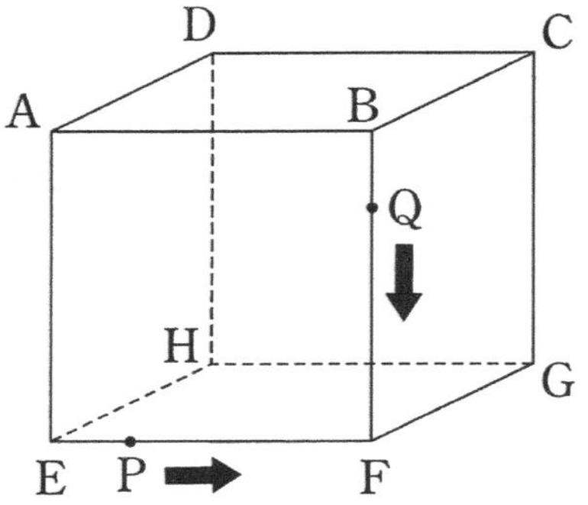

ア　2点P，Qが同時に出発してから4秒後にできる三角すいAPQDの体積は何cm^3か。

イ　2点P，Qが同時に出発してからx秒後にできる△APQの面積は何cm^2か。$4 < x < 8$の場合について，xを使った式で表せ。

ウ　$4 < x < 8$とする。2点P，Qが同時に出発してからx秒後にできる三角すいAPQDの体積が，2点P，Qが同時に出発してから1秒後にできる三角すいAPQDの体積と等しくなるのは，xの値がいくらのときか。xの値を求める過程も，式と計算を含めて書け。

問題 4　次の(1)，(2)の問いに答えなさい。

(1) 白の碁石と黒の碁石がたくさんある。これらを下の図のように，上段には，1列目から，白の碁石，黒の碁石の順にくりかえし並ぶように，それぞれの列に1個ずつ置き，下段には，1列目から，黒の碁石，黒の碁石，白の碁石の順にくりかえし並ぶように，それぞれの列に1個ずつ置く。

たとえば，上段も下段も7列目まで碁石を置いたとき，7列目については，上段が白の碁石，下段が黒の碁石である。また，1列目から7列目までに並んでいるすべての碁石のうち，白の碁石の個数は6個であり，黒の碁石の個数は8個である。

	1列目	2列目	3列目	4列目	5列目	6列目	7列目	…
上段	○	●	○	●	○	●	○	…
下段	●	●	○	●	●	○	●	…

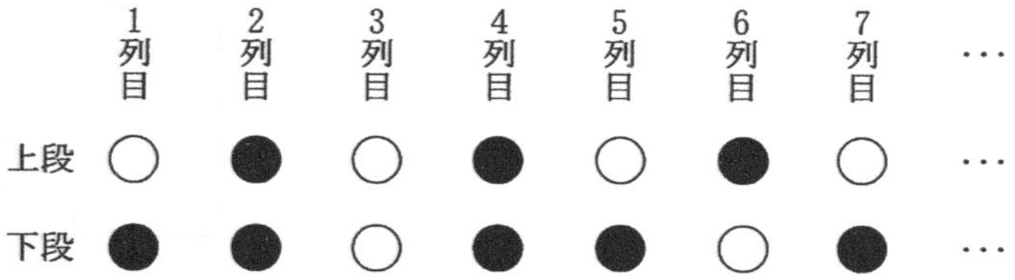

これについて，次のア，イの問いに答えよ。

ア　次の文は，上段も下段も2024列目まで碁石を置いたとき，2024列目の碁石について述べようとしたものである。文中の2つの〔　　〕内にあてはまる言葉を，㋐，㋑から1つ，㋒，㋓から1つ，それぞれ選んで，その記号を書け。

2024列目については，上段が〔㋐白の碁石　㋑黒の碁石〕，下段が〔㋒白の碁石　㋓黒の碁石〕である。

イ　上段も下段も n 列目まで碁石を置いたとき，n 列目については，上段も下段も白の碁石であった。また，1列目から n 列目までに並んでいるすべての碁石のうち，白の碁石の個数と黒の碁石の個数の比は8：11であった。このときの n の値を求めよ。

問題 3　次の(1)~(4)の問いに答えなさい。

(1) 1から6までのどの目が出ることも，同様に確からしい2つのさいころA，Bがある。この2つのさいころを同時に投げるとき，2つの目の数の積が10の約数になる確率を求めよ。

(2) 右の表は，ある学級の生徒30人について，ハンドボール投げの記録を度数分布表に整理したものである。この表から，この30人のハンドボール投げの記録の第1四分位数を含む階級の相対度数を求めよ。

ハンドボール投げの記録

階級(m)	度数(人)
以上　　未満	
10 ~ 15	3
15 ~ 20	6
20 ~ 25	12
25 ~ 30	9
計	30

(3) 右の図で，点Oは原点であり，放物線①は関数 $y=\frac{3}{4}x^2$ のグラフで，放物線②は関数 $y=-\frac{1}{2}x^2$ のグラフである。

2点A，Bは放物線①上の点で，点Aの x 座標は -4 であり，線分ABは x 軸に平行である。点Cは線分AB上の点で，点Bと異なり，その x 座標は正の数である。点Cを通り，y 軸に平行な直線をひき，放物線①，放物線②との交点をそれぞれD，Eとする。

これについて，次のア，イの問いに答えよ。

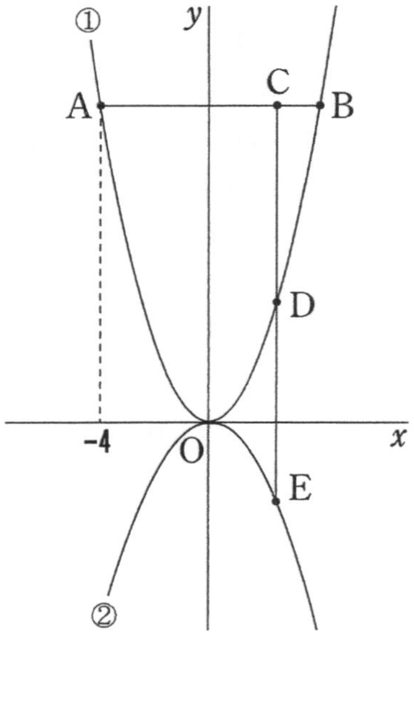

ア 関数 $y=-\frac{1}{2}x^2$ について，x の値が1から3まで増加するときの変化の割合を求めよ。

イ 線分CDの長さと，線分DEの長さが等しくなるとき，点Cの x 座標はいくらか。点Cの x 座標を a として，a の値を求めよ。

(4) 2つの奇数がある。これらの数をそれぞれ2乗してできた2つの数の和に2を加えた数は4の倍数であることを，文字式を使って証明せよ。

問題 5　英語の授業で，次のテーマについて意見を書くことになりました。あなたなら，店で本を買うことと図書館で本を借りることのどちらを選び，どのような意見を書きますか。あなたの意見を，あとの〔**注意**〕に従って，英語で書きなさい。

> 本を読むときは，店で本を買うことと図書館で本を借りることのどちらがよいか。
> 　　店で本を買うこと　buying books at a store
> 　　図書館で本を借りること　borrowing books from a library

〔**注意**〕

① 解答用紙の　　　　　　　内に buying books at a store または borrowing books from a library のどちらかを書くこと。

② I think　　　　　　　is better. の文に続けて，４文の英文を書くこと。

③ 一文の語数は５語以上とし，短縮形は一語と数える。ただし，ピリオド，コンマなどの符号は語として数えない。

④ 店で本を買うことまたは図書館で本を借りることを選んだ理由が伝わるよう，まとまりのある内容で書くこと。

㊟ presentation：発表　　agriculture：農業　　growing：grow（栽培する）の現在分詞
search(ed)：search（検索する）の過去形　　watermelon(s)：スイカ
water：水をまく　　harvest：収穫する　　weed(s)：雑草　　grow：成長する
field：畑　　take care of～：～の世話をする　　trial and error：試行錯誤
diary：日記　　advice：助言　　share：共有する　　fail：失敗する

(1) ①の［　　　］内にあてはまる語は，次のア～エのうちのどれか。最も適当なものを一つ選んで，その記号を書け。

ア that　　イ which　　ウ what　　エ who

(2) 下線部②の That が指しているのはどのようなことがらか。日本語で書け。

(3) ③の［　　　］内にあてはまる語は，本文の内容からみて，次のア～エのうちのどれか。最も適当なものを一つ選んで，その記号を書け。

ア cold　　イ bad　　ウ good　　エ easy

(4) ④の［　　　　］内には，アリサの質問が入る。本文の内容を参考にして，その質問を 4 語以上の英文一文で書け。ただし，疑問符，コンマなどの符号は語として数えない。

(5) 下線部⑤に，She was surprised to hear that とあるが，アリサは祖父のどのような発言を聞いてそのように感じたのか。その内容を日本語で書け。

(6) ⑥の［　　　　］内にあてはまるものは，本文の内容からみて，次のア～エのうちのどれか。最も適当なものを一つ選んで，その記号を書け。

ア Searching on the Internet　　イ Getting some advice
ウ Sharing ideas with others　　エ Getting good results

(7) 次の(a)，(b)の質問に対する答えを，本文の内容に合うように，(a)は 3 語以上，(b)は 7 語以上の英文一文で書け。ただし，ピリオド，コンマなどの符号は語として数えない。

(a) Did Arisa stay with her grandfather for two weeks in the summer vacation?
(b) What did Shotaro think about searching on the Internet?

(8) 次の㋐～㋕のうちから，本文中で述べられている内容に合っているものを二つ選んで，その記号を書け。

㋐ Arisa was studying local jobs for a presentation with two members in her class.
㋑ Shotaro searched on the Internet to find good seasons of harvesting each fruit and vegetable.
㋒ Arisa couldn't sleep well in her grandfather's house at night because it was too hot.
㋓ Arisa found that her grandfather got some advice about growing watermelons from his farmer friends.
㋔ The presentation members were excited when they shared their ideas at school in September.
㋕ Haruto went to a cooking class using local vegetables with Shotaro and found there were many dishes using tomatoes.

問題 4　次の英文を読んで，あとの(1)～(8)の問いに答えなさい。（*印をつけた語句は，あとの㊟を参考にしなさい。）

Arisa is a junior high school student. She was studying various jobs in her town for a *presentation with her classmates, Shotaro and Haruto. In many jobs, they were interested in *agriculture and farmers *growing fruits and vegetables, but they didn't know ①［　　　］ they should work on at first.

The summer vacation started. Shotaro and Haruto *searched on the Internet to get some information about events to sell a lot of fruits and vegetables. Arisa called her grandfather. He grew *watermelons every year. She asked him, "What is difficult when you are growing watermelons?" He said, "Why don't you help me grow watermelons?" She said, "②That is a good idea!"

Arisa went to her grandfather's house by train. She helped him *water and *harvest watermelons when she stayed with him for two weeks during the summer vacation. The work in the hot weather was hard. She sometimes met snakes. At the end of the day, she was tired and slept well at night. When Arisa and her grandfather were talking, he said, "There are some problems. We sometimes need to worry about the weather. *Weeds *grow quickly and animals come into my *field. My field quickly gets ③［　　　］ if I don't *take care of it." She asked, "Why do you continue growing them?" He answered, "Because I like to see people enjoying having watermelons. So I grow delicious watermelons by *trial and error."

One night, Arisa's grandfather was doing something in his room. Arisa asked him, "④［　　　］?" "I'm writing in my *diary," he answered. He also showed many notebooks on his desk. He said, "I have been writing a lot of things I learned by trial and error in my diary." ⑤She was surprised to hear that. She read some of his diary. They were all about growing his watermelons. He wrote the weather, problems, and *advice from his farmer friends. He said, "Of course, when I harvest good watermelons, I am happy, and that is important for me. However, things often don't go well. I think that's also fine because I can learn many things from those experiences." She said, "I agree with you."

On August 20, the presentation members met at Haruto's house to *share their ideas. They were excited and talked. Shotaro said, "Searching on the Internet is fast and convenient!" Haruto said, "I found some information about a cooking class using local vegetables in a newspaper, and I went there with my mother. I realized there were so many dishes using tomatoes." Arisa said, "I learned a lot from my grandfather. ⑥［　　　］ is important, but we *fail many times. Learning from trial and error and finding better ways are more important." After sharing their ideas, they decided to keep working on the presentation with trial and error.

㊟ sugar：砂糖　factory：工場　sugarcane：サトウキビ
Hiraga Gennai：平賀源内(江戸時代の人)　grow：栽培する
succeeded in producing：製造に成功した　stew：煮込む　knead：こねる
dry：乾燥させる　shape(s)：形　wooden mold(s)：木製の型
technique(s)：技術　process(es)：過程　taste(s)：味　effort(s)：努力

(1) ①の(　　)内の hear を，最も適当な形になおして一語で書け。

(2) ②の［　　］内にあてはまる語は，本文の内容からみて，次のア～エのうちのどれか。最も適当なものを一つ選んで，その記号を書け。

ア but　イ since　ウ and　エ if

(3) ③の［　　］内にあてはまる語は，次のア～エのうちのどれか。最も適当なものを一つ選んで，その記号を書け。

ア wanted　イ told　ウ spoke　エ took

(4) 下線部④の日本文を英語で書き表せ。

(5) 下線部⑤が，「平賀源内は香川でそれを栽培しはじめた人々のうちの一人である。」という意味になるように，(　　)内のすべての語を，正しく並べかえて書け。

(6) 下線部⑥が，「このように，それを作ることはとても難しい。」という意味になるように，(　　)内のすべての語を，正しく並べかえて書け。

(7) ⑦の［　　］内にあてはまる語は，本文の内容からみて，次のア～エのうちのどれか。最も適当なものを一つ選んで，その記号を書け。

ア difficult　イ sad　ウ cheap　エ short

(8) ⑧の［　　］内にあてはまるものは，次のア～エのうちのどれか。最も適当なものを一つ選んで，その記号を書け。

ア Such as　イ At first　ウ Over there　エ Because of

(9) 下線部⑨の日本文を英語で書き表せ。

英語聞き取り問題

令和６年

今から，「英語を聞いて答える問題」を始めます。問題用紙の１ページを開いて，**問題 1**を見てください。また，解答用紙の**問題 1**のところも見てください。

問題は，Ａ，Ｂ，Ｃ，Ｄ，Ｅの５種類です。

Ａは，絵を選ぶ問題です。今から，Ken が昨日《きのう》の夜７時にしていたことについて，説明を英語で２回くりかえします。よく聞いて，その説明にあてはまる絵を，①から④の絵の中から一つ選んで，その番号を書きなさい。

Ken was taking a bath at 7 last night.

Ｂは，天気予報を選ぶ問題です。問題用紙の四つの表を見てください。今から，天気予報を英語で２回くりかえします。よく聞いて，天気予報の組み合わせとして最も適当なものを，①から④のうちから一つ選んで，その番号を書きなさい。

Good morning. It's Friday. It's raining now, but it will stop raining at 2 in the afternoon, and then it will be cloudy. Tomorrow will still be cloudy, but it won't be rainy. It will be colder than today. On Sunday, the weather will be sunny all day.

Ｃは，応答を選ぶ問題です。今から，Mary と Akira の対話を英語で２回くりかえします。よく聞いて，Mary の最後のことばに対する Akira の応答として最も適当なものを，アからエのうちから一つ選んで，その記号を書きなさい。

Mary: Wow, you speak English well.
Akira: Thank you. I'm studying English hard to study abroad.
Mary: That's good. How long have you been studying English?

Ｄは，対話の内容を聞き取る問題です。今から，Kate と Manabu の対話を英語で２回くりかえします。よく聞いて，Manabu が今年の夏に行く都市，Manabu が日本を出発する日，および Manabu が今回その都市でしようとしていることを，それぞれ日本語で書きなさい。

Kate: Where are you going to go this summer, Manabu? Last summer, you went to London, right?

実験Ⅱ　下の図Ⅳのような装置を用いて，いろいろな質量の小球をいろいろな高さから静かに転がし，レール上に置いた木片に衝突させたところ，衝突後，木片は小球と一緒に動いて止まった。このようにして木片の動いた距離を繰り返し測定した。また，速さ測定器を用いて，木片に衝突する直前の小球の速さを測定した。下の図Ⅴは，質量が9g，14g，22g，31gの小球を用いて実験したときの，木片に衝突する直前の小球の速さと木片の動いた距離との関係をグラフに表したものである。

図Ⅳ

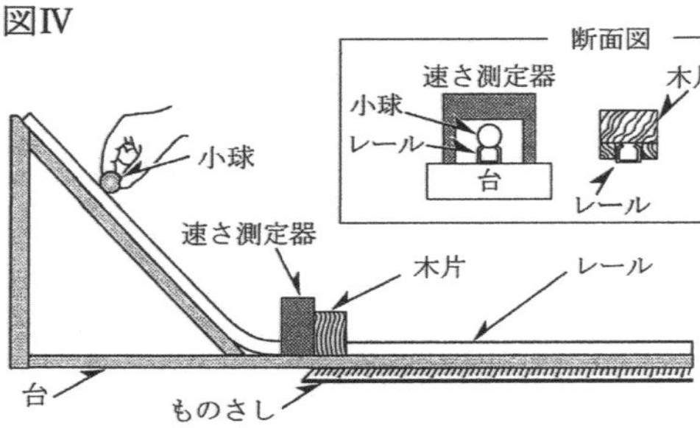

図Ⅴ

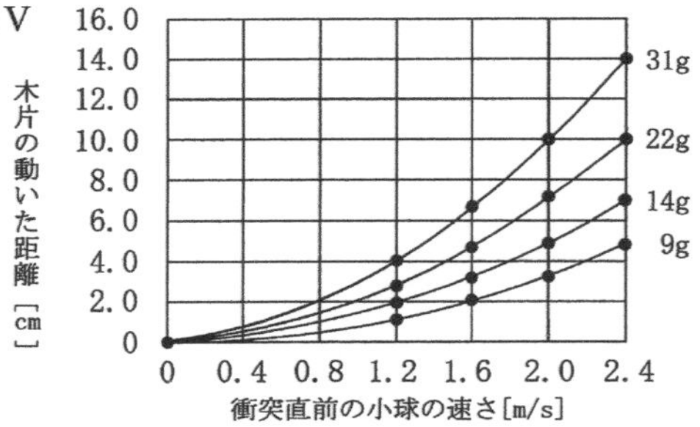

⑷　右の図Ⅵは，小球が木片に衝突したときのようすを模式的に示したものであり，木片が小球から受ける力を矢印（⟶）で表している。このとき，小球が木片から受ける力を，力のはたらく点がわかるようにして，解答欄の図中に矢印で表せ。

図Ⅵ

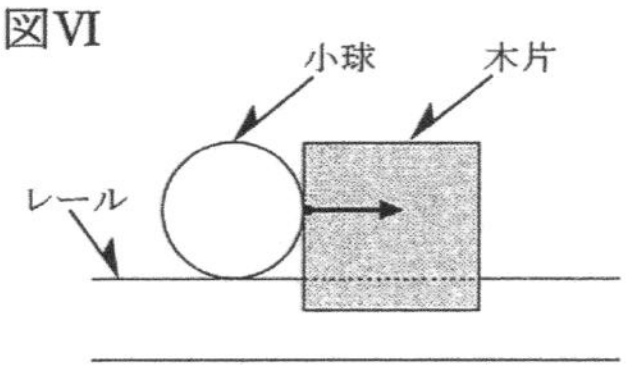

⑸　次の文は，実験Ⅱについての太郎さんと先生の会話の一部である。文中の［　　　］内に共通してあてはまる最も適当な言葉を書け。また，文中の2つの〔　　　〕内にあてはまる言葉を，㋐，㋑から一つ，㋒～㋔から一つ，それぞれ選んで，その記号を書け。

> 太郎：小球が木片に衝突した後，木片が動いたということは，衝突後に小球が木片に［　　　］をしたということですね。
>
> 先生：そうですね。小球がもっている運動エネルギーはどのように変化したのでしょうか。
>
> 太郎：はい。小球が木片に［　　　］をしたことで，小球がもっていた運動エネルギーが〔㋐増加　㋑減少〕したのだと思います。
>
> 先生：その通りです。
>
> 太郎：小球の質量や速さを変化させると，木片の動いた距離が変化することから，小球がもっている運動エネルギーが，小球の質量と小球の速さに関係していることがわかるのですね。
>
> 先生：そうですね。では，実験Ⅱの結果から考えると，質量24gの小球を1.2m/sの速さで木片に衝突させたときに木片が動く距離に比べて，質量12gの小球を2.4m/sの速さで木片に衝突させたときに木片が動く距離はどのようになると考えられますか。
>
> 太郎：はい。〔㋒大きくなる　㋓変わらない　㋔小さくなる〕と思います。
>
> 先生：その通りです。

この装置において，ガラス容器の中の空気をぬいていったとき，測定されたブザーの音の大きさは〔㋐大きくなった　㋑変わらなかった　㋒小さくなった〕。このことから，空気は〔㋓音を伝える　㋔音を伝えるのを妨げる　㋕音の伝わり方に影響しない〕と考えられる。

C　太郎さんは，物体の運動やエネルギーについて調べるために，次の実験Ⅰ，Ⅱをした。これに関して，あとの(1)～(5)の問いに答えよ。

実験Ⅰ　右の図Ⅰのような装置を用いて，自由落下させた質量10gのおもりを，一定の間隔で発光するストロボスコープを使って写真にとったところ，下の図Ⅱのようになった。図Ⅱ中のK点は，おもりが手から離れた位置，L～N点はK点でおもりが手を離れてからの0.1秒ごとのおもりの位置である。また，図Ⅰの装置を用いて，いろいろな質量のおもりをいろいろな高さから，静かに手を離して自由落下させ，力学的エネルギー実験器のくいに衝突させたところ，衝突後，くいはおもりと一緒に動いて止まった。下の図Ⅲは，質量が10g，20g，30g，40gのおもりを用いて実験したときの，おもりを離す高さとくいの動いた距離との関係をグラフに表したものである。

図Ⅰ

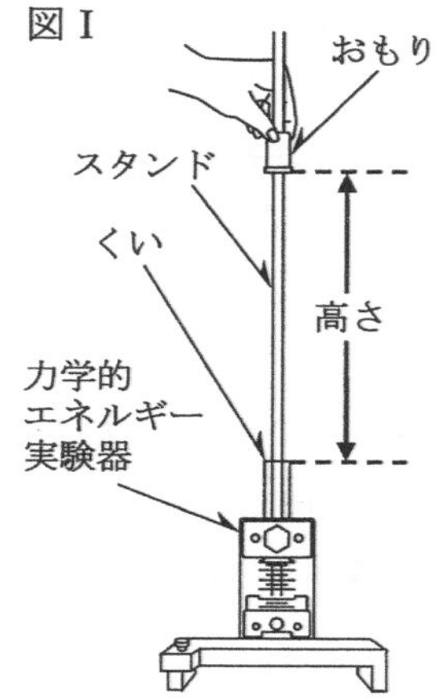

図Ⅱ

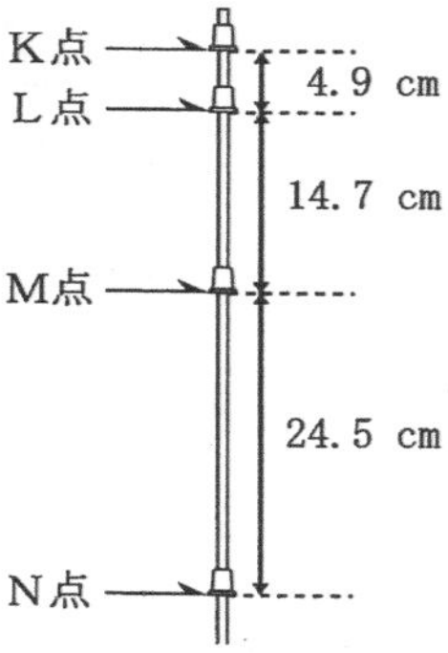

図Ⅲ

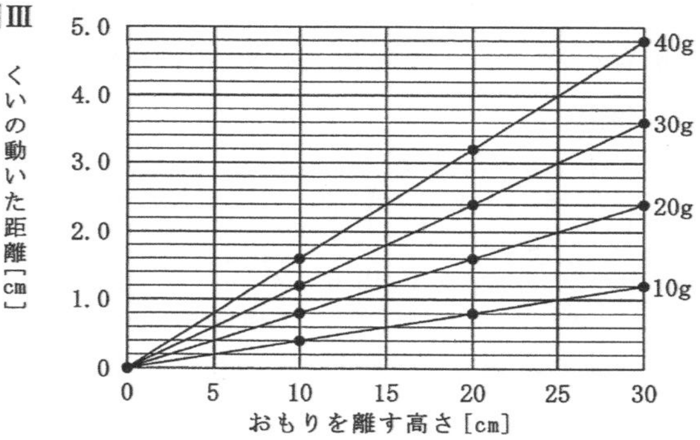

(1)　図Ⅱで，K点とM点の間のおもりの平均の速さは何m/sか。

(2)　次の文は，実験Ⅰの結果から考えられることについて述べようとしたものである。文中のP，Qの□内にあてはまる最も適当な言葉を，それぞれ簡単に書け。

実験Ⅰにおいて，くいの動いた距離が大きいほど，手から離れた位置でおもりがもっていた位置エネルギーが大きいと考えられる。このことから，おもりがもっている位置エネルギーの大きさは，おもりの質量と手を離したときの高さに関係し，おもりの質量が［　P　］と考えられ，また，手を離したときの高さが［　Q　］と考えられる。

(3)　実験Ⅰの結果から考えると，この装置を用いて，質量25gのおもりでくいを2.0cm動かすためには，おもりを何cmの高さから落下させればよいと考えられるか。

ら，５分間電流を流した。このとき電圧計は12.0Ｖを示していた。次の文は，実験Ⅰ，Ⅱの結果から考えて，スイッチを入れてから５分後の電熱線Ｐによる水の上昇温度と，電熱線Ｑによる水の上昇温度について述べようとしたものである。文中の□内にあてはまる数値を書け。また，文中の〔　　〕内にあてはまる言葉を，㋐，㋑から一つ選んで，その記号を書け。

図Ⅱ

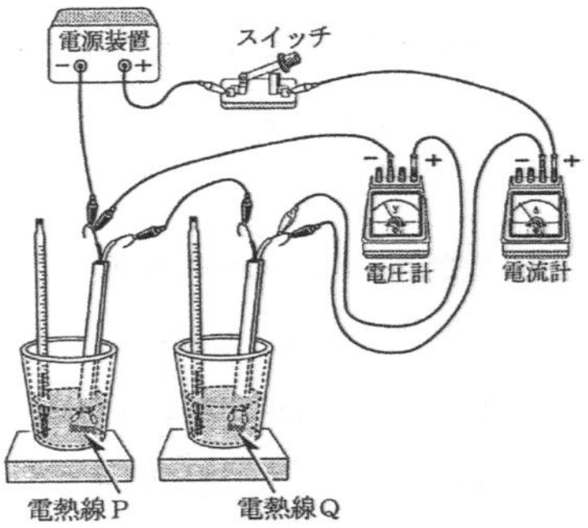

実験Ⅰ，Ⅱの結果より，電熱線Ｑの消費電力は，電熱線Ｐの消費電力の□倍になると考えられる。そのため，２つのカップの５分後の水温を比べると〔㋐電熱線Ｐ　㋑電熱線Ｑ〕が入っているカップの方が高いと考えられる。

Ｂ　花子さんは，音の性質と伝わり方を調べるために，次の実験をした。これに関して，あとの(1)，(2)の問いに答えよ。

実験　花子さんは，右の図Ⅰのような装置を用いて，異なる高さの音を出す４つのおんさをそれぞれたたいたときに出る音の高さと，簡易オシロスコープの画面に表示される波形との関係を調べた。下の図Ⅱ～Ⅴは，４つのおんさをそれぞれたたいたときに，簡易オシロスコープの画面に表示された波形である。

図Ⅰ

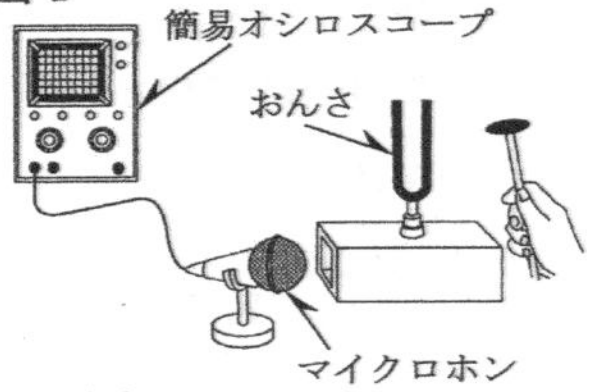

図Ⅱ

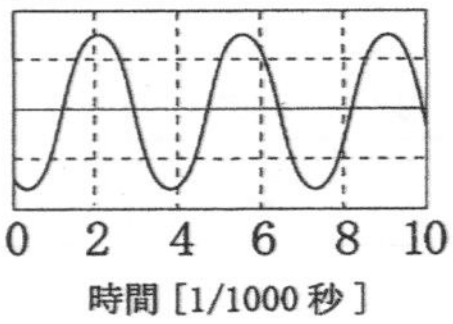

図Ⅲ

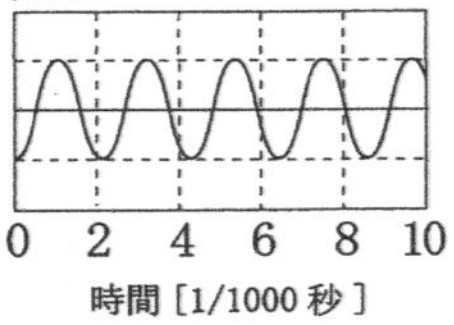

図Ⅳ

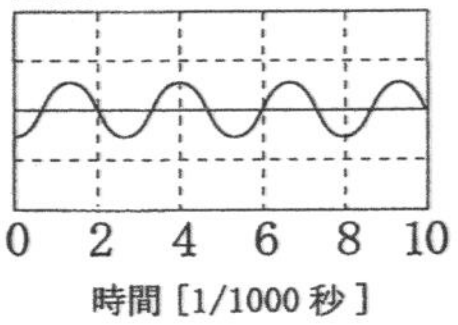

図Ⅴ

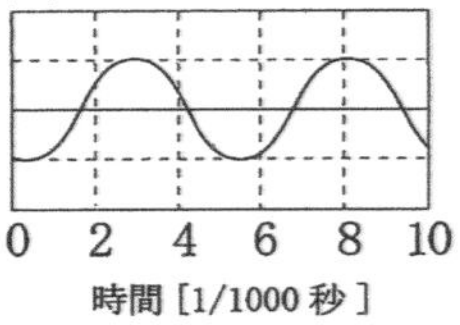

(1)　実験において，４つのおんさの中で最も高い音を出すおんさをたたいたときに，簡易オシロスコープの画面に表示された波形はどれか。次の㋐～㋓のうち，最も適当なものを一つ選んで，その記号を書け。

㋐　図Ⅱ　　㋑　図Ⅲ　　㋒　図Ⅳ　　㋓　図Ⅴ

(2)　花子さんは，音の伝わり方を調べるために，右の図Ⅵのような装置を用いて，鳴り続けているブザーを密閉されたガラス容器の中に入れたのちに，ガラス容器の中の空気を真空ポンプでぬき，聞こえてくるブザーの音の大きさがどのように変化するかを測定器で測定した。次のページの文は，その測定結果と，そこから考えられることについて述べようとしたものである。文中の２つの〔　　〕内にあてはまる言葉を，㋐～㋒から一つ，㋓～㋕から一つ，それぞれ選んで，その記号を書け。

図Ⅵ

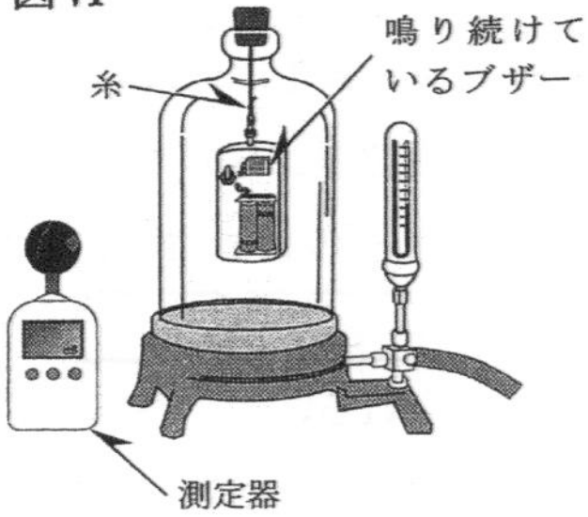

問題 4　次のA，B，Cの問いに答えなさい。

A　次の実験Ⅰ，Ⅱについて，あとの(1)～(5)の問いに答えよ。

実験Ⅰ　右の図Ⅰのような装置を用いて，電熱線Pに電流を流したときの，水の上昇温度を調べる実験をした。まず，発泡ポリスチレンのカップの中に 95 g の水を入れ，室温 20.5 ℃と同じになるまで放置しておいた。次に，スイッチを入れて，電熱線Pに 4.0 V の電圧を加え，水をときどきかき混ぜながら，5 分間電流を流し，電流の大きさと水温を測定した。次に，電熱線Pに加える電圧を 8.0 V，12.0 V に変え，同じように実験をした。右の表Ⅰは，実験の結果をまとめたものである。

図Ⅰ

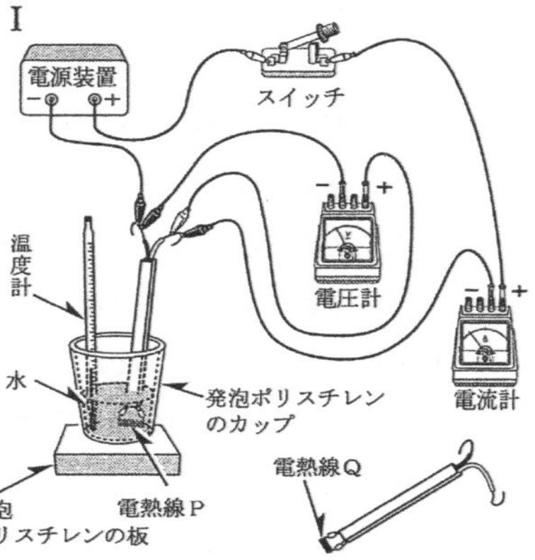

表Ⅰ

電熱線Pに加える電圧[V]	4.0	8.0	12.0
電熱線Pに流れる電流[A]	0.5	1.0	1.5
5 分後の水温[℃]	21.5	24.5	29.5

(1)　この実験をおこなうために，カップの中に水を入れたところ，水温が室温に比べてかなり低かった。この場合，カップの水を放置して，水温と室温が同じになってから実験をおこなわなければ，電熱線の発熱による水の上昇温度を正確に測定できない。それはなぜか。その理由を簡単に書け。

(2)　電熱線Pの抵抗は何Ωか。

実験Ⅱ　図Ⅰの装置で電熱線Pを電熱線Qにとりかえて，実験Ⅰと同じように実験をした。下の表Ⅱは，実験の結果をまとめたものである。

表Ⅱ

電熱線Qに加える電圧[V]	4.0	8.0	12.0
電熱線Qに流れる電流[A]	1.0	2.0	3.0
5 分後の水温[℃]	22.5	28.5	38.5

(3)　電熱線Qに 4.0 V の電圧を加え，5 分間電流を流したとき，電熱線Qが消費した電力量は何Jか。

(4)　次の文は，実験Ⅰ，Ⅱにおいて，電熱線に流れた電流と，水の上昇温度について述べようとしたものである。文中の 2 つの〔　　〕内にあてはまる言葉を，㋐～㋒から一つ，㋓～㋕から一つ，それぞれ選んで，その記号を書け。また，文中の □ 内にあてはまる数値を書け。

電熱線に電流を流す時間と加えた電圧の大きさが同じであるとき，電熱線の抵抗が小さければ，流れる電流の値は〔㋐大きくなる　㋑変わらない　㋒小さくなる〕ため，水の上昇温度は〔㋓大きくなる　㋔変わらない　㋕小さくなる〕。また，電熱線Qに 6.0 V の電圧を加え，5 分間電流を流したとき，5 分後の水温は □ ℃になると考えられる。

(5)　実験Ⅰで用いた電熱線Pと，実験Ⅱで用いた電熱線Qを用いて，次のページの図Ⅱのように，電熱線Pと電熱線Qをつなぎ，それぞれの発泡ポリスチレンのカップの中に，水 95 g を入れ，室温と同じになるまで放置しておいた。その後，スイッチを入れて，水をときどきかき混ぜなが

(1) 次のア～エのうち，試験管②に集めた気体が酸素であることを確かめるための方法と，集めた気体が酸素であることがわかる結果として，最も適当なものを一つ選んで，その記号を書け。

ア　集めた気体に水で湿らせた赤色リトマス紙を近づけると，リトマス紙が青色になる

イ　集めた気体にマッチの火を近づけると，その気体が空気中で音をたてて燃える

ウ　集めた気体に火のついた線香を入れると，線香が炎を出して激しく燃える

エ　集めた気体を石灰水に通じると，石灰水が白くにごる

(2) よくみがいた銀の表面を高倍率の電子顕微鏡で観察すると，原子とよばれる小さな粒子が集まってできていることがわかる。次のア～エのうち，原子について述べたものとして最も適当なものを一つ選んで，その記号を書け。

ア　原子は，現在約 50 種類が確認されている

イ　原子は，原子核と電子からできている

ウ　原子は，種類によらず，質量や大きさは一定である

エ　原子は，化学変化によって，ほかの種類の原子に変わることがある

実験Ⅱ　右の図Ⅱのように，酸化銀の黒い粉末をステンレス皿に入れて加熱したあと，よく冷やしてから質量をはかった。この操作を繰り返しおこない，ステンレス皿の中の物質の質量の変化を調べたところ，はじめは質量が減少したが，やがて減少しなくなった。このときのステンレス皿の中の物質はすべて銀になっていた。下の表Ⅰは，酸化銀の粉末の質量を 1.45 g，2.90 g，5.80 g にしてそれぞれ実験し，加熱後の物質の質量が減少しなくなったときの物質の質量をまとめたものである。

図Ⅱ

表Ⅰ

酸化銀の粉末の質量[g]	1.45	2.90	5.80
加熱後の物質の質量が減少しなくなったときの物質の質量[g]	1.35	2.70	5.40

(3) 表Ⅰをもとにして，酸化銀の粉末の質量と，ステンレス皿の中の物質を加熱して質量が減少しなくなるまでの間に発生した酸素の質量との関係をグラフに表せ。

(4) 実験Ⅱで用いた酸化銀は，すべて銀原子と酸素原子が 2 ： 1 の割合で結びついた化合物である。下の表Ⅱは，銀原子を ● ，酸素原子を ○ で表し，酸化銀，銀，酸素をモデルで表したものである。実験Ⅱにおける，酸化銀が分解して銀と酸素ができる化学変化を，化学反応式で表せ。

表Ⅱ

物質名	酸化銀	銀	酸素
モデル	●○●	●	○○

(5) 酸化銀の粉末 7.25 g を加熱すると，ステンレス皿の中の物質の質量は 7.05 g になった。このとき，分解せずに残っている酸化銀は何 g と考えられるか。

かたまりの体積は $5.0\,cm^3$ であり，アルミニウムのかたまりの体積は $16.0\,cm^3$ であった。次の文は，測定の結果からわかることについて述べようとしたものである。文中の□内にあてはまる数値を書け。また，文中の〔　　〕内にあてはまる言葉を，㋐～㋒から一つ選んで，その記号を書け。

　測定の結果より，鉄の密度は□ g/cm^3 であることがわかる。また，鉄の密度とアルミニウムの密度を比較すると，鉄の密度は〔㋐アルミニウムの密度よりも大きい　㋑アルミニウムの密度と等しい　㋒アルミニウムの密度よりも小さい〕ことがわかる。

(3) 文中の下線部②にブタンも水やエタノールのように状態変化をするとあるが，次のア～エのうち，ブタン，水，エタノールの状態変化に共通する性質として最も適当なものを一つ選んで，その記号を書け。

ア　液体から固体に状態変化するときに質量が大きくなる性質

イ　液体から固体に状態変化するときに体積が小さくなる性質

ウ　液体から気体に状態変化するときに体積が大きくなる性質

エ　液体から気体に状態変化するときに質量が小さくなる性質

(4) 文中の下線部③に Na^+ や Ca^{2+} といったイオンが含まれているとあるが，次の文はイオンについて述べようとしたものである。文中の〔　　〕内にあてはまる言葉を，㋐，㋑から一つ選んで，その記号を書け。また，文中の□内にあてはまるイオンを表す化学式を書け。

　Na^+ や Ca^{2+} のように，原子が電子を〔㋐受けとって　㋑失って〕，+《プラス》の電気を帯びたものを陽イオンという。また，−《マイナス》の電気を帯びた陰イオンの一つである硫酸イオンを表す化学式は，□である。

(5) 文中の下線部④に，プラスチックが回収されずに自然界に流出すると環境への影響も問題になるとあるが，近年，自然界に流出したプラスチックによってどのような問題が生じているのか。その問題の例を，プラスチックを燃やすことで生じる問題以外で一つあげ，その一つの例についてプラスチックの性質を含めて簡単に書け。

B　物質の分解について調べるために，次の実験Ⅰ，Ⅱをした。これに関して，次のページの(1)～(5)の問いに答えよ。

実験Ⅰ　右の図Ⅰのように，かわいた試験管①に酸化銀の黒い粉末を入れて加熱し，発生した気体を水上置換で試験管②に集めた。気体が発生しなくなってから，ガラス管を水の中から取り出し，加熱をやめた。試験管②に集めた気体を調べると，酸素であることがわかった。そのあと，試験管①に残っていた白い固体を調べると，銀であることがわかった。

図Ⅰ

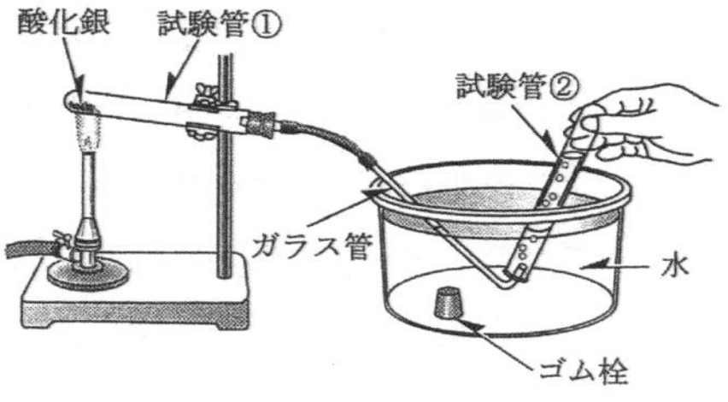

問題 3　次のA，Bの問いに答えなさい。

A　次の文は，スチール缶，アルミニウム缶，カセットコンロで使用するカセットボンベとその中に入っている液体，ペットボトルとその中に入っている飲料についての，太郎さんと花子さんの会話の一部である。これに関して，あとの(1)～(5)の問いに答えよ。

太郎：スチール缶とアルミニウム缶は見た目がよく似ているから，材質を表示するマークがついていないと区別しにくいね。

花子：スチール缶は鉄でできているのよね。鉄とアルミニウムはどちらも金属だから共通の性質もあるけれど，異なる性質もあるから，材質を表示するマークを確認する以外にも①鉄とアルミニウムを区別する方法はあるよ。

太郎：その方法を使えば，このカセットボンベが鉄でできているのかアルミニウムでできているのかもわかりそうだね。ところで，このカセットボンベをふると，液体が少し入っているような音がするんだけど，何が入っているのかな。

花子：カセットボンベの中には，ブタンという天然ガスの成分が入っているのよ。でも，ブタンは水素や酸素のような気体であると学んだはずだけど。

太郎：②ブタンも水やエタノールのように状態変化をするのかもしれないな。

花子：そうかもしれないわね。また今度学校で先生に聞いてみましょう。

太郎：カセットボンベのような金属容器だと中身が見えないけれど，ペットボトルはガラスびんのように透明だから中身がよく見えるね。表示ラベルによると，中に入っているスポーツドリンクには，③Na^{+} や Ca^{2+} といったイオンが含まれているらしいよ。ペットボトルは軽いし，もし落としてしまっても割れにくいから便利だね。

花子：ペットボトルのようなプラスチック容器は確かに便利だけれど，プラスチックには燃やすと二酸化炭素が発生したり，種類によっては有害な気体が発生したりするものもあるから気をつけないとね。ほかにも，④プラスチックが回収されずに自然界に流出すると環境への影響も問題になるから，きちんと回収して，分別，リサイクルしていくことも大切よね。

(1)　文中の下線部①に鉄とアルミニウムを区別する方法とあるが，次の㋐～㋓のうち，鉄とアルミニウムを区別する方法として最も適当なものを一つ選んで，その記号を書け。

㋐　電気を通すか通さないかを調べる

㋑　磁石につくかつかないかを調べる

㋒　みがいて金属光沢が出るか出ないかを調べる

㋓　ハンマーでたたいてうすく広がるか広がらないかを調べる

(2)　太郎さんは鉄とアルミニウムについてさらに調べるため，後日，先生に鉄とアルミニウムのかたまりを用意してもらい，それぞれの質量を測定した。鉄のかたまりの質量は39.5 gであり，アルミニウムのかたまりの質量は43.2 gであった。また，それぞれの体積を測定すると，鉄の

(4) 下の資料Ⅰは，世界の原油消費量の推移を，資料Ⅱは，アメリカ合衆国，中国，ロシア，インド，日本の原油消費量の推移を，資料Ⅲは，2019年における中国，インド，アメリカ合衆国，ロシア，日本の人口をそれぞれ示したものである。あとのア～エのうち，資料Ⅰ～Ⅲからわかることについて述べたものとして最も適当なものはどれか。一つ選んで，その記号を書け。

資料Ⅰ　世界の原油消費量の推移

	2004年	2009年	2014年	2019年
世界の原油消費量(百万 t)	3651	3670	3894	4017

資料Ⅱ　原油消費量の推移

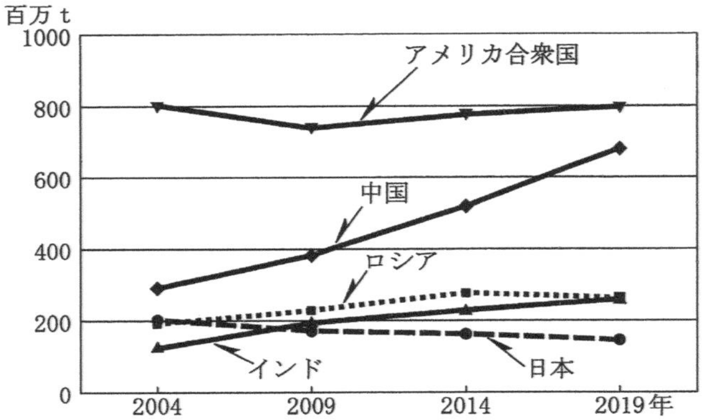

資料Ⅲ　2019年における人口

国名	人口(百万人)
中国	1434
インド	1366
アメリカ合衆国	329
ロシア	146
日本	126

(「日本国勢図会 2022/23」などにより作成)

ア　2004年と2009年の世界の原油消費量に占めるアメリカ合衆国の原油消費量の割合を比べると，世界の原油消費量に占めるアメリカ合衆国の原油消費量の割合が小さいのは，2004年である

イ　2009年と2014年のロシア，インド，日本の原油消費量を比べると，2009年から2014年にかけて原油消費量が増加しているのは日本である

ウ　2019年における，中国，ロシア，インドのそれぞれの原油消費量を合わせると，2019年における世界の原油消費量の5割以上である

エ　2019年における，アメリカ合衆国と中国の一人当たりの原油消費量を比べると，2019年における一人当たりの原油消費量が多いのはアメリカ合衆国である

g　太郎さんは，長崎県が観光に力を入れていることを知り，九州地方の観光について調べた。下の表は，2019年における九州地方の各県を目的地とした国内旅行の宿泊旅行者延べ人数と，そのうちの旅行目的が観光・レクリエーションである旅行者数をそれぞれ示したものである。また，下の略地図は，表をもとに各県を目的地とした国内旅行の宿泊旅行者の延べ人数に占める旅行目的が観光・レクリエーションである旅行者数の割合について，作図しようとしたものである。下の略地図中にA，Bで示した県について，凡例《はんれい》に従って作図をおこない，解答欄の図の中に書け。

県　名	宿泊旅行者延べ人数（千人）	観光・レクリエーション（千人）
福　岡	10281	3682
佐　賀	2139	683
長　崎	4579	2770
熊　本	5125	2219
大　分	4906	3291
宮　崎	2356	887
鹿児島	3792	2001
沖　縄	7235	5446

（「データでみる県勢 2021」により作成）

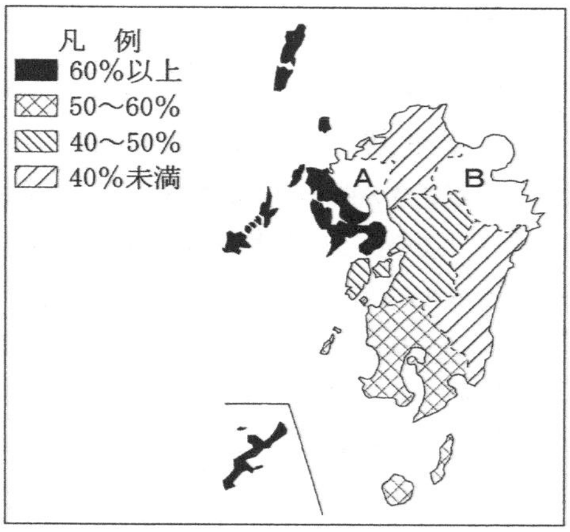

⑶　下の資料Ⅰは，花子さんが，2018年における日本，フランス，オランダ，スウェーデン，カナダの品目別食料自給率の特徴についてまとめたものの一部である。また，資料Ⅱは，2018年における日本，フランス，オランダ，スウェーデン，カナダの品目別食料自給率についてそれぞれ示そうとしたものである。資料Ⅱ中のア～エは，フランス，オランダ，スウェーデン，カナダのいずれかにあたる。資料Ⅱ中のア～エのうち，資料Ⅰから考えると，フランスとスウェーデンにあたるものはそれぞれどれか。一つずつ選んで，その記号を書け。

資料Ⅰ

- 穀類の食料自給率よりも，いも類の食料自給率が高いのは，日本とオランダである。
- 野菜類の食料自給率と果実類の食料自給率がともに日本よりも低いのは，スウェーデンとカナダである。
- 肉類の食料自給率が100％以上であるのは，オランダ，カナダ，フランスである。

資料Ⅱ

	穀　類（%）	いも類（%）	野菜類（%）	果実類（%）	肉　類（%）
日　本	28	73	77	38	51
ア	10	150	347	39	253
イ	197	154	59	25	136
ウ	102	78	34	6	76
エ	176	130	72	65	103

（「データブック　オブ・ザ・ワールド 2023」などにより作成）

c　地形図中の**F**で示した範囲は，台地である。一般に台地は，水田ではなく主に畑や茶畑などに利用されているが，それはなぜか。**標高　水**　の二つの言葉を用いて，簡単に書け。

d　次の資料は，太郎さんが1962年に福江島で発生した福江大火から災害時の対応について考えて，まとめようとしたものの一部である。文中のＰ，Ｑの［　　］内にあてはまる言葉の組み合わせとして最も適当なものは，あとのア～カのうちのどれか。一つ選んで，その記号を書け。また，文中の［　X　］内には，ほかの住民と協力し，災害時にとるべき行動を事前に確認したり，身につけたりするために，参加する活動の内容が入る。その内容は何か。簡単に書け。

> 1962年9月26日深夜に出火し，福江島の市街地のほとんどが焼失した福江大火と呼ばれる大規模な火災が発生した。被災した福江島では，当時，消防隊や警察，自衛隊によって，がれきの撤去や支援物資の配給などがおこなわれた。
>
> このように災害時には，国や都道府県，市区町村などによって［　P　］と呼ばれる被害者の救助や支援などがおこなわれる。しかし，災害時に，国や都道府県，市区町村などの救助や支援に頼るだけでなく，自らの力で，自分自身や家族を守ることも大切である。さらに，住民が協力し助け合う［　Q　］と呼ばれる行動をとることが求められる。そのためには，普段から［　X　］に参加するなど，ほかの住民と協力し，災害時にとるべき行動を事前に確認したり，身につけたりすることが大切である。

ア〔P　自助　　Q　共助〕　　イ〔P　自助　　Q　公助〕
ウ〔P　共助　　Q　自助〕　　エ〔P　共助　　Q　公助〕
オ〔P　公助　　Q　自助〕　　カ〔P　公助　　Q　共助〕

e　福江島の付近の海域には，国連海洋法条約で定められた排他的経済水域が設定されている。次の㋐～㋓のうち，わが国の排他的経済水域において，どの国もわが国の許可なく自由におこなうことができるものはどれか。二つ選んで，その記号を書け。

㋐　魚などの水産資源をとる　　㋑　海底にある鉱産資源を利用する
㋒　フェリーや貨物船で通行する　　㋓　パイプラインを敷《ふ》設《せつ》する

f　下の表は，わが国の1970年，1985年，2000年，2015年における遠洋漁業，沖合漁業，沿岸漁業のそれぞれの漁獲量と加工品を含む水産物輸入量の推移を示そうとしたものである。表中のア～エは，遠洋漁業，沖合漁業，沿岸漁業のそれぞれの漁獲量と加工品を含む水産物輸入量のいずれかを示している。ア～エのうち，遠洋漁業の漁獲量と加工品を含む水産物輸入量にあたるものはそれぞれどれか。一つずつ選んで，その記号を書け。

	1970年	1985年	2000年	2015年
ア	75	226	588	426
イ	328	650	259	205
ウ	189	227	158	108
エ	343	211	85	36

(注)単位は万t　　　　(農林水産省資料などにより作成)

⑵　下の地形図は，旅行で長崎県を訪れた中学生の太郎さんが，五島市の福江島で地域調査をおこなった際に使用した，国土地理院発行の２万５千分の１の地形図（五島福江）の一部である。これに関して，あとのａ～ｇの問いに答えよ。

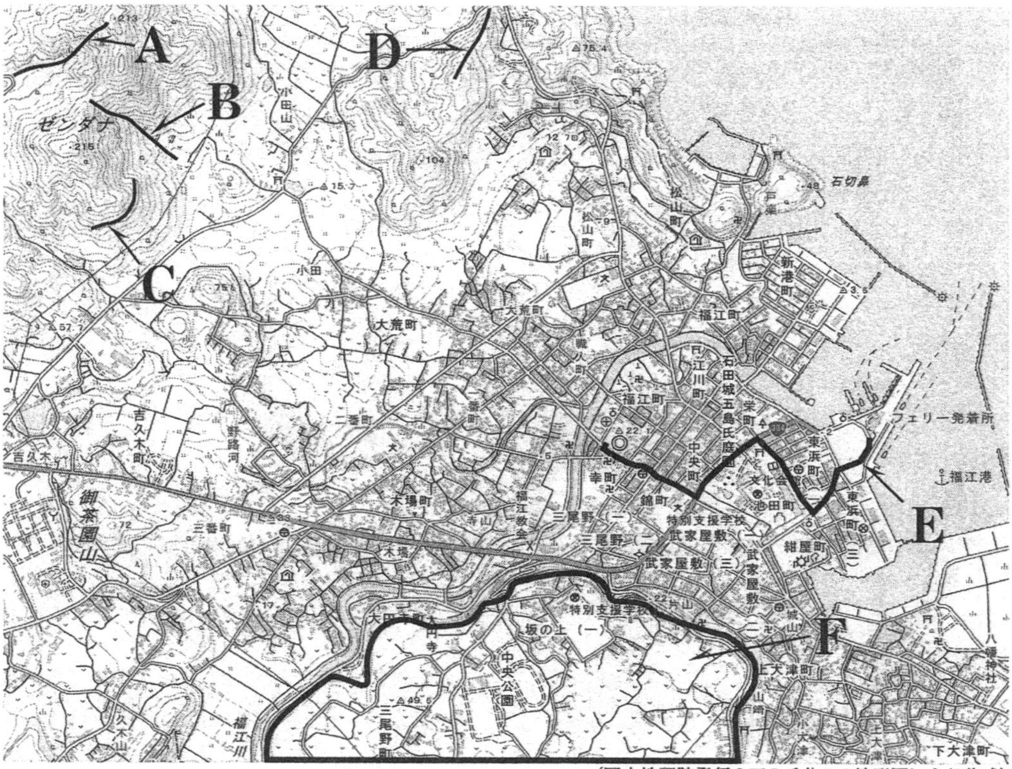

（国土地理院発行２万５千分の１地形図により作成）

ａ　尾根とは，山地の一番高いところの連なりのことであるが，地形図中に示した**Ａ**～**Ｄ**のうち，尾根を示したものとして最も適当なものはどれか。一つ選んで，その記号を書け。

ｂ　太郎さんは，福江島を訪れ，フェリー発着所から市役所に向かった。地形図中の**Ｅ**は，太郎さんがフェリー発着所から市役所に向かったときに通った経路を示したものである。また，次の文は，太郎さんが，地形図中の**Ｅ**で示した経路でフェリー発着所から市役所に向かったときのようすについてまとめたものである。文中の下線部㋐～㋓のうち，誤っているものはどれか。一つ選んで，その記号を書け。

　フェリー発着所を出発して南西方向に進むと，通りに出た。その通りを渡り，さらに進むと，㋐右前方に城跡が見える角にたどり着いた。その角を右に曲がり，まっすぐ進むと，㋑左側に図書館が見えてきた。さらにまっすぐ進むと，㋒右前方に税務署がある角にたどり着いた。その角を左に曲がり，さらに進むと，右前方に小学校が見える角にたどり着いた。その角を右に曲がり，まっすぐ進むと，㋓左側に郵便局が見えてきた。さらにまっすぐ進むと，右側に市役所があり，市役所にたどり着いた。

d　右のグラフは，東京の月平均気温と月降水量を，下のグラフⅠ，Ⅱは，略地図中のリール，ニースのいずれかの月平均気温と月降水量をそれぞれ示したものである。また，あとの文は，先生と太郎さんが，東京の月平均気温と月降水量を示したグラフと，グラフⅠ，Ⅱを見て会話した内容の一部である。文中の［　X　］内にあてはまる内容を **夏　冬** の二つの言葉を用いて，簡単に書け。また，文中の〔　　〕内にあてはまる言葉を，㋐，㋑から一つ，㋒，㋓から一つ，それぞれ選んで，その記号を書け。

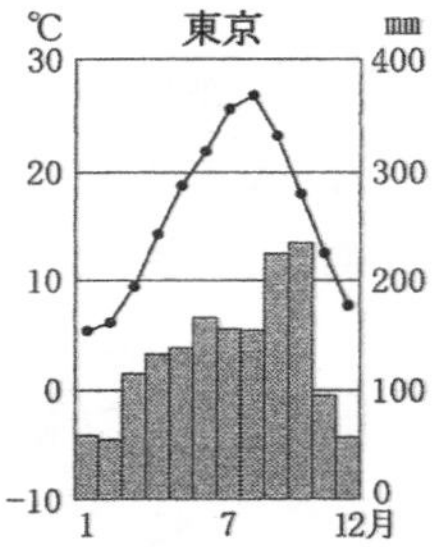

(気象庁資料により作成)

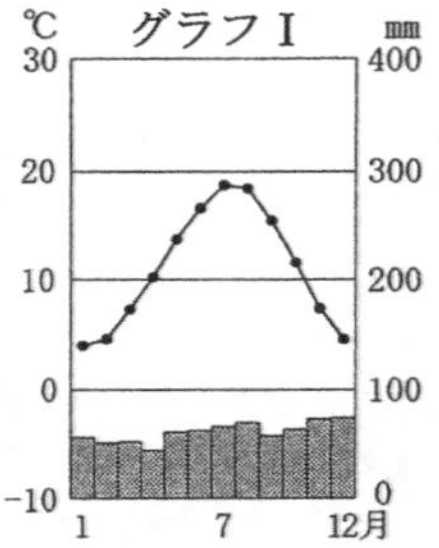

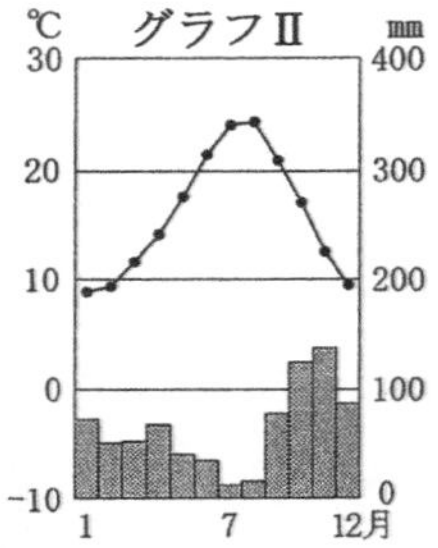

(気象庁資料により作成)

先生：東京とグラフⅠ，Ⅱでそれぞれ示した都市は，いずれも温帯の気候に属していますが，気温と降水量に特徴があります。それぞれのグラフから，どのような特徴が読み取れますか。

太郎：はい。グラフⅠ，Ⅱでそれぞれ示した都市の気温は，東京と比べて，一年を通した気温の差が小さいことがわかります。また，グラフⅠ，Ⅱでそれぞれ示した都市の降水量は，グラフⅠで示した都市では，一年を通して降水量の差が小さいのに対して，グラフⅡで示した都市では，［　X　］という特徴が読み取れます。

先生：そのとおりです。グラフⅠで示した都市は，偏西風とヨーロッパの大西洋岸を流れる〔㋐暖流　㋑寒流〕の影響を受け，一年を通して気温や降水量の差が小さくなります。このことから考えると，グラフⅠで示した都市はどこだと考えられますか。

太郎：はい。グラフⅠで示した都市は〔㋒リール　㋓ニース〕です。

先生：そのとおりです。

問題 3　次の(1)～(4)の問いに答えなさい。

(1)　下の略地図は，緯線と経線が直角に交わる地図で，経線は等間隔で引かれている。この略地図を見て，あとのａ～ｄの問いに答えよ。

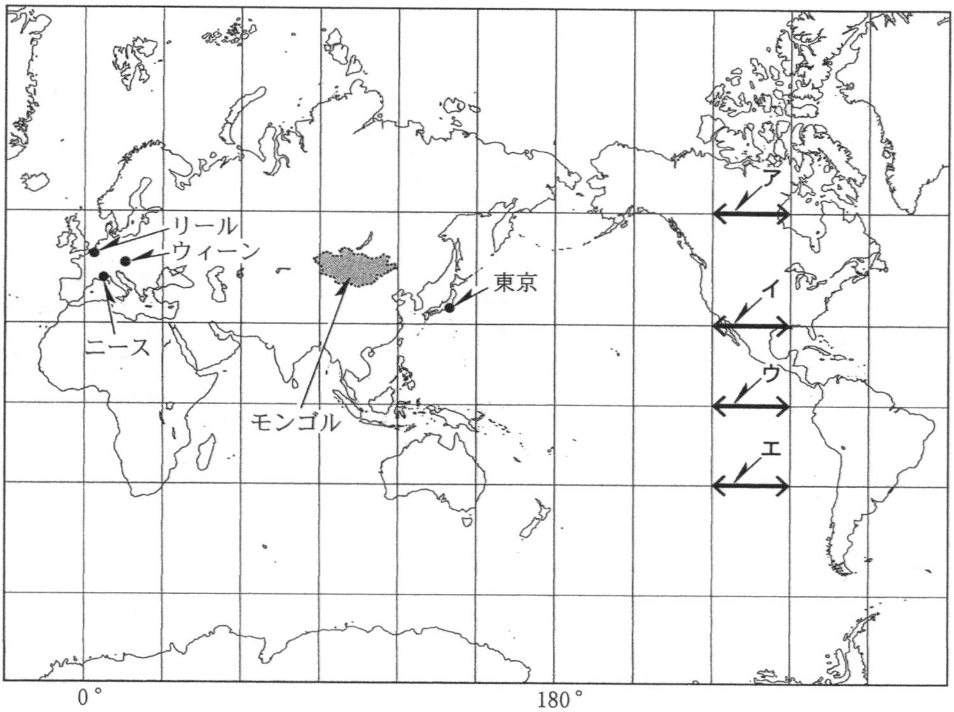

ａ　略地図中の**ア～エ**の ⟷ で示した長さは，地図上ではすべて同じであるが，実際の距離はそれぞれ異なっている。略地図中の**ア～エ**の ⟷ のうち，実際の距離が最も長いものはどれか。一つ選んで，その記号を書け。

ｂ　略地図中の  で示したモンゴルは，国土が全く海に面していない。このような，国土が全く海に面していない国は，一般に何と呼ばれるか。その呼び名を書け。

ｃ　略地図中のウィーンは，東経 15 度の経線を標準時子午線としている。東京にいる太郎さんは，ウィーンの現地時間で 12 月 1 日の午後 10 時に開始されるコンサートの生中継をテレビで鑑賞しようと考えた。このコンサートの開始日時は東京の現地時間で 12 月何日の何時であるか。その日時を午前，午後の区別をつけて書け。

閣における各大臣の所属する政党等をそれぞれ示したものである。原敬内閣はわが国で最初の本格的な政党内閣であるが，寺内正毅内閣と比べて，原敬内閣が本格的な政党内閣であると考えられるのはなぜか。その理由を資料Ⅰ，Ⅱから考えて **大臣** **議席** の二つの言葉を用いて，簡単に書け。

資料Ⅰ

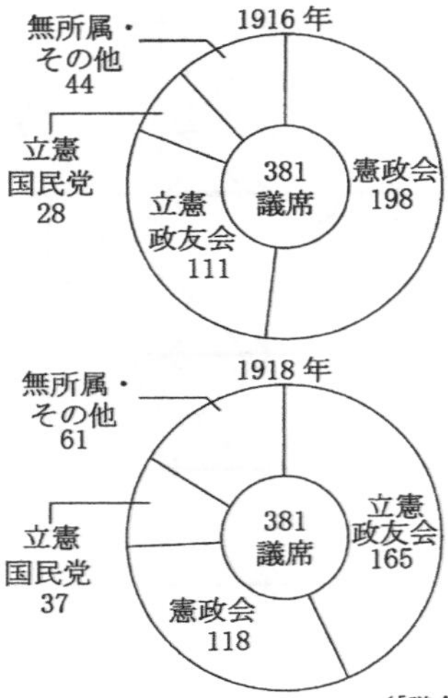

資料Ⅱ

所属する政党等	寺内正毅内閣 (1916 年)	原敬内閣 (1918 年)
軍人・元軍人	内閣総理大臣 外務大臣 大蔵大臣 陸軍大臣 海軍大臣	陸軍大臣 海軍大臣
憲政会	―	―
立憲政友会	―	内閣総理大臣 内務大臣 大蔵大臣 司法大臣 文部大臣 農商務大臣 逓信大臣
無所属・その他	内務大臣 司法大臣 文部大臣 農商務大臣 逓信大臣	外務大臣

(注) 表中の―は政党等に所属している大臣がいないことを示す。

(「議会制度百年史」などにより作成)

(8) 右の略年表を見て，次のａ，ｂの問いに答えよ。

年代	できごと	
1929	世界恐慌《きょうこう》がおこる	Ⓟ
1941	太平洋戦争が始まる	
1945	ポツダム宣言が受諾される	Ⓠ
1951	サンフランシスコ平和条約が結ばれる	

ａ 年表中のⓅの時期におこった，次の㋐～㋒のできごとが，年代の古い順に左から右に並ぶように，記号㋐～㋒を用いて書け。

㋐ わが国は，ドイツとの間で防共協定を結ぶ

㋑ わが国は，資源を求めてフランス領インドシナの南部へ軍を進める

㋒ わが国は，ロンドンで海軍軍縮条約を結ぶ

ｂ 年表中のⓆの時期に，わが国でおこったできごととしてあてはまらないものは，次のア～エのうちのどれか。一つ選んで，その記号を書け。

ア 地主から農地を買い上げて，小作人に安く売りわたす農地改革がおこなわれた

イ 国民主権，基本的人権の尊重，平和主義の三つを基本原理とする日本国憲法が公布された

ウ 労働組合の全国組織として日本労働総同盟が結成された

エ 産業や経済を独占，支配してきた財閥の解体が始まった

(9) 1965 年にわが国は，ある国の政府を，朝鮮半島の唯一の政府として承認する条約を結び，ある国との国交を正常化させた。ある国の政府を朝鮮半島の唯一の政府として承認して，ある国との国交を正常化させたこの条約は何と呼ばれるか。その呼び名を書け。

問題三

(一)
a ムカシ
b イチ
c サムさ
d ケイケン

(二)

(三)
ア
イ

(四)

(五)

(六)
江戸時代の日本人にとって、安心できる「美しい自然」とは、
ことで安心感を得ていた

(七)

(八) 第□段落

(九)

(十)

(一)1点×4
(二)1点
(三)2点
(四)1点
(五)1点
(六)2点
(七)2点
(八)2点
(九)2点
(十)2点

問題四

別紙の国語解答用紙(その二)に書きなさい。

8点

国語解答用紙（その二）

問題四

(250)　(150)

1行25字

受検番号

※50点満点

数　学　解　答　用　紙

受検番号	

問題1			
	(1)		1点
	(2)		2点
	(3)		2点
	(4)	$x =$　　　　, $y =$	2点
	(5)		2点
	(6)		2点
	(7)	◯ → ◯ → ◯	2点

問題2				
	(1)		度	2点
	(2)	ア	cm	2点
		イ	cm^2	2点
	(3)		cm^2	2点

問題4				
	(1)	ア	◯ と ◯	2点
		イ	$n =$	2点
	(2)	ア	cm^3	2点
		イ	cm^2	2点
		ウ	x の値を求める過程	3点

【解答

※50点満点

英 語 解 答 用 紙

受検番号	

問題1	A	○						
	B	○						
	C							
	D	Manabu が 今 年 の 夏 に 行 く 都 市						
		Manabu が 日 本 を 出 発 す る 日	月 日					
		Manabu が 今 回 そ の 都 市 で し よ う と し て い る こ と						
	E	No. 1		No. 2		No. 3		
問題2	(1)	(a)		(b)		(c)		(d)
	(2)							
	(3)							
問題3	(1)							
	(2)							
	(3)							
	(4)	?						
	(5)	Hiraga Gennai ______ to grow it in Kagawa.						

A. 1点
B. 2点
C. 2点
D 1点×3
E. No. 1… 1点
No. 2… 1点
No. 3… 2点

(1) 1点×4
(2) 1点
(3) 1点

(1) 1点 (2) 1点 (3) 1点 (4) 2点 (5) 2点 (6) 2点 (7) 1点 (8) 1点 (9) 2点

【解答

※50点満点

理　科　解　答　用　紙

受検番号	

問題1

A	(1)	木星型惑星は地球型惑星に比べて，		1点
	(2)	a	位置関係 ○	2点
			見える時間と方向	
		b	内容：地球よりも，＿＿＿＿していること	1点
			記号 ○	
	(3)			1点
	(4)	○ と ○		1点
B	(1)	a		1点
		b	○ と ○ と ○	1点
		c		2点
	(2)			1点

問題3

A	(1)	○	1点
	(2)	数値　　記号 ○	1点
	(3)		1点
	(4)	記号 ○　　化学式	1点
	(5)	プラスチックには＿＿＿＿という性質があるため，＿＿＿＿という問題。	1点
B	(1)		1点
	(2)		1点
	(3)	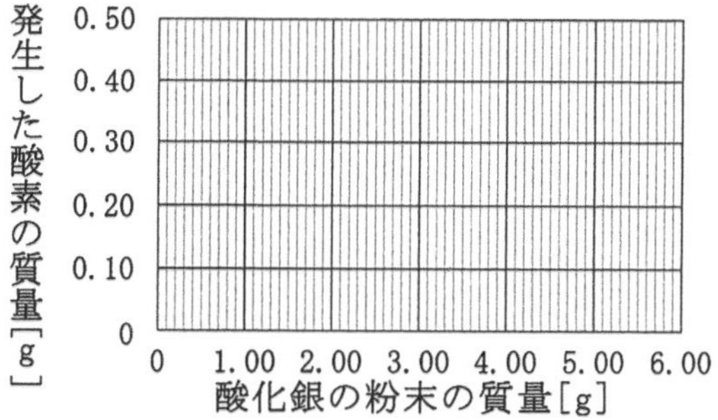	1点
	(4)	$2Ag_2O \rightarrow$	1点

【解答

社　会　解　答　用　紙

問題1			
(1)			
(2)			
(3)			
(4)	a	言葉	
		記号	〇
	b		
(5)	太郎さんの意見		〇
	花子さんの意見		〇
(6)			
(7)	内容		
	記号		〇 と 〇
(8)	〇 と 〇 と 〇		
(9)	a		
	b		〇
	c		

問題2			
(1)	記号		
	言葉		
(2)	a		
	b		
(3)	a		
	b		
	c		〇
(4)	幕府や藩に		
(5)			
(6)	a		
	b		
	c		
(7)	a		〇
	b	寺内正毅内閣	
(8)	a		〇
	b		
(9)			

問題１(1)１点
(2)１点
(3)１点
(4)a．１点
b．１点
(5)２点
(6)１点
(7)２点
(8)２点
(9)１点×３

問題２(1)１点
(2)１点×２
(3)１点×３
(4)２点
(5)１点
(6)１点×３
(7)a．１点
b．２点
(8)１点×２
(9)１点

問題３(1)a．１点
b．１点
c．２点
d．２点
(2)a．１点
b．１点
c．２点
d．１点
e．１点
f．１点
g．２点
(3)１点
(4)１点

※50点満点

受検番号	

○	
○ → ○	
特権。	
と ○	
原敬内閣は,	
○ → ○	

問題3					
(1)	a				
	b				
	c	12 月　　日　　時			
	d	内容	雨が,		
		記号	○ と ○		
(2)	a				
	b	○			
	c				
	d	記号			
		内容			
	e	○ と ○			
	f	遠洋漁業の漁獲量		加工品を含む水産物輸入量	
	g				
(3)	フランス		スウェーデン		
(4)					

問題2	A	(1)			1点
		(2)			1点
		(3)			2点
	B	(1)			1点
		(2)		○	1点
		(3)		被子植物では，	1点
		(4)			1点
	C	(1)	a		1点
			b	○ と ○	1点
			c		1点
		(2)	a	記号 ○	1点
				理由 植物の細胞には， ため。	
			b		1点

問題4	A	(1)			
		(2)		Ω	1点
		(3)		J	1点
		(4)	記号	○ と ○	2点
			数値		
		(5)	数値	記号 ○	1点
	B	(1)		○	1点
		(2)		○ と ○	1点
	C	(1)		m/s	1点
		(2)	P		1点
			Q		
		(3)		cm	1点
		(4)		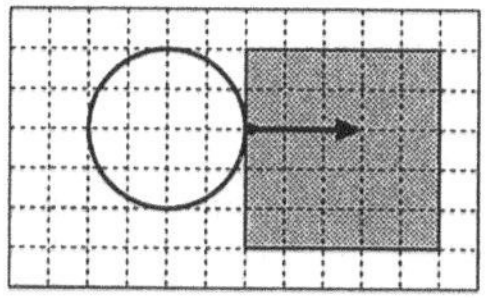	1点
		(5)	言葉		2点
			記号	○ と ○	

	(8)	
	(9)	.
問題4	(1)	
	(2)	
	(3)	
	(4)	?
	(5)	という発言
	(6)	
	(7) (a)	.
	(7) (b)	.
	(8)	○ と ○

(1) 1点　(2) 2点　(3) 1点　(4) 2点　(5) 2点　(6) 1点　(7) 1点×2　(8) 2点×2

問題5

I think ☐ is better.

.

.

.

.

4点

(2)

(3) ア 2点

イ $a=$ 2点

(4) 証　明 3点

5

3点

(2) 証　明

4点

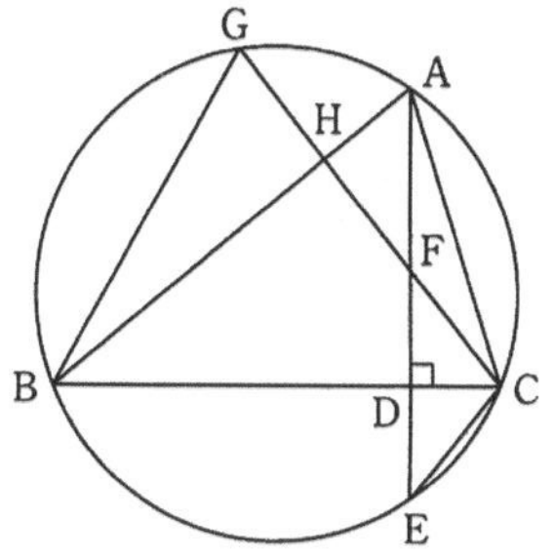

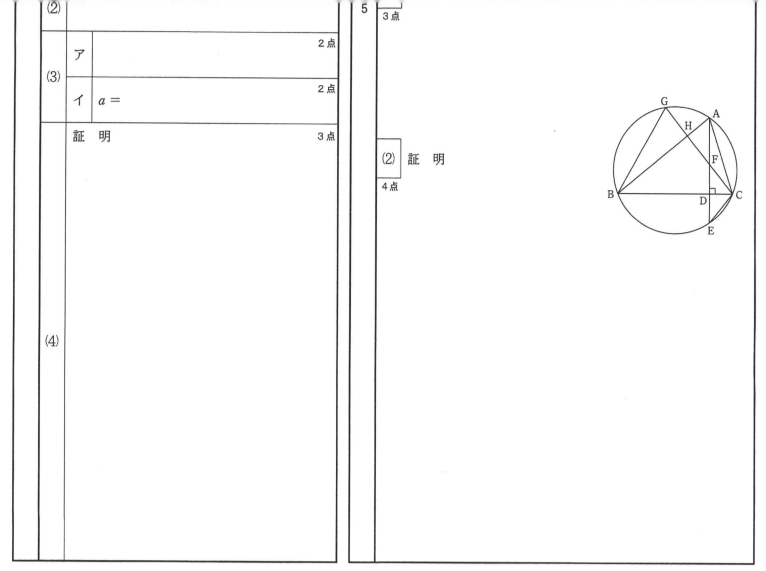

国語解答用紙（その一）

問題一

㈠
a 輪　郭
b 険　しく
c 詳　しく
d 慎　重

㈡

㈢ 新入生の中には、　　と思って見ていた

㈣

㈤

㈥ ア　イ

㈦

㈧

㈠１点×４
㈡２点
㈢２点
㈣１点
㈤１点
㈥２点
㈦１点
㈧２点

問題二

㈠

㈡

㈢ ア　イ

㈠１点
㈡１点
㈢２点
㈣２点
㈤２点

受検番号	

※50点満点

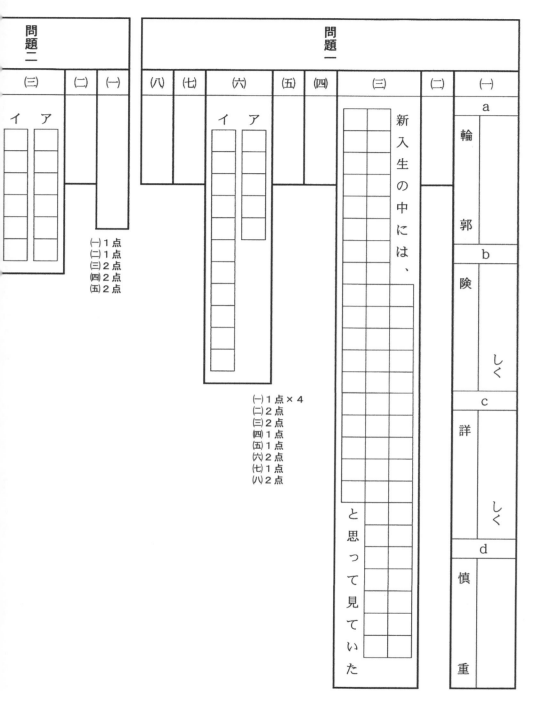

(6) 19 世紀の政治や社会に関して，次のａ～ｃの問いに答えよ。

ａ　19 世紀半ばに「世界の工場」と呼ばれたイギリスは，製品の販売先や原料を求めて世界各地に進出した。その頃のわが国では，欧米諸国との間で通商条約が結ばれ，イギリスを中心とする欧米諸国との貿易が始まった。イギリスを中心とする欧米諸国との貿易が始まったことで，わが国の綿織物《おりもの》や綿糸の生産が打撃を受けたのはなぜか。その理由を簡単に書け。

ｂ　1867 年に徳川慶喜《よしのぶ》は朝廷に政権を返上した。その後，徳川慶喜の動きに対して，西郷隆盛や岩倉具視《ともみ》らによって，朝廷は天皇を中心とする政府の成立を宣言した。この宣言は何と呼ばれるか。その呼び名を書け。

ｃ　1874 年に板垣退助らによって民撰《みんせん》議院設立の建白書が政府に提出された。このできごとによって，わが国において自由民権運動が始まった。次のア～エのうち，板垣退助らが政府を非難して，民撰議院設立の建白書を提出し議会の開設を求めた理由について述べたものとして，最も適当なものはどれか。一つ選んで，その記号を書け。

ア　政府が，北海道開拓のためにつくられた官営工場を大商人に安く売り渡そうとしたから

イ　不平等条約改正のために政府がおこなった欧化政策が失敗したから

ウ　政府が，ロシア，ドイツ，フランスからの三国干渉によって遼東《リアオトン》《りょうとう》半島を清《しん》に返還したから

エ　政府の中心であった大久保利通らがおこなった政治が専制的であったから

(7) 下の資料は，中学生の花子さんが，「わが国と第一次世界大戦」というテーマで発表するために作成したメモの一部である。これを見て，あとのａ，ｂの問いに答えよ。

◆第一次世界大戦①への参戦
・ドイツを相手に参戦した。
・山東《シャントン》《さんとう》省のドイツの権益を引き継いだ。

◆わが国におけるデモクラシーの思想の広がり
・第一次護憲運動がおこる。
・本格的な政党内閣②が成立する。
・普通選挙への要求が高まる。

ａ　下線部①に第一次世界大戦とあるが，次の文は第一次世界大戦について述べようとしたものである。文中の二つの〔　　　〕内にあてはまる言葉を，㋐，㋑から一つ，㋒，㋓から一つ，それぞれ選んで，その記号を書け。

イギリス，フランス，〔㋐イタリア　㋑ロシア〕は三国協商を成立させ，ドイツやオーストリアと対立した。また，バルカン半島においては，スラブ民族とゲルマン民族が対立した。このような対立から，1914 年に第一次世界大戦が始まり，各国では国民や資源が総動員され，総力戦となった。

その後，1919 年に開かれた第一次世界大戦の講和会議で，アメリカ大統領の〔㋒リンカン　㋓ウィルソン〕が民族自決の考えを呼びかけたことにより，東ヨーロッパの多くの民族の独立が認められた。

ｂ　下線部②に本格的な政党内閣とあるが，1918 年に成立した原敬《たかし》内閣は，わが国で最初の本格的な政党内閣である。次のページの資料Ⅰは，1916 年と 1918 年におけるわが国の衆議院の政党別の議席数をそれぞれ示したものである。また，次のページの資料Ⅱは，寺内正毅《まさたけ》内閣と原敬内

(3) 下の表は，中学生の花子さんが香川県にゆかりのある人物をテーマに調べたことをまとめたものの一部である。これを見て，あとのa～cの問いに答えよ。

細川頼之《よりゆき》	室町時代前期に，讃岐国の守護を務め，①室町幕府の将軍を補佐した。
香川之景《ゆきかげ》(信景《のぶかげ》)	②戦国時代後期に，天霧城《あまぎりじょう》を拠点とし，讃岐国の西部を支配した。
松平頼重《まつだいらよりしげ》	③江戸時代初期に，高松藩の藩主として，藩の体制を整えた。

a　下線部①に室町幕府の将軍を補佐したとあるが，室町幕府に置かれていた将軍を補佐する役職は，次のア～エのうちのどれか。一つ選んで，その記号を書け。

ア　太政《だいじょう》大臣　　イ　執権　　ウ　管領《かんれい》　　エ　老中

b　下線部②に戦国時代とあるが，戦国時代には，戦国大名などが鉱山の開発をおこなった。わが国の鉱山の一つである石《いわ》見《み》銀山は，戦国時代には，戦国大名や商人により開発が進められ，江戸時代には，江戸幕府の収入源となった。右の略地図中のア～エのうち，石見銀山の場所はどれか。一つ選んで，その記号を書け。

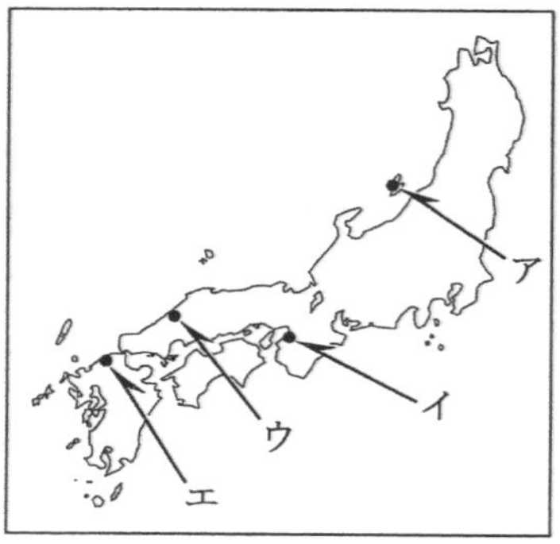

c　下線部③に江戸時代初期とあるが，次の㋐～㋒のできごとが，年代の古い順に左から右に並ぶように，記号㋐～㋒を用いて書け。

㋐　幕領でキリスト教を禁止した

㋑　オランダ商館を長崎の出島に移した

㋒　ポルトガル船の来航を禁止した

(4) 右の写真は，江戸時代に幕府や藩が株仲間に与えた札を写したものの一部である。江戸時代には，商人の同業者ごとの組織である株仲間が作られ，幕府や藩から特権が認められたことで，大きな利益を上げていた。江戸時代に株仲間は，幕府や藩からどのような特権が認められていたか。**税　独占**　の二つの言葉を用いて，簡単に書け。

(5) 右の図は，1837年に，天保《てんぽう》のききんで苦しむ人々に米や金を分けようと，大阪町奉行所《ぶぎょうしょ》の元役人であったある人物が，弟子などとともに，大商人をおそったできごとを描いたものの一部である。大阪町奉行所の元役人であったこの人物は誰か。その人物名を書け。

問題 2　次の(1)～(9)の問いに答えなさい。

(1)　右の略地図は，7世紀半ばの東アジアを表そうとしたものであり，次の文は，略地図中にXで示した国とわが国との関係について述べようとしたものである。文中の〔　　　〕内にあてはまる言葉を，㋐，㋑から一つ選んで，その記号を書け。また，文中の□内にあてはまる最も適当な言葉を書け。

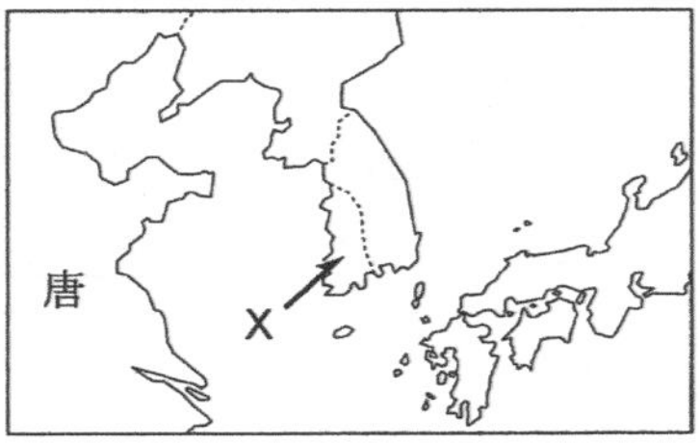

略地図中にXで示した〔㋐高句麗《コグリョ》《こうくり》　㋑百済《ベクチェ》《くだら》〕は，7世紀半ばに唐と新羅《シルラ》《しらぎ》の連合軍によって滅ぼされた。この国の復興を助けるために，663年，わが国は大軍を派遣したが，□と呼ばれる戦いで，唐と新羅の連合軍に大敗した。

(2)　下のⒶ，Ⓑのカードは，中学生の太郎さんが香川県内の寺社について調べたことをまとめたものの一部である。これを見て，あとのａ，ｂの問いに答えよ。

Ⓐ　**金倉寺《こんぞうじ》**

善通寺市にある，①円珍にゆかりのある寺院であり，16世紀におこった争いにより，寺院の大部分が焼失したが，江戸時代に修復された。

Ⓑ　**神谷神社**

坂出《さかいで》市にある神社で，②鎌倉時代に建てられたとされる本殿は，様式・技法ともに建築当時の特徴を伝えるものとして貴重であり，1955年に国宝に指定された。

ａ　下線部①に円珍とあるが，円珍は，平安時代に讃岐国《さぬきのくに》で生まれ，わが国の仏教の発展に貢献した人物である。次のア～エのうち，平安時代のわが国の仏教のようすについて述べたものとして最も適当なものはどれか。一つ選んで，その記号を書け。

ア　唐で学んだ仏教をもとに，空海は真言宗を，最澄《さいちょう》は天台宗をわが国に広めた

イ　聖武天皇は，国ごとに国分寺や国分尼寺《こくぶんにじ》を，都には東大寺を建てさせた

ウ　武士や農民の間で一向宗(浄土真宗)が広がり，各地で一向一揆《いっき》もおきた

エ　日蓮《にちれん》は，法華経《ほけきょう》の題目を唱えれば，人も国家も救われるという教えを広めた

ｂ　下線部②に鎌倉時代とあるが，次のア～エのうち，北条泰時《やすとき》がおこなったこととして最も適当なものはどれか。一つ選んで，その記号を書け。

ア　武士の慣習をまとめた御成敗式目(貞永式目)を制定した

イ　御家人の生活を救うために，徳政令を出した

ウ　北朝と南朝の争いをおさめ，南北朝を統一した

エ　平泉を拠点として栄えていた奥州《おうしゅう》藤原氏を，攻め滅ぼした

b　下線部②にグローバル化とあるが，下の表は，2000 年と 2020 年におけるわが国の輸出と輸入の総額，輸出および輸入相手国(地域)の上位 5 か国(地域)と，その輸出および輸入の金額，総額に占める割合をそれぞれ示したものである。あとの㋐～㋓のうち，この表からわかることについて述べたものとして，誤っているものはどれか。一つ選んで，その記号を書け。

	2000 年		2020 年	
	輸　出	輸　入	輸　出	輸　入
総　額	516542	409384	683991	680108
1　位	アメリカ 153559(29.7 %)	アメリカ 77789(19.0 %)	中　国 150820(22.0 %)	中　国 175077(25.7 %)
2　位	台　湾 38740(7.5 %)	中　国 59414(14.5 %)	アメリカ 126108(18.4 %)	アメリカ 74536(11.0 %)
3　位	韓　国 33088(6.4 %)	韓　国 22047(5.4 %)	韓　国 47665(7.0 %)	オーストラリア 38313(5.6 %)
4　位	中　国 32744(6.3 %)	台　湾 19302(4.7 %)	台　湾 47391(6.9 %)	台　湾 28629(4.2 %)
5　位	香　港 29297(5.7 %)	インドネシア 17662(4.3 %)	香　港 34146(5.0 %)	韓　国 28416(4.2 %)

(注)金額の単位は億円。表中の(　)内は総額に占める割合を示す。　　(「日本国勢図会 2022/23」などにより作成)

㋐　わが国の輸出の総額は，いずれの年も，輸入の総額を上回っている

㋑　アメリカに対する輸出の金額は，いずれの年も，アメリカからの輸入の金額を上回っているが，それぞれの年における輸出と輸入の金額の差は，2000 年と比べて 2020 年の方が小さい

㋒　韓国に対する輸出の金額，輸入の金額，輸出の金額が総額に占める割合，輸入の金額が総額に占める割合のいずれについても，2000 年と比べて 2020 年の方が多い

㋓　2020 年における中国に対する輸出の金額と輸入の金額の合計額は，いずれの国(地域)よりも大きく，2020 年における中国からの輸入の金額は，2000 年と比べて 2 倍以上である

c　下線部③に国際社会全体での協力とあるが，右の図は，2015 年に国際連合で採択された，国際社会全体で 2030 年までに達成すべき 17 の目標を示したものの一部である。この目標は，貧困や紛争，地球環境問題などの諸課題の解決に取り組み，将来の世代を含むすべての人々が質の高い生活を送ることのできる持続可能な社会の実現を目指すものである。この 2015 年に国際連合で採択された，国際社会全体で 2030 年までに達成すべき 17 の目標は一般に何と呼ばれるか。その呼び名をアルファベット 4 字で書け。

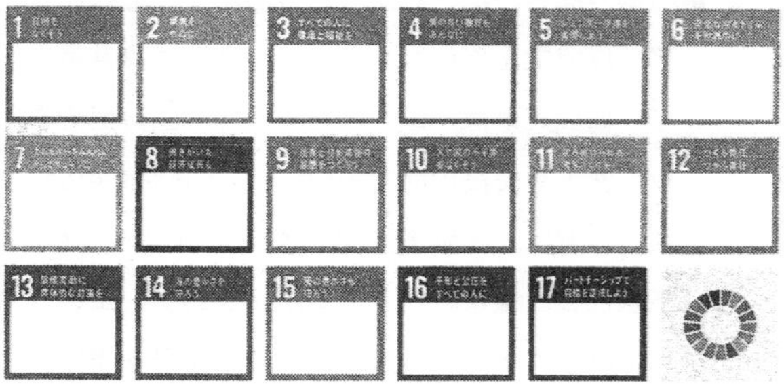

※お詫び：著作権上の都合により，イラストは掲載しておりません。
ご不便をおかけし，誠に申し訳ございません。　教英出版

(7)　次の文は，不況のときに景気を回復させるために日本銀行がおこなうと考えられる金融政策について述べようとしたものである。文中の□内には日本銀行がおこなうと考えられる金融政策の内容が入る。その内容を **国債** という言葉を用いて，簡単に書け。また，文中の二つの〔　　〕内にあてはまる言葉を，㋐，㋑から一つ，㋒，㋓から一つ，それぞれ選んで，その記号を書け。

日本銀行は，不況のときに，景気を回復させるために，□ことをおこなう。これにより，銀行などの金融機関の資金量は〔㋐増える　㋑減る〕ため，一般に金融機関の貸出金利が〔㋒上がり　㋓下がり〕，企業が金融機関からお金を借りやすくなり，企業の設備投資などが促される。

(8)　次の文は，為替レート(為替相場)について興味をもった中学生の花子さんが先生に質問したときの会話の一部である。文中の三つの〔　　〕内にあてはまる言葉を，㋐，㋑から一つ，㋒，㋓から一つ，㋔，㋕から一つ，それぞれ選んで，その記号を書け。

花子：テレビのニュース番組で為替レートという言葉を聞いたのですが，為替レートとは何ですか。

先生：為替レートとは異なる通貨を交換する比率のことで，為替レートは各国の通貨の需要や経済の状況などによって変動しています。日本の円とアメリカのドルの関係を例に考えてみると，為替レートが1ドル＝100円から1ドル＝150円になったとき，ドルに対する円の価値はどのようになるといえますか。

花子：ドルに対する円の価値は〔㋐高く　㋑低く〕なるといえます。

先生：そのとおりです。このような為替レートの変動が起こったとき，一般にアメリカでは日本から輸入する商品の価格が〔㋒高く　㋓安く〕なります。

花子：そのような為替レートの変動が起こると，日本からアメリカに商品を輸出する企業にとっては，競争上〔㋔有利　㋕不利〕になりますね。

先生：そのとおりです。このように，為替レートの変動は私たちの暮らしにも深く関係しています。

(9)　次の文を読んで，あとのa～cの問いに答えよ。

①情報化や②グローバル化の進展に伴い，今日の国際社会は，さまざまな解決すべき課題に直面している。こうした課題の多くは，一国だけの努力で解決できるものではなく，その解決に向けて，③国際社会全体での協力が不可欠である。

a　下線部①に情報化とあるが，情報化が進んだことによって，私たちの生活が便利になった一方で，さまざまな課題も生じている。情報化が進んだことによって生じている課題にはどのようなものがあるか。簡単に書け。

⑸ 太郎さんと花子さんは，社会科の授業で，行政の役割や課題について学習した。下の表は，太郎さんと花子さんが，規制緩和をテーマに，行政のあり方について発表するため，効率と公正の観点にもとづいて，意見を整理しようとしたものである。あとのⒶ，Ⓑのカードは，規制緩和について，太郎さんと花子さんの意見をそれぞれまとめたものである。太郎さんと花子さんのそれぞれの意見を，下の表中の㋐～㋓のいずれかにあてはめるとき，最も適当なものはどれか。それぞれ一つ選んで，その記号を書け。

	効率を重視	公正を重視
規制緩和を進める	㋐	㋑
規制緩和を進めない	㋒	㋓

Ⓐ　太郎さんの意見

規制緩和により，例えば，どの地域でも，病院でインターネットを使用した診察ができるようになると，通院する時間を節約できたり，通院のための交通費を抑えたりすることができる。私は，時間やお金などの資源の無駄を省き，より多くの利益を得られるようにすべきだと思う。

Ⓑ　花子さんの意見

規制緩和により，例えば，建築物の高さの制限がなくなると，十分な日当たりが確保できない人が出るなど，良好な環境での生活がおびやかされるかもしれない。私は，すべての人が対等な立場で不当な扱いを受けず，一人ひとりの人権が最大限に尊重される社会にしていくべきだと思う。

⑹ 社会の課題を解決するため，政府はさまざまな役割を果たしている。政府の役割についての考え方として，「小さな政府」と「大きな政府」の二つがある。次のア～エのうち，「小さな政府」の考え方にもとづいた政策について述べたものとして最も適当なものはどれか。一つ選んで，その記号を書け。

ア　子育てにかかる経済的負担を軽くするため，子どもの医療費を無償化する

イ　医療に関わる人材を確保するため，補助金を支給し医療従事者の所得を引き上げる

ウ　公共施設の管理にかかる経費を削減するため，公共施設の管理を民間の企業にゆだねる

エ　児童・生徒一人ひとりに応じた細かな指導をさらにすすめるため，学校の先生の数を増やす

問題 1　次の(1)～(9)の問いに答えなさい。

(1) 国会は，選挙に立候補して当選した国会議員が活動する場である。次のア～エのうち，日本国憲法で定められている国会の権限として最も適当なものはどれか。一つ選んで，その記号を書け。

ア　内閣総理大臣を任命すること　　　イ　条約を締結すること

ウ　憲法改正を発議すること　　　エ　閣議を開催すること

(2) 私たちが人間らしい豊かな生活を送るための権利は，社会権と呼ばれる。日本国憲法では，社会権の一つとして，健康で文化的な最低限度の生活を営む権利が保障されている。社会権の一つであるこの権利は，一般に何と呼ばれるか。その呼び名を書け。

(3) 地方公共団体は，身近な問題の解決を図り，住民の要望に対応しながら，さまざまな仕事をおこなっている。次のア～エのうち，わが国の地方自治のしくみについて述べたものとして誤っているものはどれか。一つ選んで，その記号を書け。

ア　地方公共団体には，都道府県，市町村などがあり，都道府県や市町村は住民の意見を政治に反映させるため，住民投票を実施することができる

イ　地方公共団体の首長は，住民の直接選挙で選ばれ，地方議会と対立したとき，議決や審議のやり直しを求めることができる

ウ　地方議会は，住民の直接選挙で選ばれた議員で構成され，地方公共団体の一年間の活動に必要な予算や，首長の不信任を議決することができる

エ　住民は，直接請求権を行使することができ，地方議会の議員の解職を求める場合，一定数以上の署名を集めて首長に請求することができる

(4) わが国の司法(裁判)のしくみに関して，次のa，bの問いに答えよ。

a　私たちは，憲法によって基本的人権が保障されており，争いや事件が起こったときは，憲法や法律などにもとづいて，裁判で解決を図ることができる。下の表は，ある争いに関する裁判の経過についてまとめようとしたものの一部である。表中の［　X　］内には，わが国の下級裁判所の種類のうちの一つを表す言葉が入る。［　X　］内に共通してあてはまる言葉を書け。また，表中の〔　　〕内にあてはまる言葉を，㋐，㋑から一つ選んで，その記号を書け。

5月1日	原告のAさんは，B社に対する訴えを，簡易裁判所に起こす
6月1日	簡易裁判所で裁判が始まる
8月1日	簡易裁判所は，Aさんの訴えを認める判決を出す
8月8日	被告のB社は，簡易裁判所での判決を不服とし，［　X　］に〔㋐控訴　㋑上告〕する
9月1日	［　X　］で裁判が始まる

b　わが国では，裁判にかかる時間を短縮するなど，司法を国民の身近なものにするために，さまざまな司法制度改革がおこなわれてきた。このうち，取り調べの可視化は，司法におけるどのような人権侵害の防止が期待できると考えられるか。簡単に書け。

令和６年

社　会　問　題

（50分）

注　意

1　先生の指示があるまでは，問題用紙を開いてはいけません。
2　問題用紙は，問題１から問題３までの14ページあります。
3　答えはすべて解答用紙に書きなさい。

a　下の図Ⅱは，太郎さんがこの顕微鏡を用いて，図Ⅰのように観察したときの太郎さんの視野を模式的に表したものである。このとき，図Ⅱのように視野の左下の位置にミカヅキモが観察された。下の図Ⅲは，このときに顕微鏡のステージにのせたプレパラートのようすを模式的に示したものである。図Ⅲ中の**ア**～**エ**の矢印で示した方向のうち，このミカヅキモを視野の中央で観察するために，プレパラートを動かす方向として最も適当なものを一つ選んで，その記号を書け。

図Ⅰ

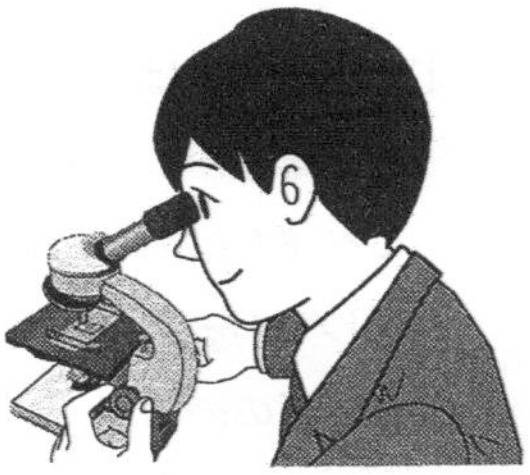

図Ⅱ

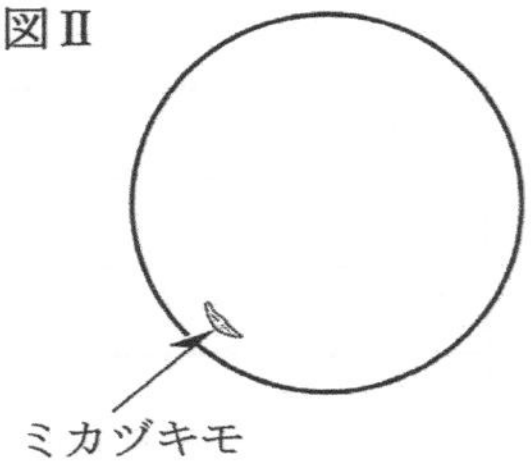

図Ⅲ

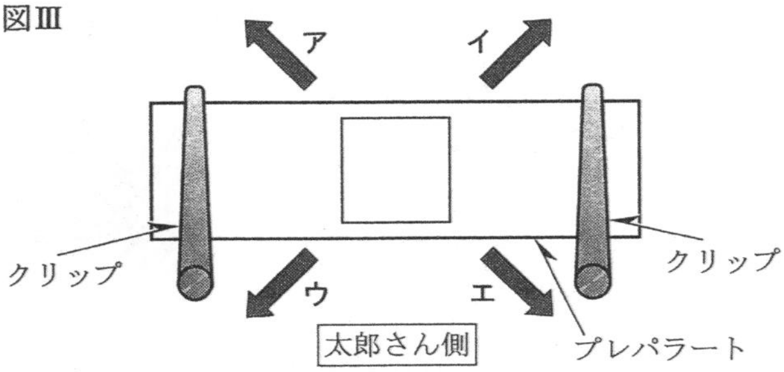

b　ミカヅキモは，からだが一つの細胞からできている単細胞生物に分類される。一方，生物の中には，からだが複数の細胞からできている多細胞生物も存在する。次の㋐～㋓のうち，多細胞生物はどれか。正しいものを2つ選んで，その記号を書け。

㋐　オオカナダモ　　㋑　ゾウリムシ　　㋒　ミジンコ　　㋓　アメーバ

c　多細胞生物であるタマネギやヒトのからだでは，形やはたらきが同じ細胞が集まって，組織をつくる。さらに，いくつかの種類の組織が集まり，特定のはたらきをもつ部分をつくる。この部分は何と呼ばれるか。その名称を書け。

(2)　太郎さんは，タマネギの表皮の細胞とヒトのほおの内側の細胞を，それぞれ酢酸オルセインで染色したあと，顕微鏡で観察して，スケッチした。これに関して，次のa，bの問いに答えよ。

a　下の㋐，㋑の図は，このときのタマネギの表皮の細胞のスケッチと，ヒトのほおの内側の細胞のスケッチのいずれかを示したものである。下の㋐，㋑の図のうち，タマネギの表皮の細胞のスケッチとして，最も適当なものを一つ選んで，その記号を書け。また，その図を選んだ理由を，図に表されている植物と動物の細胞のつくりの違いから考えて，簡単に書け。

㋐

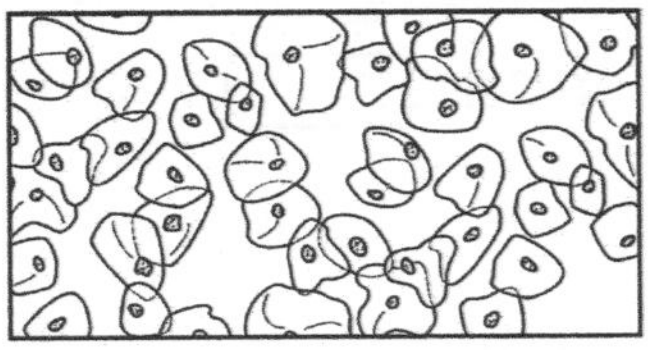

㋑

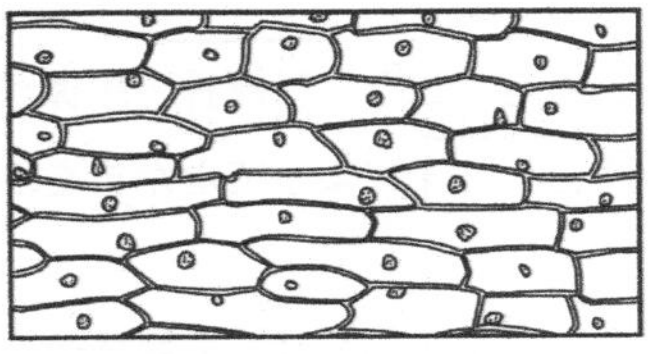

b　タマネギの表皮の細胞とヒトのほおの内側の細胞には，いずれも酢酸オルセインで染色された核がみられた。核の中には染色体があり，染色体は遺伝子をふくんでいる。遺伝子の本体である物質は一般に何と呼ばれるか。その名称をアルファベット3文字で書け。

B　植物の花のつくりの違いを調べるために，アブラナの花とマツの花を観察した。これに関して，次の(1)～(4)の問いに答えよ。

(1)　下の図Ⅰは，ルーペを用いて観察したアブラナの花のスケッチであり，下の図Ⅱは，マツの雌花と雄花がついている枝の一部のスケッチである。図Ⅰ中のa，bはそれぞれアブラナの花のめしべまたはおしべのいずれかを，図Ⅱ中のc，dはそれぞれマツの雌花または雄花のいずれかを示している。花粉をつくる部分は，図Ⅰ中のa，bおよび図Ⅱ中のc，dのうちそれぞれどちらか。下の表のア～エのうち，アブラナとマツの，花粉をつくる部分の組み合わせとして最も適当なものを一つ選んで，その記号を書け。

図Ⅰ

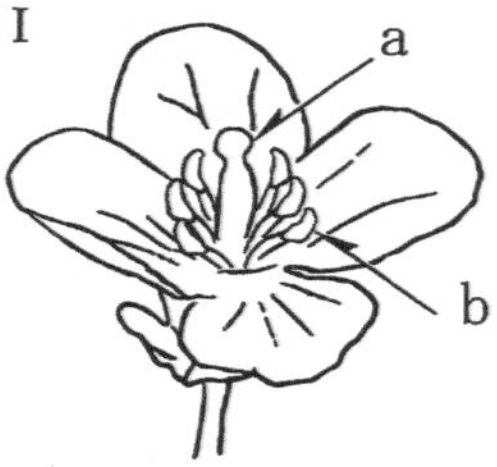

図Ⅱ

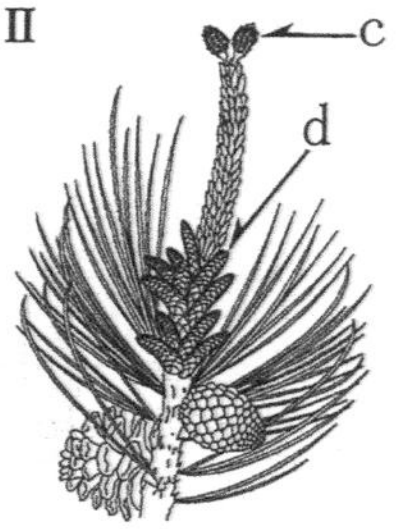

	アブラナ	マツ
ア	a	c
イ	a	d
ウ	b	c
エ	b	d

(2)　右の図Ⅲは，アブラナの花の観察に用いたルーペを示したものである。次の㋐～㋓のうち，ルーペを用いて，手にとったアブラナの花を観察するときの方法について述べたものとして，最も適当なものを一つ選んで，その記号を書け。

図Ⅲ

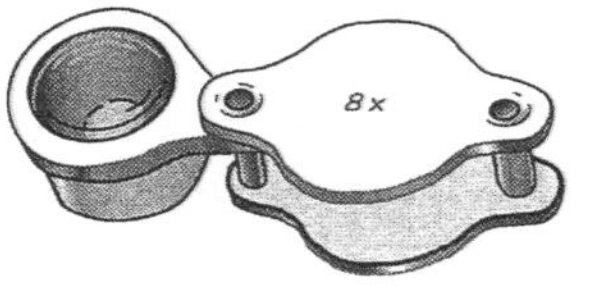

㋐　手にとったアブラナの花にできるだけルーペを近づけたまま，ルーペとアブラナの花をいっしょに前後に動かす

㋑　手にとったアブラナの花にできるだけルーペを近づけ，顔を前後に動かす

㋒　ルーペをできるだけ目に近づけ，手にとったアブラナの花を前後に動かす

㋓　手にとったアブラナの花と顔は動かさずに，ルーペのみを動かす

(3)　アブラナは被子植物に，マツは裸子植物にそれぞれ分類される。被子植物では，花のつくりのうち，胚珠にどのような特徴があるか。その特徴について，　**子房　胚珠**　の2つの言葉を用いて，簡単に書け。

(4)　アブラナやマツは種子植物と呼ばれ，種子をつくってなかまをふやすが，ゼニゴケなどのコケ植物は種子をつくらない植物である。次の文は，ゼニゴケがなかまをふやす方法について述べようとしたものである。文中の□内に共通してあてはまる最も適当な言葉を書け。

コケ植物であるゼニゴケには雌株と雄株があり，雌株には□のうができる。そこでつくられる□によってなかまをふやす。

C　太郎さんは，いろいろな生物や細胞の観察をした。これに関して，次の(1)，(2)の問いに答えよ。

(1)　次のページの図Ⅰは，太郎さんが顕微鏡を用いて，観察をしているようすである。この顕微鏡を用いて観察すると，上下左右が反転して見えた。これに関して，次のページのa～cの問いに答えよ。

実験　右の図のように，丸形の種子を育てた個体どうしをかけ合わせたところ，得られた子にあたる種子は丸形としわ形の割合がおよそ３：１になった。

図

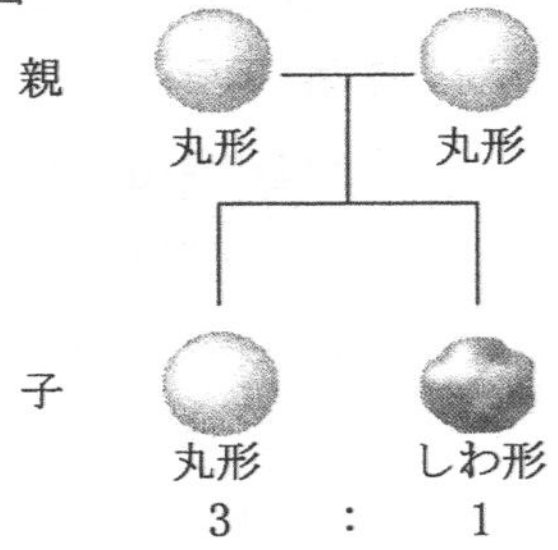

(1)　エンドウの種子の形には丸形としわ形の２つの形質があるが，一つの種子にはどちらか一方の形質しか現れない。エンドウの種子の丸形としわ形のように，同時に現れない２つの形質どうしは一般に何と呼ばれるか。その名称を書け。

(2)　実験の結果から，親の遺伝子の組み合わせについてどのようなことが考えられるか。次のア～エのうち，親の遺伝子の組み合わせについて考えられることを述べたものとして，最も適当なものを一つ選んで，その記号を書け。

ア　どちらの個体もＡＡである

イ　どちらの個体もＡａである

ウ　一方の個体はＡＡ，もう一方の個体はＡａである

エ　この実験の結果だけではＡとａの遺伝子の組み合わせを推測することはできない

(3)　花子さんと先生は，実験で得られた子にあたる丸形の種子の遺伝子の組み合わせを推測するために，かけ合わせをして調べる方法について会話した。次の文は，その会話の一部である。文中のＰ～Ｒの□内にあてはまる言葉の組み合わせとして最も適当なものを，あとの表のア～エから一つ選んで，その記号を書け。

花子：先生，実験で得られた子にあたる丸形の種子の遺伝子の組み合わせを調べる方法はありませんか。

先生：子にあたる丸形の種子を育てたエンドウの個体に，［Ｐ］の純系のエンドウの個体をかけ合わせ，孫にあたる種子の丸形としわ形の割合を調べることで，子にあたる丸形の種子のエンドウの個体がもつ遺伝子の組み合わせを推測できますよ。

花子：なるほど。孫にあたる種子の丸形としわ形の割合がおよそ１：１なら，子にあたる丸形の種子の遺伝子の組み合わせは［Ｑ］と推測でき，孫にあたる種子のほぼすべてが丸形なら，子にあたる丸形の種子の遺伝子の組み合わせは［Ｒ］と推測できるということですね。

先生：その通りです。

	Ｐ	Ｑ	Ｒ
ア	丸形	ＡＡ	Ａａ
イ	丸形	Ａａ	ＡＡ
ウ	しわ形	ＡＡ	Ａａ
エ	しわ形	Ａａ	ＡＡ

c　地震が起こると，P波とS波は，震源で同時に発生し，それぞれほぼ一定の速さで大地を伝わる。また，P波の方がS波よりも速く伝わる。P波とS波の伝わり方の違いを利用したものに緊急地震速報がある。緊急地震速報は，震源に近い地点にある地震計に伝わったP波を感知して，主要動をもたらすS波の到着時刻の予測などを各地に知らせるものである。下の図Ⅱは，太郎さんが，気象庁ホームページを利用して，ある地震の緊急地震速報についてまとめたものの一部である。この地震では，地震が発生した5時33分18秒から2秒後の5時33分20秒に，震源から17 kmの地点にある地震計でP波が感知されて，その8秒後の5時33分28秒に緊急地震速報が気象庁より発表された。また，震源から73 kmの地点では，緊急地震速報の発表から10秒後にS波が到着した。この地震において，震源から154 kmの地点では，緊急地震速報の発表から約何秒後にS波が到着したと考えられるか。次のア～エのうち，最も適当なものを一つ選んで，その記号を書け。

図Ⅱ　この地震において緊急地震速報が発表されるまでの流れ

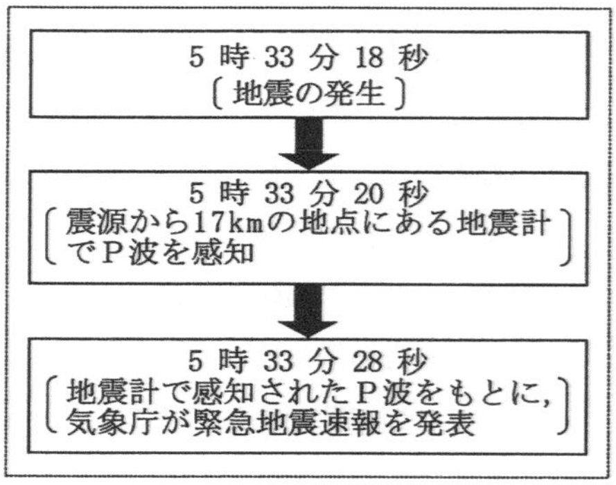

ア　約16秒後　　イ　約21秒後　　ウ　約32秒後　　エ　約43秒後

⑵　断層とは，岩盤の一部が破壊されて生じる地層や土地のずれのことである。このような断層のうち，過去に繰り返し地震を起こした証拠があり，今後もずれを生じて地震を起こす可能性があると考えられる断層は何と呼ばれるか。その名称を書け。

⑶　次の文は，日本列島付近で発生する地震について述べようとしたものである。文中の2つの〔　　〕内にあてはまる言葉を，㋐，㋑から一つ，㋒，㋓から一つ，それぞれ選んで，その記号を書け。

日本列島付近の大陸プレートと海洋プレートが接する境界で発生する地震の震源は，海溝を境として大陸側に多く分布しており，震源の深さは，太平洋側から日本海側に向かって，だんだん〔㋐深く　㋑浅く〕なっている。これは，日本列島付近では，〔㋒大陸プレートの下に海洋プレート　㋓海洋プレートの下に大陸プレート〕が沈み込んでいるためであり，このような場所では，プレートどうしの動きによって，地下に大きな力がはたらく。この力に地下の岩盤がたえられなくなると，岩盤の一部が破壊されて大きな地震が起こる。

問題 2　次のA，B，Cの問いに答えなさい。

A　エンドウの種子の形には丸形としわ形の2つの形質がある。丸形は顕性形質であり，しわ形は潜性形質である。このとき，種子を丸形にする遺伝子をA，しわ形にする遺伝子をaとする。これらの形質がどのように遺伝するかを調べるために，次のページの実験をした。これに関して，次のページの⑴～⑶の問いに答えよ。

B　地震に関して，次の(1)～(3)の問いに答えよ。

(1)　下の表は，ある地震について，震源からの距離が異なる観測地点①～③における地震の記録をまとめたものである。また，下の図Ⅰは，この表をもとにして，この地震のゆれの始まった時刻と震源からの距離との関係を，初期微動の始まった時刻を○で，主要動の始まった時刻を●で表したものである。これに関して，あとのa～cの問いに答えよ。

表

観測地点	初期微動の始まった時刻	主要動の始まった時刻	震源からの距離
①	22時08分21秒	22時08分24秒	22 km
②	22時08分26秒	22時08分33秒	52 km
③	22時08分42秒	22時09分00秒	148 km

図Ⅰ

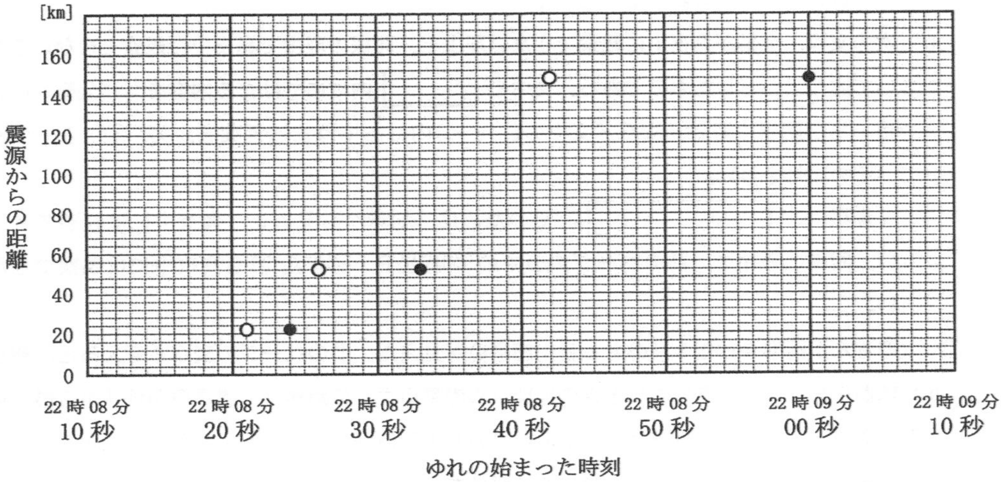

a　図Ⅰに示した観測結果から推測される地震発生の時刻は，いつであると考えられるか。次のア～エのうち，最も適当なものを一つ選んで，その記号を書け。

ア　22時08分13秒　　イ　22時08分18秒

ウ　22時08分21秒　　エ　22時08分24秒

b　地震が起こったときに発表される情報には，震度やマグニチュードがある。次の文は，地震の震度とマグニチュードの違いについて述べようとしたものである。文中の3つの〔　　〕内にあてはまる言葉を，㋐，㋑から一つ，㋒，㋓から一つ，㋔，㋕から一つ，それぞれ選んで，その記号を書け。

地震が起こったときに発表される震度は，〔㋐地震の規模　㋑ゆれの大きさ〕を表し，マグニチュードは，〔㋒地震の規模　㋓ゆれの大きさ〕を表す。また，ある一つの地震において，震度は〔㋔震源からの距離などにかかわらず同じである　㋕震源からの距離などによって異なる〕。

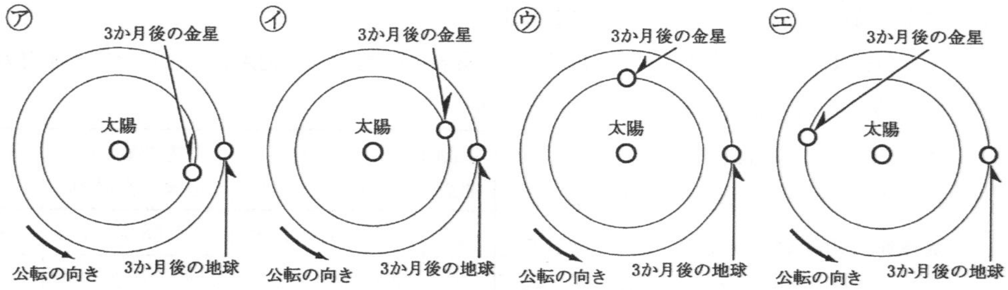

カ　日の出直前の東の空に見える

キ　日の出直前の西の空に見える

ク　日の入り直後の東の空に見える

ケ　日の入り直後の西の空に見える

b　次の文は，金星が真夜中に観察できない理由と，同様の理由で真夜中に観察できない惑星について述べようとしたものである。文中の □ 内にあてはまる内容を，**公転** の言葉を用いて，簡単に書け。また，文中の〔　　〕内にあてはまる言葉を，㋐，㋑から一つ選んで，その記号を書け。

金星は， □ 。そのために，地球から見ると，真夜中には観察できない。同様の理由で，前のページの表中の〔㋐惑星Ｐ　㋑惑星Ｑ〕も真夜中には観察できない。

(3)　太郎さんが観察をした6月のある日，惑星Ｑが見えた。前のページの表から考えると，惑星Ｑが地球から最も遠い位置にあるときの地球から惑星Ｑまでの距離は，惑星Ｑが地球から最も近い位置にあるときの地球から惑星Ｑまでの距離のおよそ何倍になると考えられるか。次のア～エのうち，最も適当なものを一つ選んで，その記号を書け。

ア　1.5倍　　イ　2.5倍　　ウ　2.9倍　　エ　4.8倍

(4)　次の文は，前のページの表中の惑星Ｒについて述べようとしたものである。文中の2つの〔　　〕内にあてはまる言葉を，㋐，㋑から一つ，㋒，㋓から一つ，それぞれ選んで，その記号を書け。

惑星Ｒは，〔㋐水素とヘリウム　㋑二酸化炭素〕を主成分とする大気をもち，〔㋒氷や岩石でできた巨大な環《わ》(リング)をもっている　㋓自転軸が公転面に垂直な方向から大きく傾き，ほぼ横倒しになっている〕。

問題 1　次のA，Bの問いに答えなさい。

A　太郎さんは，日本のある地点で，5月下旬から6月下旬にかけて，太陽系の惑星の観察をした。観察をした時期によって，見える惑星が異なっていることに興味をもった太郎さんは，太陽系の惑星について調べることにした。下の表は，太陽系の8つの惑星について，地球を1としたときの赤道半径と質量，それぞれの惑星の平均密度，太陽地球間を1としたときの太陽からの平均距離，地球の公転周期を1年としたときのそれぞれの惑星の公転周期をまとめようとしたものであり，表中のP～Rは太陽系の8つの惑星のうちのいずれかである。これに関して，あとの⑴～⑷の問いに答えよ。

表

	惑星	赤道半径（地球＝1）	質量（地球＝1）	平均密度［g/cm³］	太陽からの平均距離（太陽地球間＝1）	公転周期［年］
地球型惑星	地球	1.00	1.00	5.51	1.00	1.00
	金星	0.95	0.82	5.24	0.72	0.62
	P	0.38	0.06	5.43	0.39	0.24
	Q	0.53	0.11	3.93	1.52	1.88
木星型惑星	木星	11.21	317.83	1.33	5.20	11.86
	天王星	4.01	14.54	1.27	19.22	84.25
	海王星	3.88	17.15	1.64	30.11	165.23
	R	9.45	95.16	0.69	9.55	29.53

⑴　太陽系の8つの惑星は，さまざまな特徴から，地球型惑星と木星型惑星の2つのグループに分けることができる。木星型惑星は地球型惑星に比べて，太陽からの平均距離が大きく，公転周期が長いという特徴があるが，このことのほかにどのような特徴があるか。表からわかる特徴を，**赤道半径と質量**　**平均密度**　の2つの言葉を用いて，簡単に書け。

⑵　太郎さんは，お父さんと，7月以降も続けて金星の観察をした。すると，夕方または明け方には金星を観察できることがあったが，真夜中には金星を観察することができなかった。これに関して，次のa，bの問いに答えよ。

a　右の図は，太郎さんが観察をした6月のある日の太陽と金星と地球の位置関係を模式的に示したものである。地球は，太陽のまわりを1年で1回公転する。それに対して，金星は，約0.62年で1回公転するため，太陽のまわりを1か月あたり約50°公転することになる。次のページの㋐～㋓のうち，図に示したある日から3か月後の地球と金星の位置関係を模式的に示したものとして，最も適当なものを一つ選んで，その記号を書け。また，太郎さんが観察をした地点では，図に示したある日から3か月後に，金星がいつごろどの方向に見えるか。次のページのカ～ケから最も適当なものを一つ選んで，その記号を書け。

図

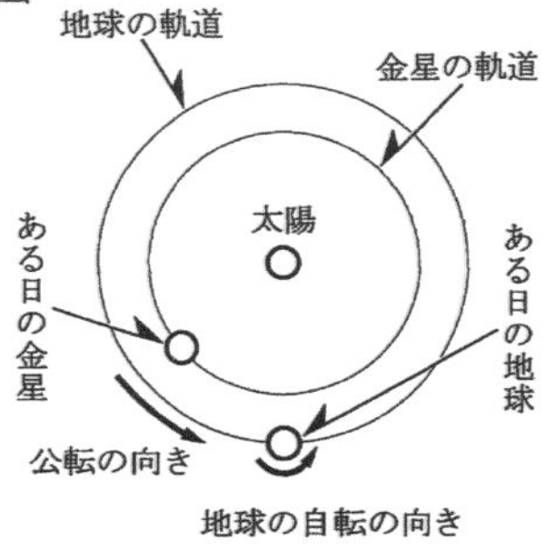

令和 6 年

理　科　問　題

（50分）

注　意

1　先生の指示があるまでは，問題用紙を開いてはいけません。

2　問題用紙は，問題 1 から問題 4 までの 14 ページあります。

3　答えはすべて解答用紙に書きなさい。書くことを特別に要求されていない計算などは，問題用紙の余白を利用しなさい。

◇M5（171—43）

Manabu: Yes. This summer, I'm going to travel to New York.

Kate: That's nice. When are you going to leave Japan?

Manabu: July 25th.

Kate: Great. Baseball is your favorite sport. Are you going to watch a baseball game there?

Manabu: If I had a ticket for it, I would do so. Maybe next time. I'm going to enjoy shopping there this summer.

Ｅは，文章の内容を聞き取る問題です。はじめに，Masaki についての英文を読みます。そのあとで，英語で №. 1，№. 2，№. 3 の三つの質問をします。英文と質問は，2回くりかえします。よく聞いて，質問に対する答えとして最も適当なものを，アからエのうちからそれぞれ一つずつ選んで，その記号を書きなさい。

Masaki is a junior high school student. When he became a third-year student, he began to think about his future job. But he didn't have any ideas. His mother often asked him what he wanted to be in the future. He always answered, "I don't know…."

One day, Masaki joined a volunteer activity at an elementary school. He played soccer with children and studied English together. That was the first experience for him. Before going home, a boy said to Masaki, "It was fun today. You are a great teacher!" From his words, Masaki thought teaching was a good job.

In the evening, Masaki told his parents about the experience at the elementary school. His mother said, "You had a good experience. If you join another event, you can get another experience. Then you may find another job you like. You should get a lot of experiences." Masaki said, "OK. I'll try a lot of things I have never done." His parents looked happy to hear that.

質問です。

№. 1 Who often asked Masaki about his future job?

№. 2 What did Masaki do at the elementary school?

№. 3 Why did Masaki's parents look happy?

(2) 下線部①を，「レストランに行って昼食を食べましょう。」という意味にするには， [　　　] 内に，どのような語を入れたらよいか。最も適当な語を一つ書け。

(3) 下線部②に particular という語があるが，この語と同じような意味を表す語は，次のア～エのうちのどれか。最も適当なものを一つ選んで，その記号を書け。

ア similar　　イ special　　ウ terrible　　エ weak

問題 3　次の文章は，香川県の中学校に通う健太《けんた》が，英語の授業で発表したスピーチである。これを読んで，あとの(1)～(9)の問いに答えなさい。（＊印をつけた語句は，あとの㊟を参考にしなさい。）

One day, when I was talking with Misa and William, she said to him, "Do you know *wasanbon*?" He answered, "No, I've never ①(hear) of it. What's *wasanbon*?" She answered, "It's a kind of Japanese *sugar. I went to a *wasanbon* *factory. These are for you." She gave us some *wasanbon* candies. We ate her cute presents soon. They were delicious, ②[　　　] I looked for other *wasanbon* sweets. I asked my friends about *wasanbon* sweets, and I found various *wasanbon* sweets. For example, Misa ③[　　　] me that she found some *wasanbon* cakes. I was surprised that *wasanbon* was used for many sweets. ④なぜそれは今，人気なのでしょうか。

To find the answer, I studied about *wasanbon*. Sugar is made from *sugarcane. Some people say that ⑤*Hiraga Gennai (of started the one who is people) to *grow it in Kagawa. Later, another person *succeeded in producing sugar from the sugarcane and it's called *wasanbon*. To make good *wasanbon*, you need to *stew the juice from sugarcane for a very long time and *knead it many times. Then you *dry it. ⑥Like this, (is hard it make very it to). Also, *wasanbon* candies have a lot of *shapes. They show four seasons, nature, or animals. To make the shapes, you need *wooden molds and *techniques. By these ⑦[　　　] *processes, we can enjoy both the good *tastes and the beautiful shapes.

By studying about *wasanbon*, I found the good part of Kagawa more. To make wonderful *wasanbon*, great techniques are needed. ⑧[　　　] the *efforts and great techniques, people can enjoy *wasanbon*. I got more interested in it than before. I know that when many people hear the word "Kagawa," they think of *udon*. I want more people to know *wasanbon* and enjoy it, too. ⑨私はそれを，インターネットを使って，うどんと同じくらい有名にするつもりです。 Let's enjoy *wasanbon* together!

No. 3
- ア Because Masaki decided to be a teacher and teach elementary school students.
- イ Because Masaki decided to ask his teacher about his future job the next day.
- ウ Because Masaki decided to get a lot of new experiences to find his future job.
- エ Because Masaki decided to study more and go to high school for his future.

問題 2　次の対話文は，オーストラリアから来た留学生の Ted と，中学生の Rio が遊びに出かけたときの会話である。これを読んで，あとの(1)～(3)の問いに答えなさい。（＊印をつけた語句は，あとの㊟を参考にしなさい。）

Rio: The movie was fun! Have you ever watched any other movies in this *series?

Ted: Yes, I have. I like this series very much. Hey, are you hungry? [(a)]

Rio: Sure. ①Let's go to a restaurant and have [　　　].

(***at a restaurant***)

Ted: By the way, I was really surprised to see Japanese coins.

Rio: [(b)]

Ted: Because I've never seen coins with *holes in Australia. This is a unique feature, right?

Rio: Yes. Are there any other *differences between Japanese money and *Australian money?

Ted: *Material is different. Australian *banknotes *are made of *plastic. ②We can use them even after we wash them because particular material is used to make them.

Rio: That's interesting! I want to see and touch them. [(c)]

Ted: Just a moment. Oh, I have a five-dollar banknote. [(d)]

Rio: Thank you. Wow, this is smaller than Japanese ones.

Ted: Right. Also, Australian banknotes are more colorful than Japanese ones.

㊟ series：シリーズ　　hole(s)：穴　　difference(s)：違い
Australian：オーストラリアの　　material：素材　　banknote(s)：紙幣
are made of～：～でできている　　plastic：プラスチック

(1) 本文の内容からみて，文中の(a)～(d)の[　　　]内にあてはまる英文は，次のア～クのうちのどれか。最も適当なものをそれぞれ一つずつ選んで，その記号を書け。

ア	How about you?	イ	Yes, please.
ウ	Can I show you Japanese money?	エ	Why don't we eat something?
オ	Why do you have coins?	カ	Here you are.
キ	Do you have some?	ク	Why were you so surprised?

※教英出版注
音声は，解答集の書籍ＩＤ番号を教英出版ウェブサイトで入力して聴くことができます。

問題 1　英語を聞いて答える問題

A　絵を選ぶ問題

①

②

③

④

B　天気予報を選ぶ問題

①

曜日	天気	最高気温	最低気温
金	☂ → ☁	10℃	6℃
土	☁	15℃	11℃
日	☀ → ☁	20℃	13℃

②

曜日	天気	最高気温	最低気温
金	☂ → ☁	10℃	6℃
土	☁ → ☂	15℃	11℃
日	☀	20℃	13℃

③

曜日	天気	最高気温	最低気温
金	☂ → ☁	15℃	11℃
土	☁ → ☂	10℃	6℃
日	☀ → ☁	20℃	13℃

④

曜日	天気	最高気温	最低気温
金	☂ → ☁	15℃	11℃
土	☁	10℃	6℃
日	☀	20℃	13℃

㊟ ☀ はれ　☁ くもり　☂ あめ

C　応答を選ぶ問題

ア　Yes, I have.　　イ　I read a lot of English books.

ウ　For six years.　　エ　Seven years ago.

D　対話の内容を聞き取る問題

E　文章の内容を聞き取る問題

No. 1
- ア　His father.
- イ　His sister.
- ウ　His brother.
- エ　His mother.

No. 2
- ア　He played tennis and watched a movie with children.
- イ　He played soccer and studied English with children.
- ウ　He played basketball and cooked a cake with children.
- エ　He played baseball and read a lot of books with children.

令和６年

英　語　問　題

（50分）

注　意

1　放送による指示があるまでは，問題用紙を開いてはいけません。
2　問題用紙は，問題１から問題５までの７ページあります。
3　答えはすべて解答用紙に書きなさい。

問題 2　次の(1)～(3)の問いに答えなさい。

(1) 右の図のような，平行四辺形ABCDがあり，∠BADは鈍角である。辺BCをCの方に延長した直線上にBD＝BEとなる点Eをとる。

∠ABD＝20°，∠DCE＝60°であるとき，∠CEDの大きさは何度か。

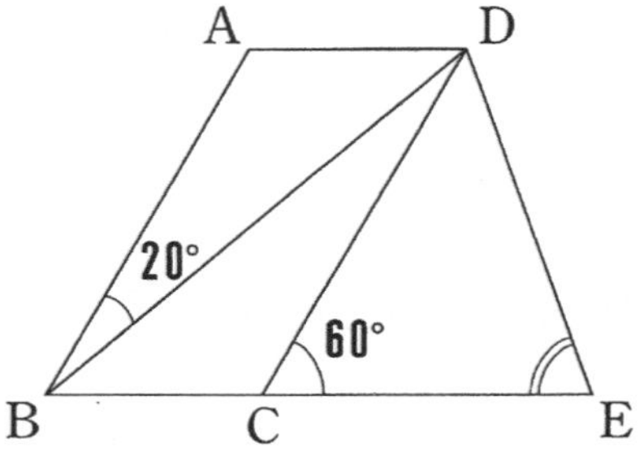

(2) 右の図のような，長方形ABCDがある。辺AD上に2点A，Dと異なる点Eをとり，辺BC上に2点B，Cと異なる点Fをとる。線分EFと対角線BDとの交点をGとする。また，点Dと点Fを結ぶ。

AB＝4 cm，BC＝5 cm，AE＝1 cm，BF＝3 cmであるとき，次のア，イの問いに答えよ。

ア　線分DFの長さは何cmか。

イ　四角形ABGEの面積は何cm^2か。

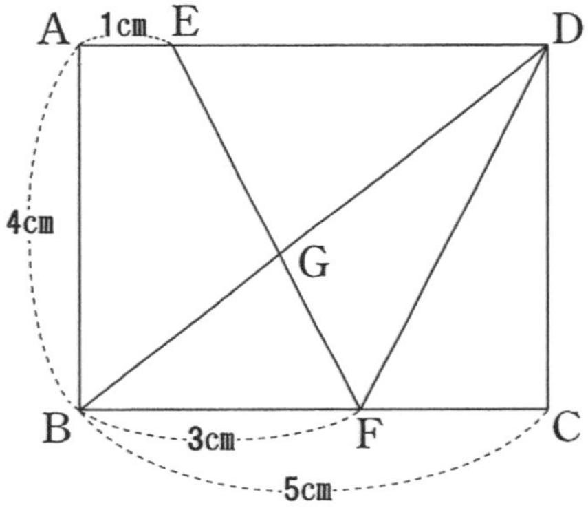

(3) 右の図のような，点Oを中心とする半径2 cmの円がある。異なる3点A，B，Cは円周上の点で，∠BAC＝60°である。線分AB，BC，CAの中点をそれぞれD，E，Fとし，3点D，E，Fを通る円をかく。

このとき，点Eを含まない方の$\overset{\frown}{DF}$と弦DFで囲まれた部分の面積は何cm^2か。なお，円周率にはπをそのまま用いよ。

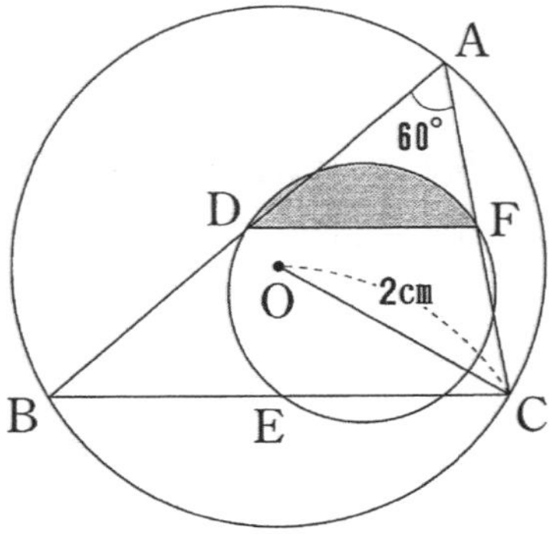

問題 1　次の(1)～(7)の問いに答えなさい。

(1)　$7 \times (-2) - (-5)$　を計算せよ。

(2)　$a = -3$ のとき，$a^2 + \dfrac{15}{a}$　の値を求めよ。

(3)　$4a^3b^2 \div \dfrac{1}{2}ab$　を計算せよ。

(4)　連立方程式　$\begin{cases} 3x + 5y = 4 \\ x - y = 4 \end{cases}$　を解け。

(5)　$\sqrt{50} - \sqrt{2} + \dfrac{6}{\sqrt{2}}$　を計算せよ。

(6)　$(x+3)^2 - (x+3) - 30$　を因数分解せよ。

(7)　次の㋐～㋒の数が，小さい順に左から右に並ぶように，記号㋐～㋒を用いて書け。

㋐　$-\sqrt{11}$　　㋑　3　　㋒　-4

令和６年

数　学　問　題

（50分）

注　意

1　先生の指示があるまでは，問題用紙を開いてはいけません。

2　問題用紙は，問題１から問題５までの６ページあります。

3　答えはすべて解答用紙に書きなさい。書くことを特別に要求されていない計算などは，問題用紙の余白を利用しなさい。

(二) ①に 御辺誠に君の思し召しに叶ひ類なし とあるが、ここではどのようなことをいっているのか。次の1～4から最も適当なものを一つ選んで、その番号を書け。

1 主君が私よりもあなたを高く評価していることに、どうしても納得ができない
2 あなたは主君にあまりよく思われていないようだから、誤解を解いてあげたい
3 主君はあなたの願いならば、どのようなことでも聞き入れているように思える
4 あなたは他の者ではとうてい及ばないほど、主君から特別に大切にされている

(三) ②に それは一向にならぬ事なり とあるが、ここでは近習はどのようなことをいっているのか。それを説明しようとした次の文のア、イの□内にあてはまる言葉を、それぞれ五字程度で書け。

これからは、［ア］ことをやめて、その代わりに、常に［イ］べきだという意見には賛成できないということ

(四) ③に 我は飯を以て君にすすむる とあるが、飯を君にすすめるというたとえは、主君に対してどのように接していることをいっているのか。次の1～4から最も適当なものを一つ選んで、その番号を書け。

1 主君への特別な心配りをすることなく、いつも変わらずにありのままの態度で接していること
2 主君に飽きられてしまわないように気を配り、常に細やかな工夫を欠かさずに接していること
3 主君の怒りに触れることのないように注意し、主君に対していつでも低姿勢で接していること
4 主君が求めるままに応えるのではなく、物足りなく感じられるように意識して接していること

(五) 本文中で、曽呂利は近習に対してどのようなことに気づかせようとしているのか。次の1～4から最も適当なものを一つ選んで、その番号を書け。

1 身近な食べ物をたとえ話に用いることで、近習がもっと質素な暮らしをすべきであることに気づかせようとしている
2 日常生活のたとえ話を用いて、近習の今の考え方のままでは主君の気持ちに添えないことに気づかせようとしている
3 想像しやすいたとえ話を用いながら、近習の持つ素直さこそが何よりも大切だということに気づかせようとしている
4 現実的ではないたとえ話を用いつつ、近習が思うほど主君は信頼できる人物ではないことに気づかせようとしている

問題　三

次の文章を読んで、あとの㈠～㈩の問いに答えなさい。なお、1～16は段落につけた番号です。

お詫び

著作権上の都合により、文章は掲載しておりません。
ご不便をおかけし、誠に申し訳ございません。

教英出版

（鈴木克美『金魚と日本人』による。一部省略等がある。）

㈠　a～dの ══ のついているかたかなの部分にあたる漢字を楷書で書け。

(二) ①に 日本人の考える「花鳥風月」の主たる意味が、本当に「天地自然の美しい景色」なのかというと、そこのところは、少しあやしい とあるが、これはどのようなことをいっているのか。次の1～4から最も適当なものを一つ選んで、その番号を書け。

1 日本の自然は美しいだけのものではなく、「花鳥風月」の意味には自然の厳しさも含まれていることが推測されるということ
2 風流な遊びでもある「花鳥風月」は日本の伝統文化を表したものなので、日本の天地自然と結びつけるのは可能だということ
3 日本人が「花鳥風月」という言葉を天地自然の美しさだととらえているという考えについては、検討の余地があるということ
4 「花鳥風月」の本質は自然の美しさにあるというより、むしろ日本人が親しんできた風流な遊びの中にあるはずだということ

(三) ②に 日本人の自然観については、明治時代以来の議論がある とあるが、筆者は、明治時代以来の議論をふまえて、日本人はどのようにして自然と関わってきたと述べているか。それを説明しようとした次の文のア、イの［　］内にあてはまる最も適当な言葉を、本文中からそのまま抜き出して、それぞれ十字以内で書け。

日本の荒々しい気候の前では［　ア　］であるため、日本人は自然に対して［　イ　］ことはせず、西欧の自然観とは異なる考え方にもとづいて、自然の一部を取り出して生活に取り込み、生きていこうとしていたと述べている

(四) ③の めまぐるしく の品詞は何か。次の1～4から最も適当なものを一つ選んで、その番号を書け。

1 形容動詞　2 副詞　3 形容詞　4 連体詞

(五) ④の られる は、次の1～4のうちの、どの られる と同じ使われ方をしているか。同じ使われ方をしているものを一つ選んで、その番号を書け。

1 自分で食べられるだけの料理を皿に取ってください
2 子猫が安心するのは母猫に優しくなめられるときだ
3 思いやりの心が感じられる挨拶に私の心は和らいだ
4 遠方から来られるお客様を郷土料理でもてなしたい

(六) ⑤に 江戸時代の日本人は、～安心して観賞できるものに仕立てる手法を知っていた とあるが、荒々しい自然を定形に当てはめることで「美しい自然」をつくり出そうとした江戸時代の日本人にとって、安心できる「美しい自然」とはどのようなものであり、それをどのように見ることで安心感を得ていたと筆者は考えているか。「江戸時代の日本人にとって、安心できる『美しい自然』とは、」という書き出しに続けて、六十五字以内で書け。

(七) ⑥に 江戸の庶民が上手につきあってきた「自然のしっぽ」だったのではないか とあるが、「自然のしっぽ」と上手につきあってきた江戸の庶民の暮らしとは、どのようなものであったか。次の1～4から最も適当なものを一つ選んで、その番号を書け。

1 人間にとって害の少ない身近な自然物を利用して、厳しい自然環境下で生き延びる暮らし
2 周囲の自然環境の変化に合わせて生活様式を改変しつつ、自然の力に頼って生きる暮らし
3 日ごとに表情を変えるとらえどころのない自然に身をゆだねて、自然と一体化する暮らし
4 自然を感じさせる要素を取り入れることで日々の生活をいろどり、自然とつながる暮らし

(八) 次の〔　　〕内の文は、第1～第10段落のいずれかの段落の最後に続く文である。それはどの段落か。最も適当な段落の番号を書け。

〔毎年、ほぼきまった時期に襲来する台風のような、ときには人間を破滅させる自然の暴力に遭遇する機会も多い。〕

(九) 本文を通して筆者が特に述べようとしていることは何か。次の1～4から最も適当なものを一つ選んで、その番号を書け。

1 日本人が自然と共存しようとする中で生み出された花鳥風月の一つの例が、江戸時代における金魚の流行だといえる
2 自然の厳しさに耐えるしかなかった日本人を慰めてきた金魚や植木などの花鳥風月は、日本が世界に誇る文化である
3 花鳥風月は自然への畏敬の念を表すための美の基準として生み出されたのであり、金魚は自然を体現する存在である
4 身近な自然との共存を重んじる日本伝統の自然愛護の精神は、花鳥風月という形式を通して実践されてきたといえる

(十) 筆者の考える、日本人のつくり上げてきた自然とのつきあい方の具体例として、**あてはまらないもの**はどれか。次の1～4から最も適当なものを一つ選んで、その番号を書け。

1 雄大な自然の中で樹齢百年を越えて生き続ける大木を再現しようと、様々な工夫を凝らして作られた盆栽を鑑賞する
2 日本の気候に合った農業の方法を追求し、農作物の遺伝子を分析しつつ品種改良をすることで自然の変化に対抗する
3 まだ吹く風も冷たい三月に一枝の桜を花瓶に生けて部屋に飾り、春の暖かな陽気を感じられるような空間を生み出す
4 鳴き声をたよりに草むらに入り捕まえた鈴虫を、虫籠に入れて大切に育てながら夜にはその涼しげな鳴き声を楽しむ

問題 四

あなたの中学校では、校内で行われる運動会を生徒全員が楽しかったと思えるようなものにするためにはどうすればよいかについて、生徒会役員が意見箱を利用して尋ねたところ、生徒から様々な意見が寄せられました。その後、出された意見を生徒会役員が次の**A**～**D**の四種類の視点に分類し、この四種類の視点をもとに、改めてそれぞれのクラスで話し合いが行われることになりました。

A
練習方法の工夫

B
家族や地域と
協力するための工夫

C
連帯感を
高めるための工夫

D
競技種目の工夫

あなたなら、クラスの話し合いの中で、生徒全員が楽しかったと思えるような運動会にするために、どのような意見を発表しますか。**A**～**D**の中であなたが着目した視点と、発表しようとする具体的な提案を、そう考える理由がよく分かるように、次の**条件1**～**条件4**と〔**注意**〕に従って、解答用紙（その二）に書きなさい。

条件1　二段落構成で書くこと。
条件2　第一段落には**A**～**D**のどの視点に着目したかを、着目した理由とともに書くこと。
条件3　第二段落には選んだ視点にもとづいたあなたの提案を、根拠を示して具体的に書くこと。
条件4　原稿用紙の正しい使い方に従って、二百五十字程度で書くこと。ただし、百五十字（六行）以上書くこと。

〔**注意**〕
一　部分的な書き直しや書き加えなどをするときは、必ずしも「ますめ」にとらわれなくてよい。
二　**題名や氏名は書かないで**、本文から書き始めること。また、本文の中にも氏名や在学（出身）校名は書かないこと。

令和５年

国 語 問 題

（50分）

注 意

1 先生の指示があるまでは，問題用紙を開いてはいけません。

2 問題用紙は，問題一から問題四までの 10 ページあります。

3 答えはすべて解答用紙に書きなさい。

香川県公立高等学校

問題 一　次の文章は、女性が文字を学ぶことが珍しかった時代、漢族とハル族が住む山間部の村に暮らす十歳のチャオミンが、女性だけが用いる美しい文字「ニュウシュ」の存在を知って夢中で勉強していたところ、村はずれに少年と住むグンウイの畑でチャオミンが拾わせてもらった落花生を、ある日、父がふもとの町で売り、土産を買って帰った場面に続くものである。これを読んで、あとの㈠～㈧の問いに答えなさい。

それは筆だった。父さんのものよりもかなり細く、赤い石のような飾りがついている。

「これを、私に？」

「ああ、チャオミンの筆だよ」

「わあ、嬉《うれ》しい！　ありがとう、父さん」

思いがけない贈り物に、チャオミンが目をまん丸にしてお礼を言うと、父さんは静かに首を横に振った。

「いいや、それはチャオミンが自分で買ったものだよ」

「私が？」

「ああ、そうだ。落花生を拾ってね」

a不思議そうに首をかしげたチャオミンに、父さんはいたずらっぽく笑った。

「それでもっとニュウシュを練習するといい」

「えっ？」

思わぬ言葉にチャオミンは目を見開いて、父さんを見た。

「うん、わかった」

①チャオミンは大きくうなずくと、両手に持った筆を胸に押しつけてぎゅうっと抱きしめるようにした。

「私、これを見せてくる。お礼を言わなくちゃ」

チャオミンがたどりついたのは、山のふもとの畑だった。

ちょうど畑にはグンウイと少年の姿があった。寒さから作物を守るためか、畑にわらをかけている。

「グンウイさーん」

大きな声でチャオミンが呼ぶと、おじいさんはかがめていた腰を伸ばした。そばで少年が何事かという顔でこちらを見ている。チャオミンはそばへ急いだ。

「お礼に来ました。ここの落花生のおかげで、これを買ってもらったんです」

チャオミンは切れた息のまま、両手に乗せた筆を二人に見せた。

「ほう。サンゴだね」

グンウイはチャオミンの筆に目をやって言った。グンウイの声は少しわがれている。b乾いた地面のひび割れみたいな声だ。

「サンゴ？　これは筆です。私の筆です」

チャオミンがしげしげと手のひらを見ると、

「この竹軸の飾りだよ」と、グンウイは筆に張りつけてある赤い部分を指さした。

「サンゴというの②は、海の底にあるんだよ。海というのは、見渡す限り

の豊かな水だ。広い広い水の大地だ」

「水の大地？」

チャオミンは首をひねった。なにしろ生まれてこのかた、海というものを見たことがない。そう言われてもぜんぜんぴんとこないのだ。

「瀟川《しょうせん》みたいなところですか」

瀟川は、隣の町との境目を作る大きな川で、渡し船が行き交い、水牛がぷかぷかと水浴びをしている。チャオミンが知っている川の中でいちばん大きい。

けれどもグンウイはゆっくりと首を左右に振った。

「もっともっと大きなところだ。海は見渡す限りに広い。そしていつも動いている。川のような流れはないが、ザブンザブンと寄せてはかえす波がある」

「ザブンザブン」と、チャオミンはくりかえしてみた。口の中が楽しく c弾んだ。

「たくさんの生命がそこから生まれる。朝日ものぼる」

「ほーっ」

頭の中が水でいっぱいになった。

チャオミンは改めて筆を見る。確かに赤い持ち手の飾りは、水にとけるお日様の光みたいに d透きとおって見えた。

③「そして海の向こうは異国だ」

続いた声に、チャオミンは、はっと顔をあげた。グンウイは、はるか遠くを見渡すように空の向こうをながめていた。

「異国？」

「そうだ。ちがう国。そこには、俺たちとはちがう顔の人たちが、知らない暮らしをしているんだ」

少年が言った。チャオミンはじっと考えてみた。山のほうにはハル族が住んでいて、町には漢族が住んでいるのと同じように、海の向こうにはちがう人が住んでいるのだろうか。

どんな人たちかな、としきりに頭をひねってみたが、チャオミンにはまったく想像がつかなかった。

「この国は広い。そして長い歴史も持っている。けれども世界はもっと広い。わたしたちの知らないことに満ちている。そういうことも、その筆で勉強なさい」

「はい」

チャオミンはかみしめるように返事をして、筆をそっと握ってみた。見たことのない大きな大きな水の大地に触れたような気分になった。きいたことのない、波の音をきいたような気分にもなった。心がすっと広がったように、晴れ晴れとする。

チャオミンの口からおもわず歌がこぼれた。

——ザブンザブン
海から生まれたサンゴの筆で
一生懸命おけいこしよう
ザブンザブン
④そして異国のことも知りたいな
ああ　この筆は　海を行く船の櫂《かい》（船をこぐための道具）——

するとグンウイは嬉しそうに笑った。

「ああ、おじょうさんは歌が上手だなあ。歌うのもうまいが、歌詞がいい。母さんに教わったのかい?」

「いいえ、今考えたの」

「ほう、それはいい」と、グンウイのしわがれ声が優しくなった。⑤長い眉毛の下の落ちくぼんだ目が、やわらかな光を放っている。

「言葉を大事にするんだよ」

そう言われてチャオミンはうなずいた。

この筆で一生懸命おけいこをして、いつか歌うようにニュウシュを書こう。

チャオミンはぎゅっと筆を握りしめた。

筆はまるで生きているようにあたたかかった。

（まはら三桃『思いはいのり、言葉はつばさ』による。一部省略等がある。）

㈠　a～dの ＝＝ のついている漢字のよみがなを書け。

㈡　①に　チャオミンは大きくうなずくと、両手に持った筆を胸に押しつけてぎゅうっと抱きしめるようにした　とあるが、このときのチャオミンの気持ちはどのようなものだと考えられるか。次の1～4から最も適当なものを一つ選んで、その番号を書け。

1　自分の心の中の思いを父がいつも察してしまうことに照れくささを感じながらも、自分だけの力で美しい筆を手に入れたことを誇らしく思っている

2　自分の思いを父が受けとめて字を学ぶことを応援してくれていることに感謝しつつ、これからこの筆で字の練習ができる喜びに心をおどらせている

3　自分を喜ばせようと父が色々と考えてくれたことへのお礼の言葉をこの筆で書こうと思いながら、かわいらしい飾りのついた筆に心を奪われている

4　自分の才能を評価してくれる父の気持ちを裏切るまいと気を引き締めることで、筆を手に入れて浮かれがちになる気持ちを落ち着けようとしている

㈢　②の の は、次の1～4のうちの、どの の と同じ使われ方をしているか。同じ使われ方をしているものを一つ選んで、その番号を書け。

1　満天の星を眺めるのが楽しみだな　　2　コーヒーの味がなんとなく苦手だ

3　君の選ぶ服はどれもおしゃれだね　　4　あの柱のところまで競走しようよ

㈣　③に　そして海の向こうは異国だ　とあるが、このときグンウイは、チャオミンにどのようなことを気づかせようとしたと考えられるか。それを説明しようとした次の文のア、イの［　］内にあてはまる最も適当な言葉を、本文中からそのまま抜き出して、アは五字程度、イは十五字以内でそれぞれ書け。

サンゴや海がどういうものなのかを知らず、説明されても少しも［ア］ほどに、ごく身近な限られた世界の中で生きていたチャオミンに、海の中や海の向こうの異国など、この世界は広く、まだまだ［イ］のだということを気づかせようとした

(五) ④に ああ この筆は 海を行く船の櫂 とあるが、このときチャオミンが、筆を「海を行く船の櫂」と例えたのは、筆をどのようなものだととらえたからだと考えられるか。「この筆で、」という書き出しに続けて、五十字程度で書け。

(六) ⑤に 長い眉毛の下の落ちくぼんだ目が、やわらかな光を放っている とあるが、このときのグンウイの思いはどのようなものだと考えられるか。次の1～4から最も適当なものを一つ選んで、その番号を書け。

1 鋭い感性を持ち豊かな言葉の知識を身につけているチャオミンの利発さに驚かされ、自分に匹敵する知性の持ち主と実感して胸を熱くしている

2 チャオミンの個性的な言葉選びと屈託のない明るさに引き込まれ、自分のために作ってくれた歌を聞き感謝の思いが胸いっぱいに広がっている

3 広い世界への純粋な好奇心をみずみずしい言葉選びで見事に表現したチャオミンの歌に感じ入り、きらめくような若い才能をいつくしんでいる

4 チャオミンの幼い言葉づかいとあどけなく純真な様子に親心を刺激されて、守り導いていくことが年長者の使命であると決意を新たにしている

(七) 本文中には、知っている限りの知識から未知の光景を懸命に思い描こうとして、気持ちを高ぶらせているチャオミンの様子を、比喩を用いて表している一文がある。その一文として最も適当なものを見つけて、初めの五字を抜き出して書け。

(八) 本文中のチャオミンについて述べたものとして最も適当なものはどれか。本文全体の内容をふまえて、次の1～4から一つ選んで、その番号を書け。

1 言葉の世界の魅力をまだ実感できていなかったが、グンウイの博識さに接することで、今後は自分も海の向こうで学んでいきたいと考えている

2 父の胸に秘められた思いを受け継ぎ、グンウイに温かな励ましをもらって、優しく美しい言葉には人の心を開く力があることを強く感じている

3 字を書けるようになりたい一心で練習に励んでいたが、グンウイに才能を見いだされたことで、言葉を学び学問の道をきわめたいと考え始めた

4 筆を買ってきてくれた父の思いに触れ、グンウイと話すうちに、言葉の力で自分の世界をいろどり豊かなものにしたいという思いを抱き始めた

問題 二　次の文章を読んで、あとの㈠〜㈤の問いに答えなさい。

むかし晋《しん》（注1）といふ国の大王、鴈《がん》（注2）をおもしろがりて、多く飼はせらるるに、糠《ぬか》（注3）を餌に①あたへらる。糠すでに皆（注4）になりしかば、市に行きて買ひ求む。後には米と糠との値段おなじ物になる。臣下申すやう、「米と糠と同じ値段ならば、②糠を求めずともすぐに米をくはせよ」と申されしを、君（注5）仰《おほ》せ有りけるは、米は人の食物なり。糠を食《じき》することかなはず。鴈は糠をくらふことなれば、米と糠と同じ値段なりとも、米にかへて鴈にあたへよ。百姓のためよき事なりと仰せられし。米を出だして糠に替《い》へしかば、③国中にぎはひてよろこびけり。これを思ふに、国主の好み給《たま》ふ物ありとも、国家のために費《つひえ》（注6）ならず、百姓の痛み愁《うれ》へにならざるをこそ、仁政ともいふべきを、わがおもしろき遊びのため人をいたむる政《まつりごと》は、よき事にあらず。

（注1）晋＝中国に存在した国。
（注2）鴈＝水鳥の仲間。
（注3）糠＝玄米を白米にする過程で出た皮などが砕けて粉となったもの。
（注4）皆になりしかば＝全て無くなったので。
（注5）君＝君主。ここでは晋の大王のこと。
（注6）費ならず＝無駄とならず。

㈠　①の　あたへ　は、現代かなづかいでは、どう書くか。ひらがなを用いて書きなおせ。

㈡　②に　糠を求めずともすぐに米をくはせよ　とあるが、臣下がこのように言ったのはなぜか。次の1〜4から最も適当なものを一つ選んで、その番号を書け。

1　鴈の餌である糠の値段が上がり、手に入りにくくなったため、より安価で多くの蓄えがある米を食べさせた方が出費を抑えられると考えたから
2　王のまねをして鴈を飼う民が増えたことで、餌となる糠が足りなくなることを心配して、国が保管している米を先に消費すべきだと考えたから
3　鴈の餌には米よりも糠の方がよいという情報が広まり、買い求める人が増えたため、鴈の飼育を続けるには米を餌にするしかないと考えたから
4　糠と米の値段を比べてみると、どちらを餌にしても金銭的な負担に差が無くなったので、国が蓄えている米を食べさせる方がいいと考えたから

問題 5　右の図のような，鋭角三角形ABCがあり，辺ACを1辺にもつ正方形ACDEを△ABCの外側につくる。辺ACと線分BEとの交点をFとする。点Cから線分BEに垂線をひき，その交点をGとする。点Aを通り，辺ABに垂直な直線をひき，直線CGとの交点をHとする。また，点Fを通り，線分GCに平行な直線をひき，辺CDとの交点をIとする。

このとき，次の(1)，(2)の問いに答えなさい。

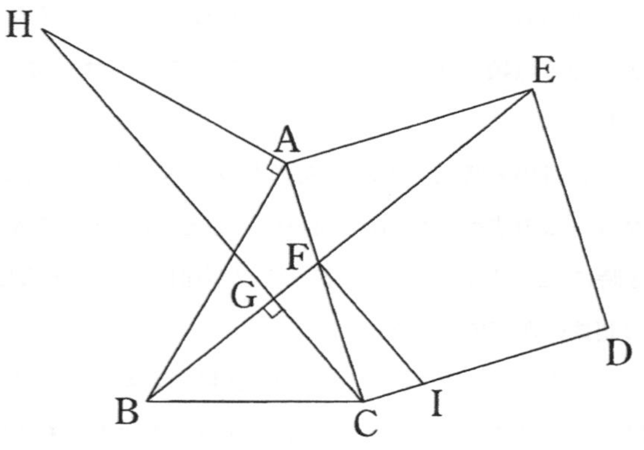

(1)　△CFG ∽ △FIC　であることを証明せよ。

(2)　直線AHと線分BEとの交点をJ，辺ABと線分CHとの交点をKとする。このとき，BJ＝HKであることを証明せよ。

(2)　2日間おこなわれたバザーで，太郎さんのクラスは，ペットボトル飲料，アイスクリーム，ドーナツの3種類の商品を仕入れて販売した。バザーは，1日目，2日目とも9時から15時まで実施された。

1日目の8時に，太郎さんのクラスへ，1日目と2日目で販売するペットボトル飲料とアイスクリームのすべてが届けられた。このとき，1日目に販売するドーナツも届けられた。また，2日目の8時に，2日目に販売するドーナツが届けられ，その個数は，1日目の8時に届けられたドーナツの個数の3倍であった。

ペットボトル飲料は，1日目と2日目で合計280本売れ，1日目に売れたペットボトル飲料の本数は，2日目に売れたペットボトル飲料の本数よりも130本少なかった。

1日目において，1日目の8時に届けられたドーナツはすべて売れた。1日目に売れたアイスクリームの個数は，1日目の8時に届けられたアイスクリームの個数の30％で，1日目に売れたドーナツの個数よりも34個多かった。

2日目は，アイスクリーム1個とドーナツ1個をセットにして販売することにした。1日目が終了した時点で残っていたアイスクリームの個数が，2日目の8時に届けられたドーナツの個数よりも多かったので，ドーナツはすべてセットにできたが，いくつかのアイスクリームはセットにできなかった。セットにできなかったアイスクリームは1個ずつで販売され，セットにしたアイスクリームとは別に4個が売れた。2日目が終了した時点で，アイスクリームは5個，ドーナツは3個残っていた。

これについて，次のア～ウの問いに答えよ。

ア　1日目に売れたペットボトル飲料の本数は何本か。

イ　下線部について，1日目に届けられたアイスクリームの個数をx個，1日目に届けられたドーナツの個数をy個として，yをxを使った式で表せ。

ウ　1日目に届けられたアイスクリームの個数をx個，1日目に届けられたドーナツの個数をy個として，x，yの値を求めよ。x，yの値を求める過程も，式と計算を含めて書け。

問題 4　次の(1), (2)の問いに答えなさい。

(1) 次の会話文を読んで，あとのア，イの問いに答えよ。

先生：ここに何も書かれていないカードがたくさんあります。このカードと何も入っていない袋を使って，次の操作①から操作⑤を順におこなってみましょう。

> 操作①　5枚のカードに自然数を1つずつ書き，その5枚のカードをすべて袋に入れる。
>
> 操作②　袋の中から同時に2枚のカードを取り出す。その2枚のカードに書いてある数の和を a とし，新しい1枚のカードに a の値を書いて袋に入れる。取り出した2枚のカードは袋に戻さない。
>
> 操作③　袋の中から同時に2枚のカードを取り出す。その2枚のカードに書いてある数の和を b とし，新しい1枚のカードに $b+1$ の値を書いて袋に入れる。取り出した2枚のカードは袋に戻さない。
>
> 操作④　袋の中から同時に2枚のカードを取り出す。その2枚のカードに書いてある数の和を c とし，新しい1枚のカードに $c+2$ の値を書いて袋に入れる。取り出した2枚のカードは袋に戻さない。
>
> 操作⑤　袋の中から同時に2枚のカードを取り出す。その2枚のカードに書いてある数の和を X とする。

花子：私は操作①で5枚のカード [1], [2], [3], [5], [7] を袋に入れます。次に操作②をします。袋の中から [3] と [5] を取り出したので，[8] を袋に入れます。操作②を終えて，袋の中のカードは [1], [2], [7], [8] の4枚になりました。

太郎：私も操作①で5枚のカード [1], [2], [3], [5], [7] を袋に入れました。操作②を終えて，袋の中のカードは [3], [3], [5], [7] の4枚になりました。次に操作③をします。袋の中から [3] と [3] を取り出したので，[7] を袋に入れます。操作③を終えて，袋の中のカードは [5], [7], [7] の3枚になりました。

花子：操作⑤を終えると，私も太郎さんも X ＝ [　P　] になりました。

先生：2人とも正しく X の値が求められましたね。

ア　会話文中の P の [　　　] 内にあてはまる数を求めよ。

イ　次郎さんも，花子さんや太郎さんのように，操作①から操作⑤を順におこなってみることにした。そこで，操作①で異なる5つの自然数を書いた5枚のカードを袋に入れた。操作②で取り出した2枚のカードの一方に書いてある数は3であった。操作③で取り出した2枚のカードの一方に書いてある数は1であり，操作③を終えたとき，袋の中にある3枚のカードに書いてある数はすべて同じ数であった。操作⑤を終えると X ＝ 62 になった。このとき，次郎さんが操作①で書いた5つの自然数を求めよ。

問題 3　次の(1)~(4)の問いに答えなさい。

(1) y は x に反比例し，$x=2$ のとき $y=5$ である。$x=3$ のときの y の値を求めよ。

(2) 2つのくじA，Bがある。くじAには，5本のうち，2本の当たりが入っている。くじBには，4本のうち，3本の当たりが入っている。くじA，Bからそれぞれ1本ずつくじを引くとき，引いた2本のくじのうち，少なくとも1本は当たりである確率を求めよ。

(3) 右の図は，A駅，B駅，C駅それぞれの駐輪場にとまっている自転車の台数を，6月の30日間，毎朝8時に調べ，そのデータを箱ひげ図に表したものである。次の㋐~㋓のうち，この箱ひげ図から読みとれることとして，必ず正しいといえることはどれか。2つ選んで，その記号を書け。

㋐ A駅について，自転車の台数が200台以上であった日数は15日以上である

㋑ A駅とB駅について，自転車の台数が150台未満であった日数を比べると，B駅の方が多い

㋒ B駅とC駅について，自転車の台数の四分位範囲を比べると，C駅の方が大きい

㋓ A駅，B駅，C駅について，自転車の台数の最大値を比べると，C駅がもっとも大きい

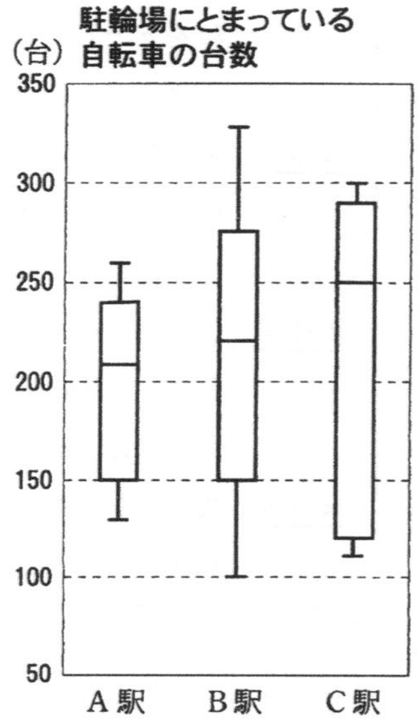

(4) 右の図で，点Oは原点であり，放物線①は関数 $y=x^2$ のグラフである。

2点A，Bは放物線①上の点で，点Aの x 座標は -2 であり，線分ABは x 軸に平行である。点Cは放物線①上の点で，その x 座標は負の数である。点Cを通り，x 軸に平行な直線をひき，直線OBとの交点をDとする。

これについて，次のア，イの問いに答えよ。

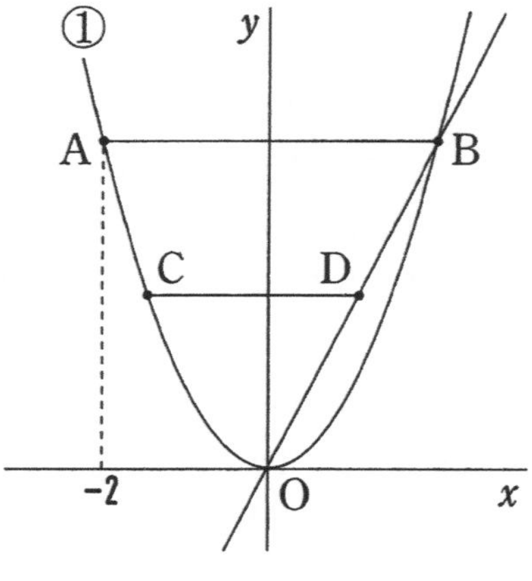

ア　関数 $y=x^2$ で，x の変域が $-\frac{3}{2} \leqq x \leqq 1$ のとき，y の変域を求めよ。

イ　AB：CD＝8：5であるとき，点Cの x 座標はいくらか。点Cの x 座標を a として，a の値を求めよ。a の値を求める過程も，式と計算を含めて書け。

問題 5　英語の授業で，次のテーマについて意見を書くことになりました。あなたなら，一人での旅行と友人との旅行のどちらを選び，どのような意見を書きますか。あなたの意見を，あとの〔**注意**〕に従って，英語で書きなさい。

旅行に行くなら，一人での旅行と友人との旅行のどちらがよいか。 一人での旅行　traveling alone 友人との旅行　traveling with my friends

〔**注意**〕

① 解答用紙の□内に traveling alone または traveling with my friends のどちらかを書くこと。

② I think □ is better. の文に続けて，4 文の英文を書くこと。

③ 一文の語数は 5 語以上とし，短縮形は一語と数える。ただし，ピリオド，コンマなどの符号は語として数えない。

④ 一人での旅行または友人との旅行を選んだ理由が伝わるよう，まとまりのある内容で書くこと。

㊟ regular player：レギュラー選手　coach：監督　skipped：skip（サボる）の過去形
blamed：blame（責める）の過去形　mistake(s)：失敗　thought：think（思う）の過去形
captain：キャプテン　chosen：choose（選ぶ）の過去分詞　bench player：控え選手
by yourself：あなた自身で　encouraging：encourage（励ます）の現在分詞
drink(s)：飲み物　ahead of～：～より先に　tournament：トーナメント
award：賞　interviewed：interview（インタビューする）の過去分詞

(1) ①の□内にあてはまる語は，本文の内容からみて，次のア～エのうちのどれか。元気《げんき》の様子を表すものとして，最も適当なものを一つ選んで，その記号を書け。

ア busy　イ angry　ウ sleepy　エ tired

(2) 下線部②の it が指しているのはどのようなことがらか。日本語で書け。

(3) ③の□内には，元気の質問が入る。本文の内容を参考にして，その質問を 4 語以上の英文一文で書け。ただし，疑問符，コンマなどの符号は語として数えない。

(4) ④の□内にあてはまるものは，本文の内容からみて，次のア～エのうちのどれか。最も適当なものを一つ選んで，その記号を書け。

ア play soccer well like him　イ play soccer well like you
ウ be the person like him　エ be the person like you

(5) 下線部⑤に，His team members were happy to hear that とあるが，チームのメンバーは元気のどのような発言をうれしく思ったのか。その内容を日本語で書け。

(6) ⑥の□内にあてはまる語は，本文の内容からみて，次のア～エのうちのどれか。最も適当なものを一つ選んで，その記号を書け。

ア watched　イ asked　ウ studied　エ changed

(7) 次の(a)，(b)の質問に対する答えを，本文の内容に合うように，(a)は 9 語以上，(b)は 3 語以上の英文一文で書け。ただし，ピリオド，コンマなどの符号は語として数えない。

(a) What does Mr. Tanaka always tell the players to do during games?
(b) Did Genki become captain of the team when he became a second-year student?

(8) 次の㋐～㋕のうちから，本文中で述べられている内容に合っているものを二つ選んで，その記号を書け。

㋐ Before Genki became a second-year student, he often skipped running for the team.
㋑ Genki couldn't play soccer as well as Wataru, so he was a bench player.
㋒ During the practice game, Genki gave his team members some drinks quickly.
㋓ Wataru often felt sad because he had a lot of things to do for the team.
㋔ Wataru showed Genki that it was important to think about himself more without thinking about others.
㋕ During the last tournament, Genki was a regular player and worked hard for the team.

問題 4　次の英文を読んで，あとの(1)～(8)の問いに答えなさい。（＊印をつけた語句は，あとの㊟を参考にしなさい。）

Genki is a junior high school student in Kagawa. He is a member of the soccer club and practices soccer after school every day. He plays soccer very well, so he has been a *regular player in the team since he was a first-year student. In the team, the *coach, Mr. Tanaka, always tells the players to run hard for the team during games. However, Genki didn't like running and often *skipped it. Also, he sometimes *blamed his team members for their *mistakes.

When Genki became a second-year student, he *thought he could be *captain of the team. However, he couldn't. One of his team members, Wataru, was *chosen as captain. He couldn't play as well as Genki, and he was a *bench player. Genki didn't understand why Wataru was chosen as captain.

One day, a practice game was held. Genki was not in the members for the game. He got ①[　　　　] and asked Mr. Tanaka, "Why am I a bench member?" He answered, "Think about ②<u>it</u> *by yourself. When you know the answer, you will be a better player." Genki watched the game next to Wataru. Then, he found some good points in Wataru. During the game, when team members made mistakes, Wataru was always *encouraging them. Also, he brought some *drinks quickly and gave them to the players with some helpful messages. Genki was surprised and asked Wataru, "Why are you working so hard?" He answered, "Because it's all for the team. Well, I often feel sad because I can't become a regular player. But I want to do anything I can do for the team." From those words, Genki found that he was only thinking about himself and Wataru was thinking about others. After the game, Wataru started to clean the ground *ahead of anyone else. Genki said, "③[　　　　]?" Wataru said with a smile, "Of course, you can." Then, they cleaned the ground together. After that, Mr. Tanaka asked Genki, "Did you understand why Wataru was captain?" He answered, "Yes. Wataru showed me that it was important to think about others and work hard for the team. He is a great person. I want to ④[　　　　]."

Genki and Wataru became third-year students, and the last *tournament started. In the tournament, Genki was a regular player, but Wataru was still a bench player. During the games, Genki didn't skip running and kept encouraging his team members. It was all for the team. They kept winning and finally won the tournament. Also, Genki got The Best Player *Award. He was *interviewed and said, "I got this award because all the members worked hard for the team." ⑤<u>His team members were happy to hear that</u>. Genki also said, "I want to say 'thank you' to Wataru, our captain. I learned a lot of important things from him. He ⑥[　　　　] me a lot." Wataru was looking at him with a smile.

(1)　①の(　　　)内の excite を，最も適当な形になおして一語で書け。

(2)　②の □ 内にあてはまる語は，本文の内容からみて，次のア～エのうちのどれか。最も適当なものを一つ選んで，その記号を書け。

ア　looked　　イ　made　　ウ　found　　エ　sounded

(3)　下線部③が，「あなたの新しい皿を私に見せてください。」という意味になるように，(　　　)内のすべての語を，正しく並べかえて書け。

(4)　④の □ 内にあてはまる語は，本文の内容からみて，次のア～エのうちのどれか。最も適当なものを一つ選んで，その記号を書け。

ア　Also　　イ　Then　　ウ　Usually　　エ　Actually

(5)　下線部⑤の日本文を英語で書き表せ。

(6)　⑥の □ 内にあてはまる語は，次のア～エのうちのどれか。最も適当なものを一つ選んで，その記号を書け。

ア　To　　イ　At　　ウ　For　　エ　With

(7)　下線部⑦の日本文を英語で書き表せ。

(8)　⑧の □ 内にあてはまる語は，次のア～エのうちのどれか。最も適当なものを一つ選んで，その記号を書け。

ア　another　　イ　other　　ウ　others　　エ　many

(9)　下線部⑨が，「私は，香川には私たちが知らない多くの伝統的な文化があると思います。」という意味になるように，(　　　)内のすべての語を，正しく並べかえて書け。

英語聞き取り問題

※教英出版注
音声は，解答集の書籍ＩＤ番号を教英出版ウェブサイトで入力して聴くことができます。

令和５年

今から，「英語を聞いて答える問題」を始めます。問題用紙の１ページを開いて，**問題 1** を見てください。また，解答用紙の**問題 1** のところも見てください。

問題は，Ａ，Ｂ，Ｃ，Ｄ，Ｅの５種類です。

Ａは，絵を選ぶ問題です。今から，Koji が昨日《きのう》の昼食後にしたことについて，説明を英語で２回くりかえします。よく聞いて，その説明にあてはまる絵を，①から④の絵の中から一つ選んで，その番号を書きなさい。

Koji washed the dishes with his father after lunch yesterday.

Ｂは，学校行事を選ぶ問題です。問題用紙のグラフを見てください。 Junko が，クラスの 34 人の生徒に，「最も好きな学校行事」をたずねたところ，四つの学校行事があげられました。今から，Junko がその結果を英語で発表します。よく聞いて，グラフの②にあてはまる学校行事として最も適当なものを，アからエのうちから一つ選んで，その記号を書きなさい。英文は２回くりかえします。

Our school has interesting school events. Half of my classmates like the school festival the best. You may think that the sports day is also popular, but the English drama competition is more popular than that. Three students like the chorus competition the best.

Ｃは，応答を選ぶ問題です。今から，Megu と George の対話を英語で２回くりかえします。よく聞いて，Megu の最後のことばに対する George の応答として最も適当なものを，アからエのうちから一つ選んで，その記号を書きなさい。

Megu: Let's make fruit juice! I have apples and bananas. Do we need anything else?
George: How about milk?
Megu: I wish I had it.

Ｄは，対話の内容を聞き取る問題です。今から，Nancy と Yuji の対話を英語で２回くりかえします。よく聞いて，Nancy と Yuji の待ち合わせ場所，待ち合わせ時刻，および Yuji が Nancy に持ってくるように言ったものを，それぞれ日本語で書きなさい。

(2)　実験Ⅱにおいて，糸が力学台車を引く力がした仕事の大きさは何Jか。

(3)　次の文は，実験Ⅲにおける力学台車のもつエネルギーの変化について述べようとしたものである。文中のQ，Rの［　　　］内にあてはまる言葉の組み合わせとして最も適当なものを，下の表のア～エから一つ選んで，その記号を書け。

力学台車を引き始めて1秒後から3秒後までの間に，力学台車のもつ運動エネルギーは［　Q　］。このとき，力学台車のもつ力学的エネルギーは［　R　］。

	Q	R
ア	大きくなる	大きくなる
イ	大きくなる	変わらない
ウ	変わらない	大きくなる
エ	変わらない	変わらない

(4)　実験Ⅰ～Ⅲにおいて，力学台車を図Ⅰ～Ⅲの位置より30 cm高くなるまで引き上げるとき，実験Ⅰでの糸が力学台車を引く仕事率をs，実験Ⅱでの糸が力学台車を引く仕事率をt，実験Ⅲでの糸が力学台車を引く仕事率をuとする。s～uを仕事率の小さい順に並べかえたとき，1番目と3番目はそれぞれどれになると考えられるか。その記号を書け。

(5)　右の図Ⅳのように，実験Ⅲにおいて，力学台車におもりXをとりつけ，実験Ⅲと同じようにばねばかりを引き上げたところ，ばねばかりは4.0 Nを示していた。次に，おもりXをとりはずし，力学台車におもりYをとりつけ，実験Ⅲと同じようにばねばかりを引き上げたところ，ばねばかりは5.0 Nを示していた。実験Ⅲの力学台車におもりXとおもりYを同時にとりつけ，実験Ⅲと同じようにばねばかりを引き上げるとき，ばねばかりは何Nを示していると考えられるか。

図Ⅳ

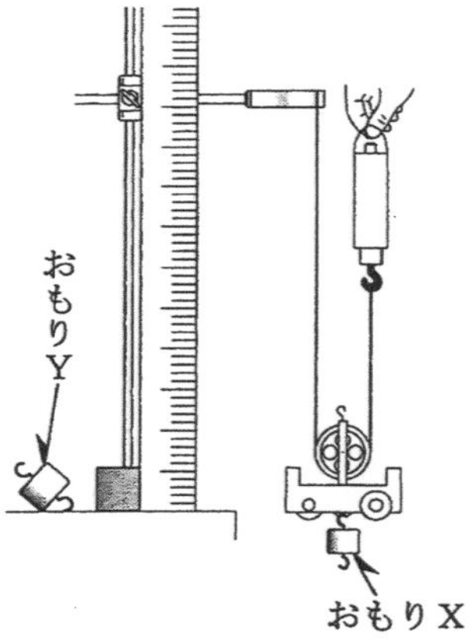

C　滑車をとりつけた力学台車を用いて，次の実験Ⅰ～Ⅲをした。これに関して，あとの(1)～(5)の問いに答えよ。

実験Ⅰ　下の図Ⅰのように，力学台車につけた糸をばねばかりに結びつけた。次に，力学台車が図の位置より 30 cm 高くなるように，ばねばかりを真上に 5.0 cm/s の一定の速さで引き上げた。このとき，ばねばかりは 6.0 N を示していた。

実験Ⅱ　下の図Ⅱのように，実験Ⅰで使った力学台車に糸をつけ，その糸をスタンドに固定した滑車にかけ，ばねばかりに結びつけた。次に，力学台車の後ろの端がP点にくるように力学台車をなめらかな斜面上に置き，力学台車の後ろの端がP点の位置より 30 cm 高くなるように，ばねばかりを真上に一定の速さで引き上げると，力学台車は斜面にそって 9.0 秒かけて上がった。このとき，ばねばかりは 4.0 N を示していた。

実験Ⅲ　下の図Ⅲのように，実験Ⅰで使った力学台車の滑車に糸をかけ，糸の一端をスタンドに固定し，もう一端をばねばかりに結びつけた。次に，力学台車が図の位置より 30 cm 高くなるように，ばねばかりを真上に 8.0 cm/s の一定の速さで引き上げた。

図Ⅰ

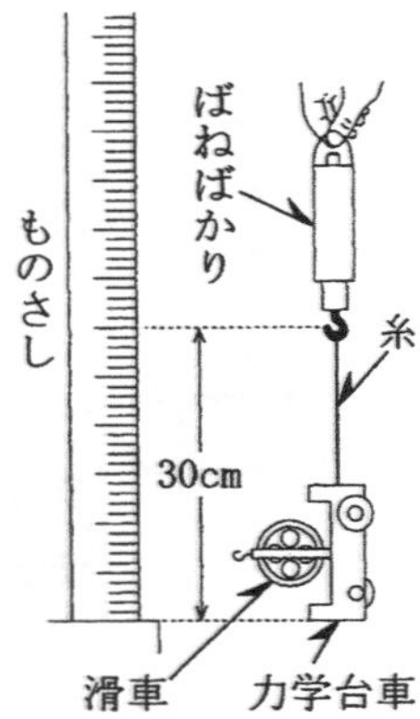

図Ⅱ

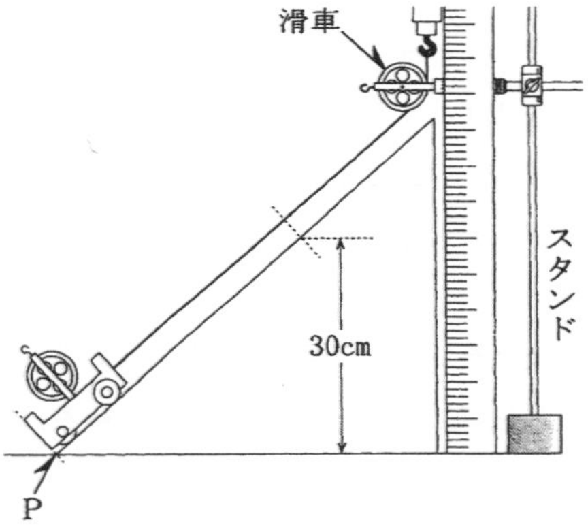

図Ⅲ

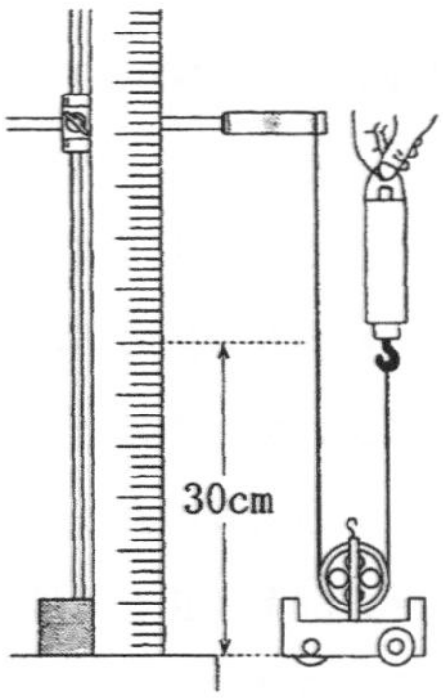

(1)　実験Ⅰにおいて，滑車をとりつけた力学台車を引き始めて 1 秒後から 3 秒後までの間の，糸が力学台車を引く力と，滑車をとりつけた力学台車にはたらく重力の関係について述べた，次のア～エのうち，最も適当なものを一つ選んで，その記号を書け。

ア　糸が力学台車を引く力の大きさと，滑車をとりつけた力学台車にはたらく重力の大きさは等しい

イ　糸が力学台車を引く力の大きさより，滑車をとりつけた力学台車にはたらく重力の大きさの方が大きい

ウ　滑車をとりつけた力学台車にはたらく重力の大きさより，糸が力学台車を引く力の大きさの方が大きい

エ　滑車をとりつけた力学台車にはたらく重力の大きさより，糸が力学台車を引く力の大きさの方が大きく，その差はだんだん大きくなる

図Ⅰの回路に電流を流した状態で，厚紙の上に鉄粉を一様にまいて，厚紙を指で軽くたたくと鉄粉の模様が現れた。鉄粉の模様や磁針のさす向きをもとに，真上から見た厚紙上のコイルのまわりの磁力線のようすを模式的に表すと，下の〔㋐図Ⅲ　㋑図Ⅳ〕のようになると考えられる。また，このとき，図Ⅱ中において，磁針Xの位置の磁界に比べて，磁針Yの位置の磁界は〔㋒強い　㋓弱い〕と考えられる。

図Ⅲ

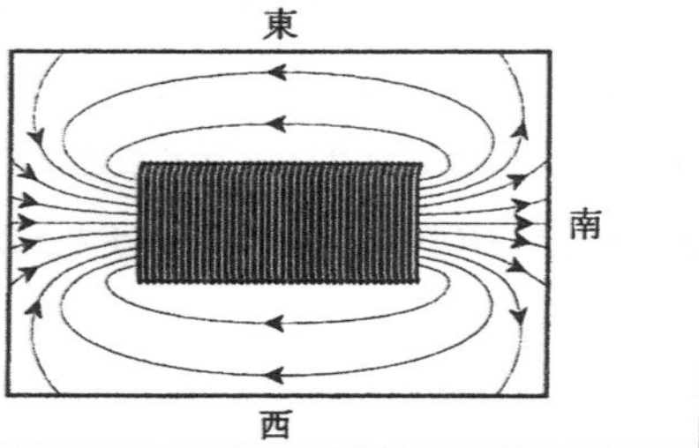

図Ⅳ

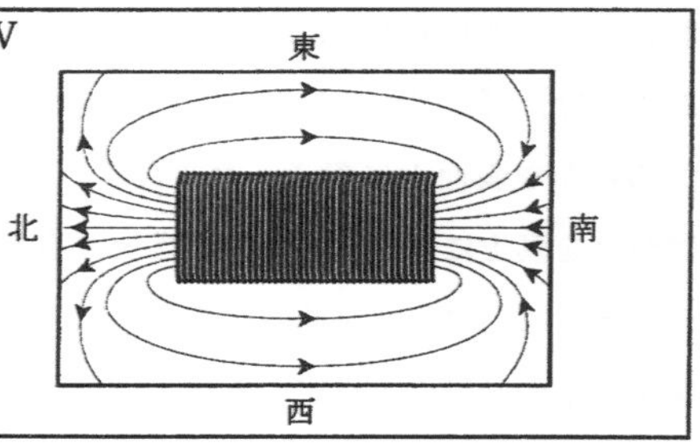

(3) 図Ⅰの装置で，スイッチ①のみを入れた状態で，さらにスイッチ②を入れ，電源装置の電圧を変化させると，電流計は1.8Aを示していた。このとき，電圧計は何Vを示していると考えられるか。

実験Ⅱ 右の図Ⅴのように，コイルを検流計につなぎ，棒磁石のN極を下向きにして，棒磁石のN極を水平に支えたコイルの上からコイルの中まで動かす実験をすると，検流計の針は左に少し振れた。

図Ⅴ

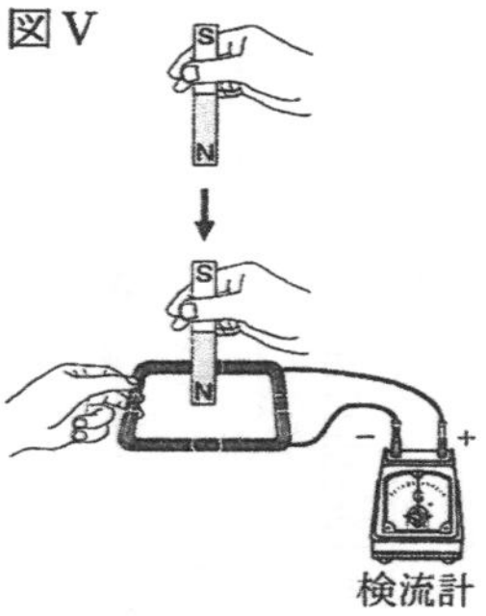

(4) 検流計の針の振れをこの実験より大きくするには，どのようにすればよいか。その方法を一つ書け。

(5) 下の図Ⅵのように，水平に支えたコイルの面の向きと検流計のつなぎ方は実験Ⅱと同じ状態で，棒磁石のS極を上向きにして，棒磁石のS極をコイルの下からコイルの中まで動かし，いったん止めてから元の位置まで戻した。このとき，検流計の針の振れ方はどのようになると考えられるか。あとのア～エのうち，最も適当なものを一つ選んで，その記号を書け。

図Ⅵ

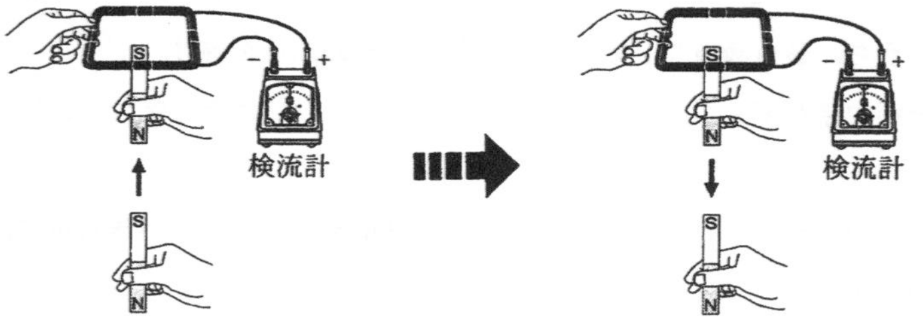

ア　右に振れて，一度真ん中に戻り，左に振れる

イ　左に振れて，一度真ん中に戻り，右に振れる

ウ　右に振れて，一度真ん中に戻り，再び右に振れる

エ　左に振れて，一度真ん中に戻り，再び左に振れる

図III

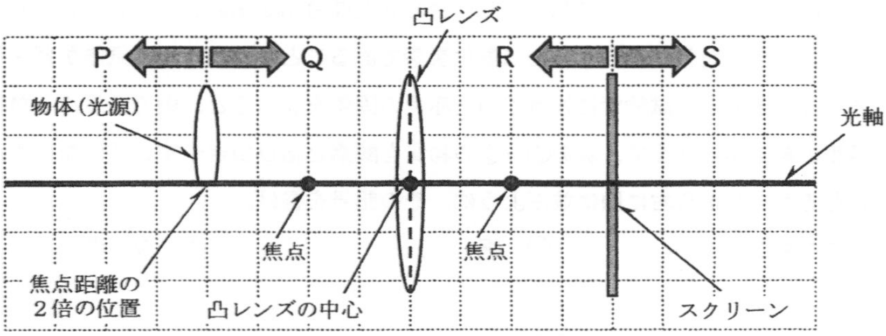

図IIIのように，物体を凸レンズの焦点距離の2倍の位置に置き，スクリーンを物体の鮮明な像ができる位置に置いた。このとき，像の大きさは，物体の大きさと同じであった。物体の大きさに比べて，スクリーンにできる物体の鮮明な像の大きさを小さくするには，物体を図III中の〔㋐P　㋑Q〕の向きに，スクリーンを図III中の〔㋒R　㋓S〕の向きにそれぞれ移動させるとよい。

B　電流がつくる磁界や，電磁誘導について調べる実験I，IIをした。これに関して，あとの(1)～(5)の問いに答えよ。

実験I　右の図Iのように，コイルを厚紙の中央にくるようにさしこんで固定した装置と3.0Ωの電熱線Lと6.0Ωの電熱線Mを用いて回路を作り，コイルの北側に磁針W，西側に磁針X，南側に磁針Y，東側に磁針Zを置いた。スイッチ②は入れずに，スイッチ①のみを入れ，この回路に電流を流し，この装置を真上から観察すると，右の図IIのように，磁針W及び磁針YのN極は北を，磁針X及び磁針ZのN極は南をさした。

図I

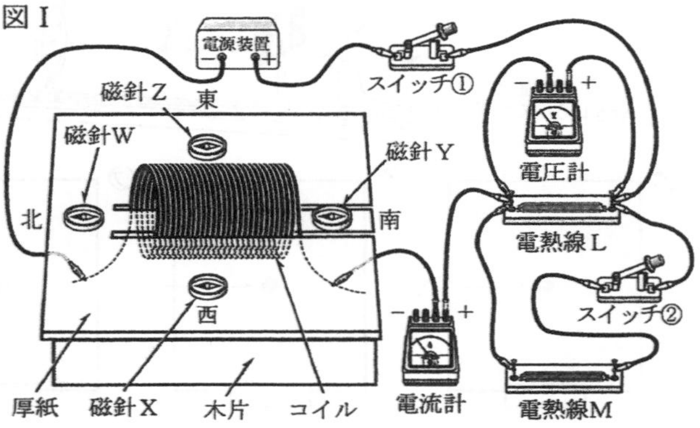

図II

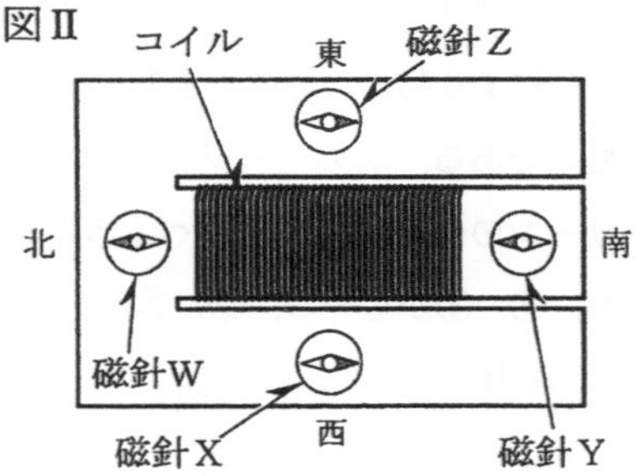

(1)　このとき，電流計は1.5Aを示していた。電圧計は何Vを示していると考えられるか。

(2)　次のページの文は，真上から見た厚紙上のコイルのまわりの磁力線のようすと磁界の強さについて述べようとしたものである。文中の2つの〔　　　〕内にあてはまる言葉を，㋐，㋑から一つ，㋒，㋓から一つ，それぞれ選んで，その記号を書け。

次に，酸化銅と乾燥した炭素粉末を混ぜ合わせた混合物を試験管に入れて加熱すると，気体が発生した。発生した気体を調べると二酸化炭素であることがわかった。気体が発生しなくなったところで加熱をやめ，試験管に残っていた赤色の固体を調べると，銅であることがわかった。

(4) 実験Ⅲの結果から考えて，次の㋐～㋒の物質を酸素と結びつきやすい順に並べかえると，どのようになるか。左から右に順に並ぶように，その記号を書け。

㋐ マグネシウム　　㋑ 銅　　㋒ 炭 素

問題 4　次のA，B，Cの問いに答えなさい。

A　凸レンズによる像のでき方について，次の(1)，(2)の問いに答えよ。

(1) 下の図Ⅰのように，光源とK字型に切り抜いた厚紙，凸レンズ，スクリーンを光学台に並べた装置を用いて，スクリーンにうつる像のでき方を調べる実験をした。K字型に切り抜いた厚紙の下の端を光軸(凸レンズの軸)に合わせ，光軸とスクリーンの交点をX点とし，スクリーンに鮮明な像ができるようにした。スクリーンの凸レンズ側にはどのような像ができるか。あとの㋐～㋓から最も適当なものを一つ選んで，その記号を書け。

図Ⅰ

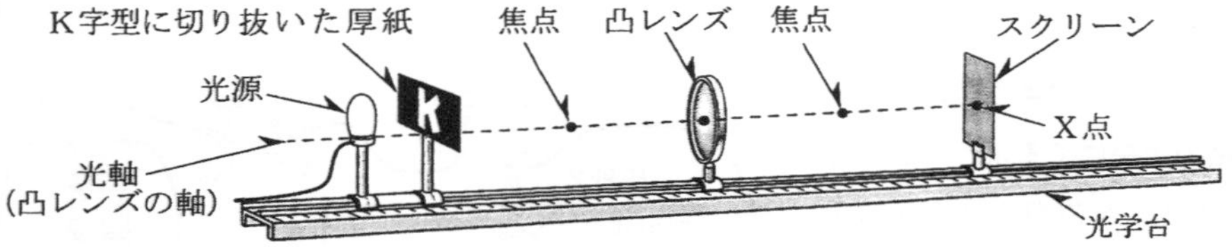

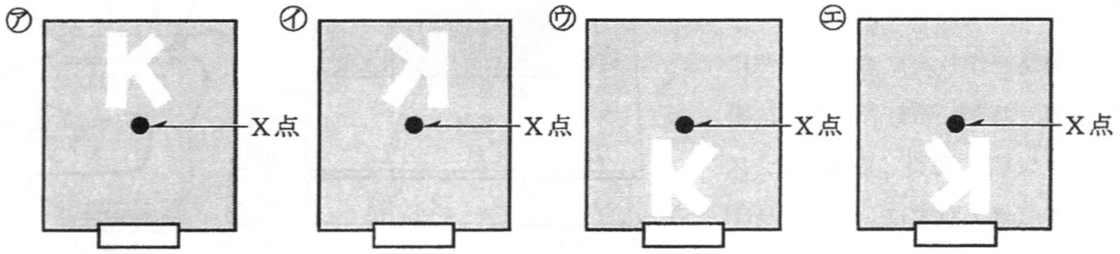

(2) 下の図Ⅱのように，物体(光源)と凸レンズ，スクリーンを光学台に並べた装置を用いて，凸レンズによる物体の像のでき方を調べる実験をした。次のページの図Ⅲは，それを模式的に表したものである。次のページの文は，スクリーンにできる物体の鮮明な像の大きさと，物体とスクリーンの位置について述べようとしたものである。文中の２つの〔　　〕内にあてはまる言葉を，㋐，㋑から一つ，㋒，㋓から一つ，それぞれ選んで，その記号を書け。

図Ⅱ

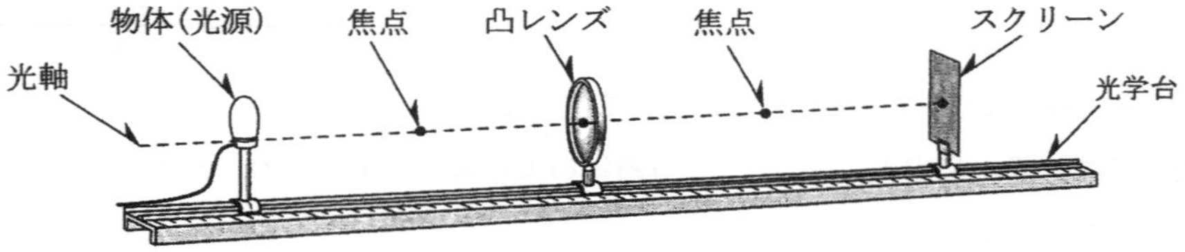

B　物質と酸素の結びつきについて調べるために，次の実験Ⅰ～Ⅲをした。これに関して，あとの(1)～(4)の問いに答えよ。

実験Ⅰ　右の図Ⅰのように，けずり状のマグネシウムを，ステンレス皿に入れてガスバーナーで加熱したあと，よく冷やしてから質量をはかった。さらに，これをよくかき混ぜて再び加熱し，よく冷やしてから質量をはかった。この操作を繰り返しおこない，ステンレス皿の中の物質の質量の変化を調べた。下の表Ⅰは，1.20 gのけずり状のマグネシウムを用いて実験したときの結果をまとめたものである。けずり状のマグネシウムを加熱すると，はじめは質量が増加したが，やがて増加しなくなった。

図Ⅰ

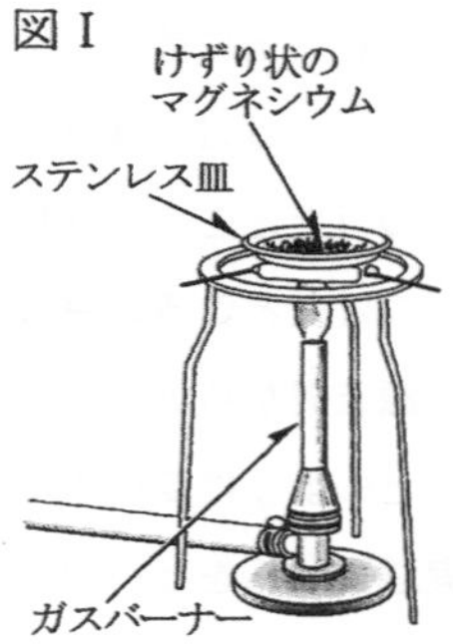

表Ⅰ

加熱回数[回]	0	1	2	3	4	5
加熱後のステンレス皿の中の物質の質量[g]	1.20	1.60	1.80	2.00	2.00	2.00

(1)　表Ⅰから，はじめは質量が増加したが，やがて増加しなくなったことがわかる。質量が増加しなくなったのはなぜか。その理由を簡単に書け。

(2)　実験Ⅰでは，けずり状のマグネシウムが酸素と結びついて酸化マグネシウムができた。実験Ⅰにおいて，1回目に加熱したあとのステンレス皿の中の物質の質量は1.60 gであった。このとき，酸素と結びつかずに残っているマグネシウムは何gであったと考えられるか。

実験Ⅱ　実験Ⅰと同じようにして，けずり状のマグネシウムの質量を変えて実験した。下の表Ⅱは，けずり状のマグネシウムの質量を1.20 g，1.50 g，1.80 g，2.10 gにしてそれぞれ実験し，加熱後の物質の質量が増加しなくなったときの物質の質量をまとめたものである。

表Ⅱ

けずり状のマグネシウムの質量[g]	1.20	1.50	1.80	2.10
加熱後の物質の質量が増加しなくなったときの物質の質量[g]	2.00	2.50	3.00	3.50

(3)　表Ⅱをもとにして，加熱後の物質の質量が増加しなくなったときの，けずり状のマグネシウムの質量と，結びついた酸素の質量との関係をグラフに表せ。

実験Ⅲ　右の図Ⅱのように，空気中でマグネシウムリボンに火をつけ，火のついたマグネシウムリボンを二酸化炭素の入った集気びんの中に入れた。マグネシウムリボンは，空気中では強い光を発生させながら燃焼していたが，集気びんの中に入れてもしばらくの間，火がついたまま燃焼し続け，あとに白色の物質と黒色の物質ができた。できた物質を調べたところ，白色の物質は酸化マグネシウムで，黒色の物質は炭素であることがわかった。

図Ⅱ

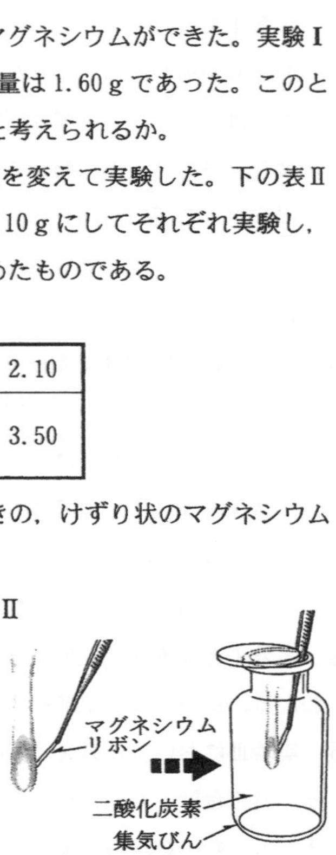

実験Ⅱ　右の図Ⅱのように，緑色のｐＨ試験紙を，電流を流しやすくするために硝酸カリウム水溶液でしめらせてガラス板の上に置き，両端をクリップでとめて電源装置につないだ。ｐＨ試験紙の上にⒷとⒸを１滴ずつつけると，ⒷをつけたところのｐＨ試験紙の色は赤色に変化したが，Ⓒをつけたところの色は緑色のまま変化しなかった。次に，電源装置から電圧を加え，時間の経過とともにｐＨ試験紙がどのように変化するかを観察した。

図Ⅱ

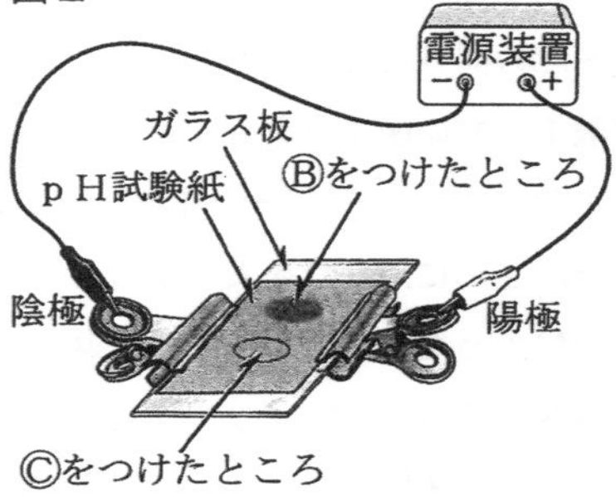

実験Ⅲ　Ⓐをビーカーに 10.0 cm^3 とり，ＢＴＢ溶液を１～２滴加えてガラス棒でよくかき混ぜながら，Ⓑを少しずつ加えていった。Ⓑを 2.0 cm^3 加えるごとに，できた水溶液の色を調べた。下の表は，その結果をまとめたものである。Ⓑを合計 8.0 cm^3 加えたときにできた水溶液のｐＨの値は，ちょうど７であった。

表

加えたⒷの体積の合計[cm^3]	2.0	4.0	6.0	8.0	10.0
できた水溶液の色	青色	青色	青色	緑色	黄色

(1)　実験Ⅰで，Ⓐを入れたときに装置の陰極から発生した気体は何か。その名称を書け。

(2)　Ⓓ，Ⓔがそれぞれどの水溶液であるかを調べるためには，実験Ⅰに加えてどのような操作をおこなえばよいか。次の操作㋐～操作㋒のうち最も適当なものを一つ選び，操作をおこなったときの変化とそのことからわかる水溶液の種類について簡単に書け。

　操作㋐　石灰石を加える

　操作㋑　スライドガラスに１滴とり，水を蒸発させる

　操作㋒　フェノールフタレイン溶液を１～２滴加える

(3)　次の文は，実験Ⅱで電圧を加えたときのｐＨ試験紙の変化について述べようとしたものである。文中の２つの〔　　　〕内にあてはまる言葉を，㋐，㋑から一つ，㋒，㋓から一つ，それぞれ選んで，その記号を書け。

　電圧を加えてしばらくすると，ｐＨ試験紙にⒷをつけて赤色に変化したところが〔㋐陽極　㋑陰極〕に向かって移動した。このことから，ｐＨ試験紙の色を赤色に変化させるイオンは〔㋒＋《プラス》の電気　㋓−《マイナス》の電気〕を帯びていると考えられる。

(4)　実験Ⅰと実験Ⅱの結果から，Ⓒの水溶液の種類と，Ⓒの溶質が水溶液中で電離していることがわかる。Ⓒの溶質の電離を表す式を，化学式を用いて書け。

(5)　実験Ⅲにおいて，Ⓑを 2.0 cm^3 ずつ加えてできる水溶液中には何種類かのイオンが含まれている。Ⓑを合計 6.0 cm^3 加えて水溶液の色が青色のままであるとき，この水溶液に含まれているイオンのうち，数が最も多いイオンは何か。その名称を書け。

	1965 年	1990 年	2015 年
X	75210	113070	72871
Y	20182	81945	50242
Z	56616	31297	24918

(注)単位は千 m^3　　(林野庁資料により作成)

ア 〔X 生産量　Y 消費量　Z 輸入量〕

イ 〔X 消費量　Y 生産量　Z 輸入量〕

ウ 〔X 生産量　Y 輸入量　Z 消費量〕

エ 〔X 消費量　Y 輸入量　Z 生産量〕

e 下の資料Ⅰは，太郎さんが，北関東工業地域，京葉工業地域，東海工業地域，瀬戸内工業地域の特徴についてまとめたものの一部である。また，資料Ⅱは，この四つの工業地域の 2018 年における製造品出荷額等の総額と，金属，機械，化学，食料品，繊維の製造品出荷額等が総額に占める割合を，それぞれ示そうとしたものである。資料Ⅱ中のア～エのうち，資料Ⅰから考えると，北関東工業地域にあてはまるものはどれか。一つ選んで，その記号を書け。

資料Ⅰ

【北関東工業地域の特徴】

大消費地に近接した内陸部に位置しており，製造品出荷額等の総額が高い。自動車や電子製品など機械の製造が盛んである。

【京葉工業地域の特徴】

臨海部に位置しており，鉄鋼業や石油化学工業が発達している。金属と化学の製造品出荷額等の合計額が総額の 6 割以上を占めている。

【東海工業地域の特徴】

京浜工業地帯と中京工業地帯の中間に位置している。オートバイや自動車などの製造が盛んで，機械の製造品出荷額等が総額の半分以上を占めている。

【瀬戸内工業地域の特徴】

高度経済成長期に急成長し，製造品出荷額等の総額が高い。臨海部に位置しており，機械だけでなく，鉄鋼業や石油化学工業など，金属や化学の製造品も盛んに出荷している。

資料Ⅱ

	製造品出荷額等の総額(億円)	金属(%)	機械(%)	化学(%)	食料品(%)	繊維(%)	その他(%)
ア	323038	18.8	34.7	23.1	7.6	2.0	13.8
イ	315526	14.3	44.8	10.2	15.3	0.6	14.8
ウ	176639	8.2	52.0	10.9	13.2	0.7	15.0
エ	132118	20.8	13.0	41.5	15.4	0.2	9.1

(「日本国勢図会 2021/22」により作成)

(6)　下の地形図は，旅行で栃木県を訪れた中学生の太郎さんが，日光市で地域調査をおこなった際に使用した，国土地理院発行の2万5000分の1の地形図(日光北部)の一部である。これに関して，あとのａ～ｅの問いに答えよ。

(国土地理院発行2万5000分の1地形図により作成)

ａ　地形図中の「東照宮」と「日光駅」の直線距離を，この地形図上で約9.6 cmとするとき，この間の実際の距離は約何ｍか。その数字を書け。

ｂ　この地形図において，警察署から見たとき，「外山」の山頂はどの方位にあるか。その方位を8方位で書け。

ｃ　右の写真は，地形図中の河川に設置されているある施設を写したものの一部である。この施設は，大雨によってひきおこされる，ある自然現象による災害を防ぐために設置されている。この自然現象は何か。次のア～エから，最も適当なものを一つ選んで，その記号を書け。

ア　火砕流　　　イ　液状化
ウ　土石流　　　エ　高潮

ｄ　太郎さんは，日光市には多くの森林があることを知り，わが国の林業について興味をもった。次のページの表は，1965年，1990年，2015年におけるわが国の木材の生産量，消費量，輸入量をそれぞれ示そうとしたものである。表中のＸ～Ｚは，わが国の木材の生産量，消費量，輸入量のいずれかを示している。Ｘ～Ｚにあてはまるものの組み合わせとして正しいものは，あとのア～エのうちのどれか。一つ選んで，その記号を書け。

(4) わが国の工業は，加工貿易を通じて発展してきたが，1980年代に入ってから，アメリカ合衆国やヨーロッパ諸国に進出して，自動車などの工業製品を現地でも生産するようになった。それはなぜか。その理由を簡単に書け。

(5) 下の㋐～㋒の略地図は，1955～1975年，1975～1995年，1995～2015年のいずれかの期間における，都道府県別の20年間での人口増加率をそれぞれ示したものである。㋐～㋒の略地図が，期間の古い順に左から右に並ぶように，記号㋐～㋒を用いて書け。

㋐

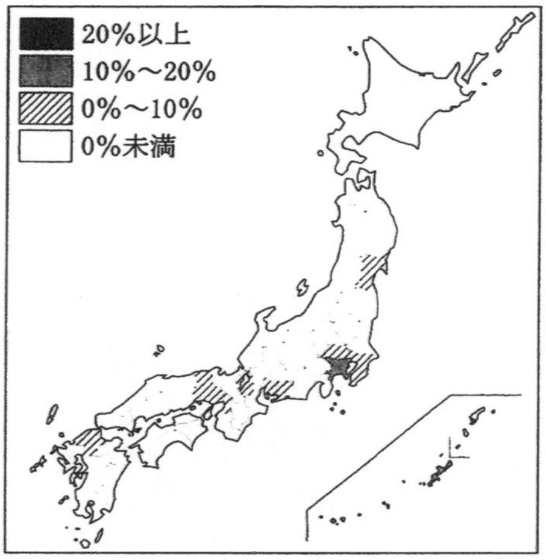

㋑

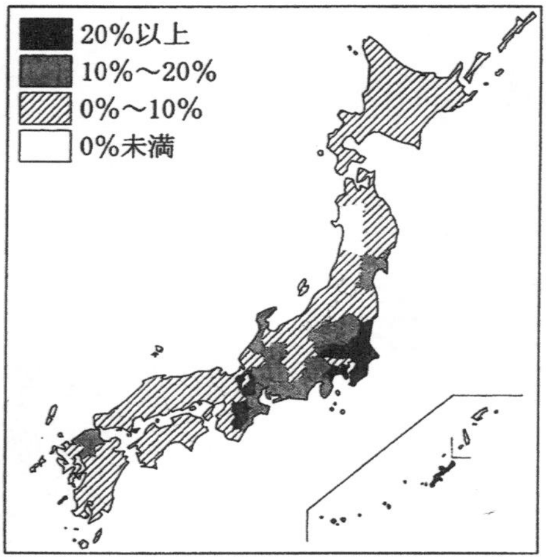

㋒

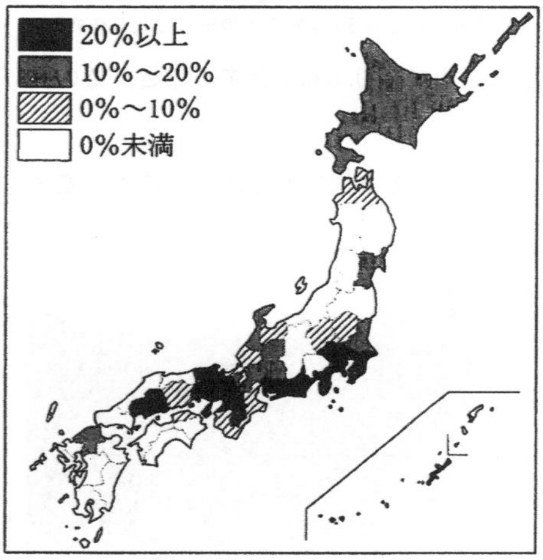

(総務省資料により作成)

(3) 下の資料Ⅰは，世界全体の米の生産量と輸出量の変化をそれぞれ示したものである。また，資料Ⅱは，2018 年における世界全体の米の生産量と輸出量に占めるおもな国の割合をそれぞれ示したものである。これに関して，あとのａ，ｂの問いに答えよ。

資料Ⅰ　世界全体の米の生産量と輸出量の変化

	生産量（万 t）	輸出量（万 t）
2006 年	64108	3055
2009 年	68509	2973
2012 年	73301	3982
2015 年	74009	4242
2018 年	76284	4567

(「世界国勢図会 2021/2022」などにより作成)

資料Ⅱ　2018 年における世界全体の米の生産量と輸出量に占めるおもな国の割合

米の生産国	世界全体の米の生産量に占める割合（%）	米の輸出国	世界全体の米の輸出量に占める割合（%）
中国	27.8	インド	25.4
インド	22.9	タイ	24.2
インドネシア	7.8	ベトナム	10.7
バングラデシュ	7.1	パキスタン	8.6
ベトナム	5.8	アメリカ合衆国	5.9
タイ	4.2	中国	4.5
その他	24.4	その他	20.7

(「世界国勢図会 2021/2022」により作成)

ａ　資料Ⅰで示した世界全体の米の生産量の変化と，資料Ⅱで示した 2018 年における世界全体の米の生産量に占めるおもな国の割合を，それぞれグラフを用いて表したい。下の表中のア～エのうち，それぞれを表すグラフの組み合わせとして最も適当なものはどれか。一つ選んで，その記号を書け。

	ア	イ	ウ	エ
資料Ⅰで示した世界全体の米の生産量の変化	棒グラフ	帯グラフ	折れ線グラフ	円グラフ
資料Ⅱで示した 2018 年における世界全体の米の生産量に占めるおもな国の割合	折れ線グラフ	棒グラフ	円グラフ	帯グラフ

ｂ　資料Ⅰ，Ⅱからわかることを述べた次のア～エのうち，誤っているものはどれか。一つ選んで，その記号を書け。

ア　世界全体の米の生産量は，2006 年と比べて 2015 年の方が多い

イ　世界全体の米の生産量に占める輸出量の割合は，2006 年と比べて 2009 年の方が大きい

ウ　2018 年において，タイの米の輸出量は 1000 万 t 以上ある

エ　2018 年において，インドの米の生産量は，インドの米の輸出量の 10 倍以上ある

d　下の資料Ⅰ，Ⅱは，略地図中のファンチェット，ダーウィンのいずれかの月平均気温と月降水量をそれぞれ示したものである。また，あとの文は，花子さんと先生が，資料Ⅰ，Ⅱを見て会話した内容の一部である。文中の二つの〔　　　〕内にあてはまる言葉を，㋐，㋑から一つ，㋒，㋓から一つ，それぞれ選んで，その記号を書け。また，文中の【X】内にあてはまる内容を **赤道** という言葉を用いて，簡単に書け。

資料Ⅰ

	1月	2月	3月	4月	5月	6月	7月	8月	9月	10月	11月	12月
気　温(℃)	28.3	28.2	28.3	28.3	27.0	25.2	24.8	25.5	27.7	29.0	29.3	28.9
降水量(mm)	468.0	412.1	317.9	106.4	21.5	0.4	0.0	0.7	14.3	70.4	145.1	270.4

(気象庁資料により作成)

資料Ⅱ

	1月	2月	3月	4月	5月	6月	7月	8月	9月	10月	11月	12月
気　温(℃)	25.6	26.0	27.2	28.7	29.1	28.3	27.8	27.6	27.6	27.5	27.2	26.3
降水量(mm)	6.8	0.8	1.1	26.8	140.9	154.8	176.2	158.7	167.8	165.1	96.8	23.9

(気象庁資料により作成)

花子：資料Ⅰ，Ⅱにおいて，二つの都市は一年を通じて気温が高く，とても暑いことがわかります。月ごとの気温の変化をよく見ると，気温が比較的高い時期と比較的低い時期があることもわかります。また，降水量は多い月と少ない月がはっきりとしています。

先生：そうですね。これらの都市は，気温の比較的高い時期は降水量が多い雨季に，気温が比較的低い時期は降水量の少ない乾季になっています。これらの特徴から資料Ⅰの都市はどちらの都市だといえますか。

花子：はい。資料Ⅰの都市は〔㋐ファンチェット　㋑ダーウィン〕です。資料Ⅰの気温と降水量の特徴をみると，6月から8月が〔㋒雨季　㋓乾季〕になっていることから，資料Ⅰの都市が【X】と考えられるからです。

先生：そのとおりです。

(2)　次の文は，山梨県で撮影した右の写真にみられる地形とその特徴について述べようとしたものである。文中の【A】内にあてはまる最も適当な言葉を書き，【B】内にあてはまる地形の特徴を簡単に書け。

川が山間部から平野や盆地に出た所に土砂がたまってできた【A】と呼ばれる地形がみられる。この地形の中央部はつぶが大きい砂や石でできていて，【B】ため，古くから果樹園などに利用されている。

問題 3　次の(1)～(6)の問いに答えなさい。

(1)　下の略地図は，アテネからの距離と方位が正しくあらわされているものである。この略地図を見て，あとのa～dの問いに答えよ。

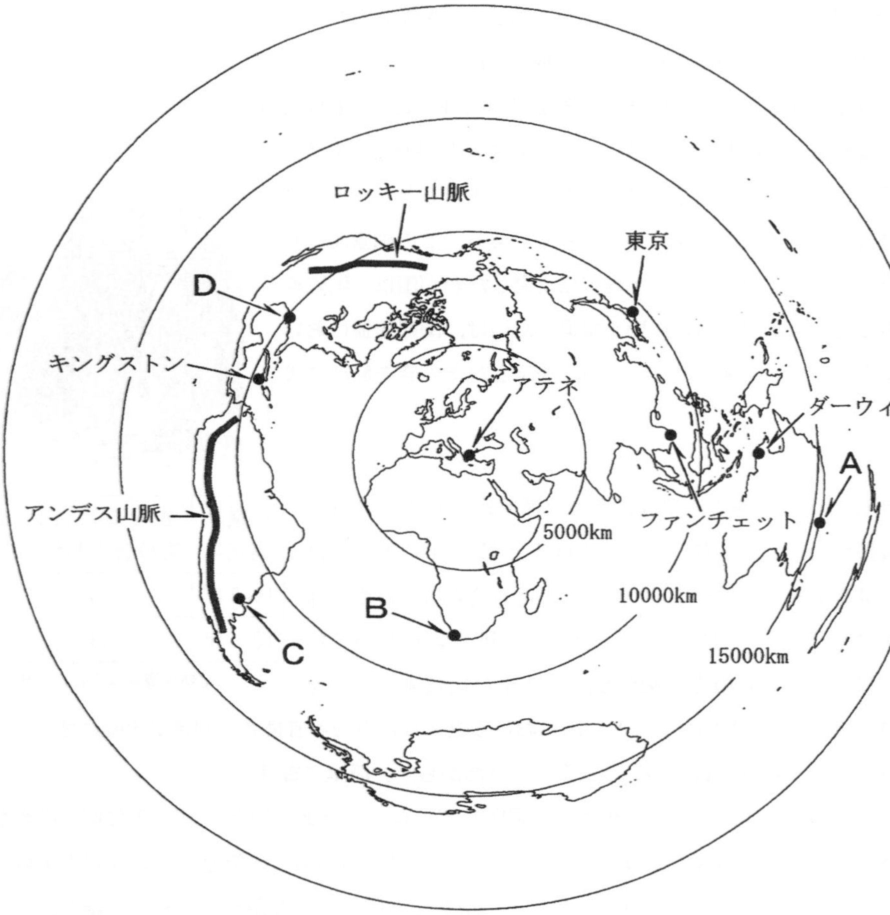

a　略地図中にA～Dで示した都市のうち，アテネからの距離が最も遠い都市はどこか。一つ選んで，その記号を書け。

b　略地図中のキングストンは，西経 75 度の経線を標準時子午線としている。東京が 3 月 20 日午後 3 時であるとき，キングストンの日時は 3 月何日の何時であるか。その日時を午前，午後の区別をつけて書け。

c　略地図中のロッキー山脈やアンデス山脈，日本列島を含む造山帯は何と呼ばれるか。その造山帯名を書け。

(8) 20世紀のわが国のあゆみに関して，次のa～dの問いに答えよ。

a 次のア～エのうち，大正時代の社会や文化について述べたものとして最も適当なものはどれか。一つ選んで，その記号を書け。

ア 新たな情報源となるラジオ放送が，はじめて開始された

イ 各地に高速道路がつくられ，新幹線も開通した

ウ 作曲家の滝廉太郎が，西洋の音楽を取り入れた数々の名曲をつくった

エ 映画監督の黒澤《くろさわ》 明《あきら》の作品が，世界的にも高い評価を受けた

b 右の写真は，中国の訴えを受けて国際連盟が派遣したリットン調査団が調査をしているようすを写したものである。この調査団の報告をもとに国際連盟で決議された内容に反発したわが国は，国際連盟を脱退した。わが国が国際連盟を脱退したのは，国際連盟においてどのようなことが決議されたからか。決議された内容を簡単に書け。

c 1945年にわが国の選挙法が改正され，選挙権が認められる有権者の資格が変わった。右の表は，1942年と1946年に実施された衆議院議員総選挙のときの，わが国における全人口に占める有権者の割合をそれぞれ示したものである。1946年のわが国における全人口に占める有権者の割合を，1942年と比較すると，大幅に増加していることがわかる。わが国における全人口に占める有権者の割合が大幅に増加したのは，1945年に有権者の資格がどのようになったからか。簡単に書け。

総選挙実施年	全人口に占める有権者の割合(%)
1942年	20.0
1946年	48.7

(総務省資料などにより作成)

d わが国は，サンフランシスコ平和条約に調印していなかったある国と，1956年に両国の戦争状態を終了して国交を回復する宣言を結んだ。この結果，わが国の国際連合への加盟が実現した。1956年にわが国が，サンフランシスコ平和条約に調印していなかったある国と結んだこの宣言は，何と呼ばれるか。その呼び名を書け。

問題三

(一)

a カコウ

b イップウ

c セッキョク 的

d ゲンミツ

(二)

(三)

(四)

(五) 知識や理論や技法が ⬜ ため

(六)

(七)

(八)

(九) ア　イ

(十)

(一)1点×4
(二)2点
(三)1点
(四)2点
(五)2点
(六)1点
(七)1点
(八)2点
(九)2点
(十)2点

問題四

別紙の国語解答用紙(その二)に書きなさい。

8点

国語解答用紙（その二）

問題四

(250)

(150)

1行25字

受検番号

※50点満点

数　学　解　答　用　紙

受検番号	

問題1		
	(1)	1点
	(2)	2点
	(3)	2点
	(4)	2点
	(5)	2点
	(6)	$a =$　　2点
	(7)	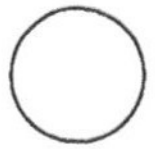　　2点

問題2			
	(1)		度　2点
	(2)	ア	cm　2点
		イ	cm^3　2点
	(3)		cm　2点

問

問題4			
	(1)	ア	2点
		イ	2点
	(2)	ア	本　2点
		イ	$y =$　　2点
		ウ	x, yの値を求める過程　　3点 答　xの値　　　　，yの値

【解答用

※50点満点

英　語　解　答　用　紙

受検番号	

問題1	A	◯	B		C		
	D	待ち合わせ場所					
		待ち合わせ時刻	午前　　時　　分				
		Yuji が Nancy に持ってくるように言ったもの					
	E	No. 1		No. 2		No. 3	

A．１点
B．２点
C．２点
D．１点×３
E．No. 1…１点
No. 2…１点
No. 3…２点

問題2	(1)	(a)		(b)		(c)		(d)	
	(2)								
	(3)								

(1) 1点×4
(2) 1点
(3) 1点

問題3	(1)	
	(2)	
	(3)	Please ________________.
	(4)	
	(5)	________________.
	(6)	
	(7)	.

(1) 1点　(2) 1点　(3) 2点　(4) 1点　(5) 2点　(6) 1点　(7) 2点　(8) 1点　(9) 2点

【解答用

※50点満点

理　科　解　答　用　紙

受検番号	

問題1	A	(1)	a	の位置	1点
			b	記号　〇	1点
				言葉	
			c		1点
			d	〇　と　〇	1点
			e		1点
		(2)		ため。	1点
	B	(1)	a	〇　と　〇	1点
			b		1点
			c	〇	1点
		(2)	a	〇　と　〇	1点
			b		1点
			c		1点

問題3	A	(1)		1点
		(2)	Ⓓと Ⓔに操作〇をおこなったとき，＿＿＿＿ほうの水溶液の種類が＿＿＿＿であることがわかり，＿＿＿＿ほうの水溶液の種類が＿＿＿＿であることがわかる。	2点
		(3)	〇　と　〇	1点
		(4)	→　＋	1点
		(5)	イオン	1点
	B	(1)	から。	1点
		(2)	g	2点
			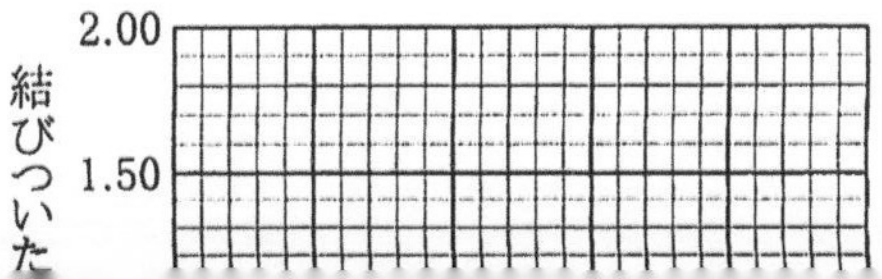	

【解答用紙

社 会 解 答 用 紙

問題1	(1)		
	(2)	a	
		b	◯ と ◯
		c	
	(3)		
	(4)		
	(5)	a	
		b	しくみ。
	(6)		◯
	(7)		
	(8)	a	◯ と ◯ と ◯
		b	
	(9)	a	と が両立しにくい
		b	
		c	

問題1． 1点×15

問題2	(1)			
	(2)			
	(3)	a		
		b		◯
		c	記号	
			言葉	
	(4)	a		
		b		
	(5)	a		
		b	問屋が，	
	(6)			◯
	(7)	a		
		b		◯
		c		
	(8)	a		
		b	満州国を	
		c		
		d		

問題2． (1) 1点
(2) 1点
(3) 1点×3
(4) 1点×2
(5) 1
(6) 1
(7) 1
(8) a

※50点満点

受検番号	

○ → ○				
○				
しくみ。				
○				
○ → ○				
○				
ことや，日本軍の				
ことが決議された。				

b．2点　c．1点　d．1点

問題3				
	(1)	a		
		b	3月　日　時	
		c	造山帯	
		d	記号	○ と ○
			内容	
	(2)	A		
		B		
	(3)	a		
		b		
	(4)	わが国と，アメリカ合衆国やヨーロッパ諸国との間で，		
	(5)	○ → ○ → ○		
	(6)	a	約　m	
		b		
		c		
		d		
		e		

問題2．(1)a．1点　b．2点　c．1点　d．2点
(2)2点
(3)1点×2
(4)1点
(5)1点
(6)1点×5

2					
A	(1)				
		b	ア → ○ → ○ → ○ → ○		1点
	(2)				1点
B	(1)		エタノールにつけることによって，＿＿＿＿＿＿ためｰ		1点
	(2)				1点
	(3)	P	○	Q ○	1点
	(4)				1点
C	(1)	a	＿＿＿＿＿＿器官		1点
		b	○		1点
		c			1点
	(2)	a	○ と ○		1点
		b			1点
		c	肺胞がたくさんあることで，＿＿＿＿＿＿から。		1点

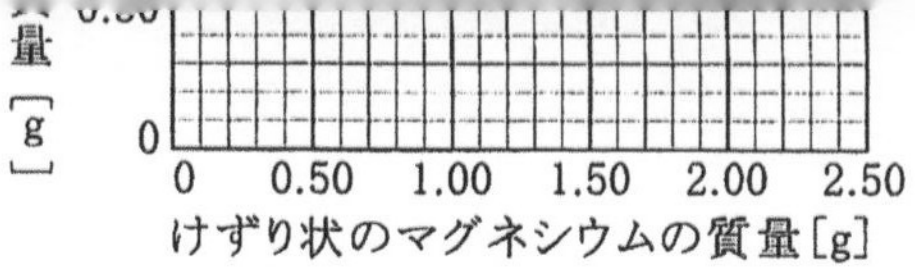

	(4)	○ → ○ → ○	1点

問題4			
A	(1)	○	1点
	(2)	○ と ○	1点
B	(1)	V	1点
	(2)	○ と ○	1点
	(3)	V	2点
	(4)		1点
	(5)		1点
C	(1)		1点
	(2)	J	1点
	(3)		1点
	(4)	1番目 ＿＿ 3番目 ＿＿	1点
	(5)	N	2点

	(9)	I think Kagawa ＿＿＿＿＿＿＿＿＿＿.
問題4	(1)	
	(2)	
	(3)	＿＿＿＿＿＿＿＿＿＿?
	(4)	
	(5)	＿＿＿＿＿＿＿＿＿＿ ＿＿＿＿＿＿＿＿＿＿という発言
	(6)	
	(7)	(a) ＿＿＿＿＿＿＿＿＿＿. (b) ＿＿＿＿＿＿＿＿＿＿.
	(8)	○ と ○
問題5		I think [　　　　　] is better.

(1)１点　(2)２点　(3)２点　(4)１点　(5)２点　(6)１点　(7)１点×２　(8)２点×２

４点

(2) 2点

(3) ◯ と ◯ 2点

(4)

ア 2点

イ a の値を求める過程 3点

答　a の値

3点

(2) 証　明 4点

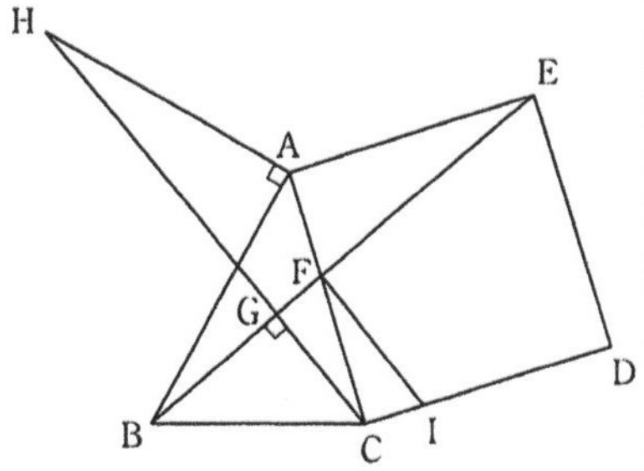

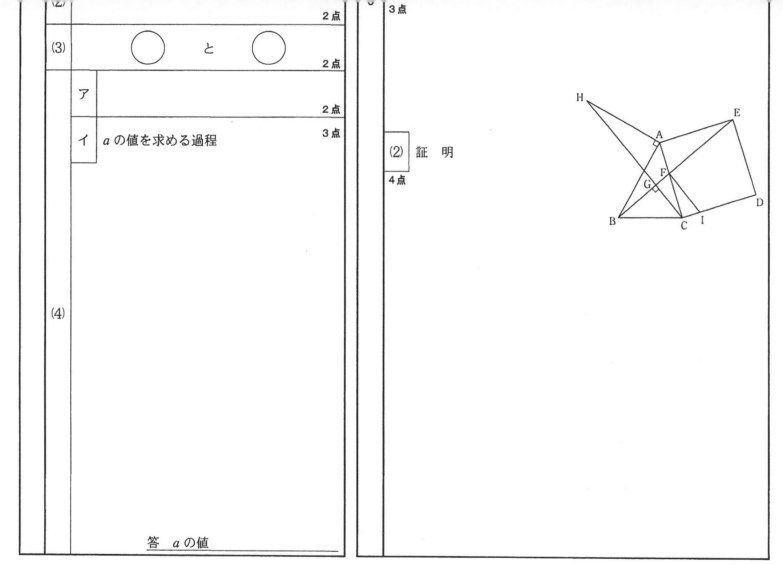

国語解答用紙（その一）

受検番号

※50点満点

問題一

（一）
a 不思議
b 乾　　いた
c 弾　　んだ
d 透　　きとおって

（二）

（三）

（四）
ア
イ

（五）
この筆で、
ものだととらえたから

（六）

（七）

（八）

（一）１点×４
（二）１点
（三）１点
（四）２点
（五）２点
（六）２点
（七）１点
（八）２点

問題二

（一）

（二）

（三）

（一）１点
（二）２点
（三）１点
（四）２点
（五）２点

b　江戸時代中期の18世紀になると，問屋と農民とが結びつくようになる。この結びつきから生まれた生産形態の一つに問屋制家内工業がある。この問屋制家内工業のしくみはどのようなものであったか。 **材料や道具**　**製品**　の二つの言葉を用いて，簡単に書け。

(6)　下のⒶ，Ⓑのカードは，太郎さんが18世紀から19世紀の欧米諸国について調べたことをまとめようとしたものの一部である。それぞれのカードの〔　　　〕内にあてはまる言葉を，㋐，㋑から一つ，㋒，㋓から一つ，それぞれ選んで，その記号を書け。

Ⓐ　アメリカの独立

北アメリカの〔㋐スペイン　㋑イギリス〕植民地は，新たな課税をめぐって関係の悪化した本国との間に独立戦争をおこし，独立宣言を出した。植民地側がこの戦争に勝利したことで，独立が認められ，合衆国憲法が定められた。

Ⓑ　フランス革命

フランスでは，市民が立ち上がって革命が始まり，王政が廃止された。革命の広がりをおそれた他のヨーロッパ諸国による攻撃を受けたが，〔㋒ナポレオン　㋓クロムウェル〕がこれをしりぞけ，市民の自由や平等を保障した法典を定めて，革命の成果を守った。

(7)　右の略年表を見て，次のa～cの問いに答えよ。

年代	できごと	
1868	戊辰《ぼしん》戦争が始まる	↑
		Ⓟ
1885	内閣制度がつくられる	↓
1895	下関条約が結ばれる	↑
		Ⓠ
1914	第一次世界大戦が始まる	↓

a　下線部に戊辰戦争とあるが，この戦争に勝利した新政府は，わが国を中央集権国家とするため，1869年に全国の藩主に土地や人民を天皇(政府)に返させた。この土地や人民を天皇(政府)に返させた政策は何と呼ばれるか。その呼び名を書け。

b　年表中のⓅの時期におこった次の㋐～㋒のできごとが，年代の古い順に左から右に並ぶように，記号㋐～㋒を用いて書け。

㋐　西郷隆盛を中心として，最大規模の士族の反乱がおこった

㋑　国会開設を求めて，大阪で国会期成同盟が結成された

㋒　岩倉使節団が欧米諸国に派遣された

c　年表中のⓆの時期におこったできごとは，次の㋐～㋓のうちのどれか。一つ選んで，その記号を書け。

㋐　わが国が琉球《りゅうきゅう》藩を廃止し，沖縄県を設置した

㋑　朝鮮でわが国からの独立を求める三・一独立運動がおこった

㋒　わが国が中国に二十一か条の要求を示し，その大部分を認めさせた

㋓　ロシアがわが国に旅順《リュイシュン》《りょじゅん》と大連《ターリエン》《だいれん》の租借権をゆずりわたした

c　下線部③に堀河天皇とあるが，次の文は，花子さんが，幼少の堀河天皇が即位したとき，だれがどのような立場で政治を動かすようになったのかについて説明しようとしたものである。文中の〔　　　〕内にあてはまる言葉を，㋐，㋑から一つ選んで，その記号を書け。また，文中の□内にあてはまる最も適当な言葉を書け。

幼少の堀河天皇が即位したとき，摂政や関白の力を抑えて〔㋐後三条天皇　㋑白河天皇〕が上皇として政治を動かすようになった。このときからみられるようになった，位をゆずった天皇が上皇という立場で実権をにぎっておこなう政治を□という。

(4)　2022年に瀬戸内国際芸術祭が開催されたことで，香川県内の芸術や文化に興味をもった太郎さんは，香川県のさまざまな文化財を調べた。下のⒶ，Ⓑのカードは，太郎さんが香川県の文化財について調べたことをまとめたものの一部である。これを見て，あとのa，bの問いに答えよ。

Ⓐ　花園上皇の書

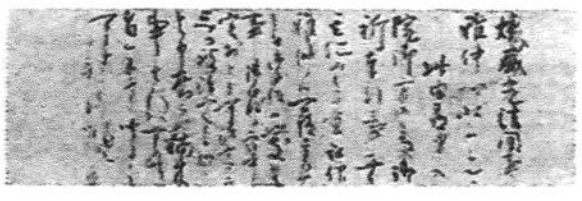

鎌倉時代末期の1332年に書かれたとされる花園上皇自筆の手紙であり，高松藩主の家に伝えられてきた。この書には，戦乱の鎮圧を祈願する儀式の準備をすることや，楠《くすの》木《き》正成《まさしげ》①の行方の捜索をすることについての指示などが書かれている。

Ⓑ　久米《くめ》通賢の測量の道具

江戸時代後期に坂出《さかいで》の塩田開発などに貢献した久米通賢が，独自の発想で自作した「地平儀」である。これを用いてつくられた香川県内の詳細な地図は，江戸時代後期につくられた正確な日本地図②と同様に精度が高い。

a　下線部①に楠木正成とあるが，この人物は後醍醐《ごだいご》天皇のもと，鎌倉幕府をほろぼすために幕府軍と戦った。鎌倉幕府を倒すことに成功した後醍醐天皇は，天皇中心の新しい政治を始めた。後醍醐天皇による天皇中心のこの政治は，何と呼ばれるか。その呼び名を書け。

b　下線部②に江戸時代後期につくられた正確な日本地図とあるが，江戸時代後期に全国の海岸線を測量して歩き，正確な日本地図をつくった人物はだれか。次のア～エから一つ選んで，その記号を書け。

ア　伊能忠敬　　　イ　本居宣長　　　ウ　杉田玄白　　　エ　滝沢馬琴

(5)　室町時代から江戸時代の社会に関して，次のa，bの問いに答えよ。

a　次の文は，室町時代後期のある都市について述べたものである。この都市は，右の略地図中にア～エで示した都市のうちのどれか。一つ選んで，その記号を書け。

戦乱から復興したこの都市では，町衆と呼ばれる裕福な商工業者たちによって町の自治がおこなわれ，中断されていた祭りも盛大に催されるようになった。また，この都市の西陣では，絹織物の生産が盛んになった。

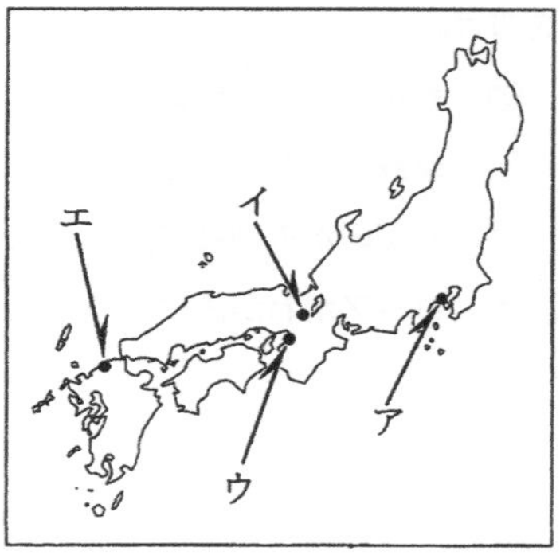

問題 2　次の(1)～(8)の問いに答えなさい。

(1) 青森県の三内丸山遺跡は，縄文時代を代表する遺跡の一つである。次のア～エのうち，縄文時代の特徴について述べたものとして最も適当なものはどれか。一つ選んで，その記号を書け。

ア　大陸と交流があり，奴国《なこく》の王が漢(後漢)の皇帝から金印を授けられた

イ　支配者を埋葬するための巨大な前方後円墳が，各地につくられるようになった

ウ　食物が豊かにみのることなどを祈るために，土偶がつくられた

エ　打製石器を使って，ナウマンゾウなどの大型動物を捕まえるようになった

(2) 飛鳥時代のわが国では，東アジアの国々の制度を取り入れながら，国家のしくみが整えられた。こうしたなかで，唐の制度にならい，刑罰のきまりと政治のきまりについて定めたある法律が701年に完成した。701年に完成したこの法律は何と呼ばれるか。その呼び名を書け。

(3) 下の資料は，平安時代の学習をした花子さんが，摂関政治が終わりをむかえた時期に着目し，調べた結果をまとめたものの一部である。これを見て，あとのa～cの問いに答えよ。

摂関政治の終わりについて

・藤原氏との血縁関係がうすい後三条天皇が即位した

・後三条天皇が天皇中心の政治をおこない，①藤原頼通《よりみち》をはじめとする貴族の②荘園《しょうえん》を停止するなど，荘園の管理を強化した

・下の表の時代や，それ以降も，摂政や関白になっている藤原氏は存在するが，その政治への影響力は抑えられていたようだ

天皇	生没年	在位期間	即位した年齢
71代　後三条天皇	1034年～1073年	1068年～1072年	35歳
72代　白河天皇	1053年～1129年	1072年～1086年	20歳
73代　③堀河天皇	1079年～1107年	1086年～1107年	8歳

a　下線部①に藤原頼通とあるが，藤原氏が実権をにぎって摂関政治をおこなっていた頃には，国風文化が最も栄えた。次のア～エのうち，国風文化について述べたものとして最も適当なものはどれか。一つ選んで，その記号を書け。

ア　「古今和歌集」などの，かな文字を使った文学作品が生まれた

イ　地方の国ごとに，自然や産物などをまとめた「風土記《ふどき》」がつくられた

ウ　「一寸法師」や「浦島太郎」などの，お伽《とぎ》草子と呼ばれる絵入りの物語がつくられた

エ　平氏の繁栄や戦いをえがいた「平家物語」が，琵琶《びわ》法師により弾き語られた

b　下線部②に荘園とあるが，わが国の土地の所有に関する次の㋐～㋒のできごとが，年代の古い順に左から右に並ぶように，記号㋐～㋒を用いて書け。

㋐　全国の田畑の検地がおこなわれ，実際に耕作している農民に土地の所有権が認められた

㋑　口分田が不足してきたために，新たな開墾地の私有を認める法が定められた

㋒　有力貴族や大寺社が寄進を受けて領主となることで，その保護を受けた荘園が増えた

a　下線部①に女性が働きやすい環境づくりとあるが，右のグラフは，2001年と2021年における，女性の年齢別にみた働いている割合を，それぞれ示したものである。また，次の文は，このグラフから考えられることについて述べようとしたものである。文中の［　　　　］内には，30代の女性の働いている割合が，20代後半と比べて低くなっている理由として考えられる内容が入る。その内容を簡単に書け。

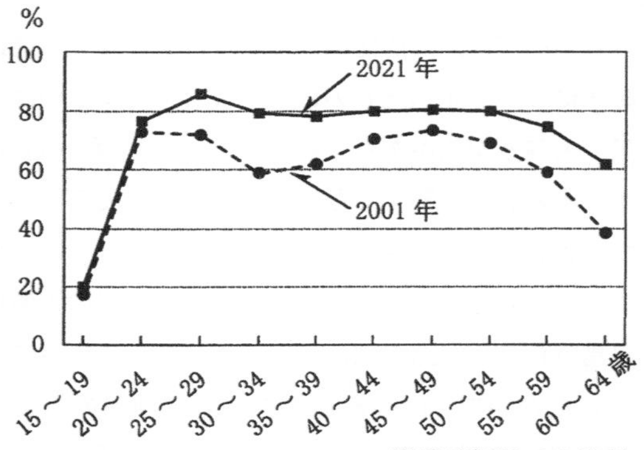

(総務省資料により作成)

2021年における女性の働いている割合は，2001年と比べて増加しており，女性の働く環境は改善されつつあると考えられる。しかし，依然として，30代の女性の働いている割合は，20代後半と比べて低くなっている。その理由の一つとして，［　　　　］状況にあることが考えられる。共生社会の実現に向けて，男性と女性が対等な立場で活躍できる社会のしくみをつくる取り組みが引き続き求められている。

b　下線部②に非正規雇用とあるが，下のグラフは，2019年における正社員と，アルバイトや派遣社員などの非正規雇用の形態で働く労働者(非正規労働者)の年齢別の1時間あたりの賃金をそれぞれ示したものである。このグラフから，非正規労働者の賃金には，どのような特徴があると読み取れるか。**年齢**という言葉を用いて，簡単に書け。

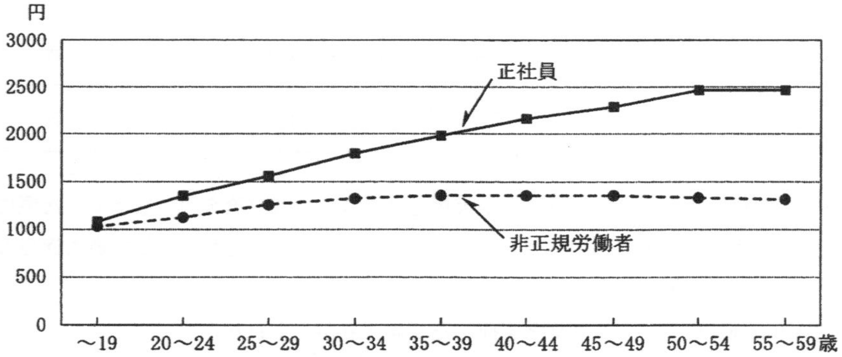

(注) 10人以上の企業で働くフルタイムの労働者の賃金を示している

(厚生労働省資料により作成)

c　下線部③に長時間労働とあるが，わが国では，長時間労働に伴う健康への悪影響などが問題になっており，長時間労働を改善するための取り組みが求められている。図中の［ X ］内には，企業が労働時間の短縮のためにおこなっていると考えられる取り組みの内容が入る。その内容を一つ簡単に書け。

(7) わが国で設立される株式会社のしくみについて述べた次のア～エのうち，誤っているものはどれか。一つ選んで，その記号を書け。

ア　株主は，株式会社が借金を抱えて倒産した場合，出資した金額以上の負担を負う必要がある

イ　株主は，株式会社の生産活動などで得られた利潤の一部を配当として受け取る権利を有する

ウ　株主は，株式会社の経営方針などについて，株主総会で意見を述べることができる

エ　株式会社は，株式を発行することで必要な資金を多くの人々から集めることができる

(8) 市場に関して，次のａ，ｂの問いに答えよ。

ａ　次の文は，景気変動と市場における価格の関係について述べようとしたものである。文中の三つの〔　　〕内にあてはまる言葉を，㋐，㋑から一つ，㋒，㋓から一つ，㋔，㋕から一つ，それぞれ選んで，その記号を書け。

　不況の時期には，一般的に〔㋐デフレーション　㋑インフレーション〕と呼ばれる，物価が〔㋒上昇　㋓下落〕し続ける現象が生じやすい。このような現象が生じるのは，不況の時期の市場においては，需要が供給を〔㋔上回る　㋕下回る〕状態になりやすく，需要と供給のバランスがとれるように価格が変動するためである。

ｂ　市場において商品を供給する企業が１社のみ，または少数しかないときには，企業どうしの競争がおこりにくいため，価格が不当に高く維持され，消費者が不利益を受けることがある。そこで，わが国では，市場における健全な競争を促すためのある法律が1947年に制定されており，公正取引委員会がその運用をになっている。この法律は一般に何と呼ばれるか。その呼び名を書け。

(9) 花子さんは，社会科の授業で，わが国の労働環境に関する問題点と今後の課題というテーマで探究し，その成果を発表することにした。下の図は，その成果をまとめようとしたものの一部である。これを見て，次のページのａ～ｃの問いに答えよ。

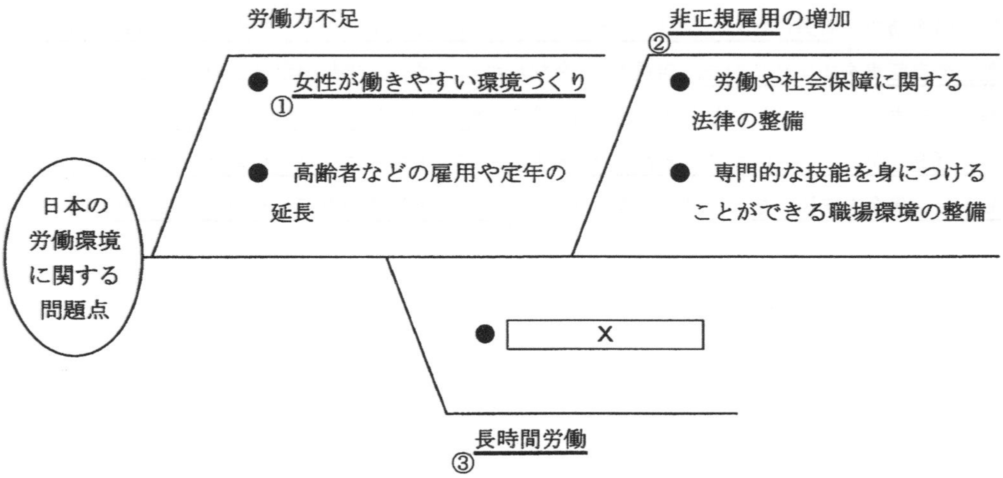

(4) 先進国と発展途上国の間には，大きな経済格差が存在している。また，発展途上国のなかでも，急速に工業化が進むなどして，大きく経済発展している国と，産業の発展や資源の開発がおくれている国との間で経済格差が広がっている。このように発展途上国の間で経済格差が広がっていることは何と呼ばれるか。その呼び名を書け。

(5) 税金に関して，次のａ，ｂの問いに答えよ。

ａ　右の表は，アメリカ，日本，イギリス，フランスにおける2019年度の国と地方の税収全体に占める，直接税と間接税の割合をそれぞれ示そうとしたものであり，表中のⓍ，Ⓨには，直接税，間接税のいずれかが入る。また，次の文は，直接税と間接税について述べようとしたものである。文中のA，Bの［　　］内にあてはまる言葉の組み合わせとして最も適当なものは，あとのア～エのうちのどれか。一つ選んで，その記号を書け。

	Ⓧ	Ⓨ
アメリカ	24 %	76 %
日　本	33 %	67 %
イギリス	44 %	56 %
フランス	46 %	54 %

（財務省資料により作成）

直接税，間接税は，税を負担する人と税を納める人が一致しているかどうかによる分類であり，税を負担する人と税を納める人が異なる税のことを［　A　］という。また，表中の各国のⓍとⓎの割合に着目すると，Ⓧに入るのは［　B　］である。

ア〔A　直接税　　B　直接税〕　　イ〔A　直接税　　B　間接税〕

ウ〔A　間接税　　B　直接税〕　　エ〔A　間接税　　B　間接税〕

ｂ　わが国は，所得税に累進課税と呼ばれるしくみを採用している。この累進課税は，どのようなしくみか。**所得　税率** の二つの言葉を用いて，簡単に書け。

(6) 次の文は，大学生のあきおさんが自転車を購入した状況について述べたものである。文中の下線部㋐～㋓のうち，自転車の購入についての契約が成立したのはどの時点か。最も適当なものを一つ選んで，その記号を書け。

香川県内の大学に通っているあきおさんが，新しい自転車を買いたいと思い，大学近くの自転車店を訪れ，㋐店員に「かっこいい自転車を探しているんです。」と言ったところ，店員から新製品の自転車をすすめられた。店員から「今ならキャンペーンで割引があるので，この値段で購入できますよ。」と言われたあきおさんは，㋑「じゃあ，これを買います。」と言い，店員が「お買い上げありがとうございます。」と答えた。そして，あきおさんは，㋒注文票に住所や氏名などを記入し，代金を支払った。後日，あきおさんは，㋓自宅に配達された自転車を受け取った。

問題 1　次の(1)～(9)の問いに答えなさい。

(1) 日本国憲法では，人間らしい豊かな生活を送るための権利として，社会権が保障されている。次のア～エのうち，日本国憲法で保障されている社会権にあてはまるものはどれか。一つ選んで，その記号を書け。

ア　選挙に立候補する権利

イ　国が保有する情報の公開を求める権利

ウ　個人が財産を所有する権利

エ　労働者が労働組合を結成する権利

(2) わが国の政治に関して，次のａ～ｃの問いに答えよ。

ａ　わが国の政治は，議院内閣制を採用している。次のア～エのうち，わが国の議院内閣制のしくみについて述べたものとしてあてはまらないものはどれか。一つ選んで，その記号を書け。

ア　内閣総理大臣は，国会議員の中から，国会の指名によって選ばれる

イ　国会議員は，国会での発言について，免責特権をもっている

ウ　衆議院は，内閣不信任決議をおこなうことができる

エ　内閣は，国会に対して連帯して責任を負う

ｂ　刑事裁判は，私たちの生命や身体に直接かかわるため，被疑者や被告人に対する権利が日本国憲法で保障されており，定められた手続きによって裁判が進められる。次の文は，わが国の刑事裁判の手続きについて述べようとしたものである。文中の二つの〔　　〕内にあてはまる言葉を，㋐，㋑から一つ，㋒，㋓から一つ，それぞれ選んで，その記号を書け。

刑事裁判は，殺人や盗みのような，法律などに違反する犯罪があったかどうかを判断し，犯罪があった場合はそれに対する刑罰を決める裁判である。警察は，原則として〔㋐裁判官　㋑弁護人〕が発行する令状がなければ，逮捕することはできない。〔㋒警察官　㋓検察官〕は，被疑者が罪を犯した疑いが確実で，刑罰を科すべきだと判断すると，被疑者を被告人として起訴する。

ｃ　地方公共団体は，地域の身近な仕事をにない，住民の意思や要望を反映させながら，さまざまな仕事をおこなっている。次のア～エのうち，地方公共団体の仕事としてあてはまらないものはどれか。一つ選んで，その記号を書け。

ア　交通違反の取り締まり　　　イ　上下水道の整備

ウ　家庭裁判所の運営　　　　　エ　火災の予防や消火

(3) 右の写真は，国際連合のある機関の会議のようすを写したものである。この機関では，国際連合のすべての加盟国が平等に１票をもっており，世界のさまざまな問題について話し合ったり，決議を出したりする。この機関は何と呼ばれるか。その呼び名を書け。

令和５年

社　会　問　題

（50分）

注　意

1　先生の指示があるまでは，問題用紙を開いてはいけません。
2　問題用紙は，問題１から問題３までの14ページあります。
3　答えはすべて解答用紙に書きなさい。

※教英出版注
音声は，解答集の書籍ＩＤ番号を教英出版ウェブサイトで入力して聴くことができます。

問題１　英語を聞いて答える問題

A　絵を選ぶ問題

①

②

③

④

B　学校行事を選ぶ問題

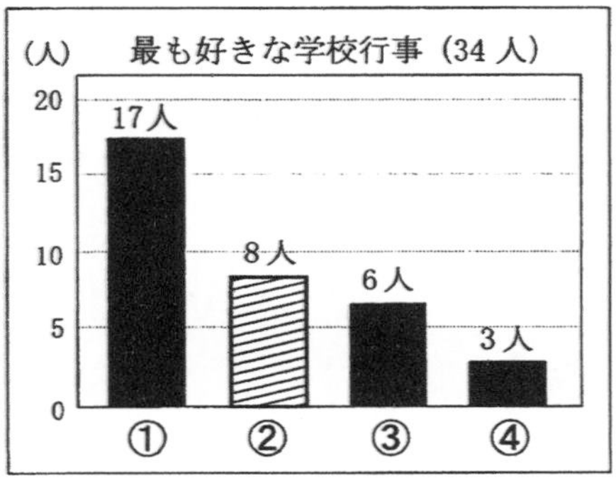

ア　sports day

イ　school festival

ウ　chorus competition

エ　English drama competition

C　応答を選ぶ問題

ア　Don’t drink too much.

イ　OK. I’ll buy some milk at the supermarket.

ウ　My pleasure.

エ　Oh, good. Let’s use your milk.

D　対話の内容を聞き取る問題

E　文章の内容を聞き取る問題

No. 1
- ア　A mountain.
- イ　A bike shop.
- ウ　The sea.
- エ　The station.

No. 2
- ア　To visit temples.
- イ　To enjoy nature.
- ウ　To work in Shikoku.
- エ　To talk to Ken.

No. 3
- ア　To thank Ken for taking Jim to a bike shop.
- イ　To ride a bike and go around Shikoku with Ken.
- ウ　To tell Ken about the temples in Shikoku.
- エ　To take Ken to wonderful places in the U.K.

問題 2　次の対話文は，中学生の Aya と，アメリカから来た留学生の Bob との，学校からの帰り道での会話である。これを読んで，あとの(1)～(3)の問いに答えなさい。（＊印をつけた語句は，あとの㊟を参考にしなさい。）

Aya: Hi, Bob. [(a)]

Bob: It was a lot of fun. *Especially, a history class was very interesting.

Aya: [(b)]

Bob: I studied about some famous castles in Japan. I want to visit them.

Aya: That's great. Do you know there is a famous castle in Kagawa? [(c)]

Bob: Thank you. Hey, what is that *shed? I see many vegetables in the shed.

Aya: That is a vegetable store. Many *kinds of vegetables are sold there. ①They are [　　] than the vegetables in supermarkets.

Bob: Oh, really? That's interesting! Where is the staff member?

Aya: That store has no staff member. *Farmers come there and just put their vegetables.

Bob: Is it true? ②It's incredible that there is no staff member. I can't believe that. [(d)]

Aya: You choose vegetables you want to buy and put money into the box.

Bob: I see. Farmers and *customers believe each other. That may also be one of the wonderful Japanese cultures.

㊟ especially：特に　shed：小屋　kind(s) of：種類の　farmer(s)：農家
customer(s)：客

(1) 本文の内容からみて，文中の(a)～(d)の[　　]内にあてはまる英文は，次のア～クのうちのどれか。最も適当なものをそれぞれ一つずつ選んで，その記号を書け。

ア How can we buy those vegetables?　イ What do you want to buy?
ウ I want to go to those places someday.　エ What's your favorite class?
オ How are you today?　カ I'll take you there someday.
キ What did you study in the class?　ク How was school today?

(2) 下線部①を，「それらは，スーパーマーケットの野菜より安いです。」という意味にするには，[　　]内に，どのような語を入れたらよいか。最も適当な語を一つ書け。

(3) 下線部②に incredible という語があるが，この語と同じような意味を表す語は，次のア～エのうちのどれか。最も適当なものを一つ選んで，その記号を書け。

ア popular　イ amazing　ウ important　エ useful

問題 3　次の文章は，香川県の中学校に通う蓮《れん》が，英語の授業で発表したスピーチである。これを読んで，あとの(1)～(9)の問いに答えなさい。（＊印をつけた語句は，あとの㊟を参考にしなさい。）

I *moved to Kagawa two years ago. Since I came here, I have found many interesting things such as *udon*, *Konpirasan*, and *olives. Every culture has a long history and makes me ①(excite).

One day, when I was having dinner with my family, my grandmother was using a new *plate. The plate was very beautiful and ②[　　　] special. I said to her, ③"Please (me plate your let see new). I like the beautiful *patterns *drawn by hand. Where did you buy that plate?" My grandmother said, "Oh, I didn't buy it. ④[　　　], I *drew the patterns on it. Have you ever heard of *lacquer art? *Lacquer is used to make this plate and I drew some patterns on it. My friend is an *instructor of lacquer art. ⑤彼は私にそれのやり方を見せました。 Why don't you join the class?" I was surprised and said, "I've heard of lacquer art, but I didn't know that we could try it in Kagawa. I want to try it."

A few days later, I went to the lacquer art class. ⑥[　　　] first, it was difficult for me to draw patterns. However, an instructor helped me a lot to make a plate. After the class, I said to the instructor, "Thank you for helping me. It was fun." The instructor said, "I'm glad to hear that. Lacquer art is one of the traditional *crafts in Kagawa. To tell many people about lacquer art, I started this class and have been making new lacquer art *works to *match our life. I think we have to tell this traditional craft to the next *generation. ⑦私は，もっと多くの若い人々が，それに興味をもつことを望みます。" When I went home, I *thought about her words and called my friend to talk about it. And I decided to join ⑧[　　　] traditional craft class with him.

Do you like Kagawa? My answer is yes. I love Kagawa and I'm happy to live in Kagawa. ⑨I think Kagawa (cultures don't has we traditional know which many). I want to learn about them more. Why don't we find those cultures?

㊟ moved：move（引っ越す）の過去形　olive(s)：オリーブ　plate：皿
pattern(s)：模様　drawn by hand：手描きの　drew：draw（描く）の過去形
lacquer art：漆芸　lacquer：漆　instructor：講師　craft(s)：工芸
work(s)：作品　match：合う　generation：世代
thought：think（考える）の過去形

Nancy: Let's finish our project in the library on Saturday.

Yuji: Sounds nice. Where will we meet?

Nancy: How about meeting at the park next to the library? It will take about five minutes to the library.

Yuji: OK. So, will we meet at 8:50?

Nancy: Well, is 8:30 too early? I think there will be a lot of people in front of the library at 9.

Yuji: All right. It's not too early. We will do the project all day, so let's have lunch together. Please bring some money.

Eは，文章の内容を聞き取る問題です。はじめに，Ken についての英文を読みます。そのあとで，英語で No. 1，No. 2，No. 3 の三つの質問をします。英文と質問は，2回くりかえします。よく聞いて，質問に対する答えとして最も適当なものを，アからエのうちからそれぞれ一つずつ選んで，その記号を書きなさい。

Ken's hobby is riding a bike. He liked the sea, so he often went to see it by bike. He wanted to cross it someday to see a wider world.

One day, when Ken was riding a bike, he found the man who was in trouble. He didn't look Japanese, so Ken asked him in English, "Can I help you?" The man said to him, "I have a problem with my bike." Ken decided to take him to the nearest bike shop. The man's name was Jim, and he came from the U.K. to visit temples in Shikoku by bike. He almost finished visiting 88 temples. Ken said to Jim, "I want to be a strong man like you." Jim said to him, "You are already strong, because you tried to help me without anyone's help." Ken was happy to hear that. Ken said to Jim, "I'll go to the U.K. in the future, so please take me to wonderful places there by bike." Jim said with a smile, "Of course!"

質問です。

No. 1 Where did Ken like to go by bike?

No. 2 Why did Jim come to Shikoku?

No. 3 What did Ken ask Jim to do in the future?

令和５年

理　科　問　題

（50分）

注　意

1　先生の指示があるまでは，問題用紙を開いてはいけません。
2　問題用紙は，問題１から問題４までの 14 ページあります。
3　答えはすべて解答用紙に書きなさい。書くことを特別に要求されていない計算などは，問題用紙の余白を利用しなさい。

問題１　次のＡ，Ｂの問いに答えなさい。

Ａ　太郎さんは，日本のある地点Ｘで，７月上旬のある日，太陽の動きを観察した。これに関して，次の(1)，(2)の問いに答えよ。

(1)　太郎さんは，下の図Ｉのように，９時から15時まで，１時間ごとの太陽の位置を，透明半球上にフェルトペンで記録した。このとき，フェルトペンの先のかげが透明半球の中心である図Ｉ中の点Ｏの位置にくるように記録した。その後，記録した点をなめらかな線で結び，透明半球上に太陽の動いた道筋をかいた。下の図Ⅱは，この観察結果を記録した透明半球を，真上から見たものであり，図Ⅱ中の点Ｏは，透明半球の中心である。図Ⅱ中の点Ｐ，点Ｑは，太陽の動いた道筋を延長した線と透明半球のふちとが交わる点であり，点Ｐは日の出の位置を，点Ｑは日の入りの位置を表している。下の表Ｉは，図Ⅱ中の点Ｐから点Ｑまで透明半球上にかいた太陽の動いた道筋に紙テープを重ねて，点Ｐと１時間ごとの太陽の位置と点Ｑを紙テープに写しとり，点Ｐから各時刻の点までの長さと点Ｐから点Ｑまでの長さをそれぞれはかった結果をまとめたものである。これに関して，あとのａ～ｅの問いに答えよ。

図Ｉ

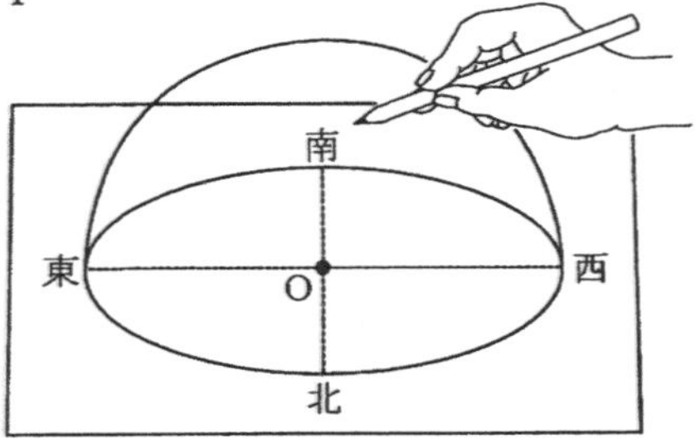

図Ⅱ

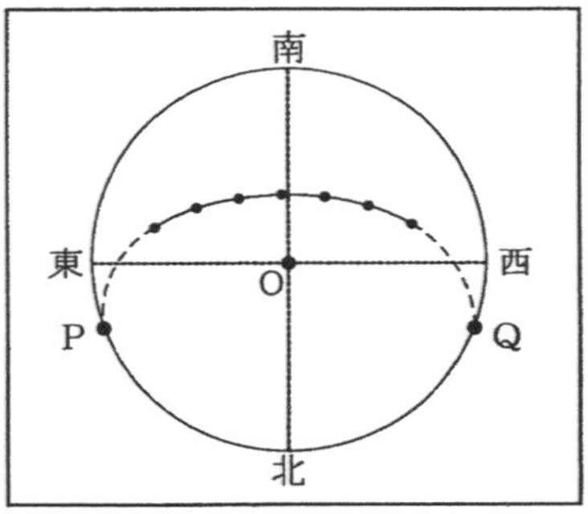

表Ｉ

点の位置	点Ｐ	9時	10時	11時	12時	13時	14時	15時	点Ｑ
点Ｐから各点までの長さ[cm]	0	10.4	13.0	15.6	18.2	20.8	23.4	26.0	37.2

ａ　天体の位置や動きを示すために，空を球状に表したものを天球という。太陽の動きを観察するために用いた透明半球は，天球を表している。図Ｉ，図Ⅱ中の透明半球の中心である点Ｏは，何の位置を表しているか。簡単に書け。

ｂ　次の文は，透明半球上に記録された太陽の動きをもとに，地上から見た太陽の１日の動きについて述べようとしたものである。文中の〔　　〕内にあてはまる言葉を，㋐，㋑から一つ選んで，その記号を書け。また，文中の□内にあてはまる最も適当な言葉を書け。

図Ⅱの記録から，地上から見た太陽は透明半球上を東から西へ移動していることがわかる。これは，地球が地軸を中心にして〔㋐東から西　㋑西から東〕へ自転しているために起こる見かけの動きで，太陽の□と呼ばれる。

c　表Ⅰの結果から，太郎さんが観察した日の，地点Xにおける日の入りの時刻は，いつごろであると考えられるか。次のア～エから最も適当なものを一つ選んで，その記号を書け。

ア　18時40分ごろ　　　イ　19時00分ごろ

ウ　19時20分ごろ　　　エ　19時40分ごろ

d　太郎さんは，地点Xとは異なる地点において，この日の太陽の動きについて調べることにした。下の表Ⅱは，日本の同じ緯度にある地点Yと地点Zでの，この日における日の出の時刻と日の入りの時刻を示したものである。次の文は，地点Yと地点Zにおけるこの日の太陽の南中時刻と南中高度について述べようとしたものである。文中の2つの〔　　〕内にあてはまる言葉を，㋐，㋑から一つ，㋒～㋔から一つ，それぞれ選んで，その記号を書け。

表Ⅱ

地　点	日の出の時刻	日の入りの時刻
Y	4時34分	18時59分
Z	5時01分	19時26分

この日の太陽の南中時刻は，地点Yの方が地点Zよりも〔㋐早い　㋑遅い〕。また，この日の地点Yの太陽の南中高度は，〔㋒地点Zより高く　㋓地点Zと同じに　㋔地点Zより低く〕なる。

e　北半球では，太陽の南中高度は，夏至の日は高く，冬至の日は低くなる。地点Xにおける太陽の南中高度が，太郎さんが観察した7月上旬のある日の太陽の南中高度と再び同じ高度になるのはいつごろか。次のア～エのうち，最も適当なものを一つ選んで，その記号を書け。

ア　この日から約2か月後　　　イ　この日から約5か月後

ウ　この日から約8か月後　　　エ　この日から約11か月後

(2)　地球は公転面に垂直な方向に対して地軸を約23.4°傾けたまま公転しているため，季節によって太陽の南中高度や昼の長さに違いが生じる。夏は太陽の南中高度が高くなることで，太陽の光が当たる角度が地表に対して垂直に近づくとともに，太陽の光が当たる昼の長さが長くなるため，気温が高くなる。太陽の光が当たる角度が地表に対して垂直に近づくと，気温が高くなるのはなぜか。　**面積**　の言葉を用いて簡単に書け。

B　次の(1)，(2)の問いに答えよ。

(1)　大気(空気)に関して，次のa～cの問いに答えよ。

a　気圧について調べるために，空き缶に水を少し入れて加熱し，沸騰させたあと加熱をやめて，ラップシートで空き缶全体を上からくるみ，空き缶のようすを観察した。しばらくすると，空き缶がつぶれた。次のページの文は，空き缶がつぶれた理由について述べようとしたものである。文中の2つの〔　　〕内にあてはまる言葉を，㋐，㋑から一つ，㋒，㋓から一つ，それぞれ選んで，その記号を書け。

空き缶の加熱をやめたあと，ラップシートで全体を上からくるんだ空き缶の中では，しばらくすると，水蒸気が液体の水に状態変化した。そのため，空き缶の中の気体の量が〔㋐増え　㋑減り〕，空き缶の中の気体の圧力が，空き缶の外の気圧よりも〔㋒大きく　㋓小さく〕なったことで，空き缶がつぶれた。

b　空気は，海上や大陸上に長くとどまると，気温や湿度が広い範囲でほぼ一様なかたまりになる。たとえば，日本付近では，夏に南の海上でとどまると，あたたかく湿った性質をもち，冬に北の大陸上でとどまると，冷たく乾いた性質をもつようになる。このような，性質が一様で大規模な空気のかたまりは，一般に何と呼ばれるか。その名称を書け。

c　地球の各緯度帯では，年間を通じて大規模で規則的な風が吹き，地球規模での大気の動きが見られる。北半球における極付近および赤道付近の地表近くで吹く風の向きを模式的に表すとどうなるか。次の㋐～㋓のうち，最も適当なものを一つ選んで，その記号を書け。

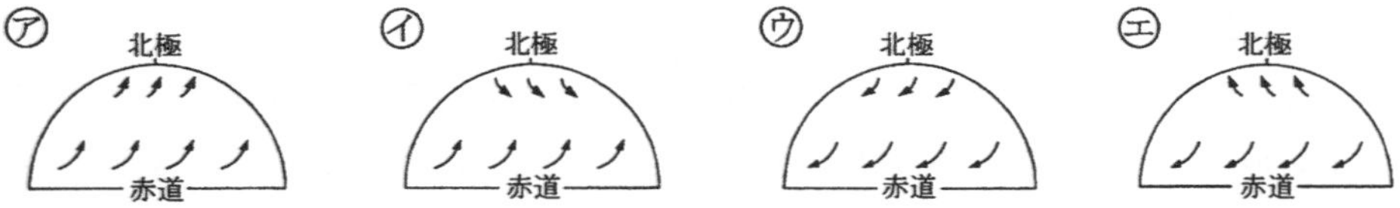

⑵　台風に関して，次のａ～ｃの問いに答えよ。

a　次の文は，台風の発生と進路について述べようとしたものである。文中の２つの〔　　　〕内にあてはまる言葉を，㋐，㋑から一つ，㋒，㋓から一つ，それぞれ選んで，その記号を書け。

日本の南のあたたかい海上で発生した〔㋐温帯低気圧　㋑熱帯低気圧〕のうち，最大風速が約 17 m/s 以上に発達したものを台風という。日本付近に近づく台風は，太平洋高気圧の〔㋒ふちに沿って　㋓中心付近を通って〕進むため，夏から秋にかけて太平洋高気圧が弱まると，北上することが多くなる。北上した台風は，偏西風の影響を受け，東よりに進路を変える傾向がある。

b　北半球の低気圧の中心付近では，周辺から低気圧の中心に向かって，反時計回りにうずをえがくように風が吹き込む。次のページの図は，ある年の９月に発生したある台風の進路を模式的に表したものである。図中の○は，９月 29 日９時から９月 30 日６時までの，３時間ごとのこの台風の中心の位置を表している。次のページの表は，日本のある地点において，９月 29 日９時から９月 30 日６時までの気圧と風向を観測したデータをまとめたものである。図中に●で示した**ア～エ**のうち，この観測をおこなった地点だと考えられるのはどこか。最も適当なものを一つ選んで，その記号を書け。

図

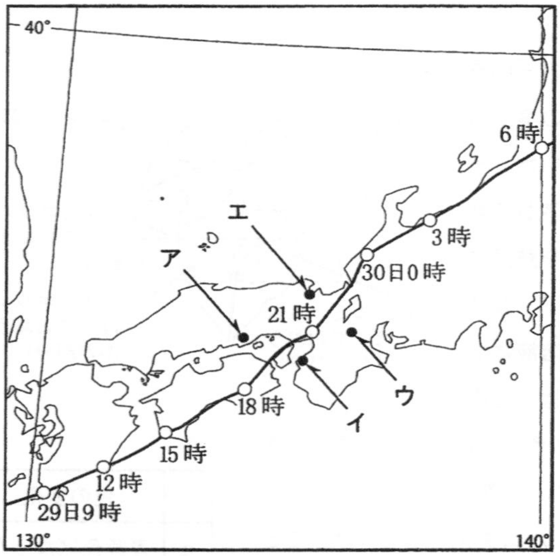

表

日　時		気　圧 [hPa]	風　向
9月 29日	9 時	1009.6	東北東
	12 時	1005.6	東北東
	15 時	1001.1	北　東
	18 時	997.5	北
	21 時	1002.4	西
9月 30日	0 時	1007.3	西
	3 時	1009.8	西北西
	6 時	1013.0	西

c　台風の中心付近では，あたたかく湿った空気が集まり，強い上昇気流が生じる。次のア～エのうち，強い上昇気流により発達し，短い時間に強い雨を降らせることが多い雲はどれか。最も適当なものを一つ選んで，その記号を書け。

ア　高積雲　　　イ　積乱雲　　　ウ　高層雲　　　エ　乱層雲

問題 2　次のA，B，Cの問いに答えなさい。

A　生物の生殖やその特徴について，次の(1)，(2)の問いに答えよ。

(1)　ヒキガエルは，雌がつくる卵《らん》と雄がつくる精子が受精して受精卵となり，細胞分裂をくり返しながら個体としてのからだのつくりを完成させていく。これについて，次のａ，ｂの問いに答えよ。

ａ　ヒキガエルのように，雌の卵と雄の精子が受精することによって子をつくる生殖は，何と呼ばれるか。その名称を書け。

ｂ　次の㋐～㋔は，ヒキガエルの発生における，いろいろな段階のようすを模式的に示したものである。㋐の受精卵を始まりとして，㋑～㋔を発生の順に並べると，どのようになるか。左から右に順に並ぶように，その記号を書け。

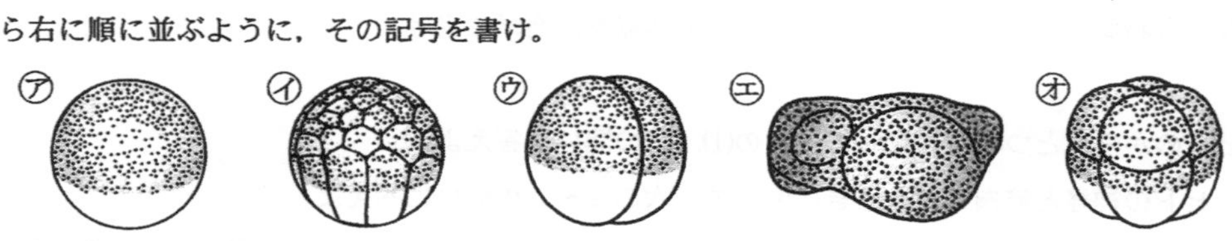

(2)　イソギンチャクのなかまの多くは，雌雄の親を必要とせず，受精をおこなわない生殖によって子をつくることができる。このような生殖によってつくられた子の形質は，親の形質と比べてどのようになるか。簡単に書け。

B　光合成について調べるために，ふ(緑色でない部分)のある葉をもつ鉢植えのアサガオを使って，次のような実験をした。

右の図のような，ふのある葉を選び，葉の一部をアルミニウムはくで表裏ともにおおい，その葉がついている鉢植えのアサガオを一日暗室に置いた。その後，その葉に十分に日光を当てたあと，茎から切り取り，アルミニウムはくをはずして，葉を熱湯につけてから，90 ℃のお湯であたためたエタノールにつけた。その葉を水洗いしたあと，ヨウ素溶液につけてその葉の色の変化を観察した。下の表は，図中のａ～ｄで示した部分のヨウ素溶液に対する色の変化についてまとめたものである。これに関して，次の(1)～(4)の問いに答えよ。

図

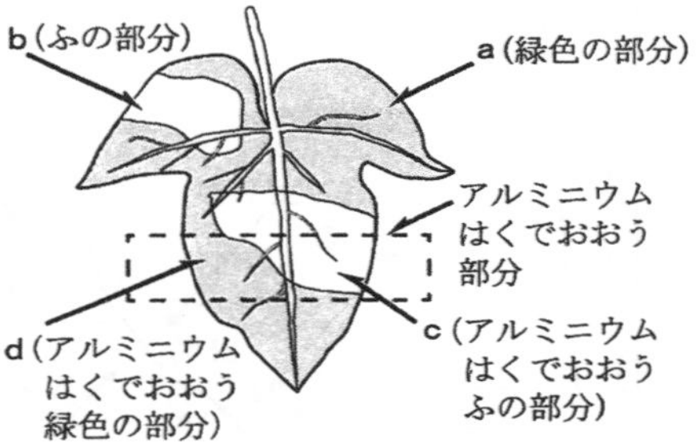

表

	色の変化
a	青紫色になった
b	変化しなかった
c	変化しなかった
d	変化しなかった

(1)　この実験では，アサガオの葉をあたためたエタノールにつけることによって，ヨウ素溶液につけたときの色の変化が観察しやすくなる。それはなぜか。その理由を簡単に書け。

(2)　実験の結果，図中のａで示した部分がヨウ素溶液によって青紫色に変化したことから，ある有機物がその部分にあったことがわかる。この有機物は何と呼ばれるか。その名称を書け。

(3)　次の文は，実験の結果をもとに光合成について述べようとしたものである。文中のＰ，Ｑの［　　］内にあてはまる図中のａ～ｄの記号の組み合わせとして最も適当なものを，あとの㋐～㋕からそれぞれ一つずつ選んで，その記号を書け。

図中の［ Ｐ ］の部分を比べることによって，光合成には光が必要であることがわかる。また，図中の［ Ｑ ］の部分を比べることによって，光合成は緑色の部分でおこなわれていることがわかる。

㋐　ａとｂ　　㋑　ａとｃ　　㋒　ａとｄ
㋓　ｂとｃ　　㋔　ｂとｄ　　㋕　ｃとｄ

(4)　アサガオの葉は，上から見たときに重なり合わないように茎についているものが多い。葉が重なり合わないように茎についていることの利点を，簡単に書け。

C　ヒトのからだとつくりに関して，次の(1)，(2)の問いに答えよ。

(1)　ヒトの神経と筋肉のはたらきに関して，次のａ～ｃの問いに答えよ。

ａ　ヒトは，いろいろな刺激を受けとって反応している。目は光の刺激を受けとり，耳は音の刺激を受けとる。目や耳などのように，外界からの刺激を受けとる器官は，一般に何と呼ばれるか。その名称を書け。

b　ヒトが，目の前のものを手に取ろうとしてうでを動かすとき，目で受けとった光の刺激が，信号として神経系を伝わり，やがて命令の信号としてうでの筋肉に伝わる。次の㋐～㋓のうち，この反応において，信号が神経系を伝わる経路を模式的に表しているものはどれか。最も適当なものを一つ選んで，その記号を書け。

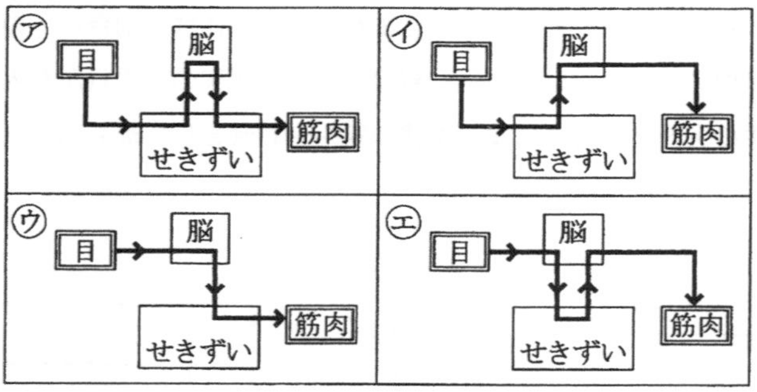

c　右の図Ⅰは，ヒトのうでの筋肉と骨格のようすを模式的に表したものである。次の文は，ヒトがうでを曲げている状態からうでをのばすときの筋肉と神経について述べようとしたものである。文中のP～Rの［　　］内にあてはまる言葉の組み合わせとして最も適当なものを，下の表のア～エから一つ選んで，その記号を書け。

図Ⅰ

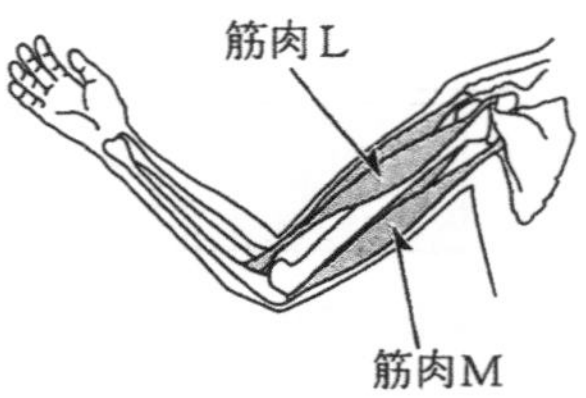

うでを曲げている状態からのばすとき，図Ⅰ中の筋肉Lは［　P　］，筋肉Mは［　Q　］。うでを曲げている状態からのばすとき，筋肉に命令の信号を伝える運動神経は，［　R　］神経の一つである。

	P	Q	R
ア	縮　み	ゆるむ	中　枢
イ	縮　み	ゆるむ	末しょう
ウ	ゆるみ	縮　む	中　枢
エ	ゆるみ	縮　む	末しょう

(2)　ヒトの肺による呼吸のしくみに関して，次のa～cの問いに答えよ。

a　ヒトの肺による呼吸のしくみについて考えるため，下の図Ⅱのように，穴をあけたペットボトルのふたにゴム風船を固定したストローをさしこみ，これを下半分を切りとってゴム膜をはりつけたペットボトルにとりつけた装置を用いて実験をした。この装置のゴム膜を手でつまんで引き下げると，ゴム風船はふくらんだ。次のページの文は，ゴム膜を手でつまんで引き下げたときのゴム風船の変化から，ヒトの肺による呼吸のしくみについて述べようとしたものである。文中の2つの〔　　〕内にあてはまる言葉を，㋐，㋑から一つ，㋒，㋓から一つ，それぞれ選んで，その記号を書け。

図Ⅱ

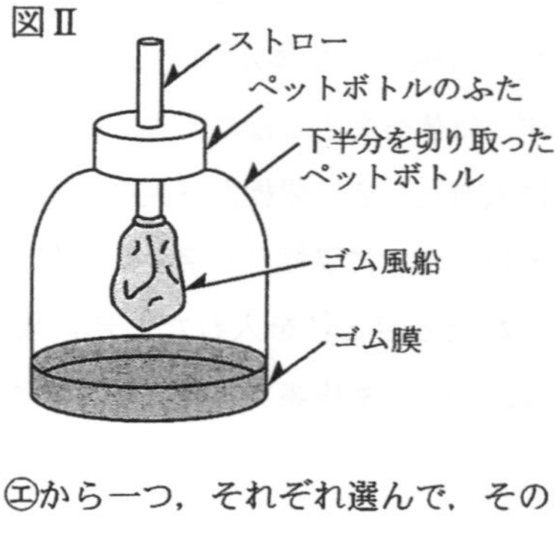

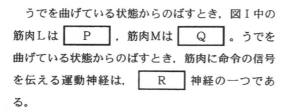

図Ⅱの実験では，ゴム膜を引き下げると，〔㋐ゴム風船内に空気が入った　㋑ゴム風船内から空気が出ていった〕。この装置のペットボトル内の空間を胸部の空間，ゴム膜を横隔膜，ゴム風船を肺と考えると，ヒトのからだでは，横隔膜が下がることで，胸部の空間が広がり，空気が〔㋒肺から押し出される　㋓肺に吸いこまれる〕と考えられる。

b　下の図Ⅲは，ヒトの吸う息とはく息に含まれる気体の体積の割合(%)の例を表そうとしたものであり，図Ⅲ中のX～Zには，酸素，窒素，二酸化炭素のいずれかが入る。下の表のア～エのうち，図Ⅲ中のX～Zにあてはまる気体の組み合わせとして最も適当なものを一つ選んで，その記号を書け。

図Ⅲ

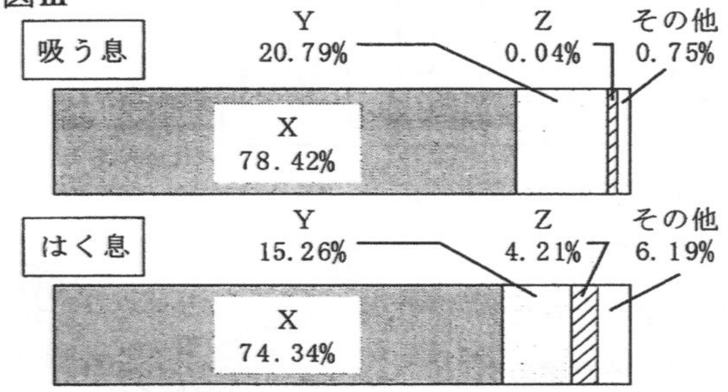

	X	Y	Z
ア	窒　素	二酸化炭素	酸　素
イ	窒　素	酸　素	二酸化炭素
ウ	酸　素	窒　素	二酸化炭素
エ	酸　素	二酸化炭素	窒　素

c　肺は，肺胞という小さな袋がたくさんあることで，酸素と二酸化炭素の交換を効率よくおこなうことができる。それはなぜか。簡単に書け。

問題 3　次のA，Bの問いに答えなさい。

A　異なる5種類の水溶液Ⓐ～Ⓔがある。これらの水溶液は，下の□内に示した水溶液のうちのいずれかである。

うすい塩酸　　うすい水酸化ナトリウム水溶液　　砂糖水　　食塩水　　エタノール水溶液

水溶液Ⓐ～Ⓔを用いて，次の実験Ⅰ～Ⅲをした。これに関して，あとの(1)～(5)の問いに答えよ。

実験Ⅰ　右の図Ⅰのような装置を用意し，Ⓐ～Ⓔをそれぞれ装置に入れて電流を流すと，Ⓐ，Ⓑ，Ⓒには電流が流れ，両極から気体が発生した。Ⓓ，Ⓔには電流が流れず，気体も発生しなかった。Ⓐ，Ⓑ，Ⓒをそれぞれ装置に入れたときに陽極から発生した気体を調べると，Ⓐを入れたときに陽極から発生した気体は酸素であり，Ⓑを入れたときとⒸを入れたときに陽極から発生した気体は，いずれも塩素であることがわかった。

図Ⅰ

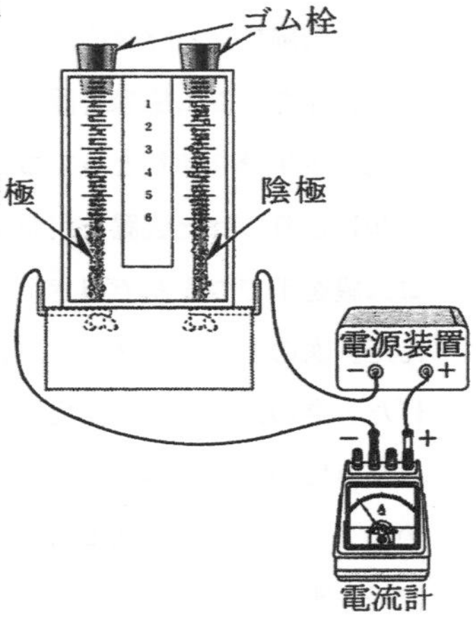

令和５年

英　語　問　題

（50分）

注　意

1　放送による指示があるまでは，問題用紙を開いてはいけません。
2　問題用紙は，問題１から問題５までの７ページあります。
3　答えはすべて解答用紙に書きなさい。

問題 2　次の(1)~(3)の問いに答えなさい。

(1) 右の図のような，線分ABを直径とする円Oがあり，円周上に2点A，Bと異なる点Cをとる。線分AB上に，2点A，Bと異なる点Dをとる。2点C，Dを通る直線と円Oとの交点のうち，点Cと異なる点をEとする。点Aと点C，点Bと点Eをそれぞれ結ぶ。

$\angle BCE = 35^\circ$，$\angle ADC = 60^\circ$ であるとき，$\angle BEC$ の大きさは何度か。

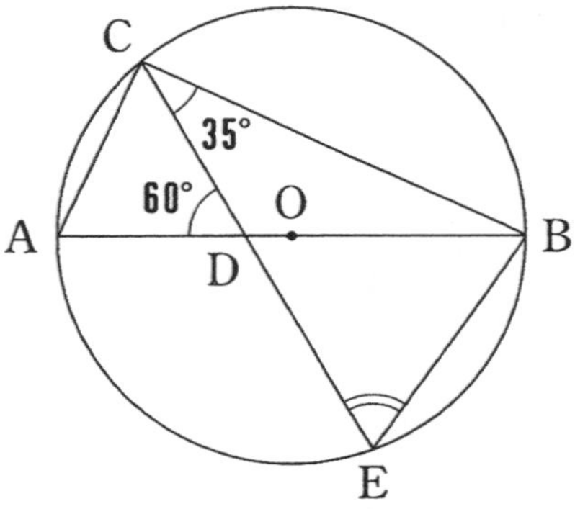

(2) 右の図のような三角柱がある。辺DE上に2点D，Eと異なる点Gをとり，点Gを通り，辺EFに平行な直線と，辺DFとの交点をHとする。

AB = 12 cm，BC = 5 cm，DG = 9 cm，$\angle DEF = 90^\circ$ で，この三角柱の表面積が $240\ \text{cm}^2$ であるとき，次のア，イの問いに答えよ。

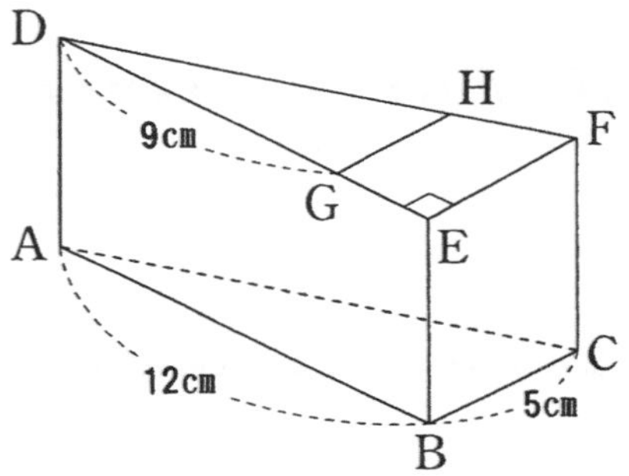

ア　線分GHの長さは何cmか。

イ　この三角柱の体積は何 cm^3 か。

(3) 右の図のような，正方形ABCDがある。辺CD上に，2点C，Dと異なる点Eをとり，点Aと点Eを結ぶ。点Dから線分AEに垂線をひき，その交点をFとし，直線DFと辺BCとの交点をGとする。点Aを中心として，半径ABの円をかき，線分DGとの交点のうち，点Dと異なる点をHとする。

AB = 5 cm，DE = 2 cmであるとき，線分GHの長さは何cmか。

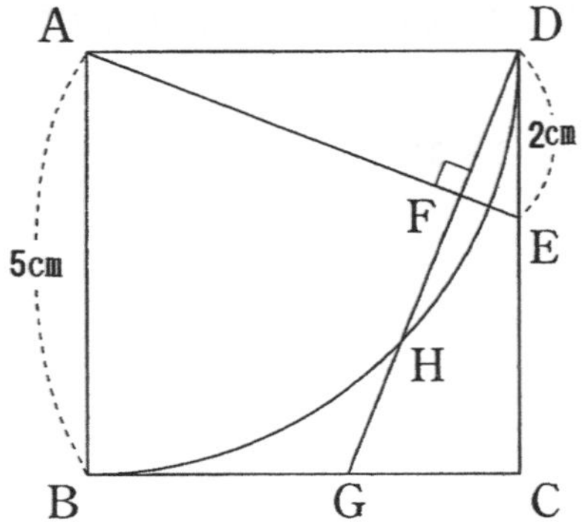

問題 1　次の(1)~(7)の問いに答えなさい。

(1) $3+8\div(-4)$ を計算せよ。

(2) $6\times\frac{5}{3}-5^2$ を計算せよ。

(3) $\frac{x+2y}{2}+\frac{4x-y}{6}$ を計算せよ。

(4) $\sqrt{8}-\sqrt{3}(\sqrt{6}-\sqrt{27})$ を計算せよ。

(5) $(x+1)(x-3)+4$ を因数分解せよ。

(6) x についての2次方程式 $-x^2+ax+21=0$ の解の1つが3のとき，a の値を求めよ。

(7) 次の㋐~㋓の数のうち，12の倍数であるものはどれか。正しいものを1つ選んで，その記号を書け。

㋐ 2×3^4　㋑ $2\times3^2\times7$　㋒ $2^2\times3^2\times5$　㋓ $2^3\times5\times7$

令和５年

数　学　問　題

(50分)

注　意

1　先生の指示があるまでは，問題用紙を開いてはいけません。
2　問題用紙は，問題１から問題５までの６ページあります。
3　答えはすべて解答用紙に書きなさい。書くことを特別に要求されていない計算などは，問題用紙の余白を利用しなさい。

(三) ③に　国中にぎはひてよろこびけり　とあるが、国中が豊かになり、人々がよろこんだのはどうしてか。それを説明しようとした次の文の［　　］内にあてはまる言葉を、本文中からそのまま抜き出して、五字以内で書け。

晋の大王が、国や臣下の都合よりも、［　　］にどうするのがよいかを重視して、国が持っている米を糠と交換したから

(四) 本文中には、「　」で示した会話の部分以外に、もう一箇所会話の部分がある。その会話の言葉はどこからどこまでか。初めと終わりの三字をそれぞれ抜き出して書け。

(五) 次の会話文は、この文章についての、先生と花子さんの会話の一部である。会話文中の［　　］内にあてはまる最も適当な言葉を、あとの1～4から一つ選んで、その番号を書け。

先生 ―― 実はこの文章は、あるお坊さんが、民を困らせている主君に対して忠告をする物語の一部であり、晋の大王の例え話が用いられています。お坊さんに忠告されているこの主君は、鷹《たか》を使った狩りを楽しむために、獲物となる野鳥の退治を禁止しました。その結果、野鳥によって畑は荒らされ、民は困っていたのです。

花子 ―― それは、本文中で述べられている、良い政治を表す「仁政」とは正反対ですね。

先生 ―― そうですね。では、このお坊さんは、主君に対してどのようなことを特に伝えたかったのだと思いますか。

花子 ―― ［　　］ということではないでしょうか。「仁政」をおこなった晋の大王の例え話を用いることで、説得力を持たせ、何とか主君に理解してもらおうとしたのだと思います。

先生 ―― その通りですね。ただ意見を述べるのではなく、より分かりやすく伝えようとしたところにお坊さんの工夫が感じられますね。

1 自分の楽しみとしてすることでも、国や民への負担がないように気を配ってこそ、良い政治を行う主君である
2 自分が楽しいと思うことは、国中に広めて民が楽しく暮らせるように努めてこそ、良い政治を行う主君である
3 自分の楽しみは後回しにして、国の安定と民の幸せを願って全力を尽くしてこそ、良い政治を行う主君である
4 自分が楽しむ姿を見せることにより、民に国の豊かさを示し安心感を与えてこそ、良い政治を行う主君である

問題　三　次の文章を読んで、あとの㈠～㈩の問いに答えなさい。なお、[1]～[7]は段落につけた番号です。

[1]　私たちの一人ひとりは、ただ個人として在るのでないばかりか、単に集団の一員として在るのでもなくて、①意味を持った関係のなかにある、とこそ言わなければならない。だからこそ、自分では社会や政治にまったく関心を持たなくとも、私たちはそれらと無関係でいることはありえないことにもなるのである。むろんそれは、物理的、自然的な関係ではなくて、意味的、価値的な関係である。そうした関係のなかでは、すべての態度、なにもしないことでさえ、いわば一つの行為になり、なんらかの意味を帯びてくる。

[2]　そのことをきわめて鋭くとらえ、表わしているのは、現代芸術である。たとえば或《あ》る画家は、白い便器になにもカコウ[a]せずにそのまま「泉」と名づけて、展覧会に出品しようとした（マルセル・デュシャン）。また或る作曲家は、ピアニストに対して演奏会場のステージのピアノの前に②おもむろに腰を掛けるなり四分三十三秒間なにもしないままでいるように指示し、その間にきこえてくる自然音に聴衆の耳を傾けさせて、それを「四分三十三秒」と名づけた（ジョン・ケージ）。イップウ[b]変わったこの二つの例が現代芸術にとって画期的な〈作品〉であるとされるのも、そこにあるのが単なる奇抜な思いつきではなくて、それをこえたものだからであろう。展覧会場や演奏会場という特定の意味場そのものを生かして、つくることや表現することのなんたるかを、根本から問いなおしたものだからであろう。

[3]　このように私たち人間にとって、なにかをつくり出したり表現したりすることは、なんら特別のことではない。③それは、生きるということとほとんど同義語でさえある。

[4]　ところで私たちは、そのようにして生き、なにかをつくり出し、表現していくとき、否応《いやおう》なしに、日常生活のなかで自己をとりまくものについて、自分の感じたこと、知覚したこと、思ったことにのっとり、それらを出発点としないわけにはいかない。もっとも能動的な制作や創造や表現についても、やはりそうである。もとより複雑化した世界にセッキョク[c]的に対処して活動するためには、いろいろとそれなりに立ち入った知識や理論や技法が必要とされるだろう。けれどもそれらの知識や理論や技法は、日常生活のなかで何気なしに自分が感じ、知覚し、思ったことと結びつくことなしには、④生かされることができない。たとえ、それ自身としてどんなにすぐれた知識や理論や技法であっても、その結びつきを欠くときには現実と十分に噛《か》み合わず、宙に浮いてしまうことになるだろう。それらが私たちにとって内面化されず、私たち自身のものにならないからである。知恵の喪失といわれることもそこから出てくる。

[5]　いや、もともと、知識も理論も技法も私たちの一人ひとりによってよく使いこなされてはじめて、すぐれた知識、理論、技法になりうるのだから、ゲンミツ[d]にいえば、およそ私たち一人ひとりの日常経験とまったく切りはなされた、それ自身としてすぐれた知識や理論や技法などというものは、どこにも存在しない。

6 にもかかわらず、通常私たちは、それらを日常の経験とはまったく別個の、独立したものとして考え、⑤とらえている。どうしてであろうか。それはなによりも、日常経験の上に立つ知が〈常識〉として［　　］にとらえられたからであろう。私たち一人ひとりの間では日常経験は一般に共通性と安定性を持ったものとしてあるが、そのような共通性と安定性の上に立った知としての常識である。その共通性と安定性は、概して一つの文化、一つの社会のうちのものである。けれども、ともかくこうして、私たちの間の共通の日常経験の上に立つ知が、〈常識〉として［　　］にとらえられたのである。そして一方で、常識が常識としてこのように考えられるとき、他方で、⑥立ち入った専門的な知識や理論や技法も、それと独立した別個のものとして考えられることになるのである。たしかに高度の知識や理論や技法は、日常経験の知をこえ、また限られた社会や文化をこえて広い範囲に有効性を持ちうるだろう。しかしそれは、そうした知識や理論や技法が、さまざまな社会や文化のうちで人々の日常経験に広く開かれ、それらと結びつくからである。また逆に日常経験の知としての常識も、本来はそうした知識や理論や技法に向かって開かれているものなのである。

7 常識とは、私たちの間の共通の日常経験の上に立った知であるとともに、一定の社会や文化という共通の意味場のなかでの、わかりきったもの、自明になったものを含んだ知である。ところが、このわかりきったもの、自明になったものは、そのなんたるかが、なかなか気づきにくい。常識の持つ曖昧さ、わかりにくさもそこにある。その点で、⑦さきにふれたデュシャンとケージの企てが、〈芸術作品〉の通念（約束事）の底を突き破り、そこに芸術の分野で、日常化された経験の底にある自明性をはっきり露呈させたことは、甚だ興味深い。この場合、日常経験の自明性が前提とされ、信じられていなければ、その二つの企ては共にもともと根拠を失い、〈作品〉として成り立たないだろう。しかしながら二人の作品の場合、そのような日常経験の自明性は、もはや単に信じられているのではない。信じられていると同時に、実は宙吊り《ちゅうづ》にされ、問われているのである。

（中村雄二郎『共通感覚論』岩波現代文庫による。一部省略等がある。）

㈠ a～dの ═ のついているかたかなの部分にあたる漢字を楷書で書け。

㈡ ①に 意味を持った関係のなかにある とあるが、これはどのようなことをいっているのか。次の1～4から最も適当なものを一つ選んで、その番号を書け。

1 私たちが自らの意思を態度で示すことで、周囲との間に新たな関わりが生じるということ
2 私たちのふるまいは他者の行為に意味をもたらし、社会の価値観を変化させるということ
3 私たちにとって社会と関わることには、自己の存在価値を発見する意義があるということ
4 私たちは自分の意図にかかわらず意味付けされ、常に周囲と影響しあっているということ

(三) ②の おもむろに の意味として最も適当なものを、次の1～4から一つ選んで、その番号を書け。

1 慌ただしく　2 落ち着いて　3 形式ばって　4 上品ぶって

(四) ③に それは、生きるということとほとんど同義語でさえある とあるが、筆者がこのようにいうのはどうしてか。次の1～4から最も適当なものを一つ選んで、その番号を書け。

1 私たちの日常生活の中におけるあらゆる行いは、自己表現となりうると考えているから
2 私たちは他者からの評価を得ることで、自分の生きる目的が見つかると考えているから
3 私たちは集団の中で生きていくために、周囲からの理解が必要であると考えているから
4 私たちの行為は全て芸術的な表現であり、あらゆる人の人生は芸術だと考えているから

(五) ④に 現実と十分に嚙み合わず、宙に浮いてしまうことになる とあるが、筆者が、知識や理論や技法が現実と十分に嚙み合わず、宙に浮いてしまうことになるといっているのはどうしてか。「知識や理論や技法が」という書き出しに続けて、**日常生活** という語を用いて七十字以内で書け。

(六) ⑤の とらえ の活用形を、次の1～4から一つ選んで、その番号を書け。

1 未然形　2 連用形　3 連体形　4 仮定形

(七) 本文中の［　　］内に共通してあてはまる言葉は何か。次の1～4から最も適当なものを一つ選んで、その番号を書け。

1 否定的　2 効果的　3 固定的　4 総合的

(八) ⑥に 立ち入った専門的な知識や理論や技法 とあるが、専門的な知識や理論や技法とはどのようなものであると筆者はいっているか。それを説明しようとした次の文の［　　］内にあてはまる最も適当な言葉を、本文中からそのまま抜き出して、十五字以内で書け。

特定の社会や文化においてのみ通用する日常経験の知とは異なり、［　　　　］もの

(九) ⑦に さきにふれたデュシャンとケージの企て とあるが、筆者は彼らの企てを、どのようなものだととらえているか。それを説明しようとした次の文のア、イの［　　］内にあてはまる最も適当な言葉を、アは第1段落～第3段落の中から、イは第4段落～第7段落の中からそのまま抜き出して、アは十字以内、イは三十字以内でそれぞれ書け。

筆者は、デュシャンとケージの企てを、展覧会場などの芸術がなされる場での行為の本質を［　ア　］ことによって、芸術における［　イ　］ものだととらえている

(十)　本文を通して筆者が特に述べようとしていることは何か。次の1～4から最も適当なものを一つ選んで、その番号を書け。

1　社会と無関係には生きられない人間という存在を自覚し、社会に浸透している知識を生活の中で生かすことも重要である

2　高度な知識は特別な文化や社会の中でしか成立しないため、人間と社会の関係をとらえ直し改めていくことが求められる

3　人間は社会との関係の中に生きていることを認識し、何の疑問もなく受け入れてきた事柄を見つめ直すことも大切である

4　人間と社会の関係が人間同士の関係に与える影響の強さを理解し、社会通念の正しさを確認していくことが必要とされる

問題　四　あなたは国語の授業の中で、「これからの社会で私たちに求められる力」について議論しています。最初にクラスメートの花子さんが次のような意見を発表しました。あなたなら、花子さんの発言に続いてどのような意見を発表しますか。あなたの意見を、あとの**条件1**～**条件3**と〔**注意**〕に従って、解答用紙（その二）に書きなさい。

花子 ―― 私は、これからの社会では自分以外の人々のことを受け入れる力が求められると思います。私たちの社会では、海外に住む人たちとも協力して、様々なことを行う必要があります。そのような中で、相手の発言にこめられた思いや考え方を理解しようと努力して、相手の存在を受け入れていく力が大切になるのではないでしょうか。皆さんは、これからの社会では、私たちにどのような力が求められると思いますか。

条件1　花子さんの意見をふまえて、「これからの社会で私たちに求められる力」に対するあなたの意見を書くこと。

条件2　身近な生活における体験や具体例などを示して書くこと。

条件3　原稿用紙の正しい使い方に従って、二百五十字程度で書くこと。ただし、百五十字（六行）以上書くこと。

〔**注意**〕

一　部分的な書き直しや書き加えなどをするときは、必ずしも「ますめ」にとらわれなくてよい。

二　**題名や氏名は書かないで**、本文から書き始めること。また、本文の中にも氏名や在学（出身）校名は書かないこと。

令和４年

国　語　問　題

（50分）

注　意

1	先生の指示があるまでは，問題用紙を開いてはいけません。
2	問題用紙は，問題一から問題四までの 11 ページあります。
3	答えはすべて解答用紙に書きなさい。

香川県公立高等学校

問題 一

次の文章は、高校のテニス部に所属する俺（徹《てつ》）が、ダブルスでペアを組んでいる川木がスカウトされてアメリカに留学すると知り、部長の山本翼と同様に割り切れなさを抱いていたところ、ある日、川木と言い合いになり、「勝てば川木のおかげだと思うし、負けたら俺のせいだと思う」という日頃の思いを告げ、ペアを解消したいと伝えた場面に続くものである。これを読んで、あとの㈠～㈧の問いに答えなさい。

お詫び

著作権上の都合により、文章は掲載しておりません。ご不便をおかけし、誠に申し訳ございません。

教英出版

お詫び

著作権上の都合により、文章は掲載しておりません。ご不便をおかけし、誠に申し訳ございません。

教英出版

お詫び

著作権上の都合により、文章は掲載しておりません。
ご不便をおかけし、誠に申し訳ございません。

教英出版

お詫び

著作権上の都合により、文章は掲載しておりません。
ご不便をおかけし、誠に申し訳ございません。

教英出版

お詫び

著作権上の都合により、文章は掲載しておりません。
ご不便をおかけし、誠に申し訳ございません。

教英出版

お詫び

著作権上の都合により、文章は掲載しておりません。
ご不便をおかけし、誠に申し訳ございません。

教英出版

（天沢夏月『17歳のラリー』ＫＡＤＯＫＡＷＡによる。一部省略等がある。）

(一)　ａ～ｄの ═ のついている漢字のよみがなを書け。

(二)　①に 俺は言葉を失いかけた とあるが、徹が言葉を失いかけたのは、これまで川木をどのようなものと感じていた徹が、川木の発言のどのような点を意外に感じたからか。「川木に『勝ったときは徹のおかげだ』と言われ、これまで川木を」という書き出しに続けて、三十五字以内で書け。

(三)　②に 追い越し走とか俺すげえキツくってさ とあるが、川木は追い越し走についての話をする中で、徹にどのようなことを伝えようとしていると考えられるか。次の１～４から最も適当なものを一つ選んで、その番号を書け。

１　徹に印象的な出来事を思い出してもらうことで、日本で最後に出る試合でも、二人で一緒に勝負に挑みたいと伝えようとしている

２　川木を過大評価していた徹に、川木も様々な悩みを抱えながら練習に取り組む、ごく普通の選手であることを伝えようとしている

３　川木の言葉にいまだ納得しきれない徹に対し、具体的な出来事を通して、川木には真似のできない徹の良さを伝えようとしている

４　徹の卑屈な態度を指摘することを通して、徹が逃げずに川木を乗り越えていくことが、徹の成長につながると伝えようとしている

(四)　本文中の □ 内にあてはまる表現として最も適当なものを、次の１～４から一つ選んで、その番号を書け。

１　笑いが止まらなくなって　　２　和やかな気持ちになって　　３　寂しさがこみ上げて　　４　居心地が悪くなって

(五) ③に そしてダブルスにおいて選手の精神は、二つで一つだ とあるが、徹がこのことを意識したきっかけは、徹がどのようなことを知ったことだと考えられるか。その内容を **信念** という語を用いて、四十字程度で書け。

(六) ④に 俺の背中ちゃんと見ててくれよ とあるが、このように言ったときの川木の気持ちはどのようなものだと考えられるか。次の1～4から最も適当なものを一つ選んで、その番号を書け。

1 川木は、負けても平常心を失わない徹に憧れていたため、日本で暮らす徹と遠く離れることになっても、自分を忘れてほしくないと思っている

2 川木は、地道な練習を欠かさない徹を温かく見守っており、新たな道へ踏み出す自分を誇らしく感じながらも、徹との別れを寂しく思っている

3 川木は、妥協せず努力を続ける徹の姿に励まされてきたため、これからも徹の存在を感じることで、前向きな自分であり続けたいと思っている

4 川木は、いつも冷静な態度で試合に臨む徹を目標にしており、一時の感情のすれ違いで、尊敬し合える徹との関係を壊したくないと思っている

(七) 本文中には、徹に自分の思いを伝えようとして空回りしている川木の様子を、徹が比喩的に捉えたことが表されている一文がある。その一文として最も適当なものを見つけて、初めの三字を抜き出して書け。

(八) 本文中の徹について述べたものとして最も適当なものはどれか。本文全体の内容をふまえて、次の1～4から一つ選んで、その番号を書け。

1 川木の才能に引け目を感じていたが、川木の言葉に向き合ってその思いを知ったことで、新たな視点で川木との関係を捉え始めている

2 川木をうらやましく思うばかりで視野を狭くしていたが、川木が悩みを打ち明けたことで、川木に対して仲間意識が生まれ始めている

3 川木の留学にあせりと失望を感じていたが、出会ってからの思い出を語り合ったことで、共に目標に向け努力する決意が芽生えている

4 川木を説得することを半ばあきらめかけていたが、人知れず努力する川木の姿に気づいたことで、憧れの思いがわき上がってきている

問題　二　次の文章を読んで、あとの㈠～㈤の問いに答えなさい。

小早川《こばやかは》中納言《ちゅうなごん》(注1)殿、三原《みはら》の館に①おはしける時、京の人来りて、この頃京わらんべ(注2)の謡《うたひ》(注3)に、「おもしろの春雨《はるさめ》や。花のちらぬほどふれかし」とうたふよし②語りければ、③中納言殿感じ給《たま》ひて、「それはすべての物事に渉《わた》りてことわりある謡なり。いかばかりおもしろき物も、よき程といふ事ありて、茶や香(注4)やおもしろくても、猿楽(注5)がおもしろくても、学問がおもしろくても、本業を喪《うしな》はぬほどになすべき事なり」と仰《おほ》(注6)せられしよし。いかにも茶香猿楽の類《たくひ》はさる事なれども、学問して本業を喪ふとおほせしは本意違《たが》へり。学問は身を修め家を斉《ととの》へ、国天下を平治(注7)するの道なれば、その本業を失ふは学問にはあらず。身修まり家斉ひては、④いかで本業を失ふべきや。

(注1)　小早川中納言＝小早川隆景《たかかげ》。戦国時代・安土桃山時代の武将。
(注2)　京わらんべ＝京の町の若者。
(注3)　謡＝詩歌や文章に節をつけて歌ったもの。
(注4)　香＝香木の香りを楽しむ芸道。
(注5)　猿楽＝能楽の古い呼び方。
(注6)　仰せられしよし＝おっしゃったということだ。
(注7)　平治する＝世の中を平和に治める。

㈠　①の　おはし　は、現代かなづかいでは、どう書くか。ひらがなを用いて書きなおせ。

㈡　②に　語りければ　とあるが、これはだれが何をしたことを表現しているのか。次の1～4から最も適当なものを一つ選んで、その番号を書け。

1　京の知人を訪ねていた中納言が、京の町で若者が歌っていた謡について尋ねたこと
2　中納言を訪ねてきた京の人が、京の若者の間で流行している謡を話題に出したこと
3　京の町中で中納言に出会った若者が、近頃気に入っている謡を中納言に教えたこと
4　中納言の館に滞在していた京の若者が、中納言に求められて京の謡を披露したこと

問題 5　右の図のような，線分 AB を直径とする半円 O があり，$\overset{\frown}{AB}$ 上に 2 点 A，B と異なる点 C をとる。∠BAC の二等分線をひき，半円 O との交点のうち，点 A と異なる点を D とする。線分 AD と線分 BC との交点を E とする。また，点 C と点 D を結ぶ。

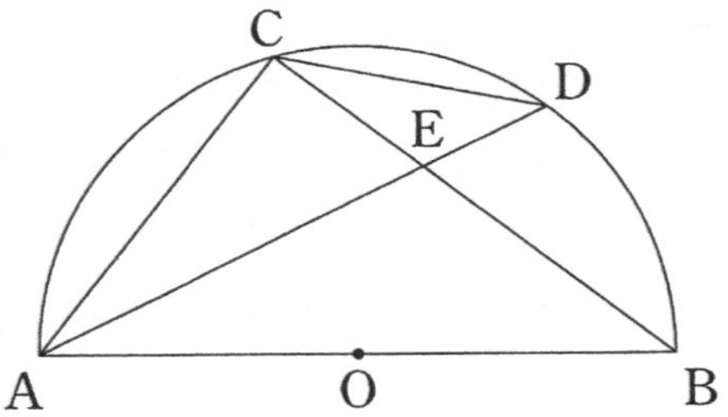

このとき，次の(1)，(2)の問いに答えなさい。

(1)　△ACD ∽ △AEB　であることを証明せよ。

(2)　点 D から線分 AB に垂線をひき，その交点を F とする。線分 DF と線分 BC との交点を G とする。点 O と点 D を結び，線分 OD と線分 BC との交点を H とする。点 O と点 G を結ぶとき，△OFG ≡ △OHG　であることを証明せよ。

(2) 下の図1のように，BC = 6 cm，CD = 8 cm の長方形ABCDと，FG = 6 cm，GH = 4 cm の長方形EFGHがある。点Aと点Eは重なっており，点Fは辺ABをAの方に延長した直線上にあり，点Hは辺DAをAの方に延長した直線上にある。

図1の状態から，長方形ABCDを固定して，点Eが対角線AC上にあるようにして，矢印の向きに長方形EFGHを平行移動させる。下の図2は，移動の途中の状態を示したものである。

点Eが，点Aを出発して，毎秒1 cm の速さで，対角線AC上を点Cに重なるまで動くとき，点Eが点Aを出発してからx秒後に，長方形ABCDと長方形EFGHが重なってできる図形をSとして，あとのア～ウの問いに答えよ。

図1

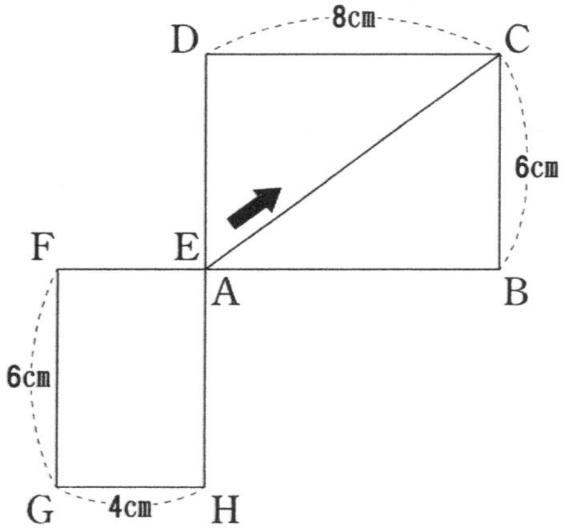

図2

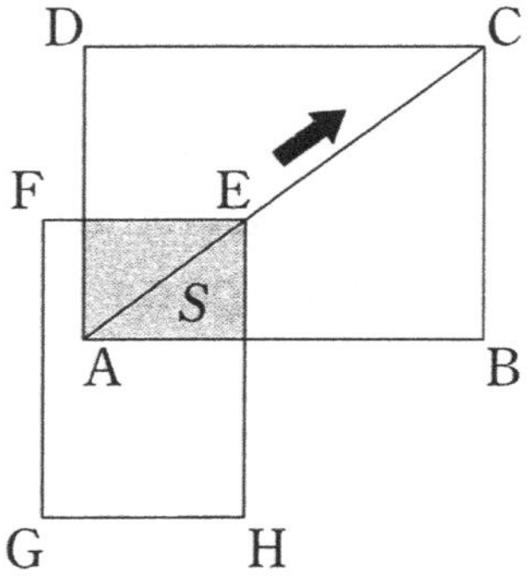

ア　点Fが辺DA上にあるとき，図形Sの面積は何 cm^2 か。

イ　$0 \leqq x \leqq 5$，$5 \leqq x \leqq 10$ のそれぞれの場合について，図形Sの面積は何 cm^2 か。xを使った式で表せ。

ウ　点Eが点Aを出発してからt秒後にできる図形Sの面積に比べて，その6秒後にできる図形Sの面積が5倍になるのは，tの値がいくらのときか。tの値を求める過程も，式と計算を含めて書け。

問題 4　次の(1)，(2)の問いに答えなさい。

(1)　右の図 1 のような立方体や正四面体があり，次のルールにしたがって，これらの立体に • 印をつける。

図 1

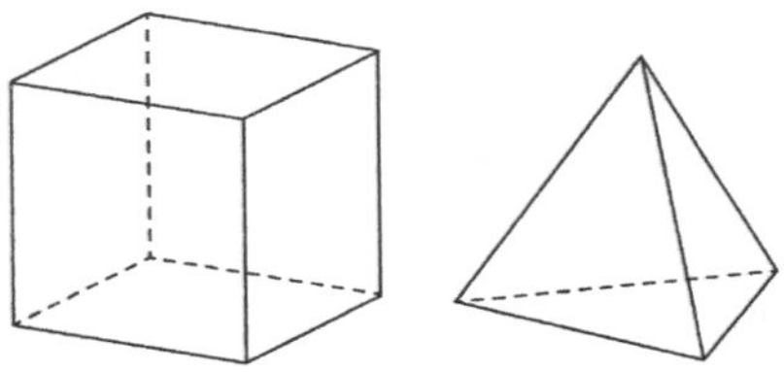

【ルール】

① 最初に，2 以上の自然数を 1 つ決め，それを n とする。

② ①で決めた n の値に対して，図 1 のような立方体と正四面体に，次のように • 印をつける。

<u>立方体については，</u>

各辺を n 等分するすべての点とすべての頂点に • 印をつける。

<u>正四面体については，</u>

各辺を n 等分するすべての点とすべての頂点に • 印をつける。また，この正四面体の各辺の中点に • 印がつけられていない場合には，この正四面体の各辺の中点にも • 印をつける。

③ ②のようにして，立方体につけた • 印の個数を a 個，正四面体につけた • 印の個数を b 個とする。

たとえば，最初に，n を 2 に決めて • 印をつけたとき，• 印をつけた立方体と正四面体は右の図 2 のようになり，$a = 20$，$b = 10$ である。

また，最初に，n を 3 に決めて • 印をつけたとき，• 印をつけた立方体と正四面体は右の図 3 のようになり，$a = 32$，$b = 22$ である。

これについて，次のア，イの問いに答えよ。

図 2

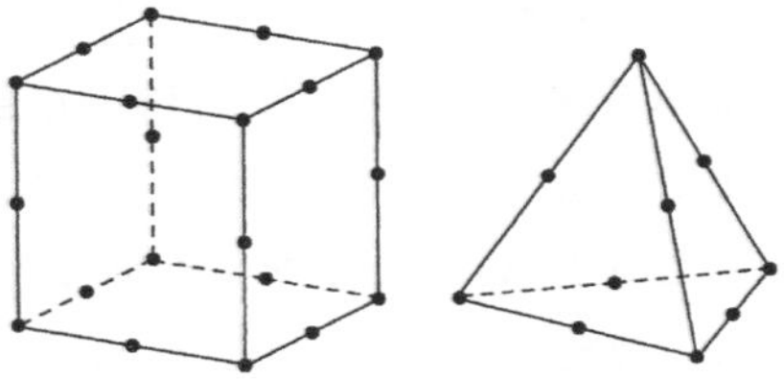

図 3

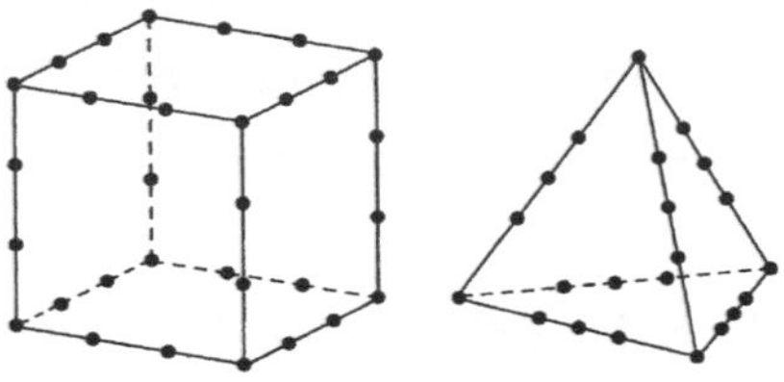

ア　最初に，n を 5 に決めて • 印をつけたときの，a の値を求めよ。

イ　2 以上の自然数 n の値に対して，ルールにしたがって • 印をつけたとき，$a - b = 70$ となった。このようになる n の値を<u>すべて</u>求めよ。

問題 3　次の(1)～(4)の問いに答えなさい。

(1)　1から6までのどの目が出ることも，同様に確からしいさいころが1個ある。このさいころを2回投げて，1回目に出た目の数をa，2回目に出た目の数をbとするとき，$10a+b$の値が8の倍数になる確率を求めよ。

(2)　右の表は，4月から9月までの6か月間に，太郎さんが図書館で借りた本の冊数を月ごとに記録したものである。太郎さんは，10月に4冊の本を図書館で借りたので，10月の記録をこの表に付け加えようとしている。次の文は，10月の記録をこの表に付け加える前後の代表値について述べようとしたものである。文中の2つの〔　　〕内にあてはまる言葉を，㋐～㋒から1つ，㋓～㋕から1つ，それぞれ選んで，その記号を書け。

月	4	5	6	7	8	9
冊数(冊)	1	6	4	2	8	3

太郎さんが図書館で借りた本の冊数について，4月から9月までの6か月間における月ごとの冊数の平均値に比べて，4月から10月までの7か月間における月ごとの冊数の平均値は，〔㋐大きい　㋑変わらない　㋒小さい〕。また，4月から9月までの6か月間における月ごとの冊数の中央値に比べて，4月から10月までの7か月間における月ごとの冊数の中央値は，〔㋓大きい　㋔変わらない　㋕小さい〕。

(3)　右の図で，点Oは原点であり，放物線①は関数$y=\frac{1}{4}x^2$のグラフである。

点Aは放物線①上の点で，そのx座標は6である。点Aを通り，x軸に平行な直線をひき，y軸との交点をBとする。また，点Oと点Aを結ぶ。

これについて，次のア，イの問いに答えよ。

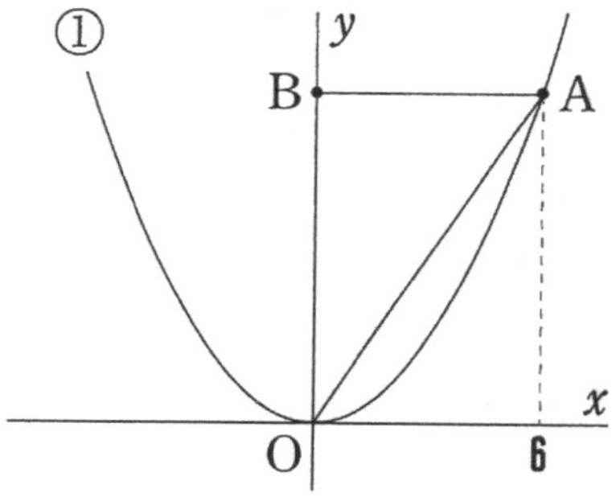

ア　関数$y=\frac{1}{4}x^2$について，xの値が-3から-1まで増加するときの変化の割合を求めよ。

イ　x軸上に，x座標が負の数である点Pをとり，点Pと点Bを結ぶ。$\angle OAB=\angle BPO$であるとき，直線APの式を求めよ。

(4)　ある店で売られているクッキーの詰め合わせには，箱A，箱B，箱Cの3種類があり，それぞれ決まった枚数のクッキーが入っている。箱Cに入っているクッキーの枚数は，箱Aに入っているクッキーの枚数の2倍で，箱A，箱B，箱Cに入っているクッキーの枚数の合計は27枚である。花子さんが，箱A，箱B，箱Cを，それぞれ8箱，4箱，3箱買ったところ，クッキーの枚数の合計は118枚であった。このとき，箱A，箱Bに入っているクッキーの枚数をそれぞれa枚，b枚として，a，bの値を求めよ。a，bの値を求める過程も，式と計算を含めて書け。

(6) ⑥の ［　　　　］ 内にあてはまるものは，本文の内容からみて，次のア～エのうちのどれか。最も適当なものを一つ選んで，その記号を書け。

ア studied everything about tomatoes　　イ learned how to grow vegetables

ウ knew the way of using the Internet　　エ found a good point of this town

(7) 次の(a)，(b)の質問に対する答えを，本文の内容に合うように，(a)は5語以上，(b)は3語以上の英文一文で書け。ただし，ピリオド，コンマなどの符号は語として数えない。

(a) What is held every summer in Yuta's town?

(b) Did Yuta win the contest?

(8) 次の㋐～㋕のうちから，本文中で述べられている内容に合っているものを二つ選んで，その記号を書け。

㋐ Yuta had no plans to do during summer vacation before deciding to join the contest.

㋑ Kazuo tried to hold the workshop to sell local summer vegetables in his town.

㋒ Yuta enjoyed eating many vegetables from different places in Japan at the workshop.

㋓ There were only a few people who came to the vegetable cooking contest.

㋔ Kazuo wanted to cook a dish with sweet tomatoes with Yuta after the contest.

㋕ Yuta became interested in his hometown after the vegetable cooking contest.

問題 5　英語の授業で，次のテーマについて意見を書くことになりました。あなたなら，田舎と都会のどちらを選び，どのような意見を書きますか。あなたの意見を，あとの〔**注意**〕に従って，英語で書きなさい。

将来，あなたが暮らしたい場所は，田舎と都会のどちらか。

田舎　the country

都会　a city

〔**注意**〕

① 解答用紙の ［　　　　］ 内に the country または a city のどちらかを書くこと。

② I think living in ［　　　　］ is better. の文に続けて，4文の英文を書くこと。

③ 一文の語数は5語以上とし，短縮形は一語と数える。ただし，ピリオド，コンマなどの符号は語として数えない。

④ 田舎または都会を選んだ理由が伝わるよう，まとまりのある内容で書くこと。

people around him, "All the summer vegetables here are so great. I like these *tomatoes the best." A man who *grows tomatoes said, "I'm glad to hear ③<u>that</u>. I want many people to know tomatoes here are so nice. However, I have ④[　　　　] to *introduce these tomatoes to many people." Just after Yuta heard about that, Yuta remembered his father's words. Then, ⑤<u>he finally found the answer he wanted</u>. The contest is held to introduce delicious vegetables in this town to many people. Then, Yuta decided to cook a dish with the tomatoes for the contest and said to the man, "I'll introduce these sweet tomatoes to many people!"

A week later, a lot of people from Yuta's town and other towns came to the contest. Yuta *did his best but couldn't win the contest. However, he was very happy to get *comments such as "Delicious! I love this tomato." and "I didn't know our town has such a sweet tomato." After the contest, Yuta walked with Kazuo around the park and saw a lot of people who were talking about the dishes of the contest. They looked happy. Yuta said to Kazuo, "Through this great experience, I ⑥[　　　　　　]. So, I want to know more about my *hometown." Then, a little girl came to Yuta and said, "Your dish was best for me. What's the name of the dish?" Yuta answered with a smile, "Sweet hometown."

㊟ boring：退屈な　chance(s)：機会　recipe：調理法
served：serve(出す)の過去形　by the way：ところで　workshop：勉強会
community center：公民館　tomato(es)：トマト　grow(s)：育てる
introduce：紹介する　did his best：最善を尽くした　comment(s)：コメント
hometown：故郷

(1) ①の[　　　　] 内には，勇太《ゆうた》に対する和夫《かずお》の質問が入る。本文の内容を参考にして，その質問を4語以上の英文一文で書け。ただし，疑問符，コンマなどの符号は語として数えない。

(2) ②の[　　　] 内にあてはまる語は，本文の内容からみて，次のア～エのうちのどれか。最も適当なものを一つ選んで，その記号を書け。

ア sad　イ surprised　ウ tired　エ kind

(3) 下線部③の that が指しているのはどのようなことがらか。日本語で書け。

(4) ④の[　　　] 内にあてはまる語は，本文の内容からみて，次のア～エのうちのどれか。最も適当なものを一つ選んで，その記号を書け。

ア no reason　イ no chance　ウ some ideas　エ some places

(5) 下線部⑤に，he finally found the answer he wanted とあるが，勇太はどのようなことがわかったのか。その内容を日本語で書け。

(2) ②の(　　　)内の begin を，最も適当な形になおして一語で書け。

(3) 下線部③の日本文を英語で書き表せ。

(4) ④の[　　　　]内にあてはまる語は，本文の内容からみて，次のア～エのうちのどれか。最も適当なものを一つ選んで，その記号を書け。

ア because　　イ when　　ウ while　　エ if

(5) 下線部⑤が，「私の祖父のような人が，熟練者と呼ばれているのです。」という意味になるように，(　　　)内のすべての語を，正しく並べかえて書け。

(6) ⑥の[　　　　]内にあてはまる語は，本文の内容からみて，次のア～エのうちのどれか。最も適当なものを一つ選んで，その記号を書け。

ア know　　イ agree　　ウ want　　エ wish

(7) ⑦の[　　　　]内にあてはまる語は，本文の内容からみて，次のア～エのうちのどれか。最も適当なものを一つ選んで，その記号を書け。

ア free　　イ tired　　ウ full　　エ little

(8) 下線部⑧の(　　　)内のすべての語を，本文の内容からみて，意味が通るように，正しく並べかえて書け。

(9) 下線部⑨の日本文を英語で書き表せ。

問題 4　次の英文を読んで，あとの(1)～(8)の問いに答えなさい。(＊印をつけた語句は，あとの㊟を参考にしなさい。)

Yuta is a junior high school student. One day, his father, Kazuo, asked Yuta, "What are you going to do during summer vacation?" Yuta answered, "I'm not going to do anything special. Our town is so *boring." Kazuo said, "Really? ①[　　　　　　]?" Yuta said, "Because this town doesn't have anything interesting for me." Kazuo said, "Are you sure? We have many *chances to enjoy interesting events in our town. For example, every summer, a vegetable cooking contest is held at the park. Why don't you join it?" Yuta said, "That's nice. I like cooking." Yuta decided to join the contest.

On Saturday, Yuta searched for a *recipe for a dish with vegetables on the Internet and *served the dish to Kazuo. Yuta said to Kazuo, "It's delicious, right?" Kazuo said, "It tastes good. *By the way, where are these vegetables from?" Yuta answered, "I don't know." Kazuo asked Yuta, "Then, do you know why the contest is held in our town?" Yuta said, "No. Tell me the reason." Kazuo said, "A cooking *workshop will be held at a *community center tomorrow. The answer will be there." Then Yuta said, "I'll go there to find the answer."

On Sunday, people cooked their dishes and served them at the workshop. Every dish was made with only local summer vegetables from his town. Yuta enjoyed eating them. He was ②[　　　　] to know that his town had many local delicious summer vegetables. Yuta said to

★教英出版注
音声は，解答集の書籍ＩＤ番号を教英出版ウェブサイトで入力して聴くことができます。

英語聞き取り問題

令和４年

今から，「英語を聞いて答える問題」を始めます。問題用紙の１ページを開いて，**問題１**を見てください。また，解答用紙の**問題１**のところも見てください。

問題は，Ａ，Ｂ，Ｃ，Ｄ，Ｅの５種類です。

Ａは，絵を選ぶ問題です。今から，Yumi が今していることについて，説明を英語で２回くりかえします。よく聞いて，その説明にあてはまる絵を，①から④の絵の中から一つ選んで，その番号を書きなさい。

Yumi is making a cake with her mother now.

次は，Ｂの問題です。Ｂは，予定表を選ぶ問題です。問題用紙の四つの予定表を見てください。今から，Miki と Kota の来週の放課後の予定についての対話を英語で２回くりかえします。よく聞いて，①から④の予定表のうち，Kota の来週の放課後の予定表として最も適当なものを一つ選んで，その番号を書きなさい。

Miki: I'm going to go to a movie on Monday. I'm excited. How about you, Kota?
Kota: That's good. I'm very busy next week. I'm going to practice soccer on Monday, Wednesday, and Friday. And I'm going to go shopping to buy soccer shoes on Tuesday. I have no plans on Thursday, so I'm thinking about what I can do on that day.

次は，Ｃの問題です。Ｃは，応答を選ぶ問題です。今から，店員と Takashi の対話を英語で２回くりかえします。よく聞いて，店員の最後のことばに対する Takashi の応答として最も適当なものを，アからエのうちから一つ選んで，その記号を書きなさい。

Salesclerk: Hello. May I help you?
Takashi: Yes, please. I like this sweater. How much is this?
Salesclerk: It's 20 dollars.

次は，Ｄの問題です。Ｄは，対話の内容を聞き取る問題です。今から，Emi とホテルの受付係の対話を英語で２回くりかえします。よく聞いて，Emi が行こうとしている場所，Emi が選ぶ交通手段でその場所までかかる時間，および Emi が楽しみにしていることを，それぞれ日本語で書きなさい。

C　電熱線に加わる電圧と流れる電流を調べる実験Ⅰ，Ⅱをした。これに関して，あとの(1)～(5)の問いに答えよ。

実験Ⅰ　右の図Ⅰのように電熱線Ｐと電熱線Ｑをつないだ装置を用いて，電熱線Ｐと電熱線Ｑに加わる電圧と流れる電流の関係を調べた。まず，電熱線Ｐに加わる電圧と流れる電流を調べるために，図Ⅰのスイッチ①だけを入れて電圧計と電流計の示す値を調べた。下の表Ⅰは，その結果をまとめたものである。次に，図Ⅰのスイッチ①とスイッチ②を入れ，電圧計と電流計の示す値を調べた。下の表Ⅱは，その結果をまとめたものである。

図Ⅰ

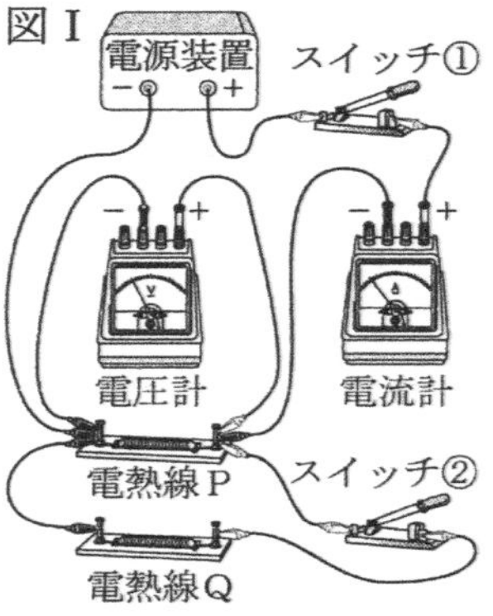

表Ⅰ

電圧[V]	0	1.0	2.0	3.0	4.0
電流[mA]	0	25	50	75	100

表Ⅱ

電圧[V]	0	1.0	2.0	3.0	4.0
電流[mA]	0	75	150	225	300

(1)　次の文は，電流計の使い方について述べようとしたものである。文中の２つの〔　　　〕内にあてはまる言葉を，㋐，㋑から一つ，㋒～㋔から一つ，それぞれ選んで，その記号を書け。

電流計は，電流をはかろうとする回路に対して〔㋐直列　㋑並列〕につなぐ。また，５A，500 mA，50 mA の３つの－《マイナス》端子をもつ電流計を用いて電流をはかろうとする場合，電流の大きさが予想できないときは，はじめに〔㋒５A　㋓500 mA　㋔50 mA〕の－端子につなぐようにする。

(2)　電熱線Ｐの抵抗は何Ωか。

(3)　表Ⅰ，Ⅱをもとにして，電熱線Ｑに加わる電圧と，電熱線Ｑに流れる電流の関係をグラフに表したい。グラフの縦軸のそれぞれの(　　　)内に適当な数値を入れ，電熱線Ｑに加わる電圧と，電熱線Ｑに流れる電流の関係を，グラフに表せ。

実験Ⅱ　実験Ⅰと同じ電熱線Ｐと電熱線Ｑを用いた右の図Ⅱのような装置のスイッチを入れ，電圧計と電流計の示す値を調べた。このとき，電圧計は3.0 V，電流計は50 mA を示した。

図Ⅱ

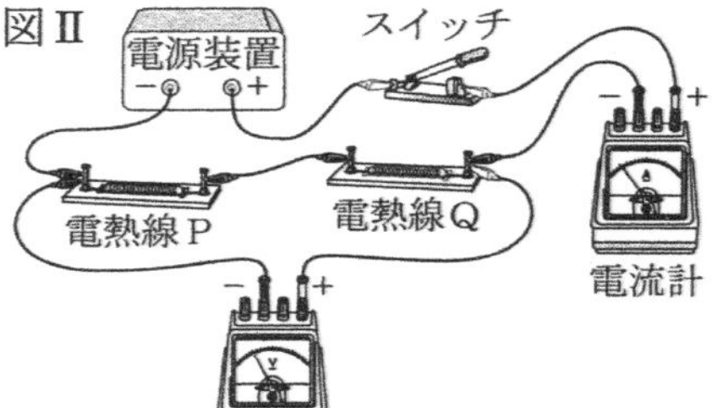

(4)　実験Ⅰ，Ⅱの結果から考えて，実験Ⅱの電熱線Ｑに加わっている電圧は何Ｖであると考えられるか。

(5)　図Ⅰの装置のすべてのスイッチと，図Ⅱの装置のスイッチを入れた状態から，それぞれの回路に加わる電圧を変えたとき，電流計はどちらも75 mA を示した。このときの図Ⅱの電熱線Ｐで消費する電力は，このときの図Ⅰの電熱線Ｐで消費する電力の何倍か。

(4) 右の図Ⅴは，選手がコースを滑り降りたあと，リフトで山頂のスタート地点まで登るようすを示したものである。リフトは選手に仕事をすることで，重力に逆らって，高い位置に移動させている。次の文は，リフトが選手にする仕事と仕事率について述べようとしたものである。文中の2つの〔　　〕内にあてはまる言葉を，㋐～㋒から一つ，㋓～㋕から一つ，それぞれ選んで，その記号を書け。

図Ⅴ

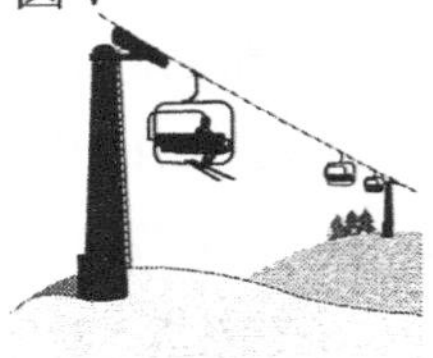

リフトで選手を山頂のスタート地点まで運ぶとき，体重が重い選手にリフトがする仕事の大きさに比べて，体重が軽い選手にリフトがする仕事の大きさは〔㋐大きい　㋑変わらない　㋒小さい〕。また，同じ選手を運ぶとき，山頂に着くまでの時間が長い低速リフトの仕事率に比べて，山頂に着くまでの時間が短い高速リフトの仕事率は〔㋓大きい　㋔変わらない　㋕小さい〕。

(5) 靴で雪の上に立つと雪に沈むが，それに比べて，スキー板を履いて雪の上に立つと沈みにくい。スキー板は，力のはたらく面積を大きくすることで圧力を小さくし，雪に沈みにくくなるという利点がある道具である。これとは逆に，力のはたらく面積を小さくすることで圧力を大きくした身近な道具の例を一つあげ，その一つの例について，圧力を大きくすることの利点を簡単に書け。

B 右の図のような装置を用いて，ばねを引く力の大きさと，ばねの長さとの関係を調べる実験をした。ばねXの上端をスタンドに固定し，ばねXの下端におもりPをつるして，おもりPが静止したときのばねXの長さを，スタンドに固定したものさしを用いて測定する。この方法で同じ質量のおもりPの個数を増やしながら，ばねXの長さを測定した。次に，強さの異なるばねYにとりかえて，同様にして，ばねYの長さを測定した。下の表は，その結果をまとめたものである。これについて，次の(1)，(2)の問いに答えよ。

図

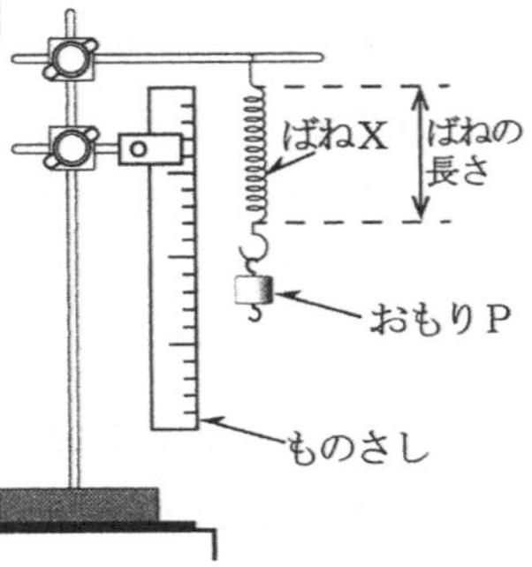

表

おもりPの個数[個]	0	1	2	3	4	5
ばねXの長さ[cm]	6.0	8.0	10.0	12.0	14.0	16.0
ばねYの長さ[cm]	4.0	4.8	5.6	6.4	7.2	8.0

(1) ばねを引く力の大きさとばねののびは比例することから考えて，ばねXののびとばねYののびを同じにするとき，ばねXを引く力の大きさは，ばねYを引く力の大きさの何倍になると考えられるか。

(2) 実験で用いたおもりPとは異なる質量のおもりQを用意した。図の装置を用いて，ばねXに1個のおもりQをつるしたところ，ばねXの長さは7.0 cmであった。次に，ばねYにとりかえて，2個のおもりPと3個のおもりQを同時につるすと，表から考えて，ばねYののびは何cmになると考えられるか。

問題 4　次のA，B，Cの問いに答えなさい。

A　太郎さんは，スキー競技のテレビ中継の録画を見ながら，理科の授業で学習したことについて考えた。これに関して，次の(1)～(5)の問いに答えよ。

(1)　下の図Ⅰは，ある選手が水平面上を滑っているようすを模式的に表したものであり，この選手にはたらく重力を矢印(•――→)で，水平面に平行な方向とそれに垂直な方向を，等間隔にひいた破線(┈┈)で表してある。また，下の図Ⅱは，この選手が斜面上を滑っているようすを模式的に表したものであり，この選手にはたらく重力を矢印(•――→)で，斜面に平行な方向とそれに垂直な方向を，等間隔にひいた破線(┈┈)で表してある。図Ⅱの斜面上で，この選手にはたらく重力の斜面に平行な分力の大きさは，この選手にはたらく重力の大きさの何倍と考えられるか。

図Ⅰ

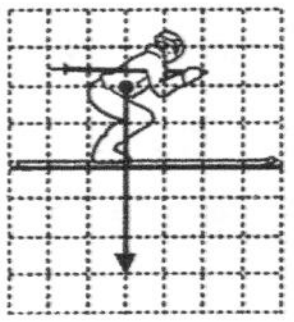

図Ⅱ

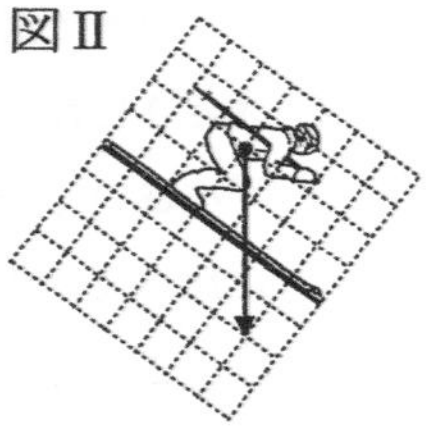

(2)　右の図Ⅲは，ある選手が起伏のあるコースを滑っているようすを模式的に表したものである。この選手はX点を通過したあと，X点より下にあるY点を通過して，X点より下にあり，Y点より上にあるZ点を通過した。この選手がX点，Y点，Z点を通過するときの速さをそれぞれx，y，zとする。このとき，x，y，zの関係は$x < z < y$であった。このときのX～Z点でこの選手がもつ運動エネルギーや位置エネルギーの関係について述べた，次のア～エのうち，最も適当なものを一つ選んで，その記号を書け。

図Ⅲ

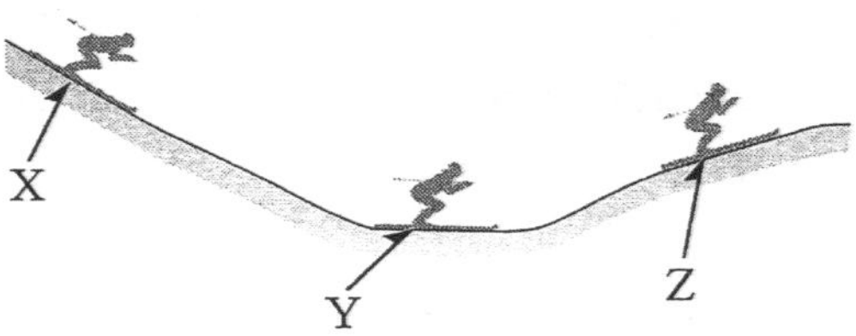

ア　Y点はX点に比べ，位置エネルギー，運動エネルギーともに増加している

イ　Z点はY点に比べ，位置エネルギーは増加しているが，運動エネルギーは変化していない

ウ　Z点はX点に比べ，位置エネルギーは減少しているが，運動エネルギーは増加している

エ　X点，Y点，Z点のうち，運動エネルギーが最小のところはY点である

(3)　太郎さんは，テレビの録画の映像が$\frac{1}{30}$秒で1コマになっていることを用いて，スロー再生を行い，ある選手の速さを調べた。右の図Ⅳは，この選手のスキー板の前の端がちょうどゴールライン上に達した瞬間のようすである。この瞬間から，テレビの録画の映像を6コマ進めたときに，スキー板の後ろの端がちょうどゴールライン上に達した。この選手のスキー板の，前の端から後ろの端までの長さは1.8 mであり，この選手がゴールライン上を通過する間，スキー板はゴールラインに対して垂直であった。ゴールライン上を通過する間の，この選手の平均の速さは何m/sと考えられるか。

図Ⅳ

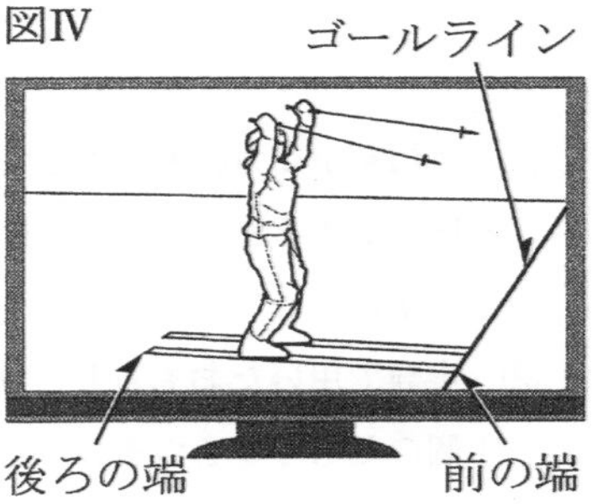

実験Ⅱでは，ビーカー内の鉄粉が空気中にある酸素と化合して温度が上がった。このような，物質が酸素と化合する化学変化を［ P ］といい，この反応は市販の化学かいろにも利用されている。このように，化学変化のときに温度が上がる反応を［ Q ］反応という。

実験Ⅲ　太郎さんは実験Ⅱの結果から，「化学変化が起こるときにはいつも温度が上がる」という仮説を立てた。その仮説を確かめるために，先生と相談して，室温と同じ温度になったいろいろな物質をビーカー内で混ぜ合わせて，反応が起こる前の物質の温度と，反応により最も温度が変化したときの物質の温度を記録した。下の表Ⅱは，その結果をまとめたものである。

表Ⅱ

混ぜ合わせた物質	反応が起こる前の物質の温度[℃]	最も温度が変化したときの物質の温度[℃]
塩酸と水酸化ナトリウム水溶液	23.0	29.5
塩化アンモニウムと水酸化バリウム	23.0	5.0
酸化カルシウムと水	23.0	96.0

(4)　塩酸は塩化水素が水にとけた水溶液である。塩化水素は水にとけると電離する。塩化水素の電離を表す式を化学式を用いて書け。

(5)　塩化アンモニウムと水酸化バリウムを混ぜ合わせると，アンモニアが発生する。次のア～ウのうち，アンモニアの集め方として，最も適しているものを一つ選んで，その記号を書け。また，その集め方をするのは，アンモニアがどのような性質をもつからか。その性質を **水　空気** の言葉を用いて書け。

ア　上方置換法　　イ　下方置換法　　ウ　水上置換法

(6)　次の文は，実験Ⅱと実験Ⅲの結果についての太郎さんと先生の会話の一部である。あとのア～エのうち，文中のXの［　　］内にあてはまる言葉として最も適当なものを一つ選んで，その記号を書け。

> 太郎：鉄粉と活性炭に食塩水を加えて混ぜ合わせたときや，塩酸と水酸化ナトリウム水溶液を混ぜ合わせたときのように，化学変化が起こるときには温度が上がるということがわかりました。特に，酸化カルシウムと水を混ぜ合わせたときには70 ℃以上も温度が上がって驚きました。
> 先生：太郎さんの仮説は「化学変化が起こるときにはいつも温度が上がる」というものでしたね。では，塩化アンモニウムと水酸化バリウムを混ぜ合わせてアンモニアが発生したときの結果はどう考えますか。
> 太郎：化学変化が起こるときには［ X ］のではないかと思います。
> 先生：その通りです。

ア　温度が上がるはずなので，この反応は化学変化とはいえない
イ　温度が上がるはずなので，混ぜ合わせる量を増やせば熱が発生して温度が上がる
ウ　温度が上がると考えていましたが，温度が下がる反応もある
エ　温度が上がると考えていましたが，温度が下がったのでこの結果は除いたほうがよい

B　太郎さんは次の実験Ⅰ～Ⅲをした。これに関して，あとの(1)～(6)の問いに答えよ。

実験Ⅰ　砂糖，食塩，エタノール，プラスチック，スチールウールをそれぞれ燃焼さじの上にのせ，炎の中に入れて加熱し，燃えるかどうかを調べた。加熱したときに火がついて燃えたものは，右の図Ⅰのように石灰水が入った集気びんの中に入れて，火が消えるまで燃焼させた。そのあと，燃焼さじを集気びんから取り出し，集気びんをよくふって石灰水の変化を調べた。加熱したときに火がつかず燃えなかったものも，石灰水が入った集気びんの中に入れて，温度が下がるまでしばらく待った。そのあと，燃焼さじを集気びんから取り出し，集気びんをよくふって石灰水の変化を調べた。下の表Ⅰは，その結果をまとめたものである。

図Ⅰ

表Ⅰ

調べたもの	砂　糖	食　塩	エタノール	プラスチック	スチールウール
加熱したときのようす	燃えた	燃えなかった	燃えた	燃えた	燃えた
石灰水のようす	白くにごった	変化なし	白くにごった	白くにごった	変化なし

(1)　実験Ⅰで調べたもののうち，砂糖は有機物に分類される。次の㋐～㋓のうち，表Ⅰの結果と調べたものの特徴をふまえて，実験Ⅰで調べたものが有機物かどうかを説明したものとして，最も適当なものを一つ選んで，その記号を書け。

㋐　食塩は燃えなかったが，砂糖と同じように白い固体なので有機物である

㋑　エタノールは燃えたが，砂糖と違って液体なので有機物ではない

㋒　プラスチックは燃えたが，砂糖と違って人工的に合成された物質なので有機物ではない

㋓　スチールウールは燃えたが，砂糖と違って燃えたあとに集気びんの中の石灰水を変化させなかったので有機物ではない

(2)　火がついて燃える物質には，実験Ⅰで調べた固体や液体以外にも，天然ガスに含まれるメタンや，水の電気分解で生成する水素などの気体がある。メタンや水素は，燃焼するときに熱が発生するため，エネルギー源として利用される。一方で，空気中でメタンと水素がそれぞれ燃焼するときに発生する物質には違いがある。どのような違いがあるか。簡単に書け。

実験Ⅱ　鉄粉と活性炭をビーカーに入れてガラス棒で混ぜ，温度計で温度をはかった。そのときの物質の温度は23.0℃であった。次に，右の図Ⅱのように，ビーカー内に食塩水をスポイトで5，6滴加えてガラス棒でかき混ぜると，反応が起こって物質の温度が上がった。最も高くなったときの物質の温度は75.0℃であった。

図Ⅱ

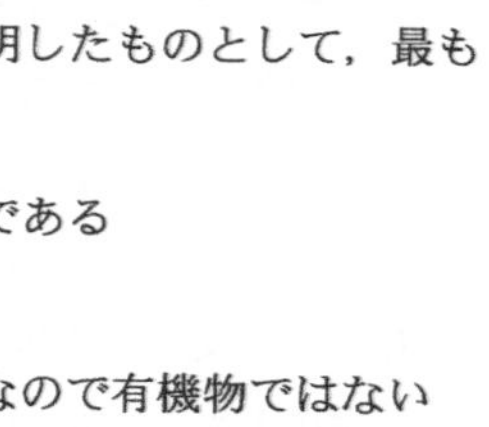

(3)　次のページの文は，実験Ⅱで起こった化学変化に関して述べようとしたものである。文中のP，Qの□内にあてはまる最も適当な言葉を，それぞれ書け。

(2) 実験Ⅰ，Ⅱのそれぞれの文中の下線部に，反応の前後で質量の変化はなかったとあるが，次の文は，化学変化の前後で，その反応に関係している物質全体の質量が変化しない理由について述べようとしたものである。文中の2つの〔　　　〕内にあてはまる言葉を，㋐，㋑から一つ，㋒，㋓から一つ，それぞれ選び，その記号を書け。また，文中の□内にあてはまる最も適当な言葉を書け。

　化学変化の前後で，その反応に関係している物質全体の質量が変化しないのは，反応に関わった物質をつくる原子の組み合わせは変化〔㋐する　㋑しない〕が，反応に関わった物質をつくる原子の種類と数は変化〔㋒する　㋓しない〕ためである。このように，化学変化の前後で，その反応に関係している物質全体の質量が変わらないことを□の法則という。

(3) 実験Ⅱで，気体が発生しなくなってから，プラスチックの容器のふたをゆっくりとあけ，もう一度ふたを閉めてから，再びプラスチックの容器全体の質量を電子てんびんではかったところ，質量は減少していた。ふたをあけて，もう一度ふたを閉めたプラスチックの容器全体の質量が減少したのはなぜか。その理由を簡単に書け。

実験Ⅲ　下の図Ⅱのように，うすい塩酸 20 cm^3 が入ったビーカーの質量を電子てんびんではかった。次に，そのうすい塩酸に炭酸水素ナトリウムを静かに加えて反応させたところ，気体が発生した。気体が発生しなくなったあと，反応後のビーカー全体の質量をはかった。この方法で，うすい塩酸 20 cm^3 に対して，加える炭酸水素ナトリウムの質量を，0.5 g，1.0 g，1.5 g，2.0 g，2.5 g，3.0 g にして，それぞれ実験した。あとの表は，その結果をまとめたものである。

図Ⅱ

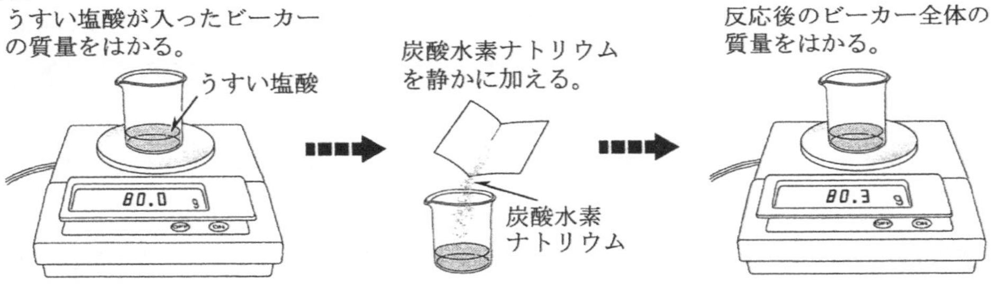
うすい塩酸が入ったビーカーの質量をはかる。
うすい塩酸
80.0 g
炭酸水素ナトリウムを静かに加える。
炭酸水素ナトリウム
反応後のビーカー全体の質量をはかる。
80.3 g

表

うすい塩酸 20 cm^3 が入ったビーカーの質量[g]	80.0	80.0	80.0	80.0	80.0	80.0
加えた炭酸水素ナトリウムの質量[g]	0.5	1.0	1.5	2.0	2.5	3.0
反応後のビーカー全体の質量[g]	80.3	80.6	80.9	81.2	81.7	82.2

(4) 実験Ⅱ，Ⅲの結果から考えて，実験Ⅲで用いたのと同じうすい塩酸をビーカーに 30 cm^3 とり，それに炭酸水素ナトリウム 4.0 g を加えて，十分に反応させたとき，発生する気体は何 g と考えられるか。

ア　葉の表側と裏側の蒸散量に差はなく，葉以外からも蒸散していることがわかる

イ　葉の表側と裏側の蒸散量に差はなく，葉以外からは蒸散していないことがわかる

ウ　葉の表側は裏側よりも蒸散量が多く，葉以外からも蒸散していることがわかる

エ　葉の表側は裏側よりも蒸散量が多く，葉以外からは蒸散していないことがわかる

オ　葉の裏側は表側よりも蒸散量が多く，葉以外からも蒸散していることがわかる

カ　葉の裏側は表側よりも蒸散量が多く，葉以外からは蒸散していないことがわかる

(5)　ムラサキツユクサの茎を，赤インクで着色した水の入った三角フラスコに入れたまま，3時間放置した。その後，この茎をできるだけうすく輪切りにし，顕微鏡で観察した。右の図Ⅳは，このときの茎の横断面の一部のようすを模式的に示したものである。図Ⅳ中にYで示した管は濃く着色されており，根から吸収した水や，水にとけた肥料分の通り道になっている。この管は何と呼ばれるか。その名称を書け。

図Ⅳ

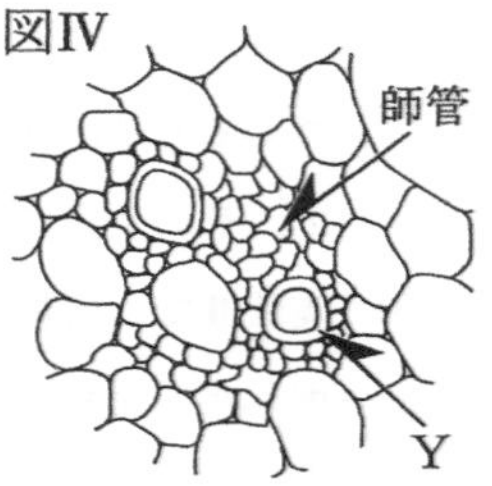

問題 3　次のA，Bの問いに答えなさい。

A　化学変化の前後で，物質の質量がどのように変化するかを調べるために，次の実験Ⅰ～Ⅲをした。これに関して，あとの(1)～(4)の問いに答えよ。

実験Ⅰ　うすい硫酸 10 $\mathrm{cm^3}$ が入ったビーカーと，うすい水酸化バリウム水溶液 10 $\mathrm{cm^3}$ が入ったビーカーの質量をまとめて電子てんびんではかった。次に，そのうすい硫酸をうすい水酸化バリウム水溶液に静かに加えたところ，水溶液が白くにごった。これを静かに置いておくと，ビーカーの底に白い固体が沈殿した。この白い固体が沈殿しているビーカーと，うすい硫酸が入っていたビーカーの質量をまとめて電子てんびんではかったところ，反応の前後で質量の変化はなかった。

(1)　実験Ⅰにおける，うすい硫酸とうすい水酸化バリウム水溶液が反応して白い固体ができたときの化学変化を，化学反応式で表せ。

実験Ⅱ　下の図Ⅰのように，うすい塩酸と炭酸水素ナトリウムをプラスチックの容器に入れて密閉し，その容器全体の質量を電子てんびんではかった。次に，その密閉したプラスチックの容器の中で，うすい塩酸と炭酸水素ナトリウムを混ぜ合わせると気体が発生した。反応後のプラスチックの容器全体の質量を電子てんびんではかったところ，反応の前後で質量の変化はなかった。

図Ⅰ

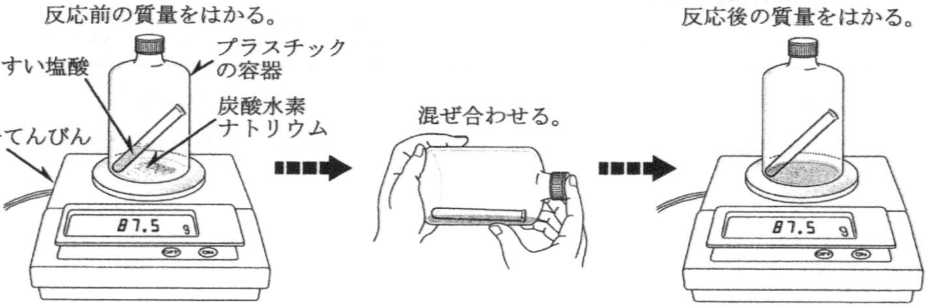

資料Ⅰ

耕地面積	戸数(戸)
10 ha 未満	14
10 ha 以上 20 ha 未満	339
20 ha 以上	147

資料Ⅱ

全国の農家一戸あたりの耕地面積(ha)	2.5

資料Ⅲ

	大潟村	全国
農家一戸あたりの農業産出額(万円)	2106	639

(農林水産省資料などにより作成)

f　太郎さんは，秋田市にある秋田空港を訪れ，秋田空港からわが国のいくつかの都市やその近郊にある空港に旅客機が就航していることを知った。下の図は，秋田空港，新千歳《ちとせ》空港(札幌)，東京国際空港(東京)，中部国際空港(名古屋)，大阪国際空港(大阪)について，それぞれの空港間の2018年における旅客輸送数を示そうとしたものである。図中のア～エのうち，東京国際空港(東京)にあたるものはどれか。一つ選んで，その記号を書け。

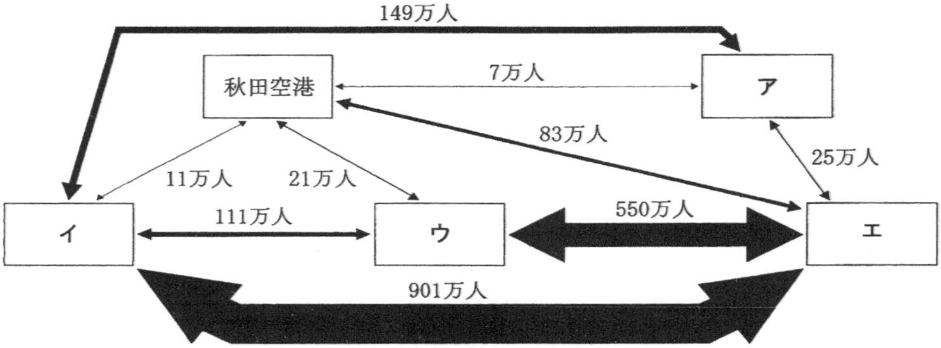

(総務省資料により作成)

(6)　現在，わが国では，発電量全体の中で火力発電が大きな割合を占めている。下の図は，わが国の主な火力発電所の位置を示しており，わが国の火力発電所の多くは臨海部に立地していることがわかる。また，下の表は，2019年におけるわが国の石炭，石油，天然ガスの自給率をそれぞれ示したものである。わが国の火力発電所の多くが臨海部に立地しているのはなぜか。表をもとに，その理由を簡単に書け。

図

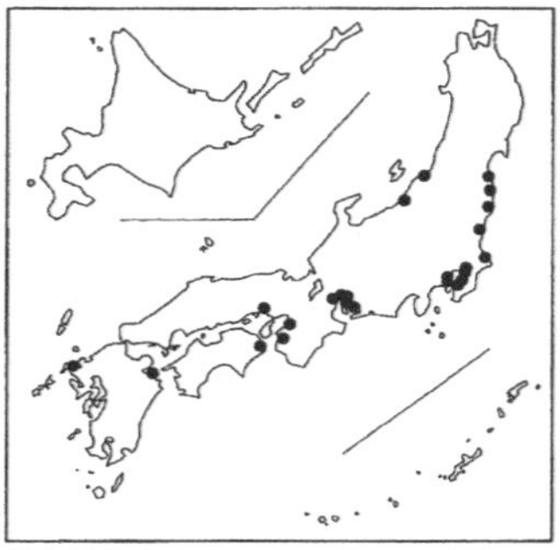

(注) 最大出力200万kW以上の発電所のみを示している。

表

	自給率(%)
石　炭	0.4
石　油	0.3
天然ガス	2.3

(「日本国勢図会2020/21」により作成)

(5) 下の地形図は，旅行で秋田県を訪れた中学生の太郎さんが，大潟《おおがた》村で地域調査をおこなった際に使用した，国土地理院発行の２万5000分の１の地形図（大潟）の一部である。これに関して，あとのａ～ｆの問いに答えよ。

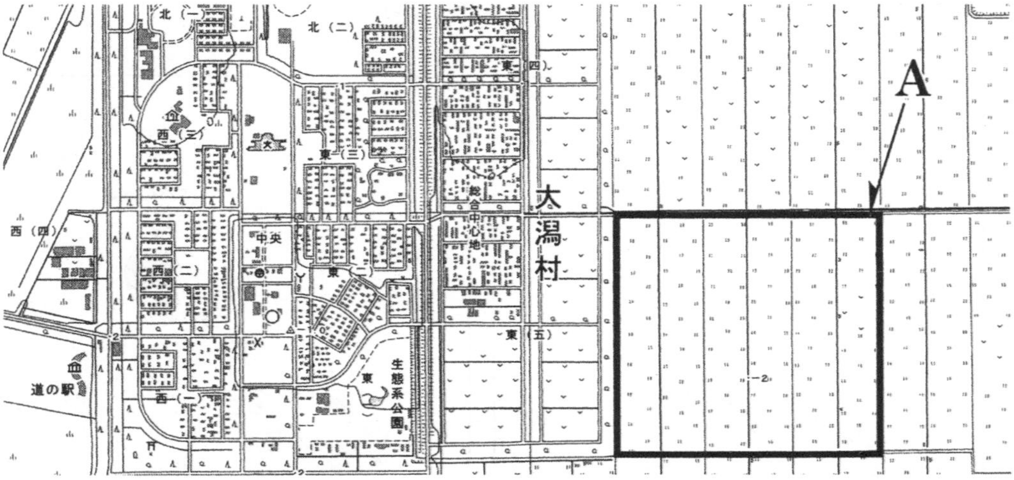

（国土地理院発行の２万5000分の１の地形図により作成）

ａ　地形図中にＡで示した範囲を，この地図上で縦約3.9cm，横約4.1cmの長方形とするとき，Ａで示した範囲の周囲の実際の距離は約何ｍか。その数字を書け。

ｂ　次のア～エのうち，地形図中にみられないものはどれか。一つ選んで，その記号を書け。

ア　寺院　　イ　消防署　　ウ　老人ホーム　　エ　交番

ｃ　大潟村には，東経140度の経線が通っている。右の略地図は，東経140度の経線が通る地域を示している。東経140度の経線が通る県のうち，県名と県庁所在地の都市名が異なる県は二つある。その二つの県の県庁所在地の都市名は，次の㋐～㋓のうちのどれか。二つ選んで，その記号を書け。

㋐　水戸市　　㋑　宇都宮市

㋒　前橋市　　㋓　甲府市

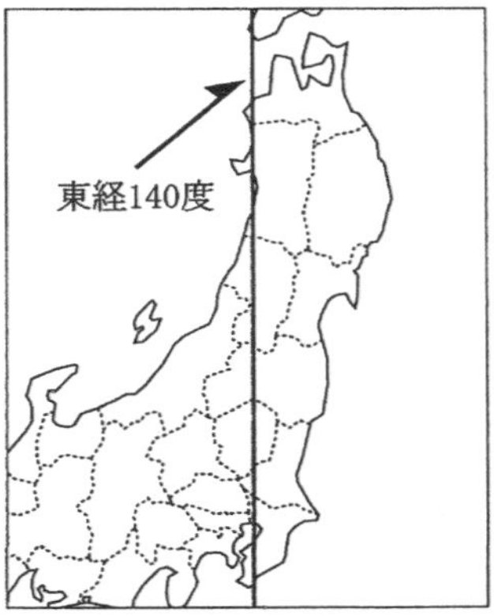

ｄ　大潟村が属する秋田県の沖合には，ある暖流が流れている。この暖流は何と呼ばれるか。その呼び名を書け。

ｅ　太郎さんは，大潟村の農業について調べた。次のページの資料Ⅰは，2015年における大潟村の耕地面積別農家戸数を，資料Ⅱは，2015年における全国の農家一戸あたりの耕地面積を，資料Ⅲは，2015年における大潟村と全国の農家一戸あたりの農業産出額をそれぞれ示したものである。資料Ⅰ～Ⅲから，大潟村の農業にはどのような特徴があると読みとれるか。**耕地**　**高い**の二つの言葉を用いて，簡単に書け。

(4) 次のア～エの略地図は，2017 年における都道府県別の，第三次産業就業者の割合，総人口に占める 65 歳以上の人口の割合，人口密度，工業生産額(製造品出荷額等)のいずれかについて，それぞれ上位 10 都道府県を 　　　 で示したものである。ア～エのうち，工業生産額(製造品出荷額等)を示した略地図はどれか。一つ選んで，その記号を書け。

ア

イ

ウ

エ

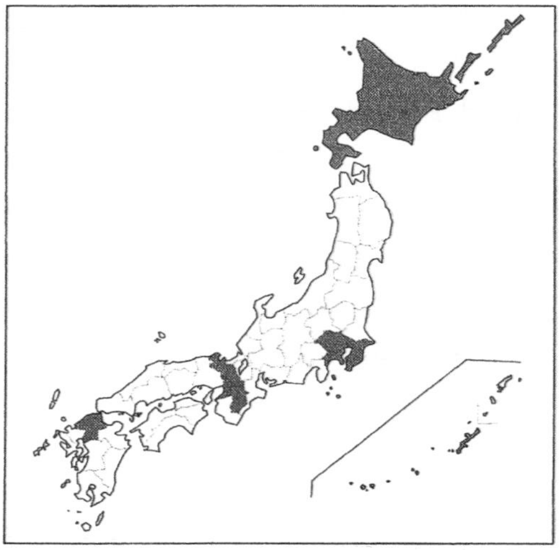

(日本国勢図会2020/21などにより作成)

(3) 下の資料Ⅰ，Ⅱは，わが国とタイとの貿易について，1970 年と 2018 年における，タイへの輸出品の構成とタイからの輸入品の構成をそれぞれ示したものである。資料Ⅰ，Ⅱからわかることについて述べたあとの㋐～㋓のうち，誤っているものはどれか。一つ選んで，その記号を書け。

資料Ⅰ　タイへの輸出品の構成

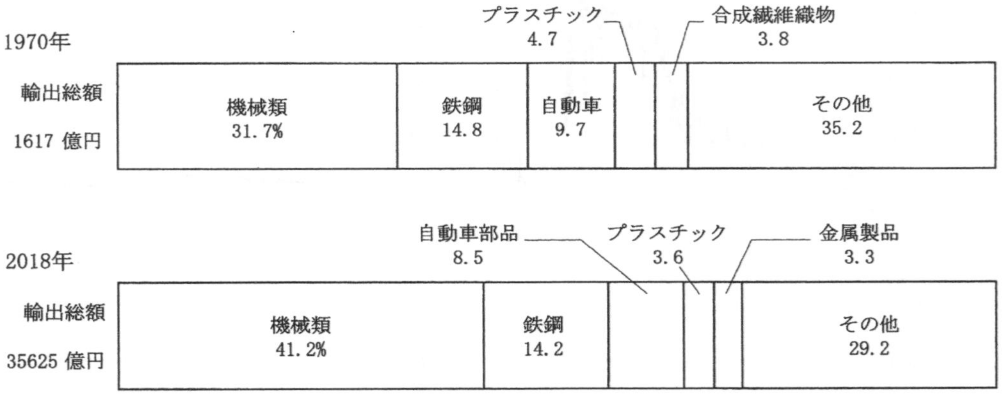

(「数字でみる日本の100年」により作成)

資料Ⅱ　タイからの輸入品の構成

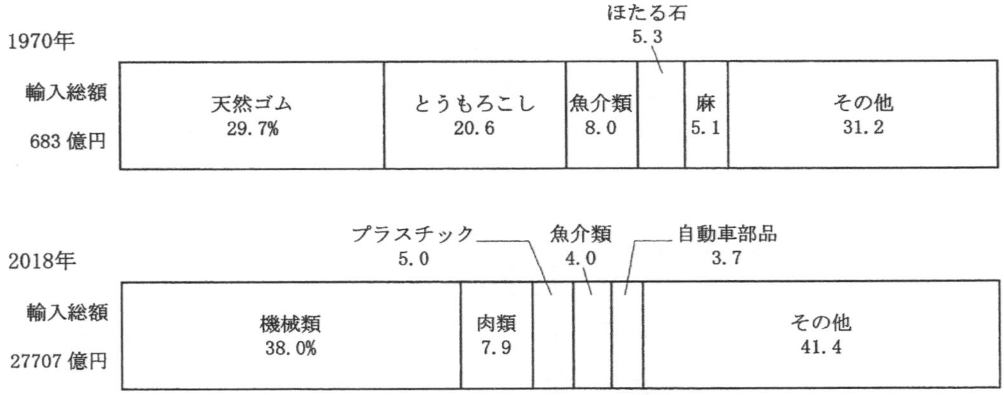

(「数字でみる日本の100年」により作成)

㋐ 1970 年において，タイからの輸入総額は，タイへの輸出総額よりも少ない

㋑ タイへの機械類の輸出額は，1970 年と比べて 2018 年の方が多い

㋒ タイからの魚介類の輸入額は，1970 年と比べて 2018 年の方が少ない

㋓ 2018 年において，自動車部品のタイへの輸出額は，タイからの輸入額よりも多い

e　次のア～エのうち，略地図中の Y——Z の断面図として最も適当なものはどれか。一つ選んで，その記号を書け。

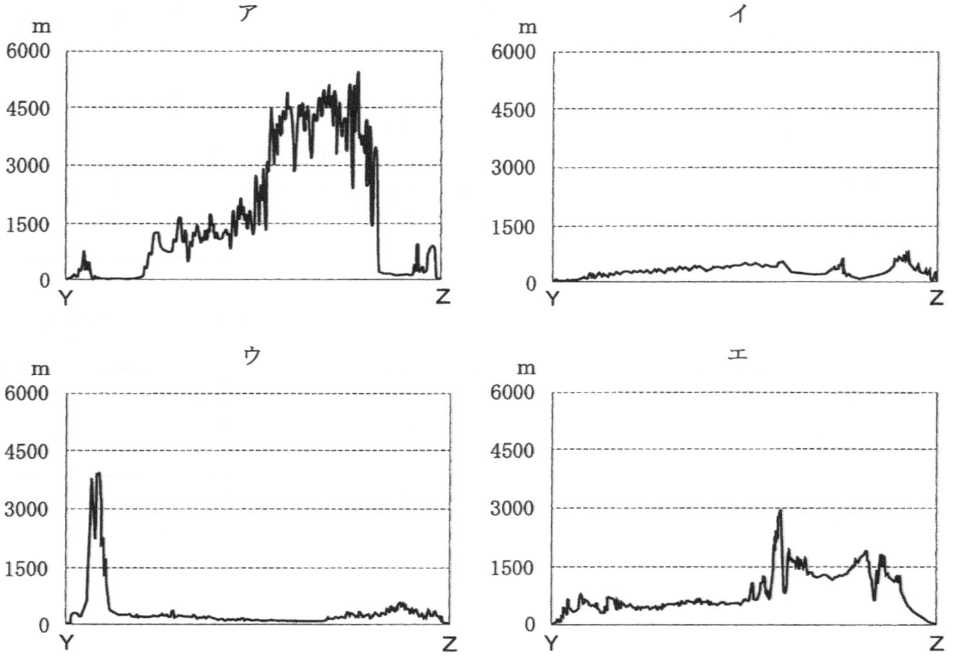

（「地理院地図」により作成）

⑵　下の資料は，2015 年におけるインドの年齢別人口構成比を示したものである。また，下の図は，その資料をもとに作成しようとしている人口ピラミッドである。資料を用いて，解答欄の人口ピラミッドを完成させよ。

資料

年齢（歳）	男（%）	女（%）	年齢（歳）	男（%）	女（%）
0～ 4	9	9	45～49	5	5
5～ 9	10	10	50～54	5	5
10～14	10	9	55～59	4	4
15～19	10	9	60～64	3	3
20～24	9	9	65～69	2	2
25～29	9	9	70～74	1	2
30～34	8	8	75～79	1	1
35～39	7	7	80 以上	1	1
40～44	6	6			

（注）表中の数字は，小数点以下を四捨五入してある。
（総務省資料により作成）

図

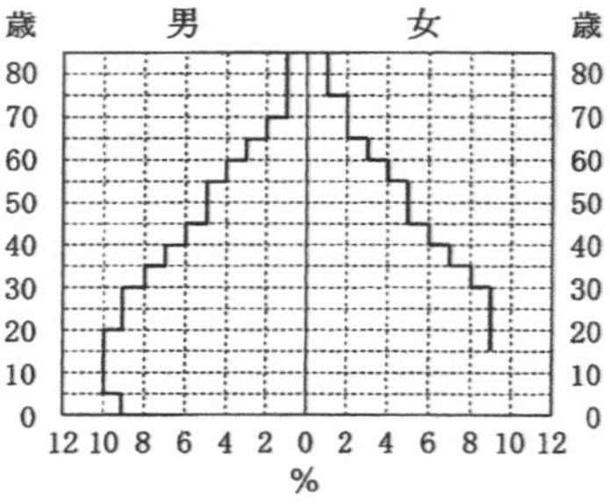

問題 3　次の(1)～(6)の問いに答えなさい。

(1) 次の略地図は，緯線と経線が直角に交わる地図で，経線は等間隔で引かれている。この略地図を見て，あとのａ～ｅの問いに答えよ。

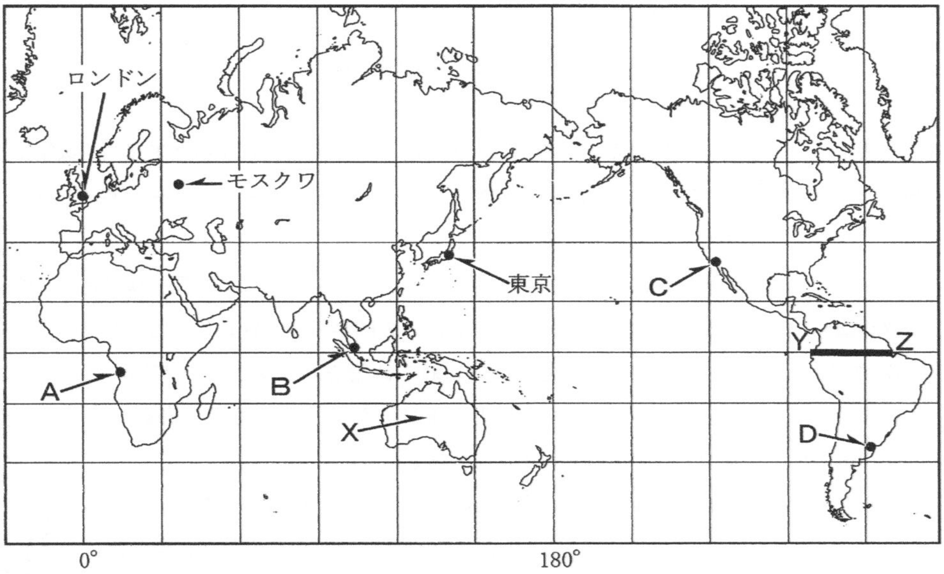

ａ　略地図中にＡ～Ｄで示した都市のうち，赤道をはさんで反対側に移すと，東京と緯度がほぼ同じになる都市はどれか。最も適当なものを一つ選んで，その記号を書け。

ｂ　下の表は，略地図中のロンドンから東京に向かうある飛行機の，ロンドンを出発した日時をイギリスの標準時で，東京に到着した日時をわが国の標準時で示したものである。この飛行機がロンドンを出発してから東京に到着するまでにかかった時間は，何時間何分か。その数字を書け。

ロンドンを出発した日時	東京に到着した日時
2月9日19時00分	2月10日15時50分

ｃ　略地図中にＸで示した大陸は，六大陸の一つである。この大陸は何と呼ばれるか。その呼び名を書け。

ｄ　略地図中のモスクワはロシアの首都であり，亜寒帯(冷帯)に属している。次のア～エのグラフのうち，モスクワの月平均気温と月降水量を表したものはどれか。一つ選んで，その記号を書け。

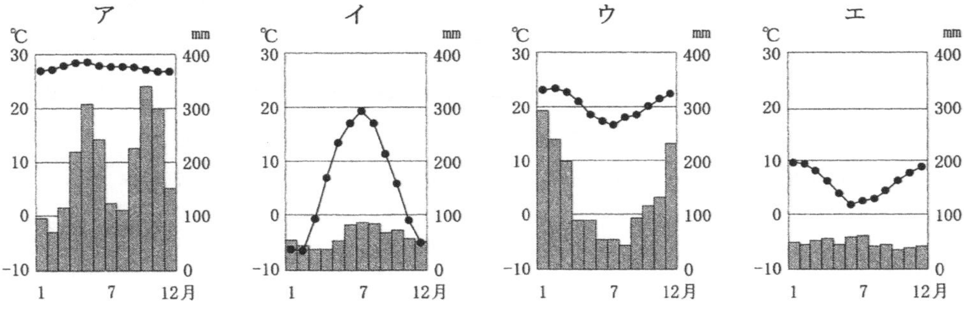

(「理科年表 2021」により作成)

c　年表中の下線部②にワシントン会議とあるが，次のア～エのうち，この会議で決められた内容について述べたものはどれか。一つ選んで，その記号を書け。

ア　わが国は日英同盟を解消し，列強とともに海軍の軍備を制限した

イ　わが国はソ連との国交を回復した

ウ　わが国はアメリカとの間で，関税自主権を回復した

エ　わが国は中国の山東《シャントン》《さんとう》省の旧ドイツ権益を引きついだ

d　年表中の下線部③に世界恐慌とあるが，次の文は，世界恐慌に対する欧米諸国の政策について述べようとしたものである。文中の二つの〔　　　〕内にあてはまる言葉を，㋐，㋑から一つ，㋒，㋓から一つ，それぞれ選んで，その記号を書け。

世界恐慌とその後の不況に対して，イギリスやフランスなどは，本国と植民地や，関係の深い国や地域との貿易を拡大する一方，それ以外の国から輸入される商品にかける税(関税)を〔㋐高く　㋑低く〕するブロック経済と呼ばれる政策をおこなった。ソ連は，〔㋒レーニン　㋓スターリン〕の指導の下，計画経済をおし進めた結果，世界恐慌の影響をほとんど受けず，国内生産を増強し，アメリカに次ぐ工業国となった。

(6)　右の新聞記事は，1945年8月15日に重大な放送がおこなわれることを予告したものの一部である。1945年8月14日にわが国は，アメリカなどの連合国が無条件降伏を求めたある宣言を受け入れて降伏することを決定し，8月15日に昭和天皇がラジオ放送で国民に知らせた。連合国がわが国に無条件降伏を求めたこの宣言は何と呼ばれるか。その呼び名を書け。

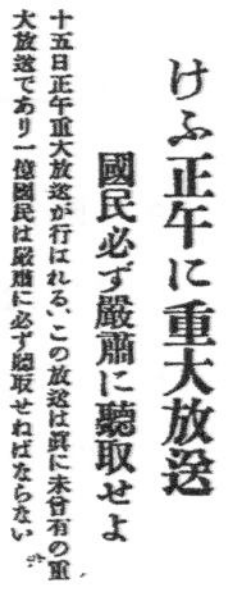
けふ正午に重大放送
國民必ず嚴粛に聽取せよ
十五日正午重大放送が行はれる、この放送は眞に未曾有の重大放送であり一億國民は嚴粛に必ず聽取せねばならない

(7)　20世紀のわが国の政治や外交に関して，次のａ，ｂの問いに答えよ。

a　1950年に連合国軍総司令部(GHQ)は，わが国の政府に指令を出して，警察予備隊を創設させた。次の㋐～㋓のうち，GHQが警察予備隊の創設の指令を出すきっかけとなった当時の国際的なできごととして最も適当なものはどれか。一つ選んで，その記号を書け。

㋐　朝鮮戦争が始まった　　　㋑　中国で五・四運動がおこった

㋒　日中共同声明が発表された　　　㋓　ソ連が解体した

b　サンフランシスコ平和条約が結ばれた後も，引き続きアメリカの統治下におかれた沖縄では，長い間，わが国への復帰を求める運動がおこなわれていた。わが国の政府は，アメリカ政府と交渉を進め，1972年，ある内閣のときに沖縄のわが国への復帰が実現した。この内閣の内閣総理大臣はだれか。次のア～エから一つ選んで，その記号を書け。

ア　吉田茂《しげる》　　イ　岸信介《のぶすけ》　　ウ　池田勇人《はやと》　　エ　佐藤栄作

問題三

(一)

a タン なる

b フクザツ

c セイサク

d ゼンテイ

(二)

(三) 物語は、それが語られたときの雰囲気や　　　　が求められると考えているから

(四)

(五)

(六) ア　イ

(七)

(八)

(九) ○

(十)

(一)1点×4
(二)1点
(三)2点
(四)2点
(五)1点
(六)2点
(七)2点
(八)1点
(九)2点
(十)2点

問題四

別紙の国語解答用紙(その二)に書きなさい。

8点

国語解答用紙（その二）

問題四

(250)　(150)

1行25字

受検番号	

数　学　解　答　用　紙

※50点満点

受検番号	

問題1

(1)		1点
(2)		2点
(3)		2点
(4)		2点
(5)		2点
(6)		2点
(7)		2点

問題2

(1)		度	2点
(2)	ア		2点
(2)	イ	cm^3	2点
(3)		cm^2	2点

問

		2点

問題4

(1)	ア	$a =$	2点
(1)	イ		2点
(2)	ア	cm^2	2点
(2)	イ	$0 \leqq x \leqq 5$ のとき　cm^2	2点
(2)	イ	$5 \leqq x \leqq 10$ のとき　cm^2	2点
(2)	ウ	t の値を求める過程 答　t の値	3点

【解答

英　語　解　答　用　紙

※50点満点

受検番号	

問題1	A	○						
	B	○						
	C							
	D	Emiが行こうとしている場所						
		Emiが選ぶ交通手段でその場所までかかる時間	＿＿＿＿ 分					
		Emiが楽しみにしていること	＿＿＿＿ こと					
	E	No. 1		No. 2		No. 3		
問題2	(1)	(a)		(b)		(c)		(d)
	(2)							
	(3)							
問題3	(1)							
	(2)							
	(3)	＿＿＿＿＿＿＿＿＿＿＿＿＿＿＿＿?						
	(4)							
	(5)	A ＿＿＿＿＿＿＿＿＿＿＿＿＿＿＿＿ an expert.						
	(6)							

A．１点
B．２点
C．１点
D．場所…１点　時間…１点　楽しみにしていること…２点
E．No. 1…１点　No. 2…１点　No. 3…２点

(1) 1点×4
(2) 1点
(3) 1点

(1) 1点　(2) 1点　(3) 2点　(4) 1点　(5) 2点　(6) 1点　(7) 1点　(8) 2点　(9) 2点

【解答用

理　科　解　答　用　紙

※50点満点

受検番号	

問題1				
A	(1)	a		1点
		b	%	1点
	(2)	a	hPa	1点
		b	○ と ○	1点
	(3)	a	○ と ○	1点
		b	しめった空気の温度が下がることで， ＿＿＿＿＿＿＿＿ ＿＿＿＿＿＿＿＿ ＿＿＿＿＿，雲ができます。	1点
B	(1)	a		1点
		b		1点
		c	○ と ○	1点
	(2)	a	○ と ○	1点
		b	○	1点

問題3				
A	(1)	$H_2SO_4 + Ba(OH)_2 \rightarrow$ ＿＿＿＿		1点
	(2)	記号	○ と ○	1点
		言葉	＿＿＿＿の法則	
	(3)	＿＿＿＿＿＿＿＿ ＿＿＿＿＿＿＿＿		1点
	(4)	g		2点
B	(1)	○		1点
	(2)	メタンが燃焼するときには＿＿＿＿ ＿＿＿＿＿，水素が 燃焼するときには＿＿＿＿ ＿＿＿＿＿という違いがある。		1点
	(3)	P	Q	1点
	(4)	→ ＋		1点
	(5)	記号		1点
		性質	＿＿＿＿＿＿＿＿ ＿＿＿＿＿という性質。	
	(6)			1点

【解答用

社 会 解 答 用 紙

問題1				
	(1)			
	(2)	a		
		b		
		c	記号	○
			理由	からである。
		d		
	(3)			
	(4)	a	○ と ○	
		b		
		c		
		d		
		e		
	(5)	a		
		b	記号	○
			言葉	

問題１．⑴１点
⑵ａ，ｂ，ｄ…１点×３　ｃ…２点
⑶１点
⑷ａ，ｂ，ｄ，ｅ…１点×４　ｃ…２点
⑸ａ…１点　ｂ…１点

問題2			
	(1)		
	(2)	a	
		b	
		c	
		d	○
		e	
	(3)	a	
		b	○
		c	領民の信仰する
	(4)	a	○
		b	
	(5)	a	
		b	
		c	
		d	○
	(6)		
	(7)	a	
		b	

問題２．１点×18

と　○

○　→　○

ことを証明させるため。

○　→　○

と　○

○

※50点満点

受検番号	

問題3

(1)	a	
	b	時間　分
	c	大陸
	d	
	e	
(2)		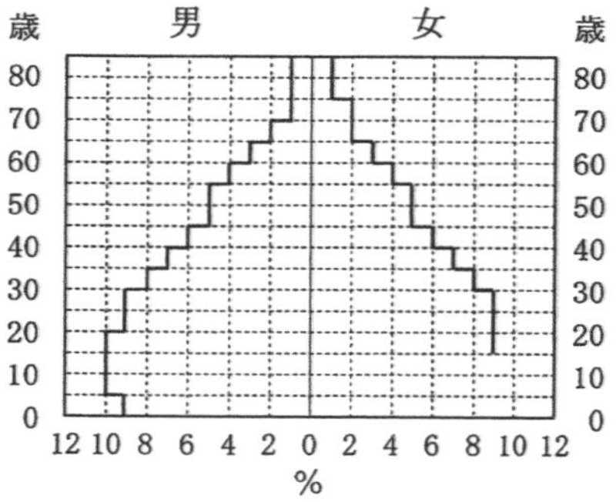
(3)		○
(4)		
(5)	a	約　m
	b	
	c	○　と　○
	d	海流
	e	
	f	
(6)		火力発電の燃料の自給率が　　ので， 　　から。

問題３．(1)ａ，ｃ，ｄ，ｅ…１点×４　ｂ…２点
(2)１点
(3)１点
(4)１点
(5)ａ，ｂ，ｃ，ｄ，ｆ…１点×５　ｅ…２点
(6)１点

問題2						
A	(1)	P		Q		1点
	(2)	肉食動物の数量が減少 →〇→〇→〇→ もとの状態				1点
B	(1)	〇				1点
	(2)	P		Q		1点
	(3)	〇 と 〇				1点
	(4)	a				1点
		b	〇 と 〇			1点
	(5)					1点
C	(1)					1点
	(2)	数値		記号	〇	1点
	(3)					1点
	(4)					1点
	(5)					1点

4			
A	(2)		1点
	(3)	m/s	1点
	(4)	〇 と 〇	1点
	(5)	＿＿＿＿は，力のはたらく面積を小さくすることで圧力を大きくし，＿＿＿＿する道具である。	1点
B	(1)	倍	1点
	(2)	cm	2点
C	(1)	〇 と 〇	1点
	(2)	Ω	1点
	(3)	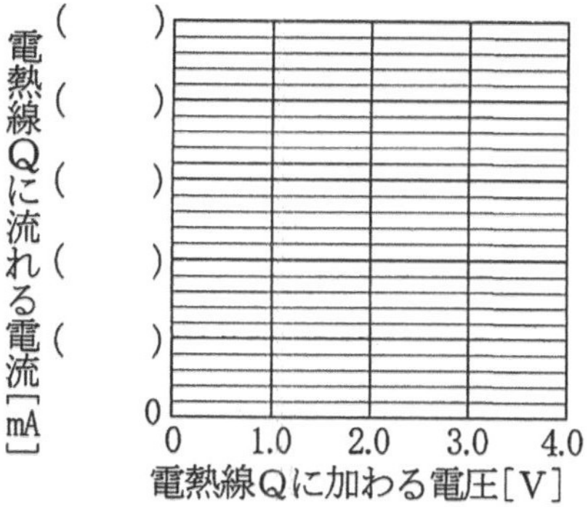	1点
	(4)	V	1点
	(5)	倍	2点

	(8)		I ＿＿＿＿＿＿＿＿ in the world.
	(9)		Everyone, ＿＿＿＿＿＿＿＿.
問題4	(1)		＿＿＿＿＿＿＿＿?
	(2)		
	(3)		
	(4)		
	(5)		
	(6)		
	(7)	(a)	＿＿＿＿＿＿＿＿.
		(b)	＿＿＿＿＿＿＿＿.
	(8)		○ と ○

(1) 2点　(2) 1点　(3) 2点　(4) 1点　(5) 2点　(6) 1点　(7) 1点×2　(8) 2点×2

問題5	I think living in [　　　　] is better. ＿＿＿＿＿＿＿＿ ＿＿＿＿＿＿＿＿. ＿＿＿＿＿＿＿＿. ＿＿＿＿＿＿＿＿. ＿＿＿＿＿＿＿＿.

4点

(2)		◯ と ◯
(3)	ア	2点
	イ	$y =$ 2点
(4)		a，b の値を求める過程 3点 答 aの値 ，bの値

5 3点

(2) 証明 4点

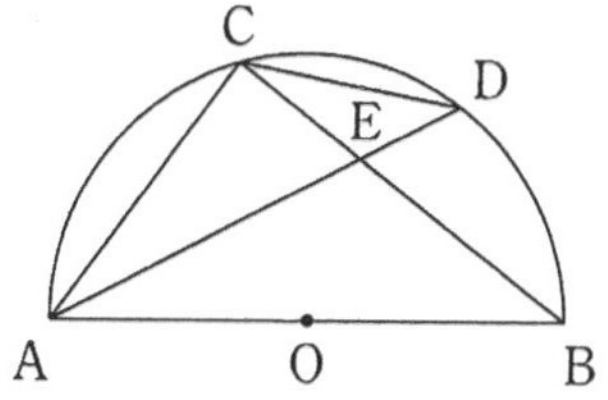

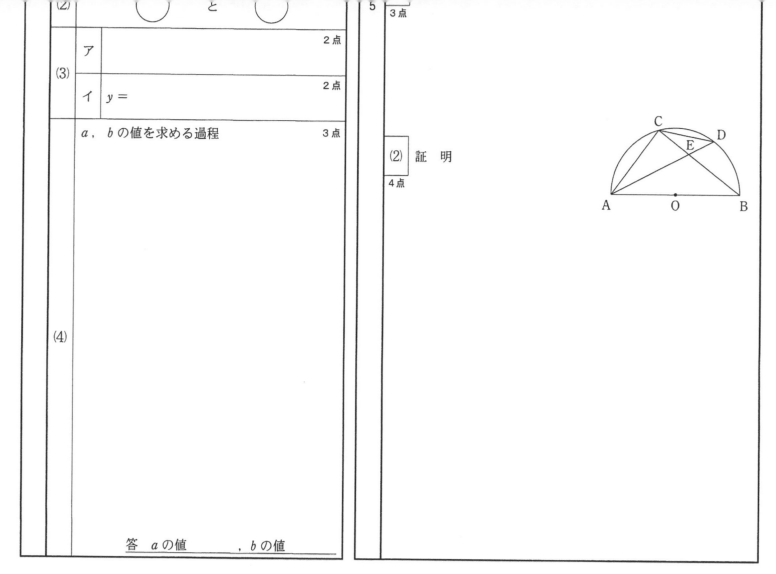

国語解答用紙（その一）

問題一

㈠
a 校庭
b 漂わせて
c 丁寧
d 刻まれて

㈡ 川木に「勝ったときは徹のおかげだ」と言われ、これまで川木を＿＿＿＿ような点を意外に感じたから

㈢

㈣

㈤ ＿＿＿＿を知ったこと

㈥

㈦

㈧

㈠１点×４
㈡２点
㈢１点
㈣１点
㈤２点
㈥１点
㈦２点
㈧２点

問題二

㈠

㈡

㈢

㈣

㈠１点
㈡２点
㈢２点
㈣１点
㈤２点

受検番号	

※50点満点

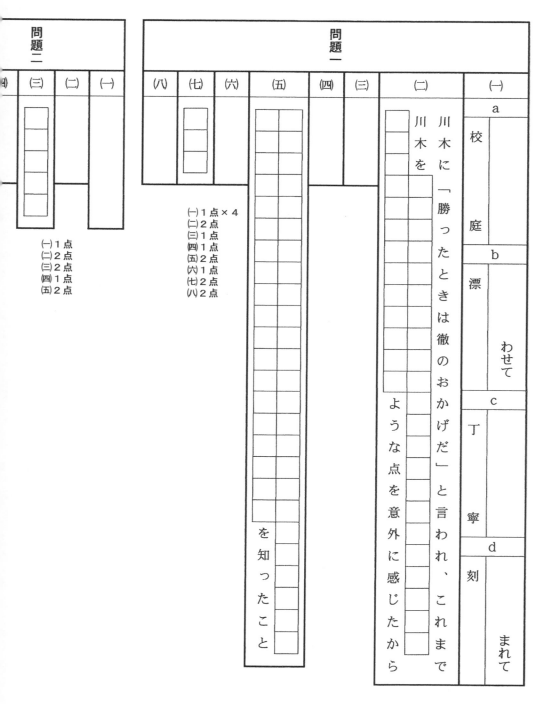

b　わが国は，1875年に，ロシアと樺太《からふと》・千島交換条約を結び，両国の国境を確定した。次のア～エのうち，この条約によって定められたわが国の領土を　　　　で示した略地図として最も適当なものはどれか。一つ選んで，その記号を書け。

ア

イ

ウ

エ

(5)　右の略年表を見て，次のa～dの問いに答えよ。

年代	できごと	
1894	日英通商航海条約が結ばれる	Ⓟ
1904	日露戦争が始まる	
1914	①第一次世界大戦が始まる	
1921	②ワシントン会議が開かれる	
1929	③世界恐慌《きょうこう》がおこる	

a　年表中のⓅの時期におこったできごととしてあてはまらないものは，次のア～エのうちのどれか。一つ選んで，その記号を書け。

ア　官営の八幡《やはた》製鉄所が操業を開始した

イ　大日本帝国憲法が発布された

ウ　清《しん》で義和団事件がおこり，列強の連合軍に鎮圧された

エ　三国干渉により，わが国は遼東《リアオトン》《りょうとう》半島を清に返還した

b　年表中の下線部①に第一次世界大戦とあるが，右のグラフは，大正時代のわが国の輸出額の推移を示したものであり，第一次世界大戦中の1914年～1918年頃は輸出額が大幅に伸びていることがわかる。この頃のわが国は，大戦景気と呼ばれるかつてない好況であった。わが国の輸出額が大幅に伸びたのはなぜか。その理由を，わが国における第一次世界大戦の経済的な影響に着目して，簡単に書け。

（「明治大正国勢総覧」により作成）

c　下線部③に鎌倉時代とあるが，この時代には，2度にわたって元軍がわが国に襲来した。この元軍の襲来があったときに，幕府の執権であった人物はだれか。その人物名を書け。

d　下線部④に明との貿易とあるが，次の文は，日明貿易が開始された頃のわが国の文化の特色について述べようとしたものである。文中の二つの〔　　　〕内にあてはまる言葉を，㋐，㋑から一つ，㋒，㋓から一つ，それぞれ選んで，その記号を書け。

日明貿易が開始された頃のわが国の文化は，〔㋐足利義満　㋑足利義政〕が京都に建てた金閣にその特色がよく表れている。〔㋒北山文化　㋓東山文化〕と呼ばれるこの頃の文化は，貴族の文化と武士の文化を合わせた特色をもち，禅宗や大陸の文化の影響も見られる。

e　下線部⑤に諸産業が発達したとあるが，右の図は，江戸時代に現在の千葉県の九十九里浜でおこなわれていた鰯《いわし》漁のようすを描いたものである。江戸時代の九十九里浜では，鰯漁が盛んにおこなわれていた。その主な理由の一つに，綿《わた》(綿花)などの商品作物の栽培が盛んになったことがあげられる。鰯は，綿(綿花)などの商品作物の栽培においてどのように用いられたか。簡単に書け。

(3)　安土桃山時代から江戸時代の政治や社会に関して，次のa～cの問いに答えよ。

a　次のア～エのうち，豊臣秀吉が国内の統治のためにおこなったこととして最も適当なものはどれか。一つ選んで，その記号を書け。

ア　関白として，朝廷の権威を利用して，全国の大名の争いに介入し停戦を命じた

イ　幕府と藩の力で，全国の土地と民衆を支配する体制をつくった

ウ　琵《び》琶《わ》湖のほとりに安土城を築いて，全国統一のための拠点とした

エ　守護大名の細川氏と対立して，京都から全国に広がる戦乱を繰り広げた

b　次の㋐～㋒のできごとが，年代の古い順に左から右に並ぶように，記号㋐～㋒を用いて書け。

㋐　裁判や刑の基準を定めた公《く》事《じ》方《かた》御《お》定書《さだめがき》が制定された

㋑　物価の上昇をおさえるため，株仲間の解散が命じられた

㋒　大名に江戸と領地を1年ごとに往復させる参勤交代の制度が定められた

c　江戸時代には，幕府によって宗門改《しゅうもんあらため》が命じられ，宗門改帳が各地で作成された。この宗門改は，どのような目的でおこなわれたのか。簡単に書け。

(4)　幕末から明治時代のできごとに関して，次のa，bの問いに答えよ。

a　次の㋐～㋒のできごとが，年代の古い順に左から右に並ぶように，記号㋐～㋒を用いて書け。

㋐　江戸幕府の15代将軍であった徳川慶喜《よしのぶ》は，政権を朝廷に返上した

㋑　尊王攘《じょう》夷《い》の考え方をとる長州藩は，関門(下関)海峡を通る外国船を砲撃した

㋒　土《と》佐《さ》藩出身の坂本龍《りょう》馬《ま》らのなかだちにより，薩《さつ》摩《ま》藩と長州藩の間で同盟が結ばれた

問題 2　次の(1)～(7)の問いに答えなさい。

(1)　佐賀県の吉野ケ里《よしのがり》遺跡は，弥生時代を代表する遺跡の一つである。次のア～エのうち，弥生時代におこなわれたこととしてあてはまらないものはどれか。一つ選んで，その記号を書け。

ア　稲作　　イ　鉄器の使用　　ウ　青銅器の使用　　エ　国分寺の建立《こんりゅう》

(2)　中学生の太郎さんは，2021 年 11 月に新 500 円硬貨が発行されたことをきっかけに，わが国で使用された貨幣の歴史に興味をもった。下の表は，太郎さんがわが国で使用された貨幣について調べ，まとめたものの一部である。これを見て，あとのａ～ｅの問いに答えよ。

富本銭		①7 世紀ごろの天武《てんむ》天皇の時代に，わが国でつくられた，最も古い銅銭ではないかと考えられている。
和同開珎《わどうかいちん》		唐の貨幣にならってわが国でつくられた貨幣である。本格的に物と交換できるお金として使用された。
宋銭《そうせん》		②宋との貿易のなかで輸入されて国内に流通した。③鎌倉時代にも国内に流通し，室町時代に入っても使用された。
明銭《みんせん》		④明との貿易のなかで大量に輸入されて，広く国内に流通した。定期市でも多く使用された。
寛永通宝		江戸幕府が新たにつくった銅貨である。広く流通して，農民も貨幣を使う機会が増えた。米の生産を中心としていた農民の生活が変化するなかで，⑤諸産業が発達した。

ａ　下線部①に 7 世紀ごろの天武天皇の時代とあるが，次のア～エのうち，天武天皇がおこなったこととして最も適当なものはどれか。一つ選んで，その記号を書け。

ア　十七条の憲法を定めて，役人の心構えを示した

イ　壬申《じんしん》の乱に勝利して，天皇を中心とする政治のしくみをつくっていった

ウ　わが国ではじめて，全国の戸籍を作成した

エ　平安京に都を移して，政治を立て直すために国司に対する監督を強化した

ｂ　下線部②に宋との貿易とあるが，次のア～エのうち，日宋貿易について述べたものとして最も適当なものはどれか。一つ選んで，その記号を書け。

ア　平清盛が，現在の神戸市にあった港を整備し，積極的に貿易をおこなった

イ　貿易をおこなう港が長崎に限定されて，生糸などの輸入がおこなわれた

ウ　朱印状によって海外への渡航を許可された船が，貿易をおこなった

エ　菅原道真《すがわらのみちざね》によって停止が提案されるまで，派遣がおこなわれた

d　下線部④に生産・販売とあるが，次のア～エのうち，製造物責任法(PL 法)について述べたものとして最も適当なものはどれか。一つ選んで，その記号を書け。

ア　消費者が不当に高い価格で購入することを防ぐため，企業の健全な競争の促進と公正な取り引きの確保について定めている

イ　容器包装，小型家電，自動車，食品などのリサイクルについて定めている

ウ　訪問販売などによる契約の場合，一定期間内であれば消費者側から無条件に契約を解除できることについて定めている

エ　消費者が欠陥商品により被害をうけた場合，企業に対して賠償請求ができることについて定めている

e　下線部⑤に利潤とあるが，近年では，企業は利潤を求めるだけではなく，社会的責任を果たすべきであると考えられている。企業が果たすことを求められている社会的責任には，どのようなことがあるか。一つ簡単に書け。

(5)　国際連合について，次のａ，ｂの問いに答えよ。

a　国際連合は，国連憲章にもとづいた安全保障理事会の決定により，侵略などをした国に対して制裁を加えることができる。このようにして国際社会の平和と安全の維持を図ることは，何と呼ばれるか。次のア～エから一つ選んで，その記号を書け。

ア　集団的自衛権　　　イ　平和維持活動

ウ　集団安全保障　　　エ　人間の安全保障

b　次の文は，安全保障理事会の決議のルールについて述べようとしたものである。文中の〔　　〕内にあてはまる言葉を，㋐，㋑から一つ選んで，その記号を書け。また，文中の□内にあてはまる最も適当な言葉を書け。

安全保障理事会は，常任理事国 5 か国，非常任理事国 10 か国で構成され，平和に関する決議をおこなうことができる。その決議において，〔㋐常任理事国　㋑常任理事国と非常任理事国〕のすべての国は□と呼ばれる権限をもつため，1 か国でも反対すると決議ができなくなる。

⑷　下の図は，起業に興味をもった中学生の花子さんが，株式会社における資金の流れについて調べ，まとめたものの一部である。これを見て，あとのａ～ｅの問いに答えよ。

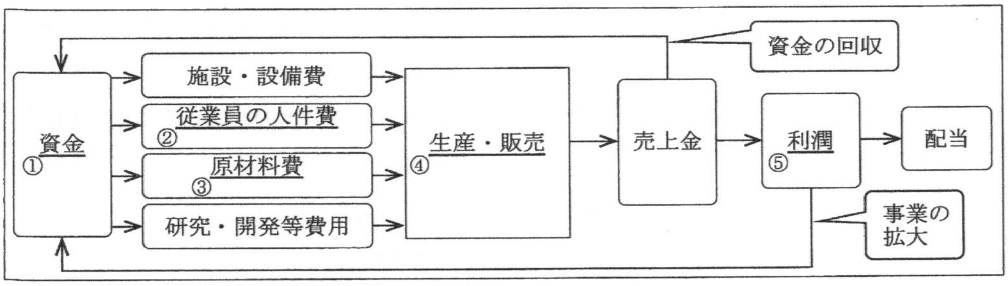

ａ　下線部①に資金とあるが，次の㋐～㋓の資金の集め方のうち，直接金融にあてはまるものはどれか。二つ選んで，その記号を書け。

㋐　銀行からお金を借りる　　　　　　　　㋑　銀行から預金を引き出す

㋒　社債などの債券を発行してお金を借りる　㋓　株式を発行する

ｂ　下線部②に従業員の人件費とあるが，下の表は，ある従業員のある月の給与明細を示したものである。給与は，労働の対価として支給される賃金や各種の手当の合計である総支給額から，所得税や健康保険などが総控除額として差し引かれて支給される。あとのア～エのうち，この表から読み取れるものとして最も適当なものはどれか。一つ選んで，その記号を書け。

総支給額	基本給	残業代	休日出勤手当	住宅手当	通勤手当
257,706	191,000	13,566	10,260	10,000	32,880
総控除額	所得税	住民税	健康保険	厚生年金	雇用保険
45,083	5,700	9,900	9,265	18,935	1,283
差引支給額	212,623				

（東京都主税局ホームページにより作成）

ア　この従業員が勤める企業の配当　　　　イ　この従業員の間接税の納税額

ウ　この従業員が納める社会保険料　　　　エ　この従業員の公的扶助の受給額

ｃ　下線部③に原材料費とあるが，下の資料Ⅰは，コーヒー豆１ポンド（約454グラム）あたりの国際価格の推移を，資料Ⅱは，コーヒー豆１ポンドあたりの，フェアトレードの取り組みによる価格の推移をそれぞれ示したものである。フェアトレードとは，何を目的にどのようなことをする取り組みか。資料Ⅰ，Ⅱを見て，**発展途上国**　**価格**　の二つの言葉を用いて，簡単に書け。

資料Ⅰ

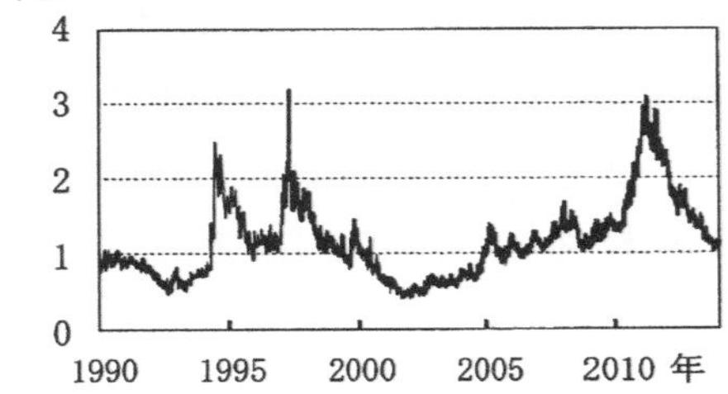

資料Ⅱ

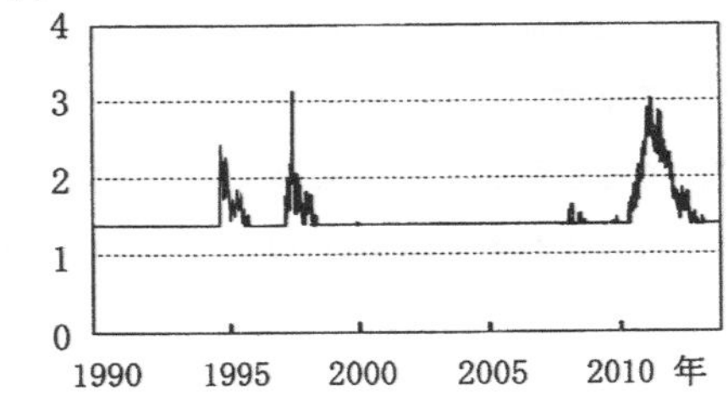

（FAIRTRADE INTERNATIONAL ホームページなどにより作成）

c　国会における内閣総理大臣の指名について，投票の結果が下の表のようになったとする。あとの文は，この投票の結果の場合において，国会がX～Zのうちのどの人物を内閣総理大臣に指名するかについて述べようとしたものである。文中の〔　　　〕内にあてはまる人物として適当なものを，㋐～㋒から一つ選んで，その記号を書け。また，文中の［　　　　　　］内には，日本国憲法の規定により，国会がその人物を内閣総理大臣に指名する理由が入る。その理由を簡単に書け。

衆議院（総議員数 465）		参議院（総議員数 245）	
人物	得票数（票）	人物	得票数（票）
X	55	X	130
Y	170	Y	95
Z	240	Z	20

上のような結果の場合，衆議院はZを，参議院はXを，それぞれ内閣総理大臣として指名する議決をおこなうこととなる。衆議院と参議院が異なった議決をおこなったため，日本国憲法の規定により，両院協議会を必ず開かなければならない。両院協議会において意見が一致しない場合，国会は〔㋐X　㋑Y　㋒Z〕を内閣総理大臣として指名する。その理由は，日本国憲法の規定により，［　　　　　　］からである。

d　太郎さんは，社会科の授業で，学習のまとめとして，わが国の政治のしくみを発表することになった。下の資料Ⅰ，Ⅱは，太郎さんが発表するために，国または地方公共団体の政治のしくみの一部をそれぞれ示そうとしたものである。図中の**ア**～**エ**は，国会，内閣，地方議会，地方公共団体の首長，のいずれかにあたる。**ア**～**エ**のうち，地方議会にあたるものはどれか。一つ選んで，その記号を書け。

資料Ⅰ

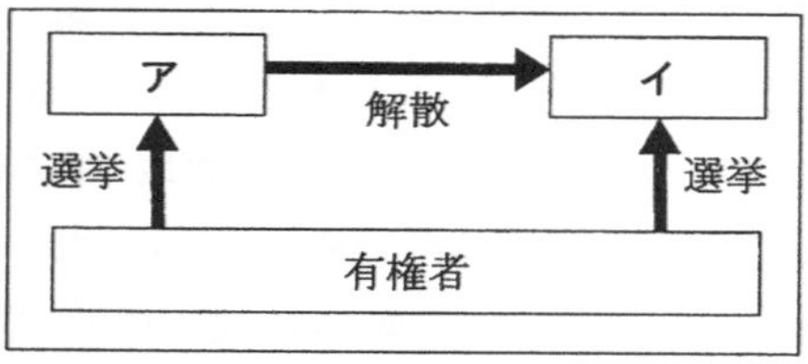

資料Ⅱ

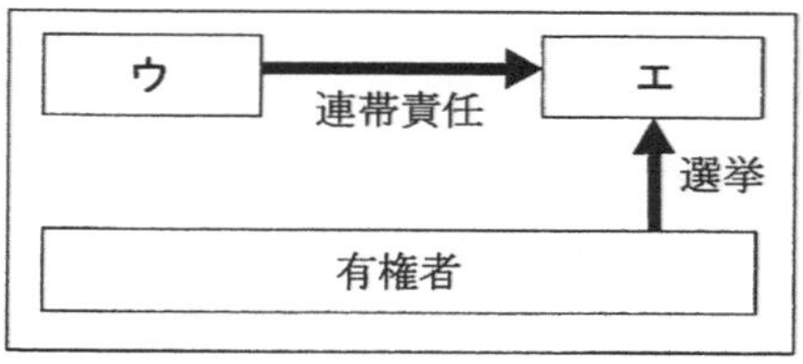

(3)　地球環境問題の解決には，国際協力が必要である。1997年に温室効果ガスの排出量の削減目標を定めた京都議定書が採択された。京都議定書は，先進国と発展途上国との間で温室効果ガスの排出量の削減に対する考え方に違いがあるなど，課題が指摘されていた。この課題を解決するために，ある合意が2015年に多くの国家間で採択され，先進国も発展途上国も温室効果ガスの排出削減に取り組むことが決められた。この合意は何と呼ばれるか。その呼び名を書け。

問題 1　次の(1)～(5)の問いに答えなさい。

(1) 私たちが個人として尊重され，国家から不当に強制や命令をされない権利が自由権である。次のア～エのうち，日本国憲法が定める自由権にあてはまるものはどれか。一つ選んで，その記号を書け。

ア　国や地方公共団体が保有している情報の公開を求める権利

イ　労働者が団結して行動できるように，労働組合を結成する権利

ウ　自分の権利や利益を守るために，裁判所に公正に判断してもらう権利

エ　宗教を信仰するかどうかや，どの宗教を信仰するかを自分で決める権利

(2) わが国の政治のしくみに関して，次のａ～ｄの問いに答えよ。

ａ　わが国の政治は，国会，内閣，裁判所のそれぞれが独立し，権力の抑制を図る三権分立を採用している。国会の各議院には，証人喚問をおこなったり，政府に記録の提出を求めたりするなど，正しい政策の決定に必要な情報を収集する権限が与えられている。この権限は何と呼ばれるか。その呼び名を書け。

ｂ　下の表は，平成30年から令和2年の国会における議員提出法案の提出件数と成立件数，内閣提出法案の提出件数と成立件数をそれぞれ示そうとしたものである。表中のⒶ～Ⓒには，議員提出法案の成立件数，内閣提出法案の提出件数，内閣提出法案の成立件数のいずれかが入る。Ⓐ～Ⓒにあてはまる言葉の組み合わせとして最も適当なものは，あとのア～エのうちのどれか。一つ選んで，その記号を書け。

	平成30年	平成31年及び令和元年	令和2年
議員提出法案の提出件数(件)	159	96	89
Ⓐ	78	72	66
Ⓑ	73	68	62
Ⓒ	29	22	13

(内閣法制局資料により作成)

ア
Ⓐ　内閣提出法案の提出件数(件)
Ⓑ　内閣提出法案の成立件数(件)
Ⓒ　議員提出法案の成立件数(件)

イ
Ⓐ　内閣提出法案の提出件数(件)
Ⓑ　議員提出法案の成立件数(件)
Ⓒ　内閣提出法案の成立件数(件)

ウ
Ⓐ　内閣提出法案の成立件数(件)
Ⓑ　内閣提出法案の提出件数(件)
Ⓒ　議員提出法案の成立件数(件)

エ
Ⓐ　議員提出法案の成立件数(件)
Ⓑ　内閣提出法案の提出件数(件)
Ⓒ　内閣提出法案の成立件数(件)

令和４年

社　会　問　題

（50分）

注　意

1　先生の指示があるまでは，問題用紙を開いてはいけません。
2　問題用紙は，問題１から問題３までの14ページあります。
3　答えはすべて解答用紙に書きなさい。

(2) 次の文は，顕微鏡で観察したときの，倍率や対物レンズの先端からプレパラートまでの距離について述べようとしたものである。文中の □ 内にあてはまる数値を書け。また，文中の〔　　〕内にあてはまる言葉を，㋐～㋒から一つ選んで，その記号を書け。

まず，15 倍の接眼レンズと 10 倍の対物レンズを用いて観察した。このとき顕微鏡の倍率は，□ 倍である。この倍率で観察した後，接眼レンズの倍率はそのままで，対物レンズの倍率を 40 倍にかえて観察した。それぞれピントを合わせて観察したとき，40 倍の対物レンズの先端からプレパラートまでの距離は，10 倍の対物レンズの先端からプレパラートまでの距離と比べて〔㋐近くなる　㋑変わらない　㋒遠くなる〕。

(3) 右の図Ⅱは，顕微鏡で観察した葉の裏側の表皮の細胞を模式的に示したものである。葉の裏側の表皮では，三日月形の細胞が，葉の表側の表皮よりも多く見られた。図Ⅱ中にXで示した，2つの三日月形の細胞に囲まれたすきまは何と呼ばれるか。その名称を書け。

図Ⅱ

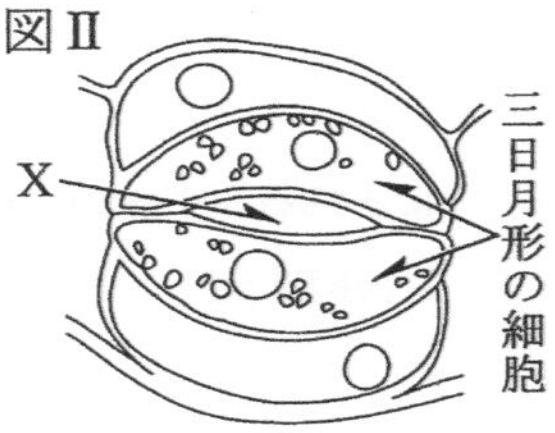

実験Ⅱ　葉の大きさと枚数がほとんど等しいムラサキツユクサの茎を4本，同じ量の水を入れたメスシリンダーP～S，蒸散を防ぐためのワセリンを用意した。メスシリンダーPにはそのままの茎を，メスシリンダーQにはすべての葉の表側にワセリンをぬった茎を，メスシリンダーRにはすべての葉の裏側にワセリンをぬった茎を，メスシリンダーSにはすべての葉の表側と裏側にワセリンをぬった茎を入れ，それぞれのメスシリンダーの水面に，水面からの蒸発を防ぐために同じ量の油を注いだ。下の図Ⅲは，そのようすを模式的に示したものである。メスシリンダー全体の質量をそれぞれ電子てんびんで測定し，風通しのよい明るいところに3時間放置したあと，再び全体の質量をそれぞれ測定すると，メスシリンダーP～Sのすべてで質量の減少がみられた。あとの表は，その質量の減少量の結果をまとめたものである。

図Ⅲ

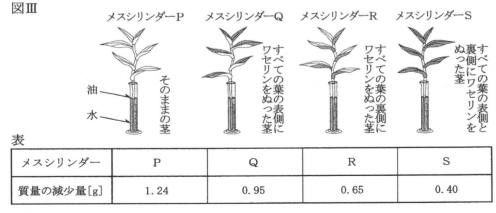

表

メスシリンダー	P	Q	R	S
質量の減少量[g]	1.24	0.95	0.65	0.40

(4) 次のページのア～カのうち，実験Ⅱの結果からわかることについて述べたものとして，最も適当なものを一つ選んで，その記号を書け。

はたらきにより，デンプンがなくなったことがわかる。また，試験管 Q で見られた溶液の色の変化を比べることで，だ液のはたらきにより，麦芽糖などができたことがわかる。

ア　aとb　　　イ　aとc　　　ウ　aとd

エ　bとc　　　オ　bとd　　　カ　cとd

(3) 次の文は，デンプンの消化について述べようとしたものである。文中の2つの〔　　〕内にあてはまる言葉を，㋐，㋑から一つ，㋒，㋓から一つ，それぞれ選んで，その記号を書け。

デンプンは，だ液にふくまれる消化酵素である〔㋐ペプシン　㋑アミラーゼ〕によって分解されたあと，〔㋒胃液　㋓すい液〕にふくまれる消化酵素や，小腸のかべの消化酵素によって，さらに分解されてブドウ糖になる。

(4) デンプンは，さまざまな消化酵素のはたらきでブドウ糖に分解されたのち，小腸のかべから吸収される。小腸のかべには，たくさんのひだがあり，その表面には小さな突起が多数ある。右の図Ⅱは，この小さな突起の断面を模式的に示したものである。これに関して，次のa，bの問いに答えよ。

図Ⅱ

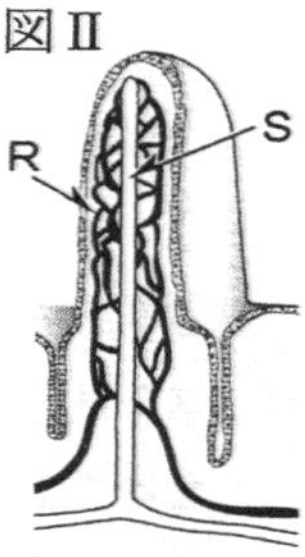

a　小腸のかべのひだの表面にある小さな突起は何と呼ばれるか。その名称を書け。

b　小腸のかべから吸収された栄養分(養分)のうち，アミノ酸は図Ⅱ中にRで示した管に入り，脂肪酸とモノグリセリドは脂肪となって図Ⅱ中にSで示した管に入る。次の文は，ブドウ糖が小腸のかべから吸収されて入る管と吸収されたあとに運ばれる器官について述べようとしたものである。文中の2つの〔　　〕内にあてはまる言葉を，㋐，㋑から一つ，㋒，㋓から一つ，それぞれ選んで，その記号を書け。

ブドウ糖は，小腸のかべから吸収されて図Ⅱ中に〔㋐R　㋑S〕で示した管に入る。吸収されたブドウ糖が最初に運ばれる器官は，〔㋒肝臓　㋓心臓〕である。

(5) ブドウ糖をはじめとして，消化管で吸収された栄養分は，全身の細胞に運ばれ，成長や活動に使われる。栄養分が使われると不要な物質が生じ，体外に排出される。じん臓は，排出にかかわる器官の一つである。じん臓のはたらきを一つ，簡単に書け。

C　植物の蒸散について調べるために，単子葉類の一つであるムラサキツユクサを用いて，次の実験Ⅰ，Ⅱをした。これに関して，あとの(1)～(5)の問いに答えよ。

実験Ⅰ　ムラサキツユクサの葉の表側の表皮と裏側の表皮をそれぞれはぎ取り，その表皮を小さく切ってスライドガラスの上に広げて置いた。次に，水を1滴落としてからカバーガラスをかけてプレパラートをつくり，それぞれ顕微鏡で観察した。

(1) プレパラートをつくるときには，観察しやすくするために，右の図Ⅰに示すように，カバーガラスを端からゆっくりと静かにおろしてかけるのがよい。それはなぜか。その理由を簡単に書け。

図Ⅰ

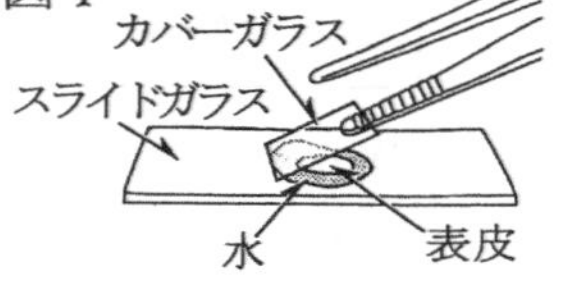

(2) 右の図は，自然界における生物どうしの数量的関係を模式的に示したものであり，つり合いが保たれた状態を表している。図の状態から，何らかの原因で，肉食動物の数量が減ってつり合いがくずれたが，長い時間をかけて，つり合いが保たれたもとの状態にもどった場合，生物の数量はその間，どのように変化したと考えられるか。次の㋐～㋒が，最も適当な順に左から右に並ぶように，その記号を書け。

図

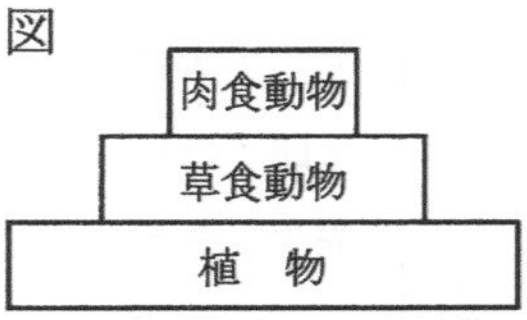

つり合いが保たれた状態

㋐　草食動物の数量がふえ，植物の数量が減る

㋑　肉食動物の数量が減り，植物の数量がふえる

㋒　肉食動物の数量がふえ，草食動物の数量が減る

B　デンプンの消化とそれにかかわる消化酵素のはたらきについて調べるために，次の実験をした。これに関して，あとの(1)～(5)の問いに答えよ。

実験　下の図Ⅰのように，4本の試験管a～dにデンプン溶液を5 cm^3ずつ入れ，試験管aとbには水でうすめただ液1 cm^3を，試験管cとdには水1 cm^3を，それぞれ入れた。次に，約40 ℃の湯に10分間つけたあと，試験管a～dを湯から取り出し，試験管aとcには，ヨウ素液をそれぞれ2滴加えて，色の変化を観察した。試験管bとdには，ベネジクト液をそれぞれ少量加え，十分に加熱したあと，色の変化を観察した。下の表は，そのときの色の変化をまとめたものである。

図Ⅰ

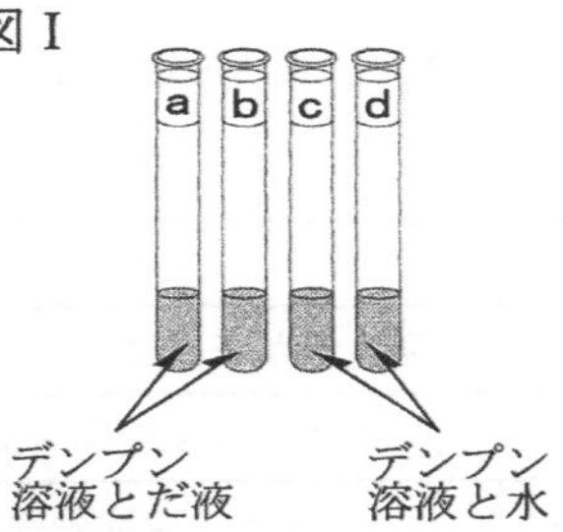

表

	加えた液	色の変化
試験管a	ヨウ素液	変化なし
試験管b	ベネジクト液	赤褐色になった
試験管c	ヨウ素液	青紫色になった
試験管d	ベネジクト液	変化なし

(1) 下線部に十分に加熱したとあるが，次の㋐～㋓のうち，試験管に入った溶液をガスバーナーで加熱するときの操作として最も適当なものを一つ選んで，その記号を書け。

㋐　ゴム栓で試験管にすきまなくふたをしてから加熱する

㋑　加熱を始めてしばらくたってから沸騰石を入れる

㋒　ときどき試験管の口から中をのぞきこんで，ようすを確認する

㋓　試験管を軽くふりながら加熱する

(2) 次の文は，実験の結果からわかることを述べようとしたものである。文中のP，Qの［　　］内にあてはまる試験管の組み合わせとして最も適当なものを，次のページのア～カからそれぞれ一つずつ選んで，その記号を書け。

この実験において，試験管［ P ］で見られた溶液の色の変化を比べることで，だ液の

先生：太郎さんが観察した岩石は，マグマが冷えて固まってできる火成岩のなかまですね。

太郎：はい。たしか，マグマは火山の特徴とも関係していましたよね。

先生：そうですね。特に，マグマのねばりけは，溶岩の色や噴火のようすと関係が深かったですね。

太郎：火成岩のほかにも火山に関係する岩石はありますか。

先生：堆積岩には，火山と関係しているものがありますよ。火山から噴出した火山灰が堆積して固まると［ X ］という岩石になります。

a　会話文中の下線部に，マグマのねばりけとあるが，次の文は，マグマのねばりけと火山の噴火のようすについて述べようとしたものである。次の文中の２つの〔　　　〕内にあてはまる言葉を，㋐，㋑から一つ，㋒，㋓から一つ，それぞれ選んで，その記号を書け。

マグマのねばりけが〔㋐小さい(弱い)　㋑大きい(強い)〕火山ほど，噴火によってふき出す溶岩や火山灰などの噴出物の色は白っぽいことが多く，〔㋒激しく爆発的な　㋓比較的おだやかな〕噴火になることが多い。

b　会話文中のXの［　　］内にあてはまる言葉として最も適当なものを，次の㋐～㋓から一つ選んで，その記号を書け。

㋐　チャート　　㋑　れき岩　　㋒　石灰岩　　㋓　凝灰岩

(3)　火山のもたらす恵みの一つに地熱発電がある。地熱発電は，地下のマグマの熱エネルギーを利用して発電しているため，発電量が天候に左右されず，二酸化炭素を排出しないという長所がある。下の表のア～エのうち，発電方法と発電に利用するエネルギー，長所の組み合わせとして最も適当なものを一つ選んで，その記号を書け。

	発電方法	発電に利用するエネルギー	長　所
ア	風力発電	風による空気の運動エネルギー	発電量が天候に左右されない
イ	バイオマス発電	生物資源の燃焼による熱エネルギー	大気中の二酸化炭素を減少させる
ウ	水力発電	高い位置にある水の位置エネルギー	エネルギー変換効率が高い
エ	太陽光発電	太陽光の熱エネルギー	発電量が安定している

問題 2　次のA，B，Cの問いに答えなさい。

A　自然界の生態系に関して，次の(1)，(2)の問いに答えよ。

(1)　次の文は，自然界における生物どうしのつながりについて述べようとしたものである。文中のP，Qの［　　］内にあてはまる最も適当な言葉を，それぞれ書け。

自然界では，生物どうしの間に，食べる，食べられるという関係が見られる。このような生物どうしのひとつながりの関係を［ P ］という。実際には，多くの動物が複数の種類の植物や動物を食べるため，一通りの単純なつながりではなく，［ P ］が複雑な網の目のようにからみあっている。この網の目のようなつながりを［ Q ］という。

B　次の(1)~(3)の問いに答えよ。

(1)　下の図は，太郎さんが，花こう岩と安山岩，香川県で産出される庵治《あじ》石を観察したときのスケッチである。太郎さんは，スケッチしたあと，花こう岩を鉄製の乳鉢の中で細かく砕いた。細かく砕いた破片をルーペで観察したところ，色や形が異なる３種類の鉱物Ｐ～Ｒが見られた。あとの表Ⅰは，鉱物Ｐ～Ｒを観察し，その主な特徴をまとめたものである。これについて，あとのａ～ｃの問いに答えよ。

図　花こう岩　安山岩　庵治石

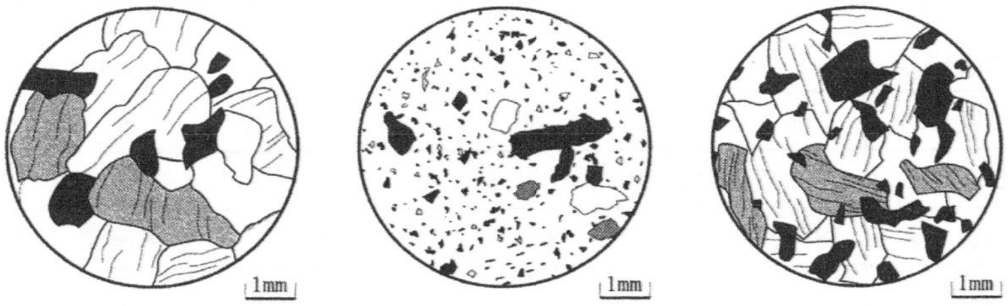

表Ⅰ

	鉱物Ｐ	鉱物Ｑ	鉱物Ｒ
主な特徴	黒色の板状で，決まった方向にうすくはがれる	無色で，不規則な形に割れる	白色の柱状で，決まった方向に割れる

ａ　表Ⅰ中の鉱物Ｐ～Ｒの鉱物名の組み合わせとして最も適当なものを，右の表のア～エから一つ選んで，その記号を書け。

	鉱物Ｐ	鉱物Ｑ	鉱物Ｒ
ア	キ　石	セキエイ	チョウ石
イ	クロウンモ	セキエイ	チョウ石
ウ	キ　石	チョウ石	セキエイ
エ	クロウンモ	チョウ石	セキエイ

ｂ　太郎さんが観察した安山岩は，比較的大きな結晶になった鉱物の部分と，大きな結晶になれなかった細かい粒などの部分からできている。このうち，比較的大きな結晶になった鉱物の部分は何と呼ばれるか。その名称を書け。

ｃ　図のスケッチから考えると，庵治石は，比較的大きな結晶になった鉱物だけでできており，花こう岩とつくりが似ていることがわかる。次の文は，庵治石のつくりやでき方について述べようとしたものである。文中の２つの〔　　〕内にあてはまる言葉を，㋐，㋑から一つ，㋒，㋓から一つ，それぞれ選んで，その記号を書け。

　庵治石のように，比較的大きな結晶になった鉱物だけでできている岩石は，マグマが〔㋐地下深く　㋑地表や地表付近〕で，〔㋒ゆっくり　㋓急に〕冷えて固まってできたと考えられる。

(2)　次のページの文は，マグマと火山に関しての太郎さんと先生の会話の一部である。これについて，次のページのａ，ｂの問いに答えよ。

を確認できた。あとの文は，この地点を前線が通過した時刻と，この地点を通過した前線について述べようとしたものである。表Ⅲの気象観測のデータから考えて，文中の２つの〔　　〕内にあてはまる言葉を，㋐，㋑から一つ，㋒，㋓から一つ，それぞれ選んで，その記号を書け。

表Ⅲ

時　刻	3	6	9	12	15	18	21	24
天　気	雨	雨	くもり	くもり	雨	くもり	晴　れ	晴　れ
気温[℃]	17.0	15.8	18.2	22.3	17.7	17.6	16.0	15.1
湿度[%]	86	87	83	69	92	86	72	67
気圧[hPa]	1002.7	1002.9	1001.5	997.1	998.7	999.7	1001.4	1002.6
風　向	南南西	北　西	南南西	南南東	北	東南東	北北西	北　西
風　力	1	2	1	2	2	2	2	4

11月20日の〔㋐９時から12時　㋑12時から15時〕にかけての気温と風向の変化から，この時間帯に，この地点を〔㋒温暖　㋓寒冷〕前線が通過したと考えられる。

(3) 次の文は，「山がかさ雲をかぶれば近いうちに雨」という天気にかかわるいい伝えについての太郎さんと先生の会話の一部である。これについて，あとのa，bの問いに答えよ。

太郎：「山がかさ雲をかぶれば近いうちに雨」といういい伝えにある，かさ雲は，どのようなときにできるのですか。

先生：低気圧や前線が接近すると，あたたかくしめった空気が入ってきます。その空気が，山の斜面に沿って上昇すると，かさ雲ができることがありますよ。あたたかくしめった空気が上昇すると，どのように変化するか覚えていますか。

太郎：はい。［　X　］そのため，上昇した空気の温度は下がります。

先生：そうですね。では，次に，しめった空気の温度が下がることで雲ができるしくみについて考えてみましょう。

太郎：はい。［　Y　］

先生：その通りです。かさ雲ができるしくみは，低気圧や前線による天気の変化と関係しているのですよ。

a　次の文は，会話文中のXの［　　］内にあてはまる，あたたかくしめった空気が上昇するときの変化について述べようとしたものである。次の文中の２つの〔　　〕内にあてはまる言葉を，㋐，㋑から一つ，㋒，㋓から一つ，それぞれ選んで，その記号を書け。

あたたかくしめった空気が上昇すると，上空ほど気圧は〔㋐高い　㋑低い〕ので，上昇する空気は〔㋒膨張　㋓収縮〕します。

b　会話文中のYの［　　］内にあてはまる，しめった空気の温度が下がることで雲ができるしくみについての説明を，**露点　水蒸気**　の言葉を用いて，簡単に書け。

問題 1　次のＡ，Ｂの問いに答えなさい。

Ａ　気象に関して，次の(1)～(3)の問いに答えよ。

(1)　太郎さんは，学校の校庭で，ある年の 11 月 19 日 9 時に，気象観測をおこなった。下の表Ⅰは，そのときの気象観測の結果の一部であり，下の図Ⅰは，そのときの乾湿計の一部を示したものである。また，下の表Ⅱは，湿度表の一部である。これに関して，あとのａ，ｂの問いに答えよ。

表Ⅰ

観測場所	学校の校　庭
天　気	くもり
雲　量	10
風　向	西南西
風　力	2

図Ⅰ

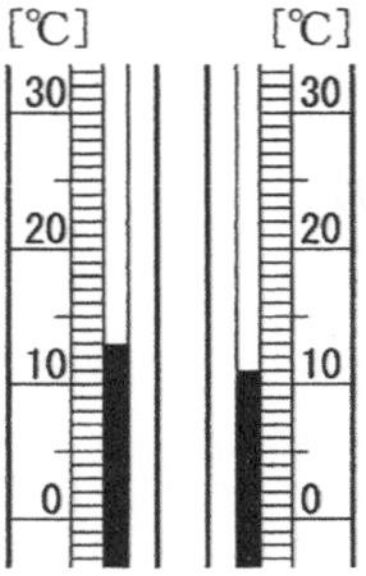

表Ⅱ

乾球の示度[℃]	乾球と湿球の示度の差[℃]					
	0.0	1.0	2.0	3.0	4.0	5.0
15	100	89	78	68	58	48
14	100	89	78	67	57	46
13	100	88	77	66	55	45
12	100	88	76	65	53	43
11	100	87	75	63	52	40

ａ　次のア～エのうち，気象観測についての説明として最も適当なものを一つ選んで，その記号を書け。

ア　天気は，雲が空をしめる割合である雲量と，雲の形を観測して決める

イ　気温と湿度は，風通しのよい直射日光の当たる場所に乾湿計を置いて測定する

ウ　風向は，風向計やけむりがたなびく向きなどで調べ，風が吹いていく方位を 16 方位で表す

エ　風力は，風力階級表を用いて，０～12 の 13 段階で判断する

ｂ　図Ⅰと表Ⅱより，太郎さんが観測をおこなった 11 月 19 日 9 時の湿度を求めよ。

(2)　下の図Ⅱは，太郎さんが観測をおこなった 11 月 19 日 9 時における日本付近の天気図である。太郎さんは，図Ⅱの天気図から，太郎さんが住んでいる地域では，11 月 20 日に前線が通過すると予測した。これに関して，次のａ，ｂの問いに答えよ。

図Ⅱ

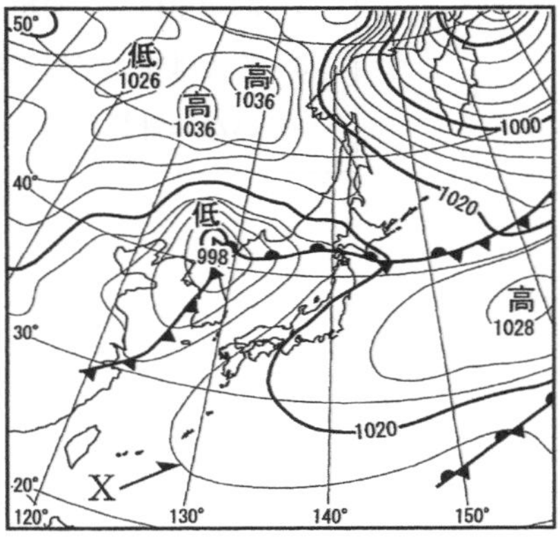

ａ　図Ⅱ中にＸで示した等圧線は，何 hPa を示しているか。

ｂ　太郎さんは，気象庁ホームページを利用して 11 月 20 日の気象観測のデータを集めた。次のページの表Ⅲは，太郎さんが住んでいる地域のある地点における，11 月 20 日 3 時から 24 時までの気象観測のデータをまとめたものである。また，この日，この地点では，前線が通過したこと

令和４年

理　科　問　題

（50分）

注　意

1　先生の指示があるまでは，問題用紙を開いてはいけません。
2　問題用紙は，問題１から問題４までの14ページあります。
3　答えはすべて解答用紙に書きなさい。書くことを特別に要求されていない計算などは，問題用紙の余白を利用しなさい。

◇M5（139—42）

Emi: Excuse me.

Staff: Yes.

Emi: I'm trying to go to the station around here. Could you tell me how to get there?

Staff: Sure. You can use a bus or a taxi. It's 15 minutes by bus or 5 minutes by taxi.

Emi: OK. I'll use a bus because I have enough time. Oh, I have one more question. Is there any good food to eat?

Staff: Well, apples are famous here. You should eat apple pies.

Emi: That's nice. I can't wait to eat apple pies! Thank you for your help.

最後は，Ｅの問題です。Ｅは，文章の内容を聞き取る問題です。はじめに，Takuyaによる英語のスピーチを読みます。そのあとで，英語で No. 1，No. 2，No. 3 の三つの質問をします。英文と質問は，２回くりかえします。よく聞いて，質問に対する答えとして最も適当なものを，アからエのうちからそれぞれ一つずつ選んで，その記号を書きなさい。

I like English. I'm studying English hard. This summer, I went to a language school in my town to join an English program. I met people from different countries such as America, China, and India there. They all talked with each other in English, but I couldn't speak English well.

The next day, I told my English teacher about it and said, "I have studied English hard during class. Is there any other good way to improve my English?" She said, "You should have more time to speak English. For example, after you learn some English words and expressions during class, you should try to talk with someone and use them. Practice is important in learning English."

After that, I started to speak English more. At school, I talk with my English teacher only in English. And at home, I want to talk with someone in English, but my family cannot speak English. So I talk to "myself" in English at home. Now, I've got more time to speak English. I will improve my English more.

質問です。

No. 1 Where did Takuya go in summer?

No. 2 What did the teacher tell Takuya to do?

No. 3 Why did Takuya start to talk to himself in English?

問題 3　次の文章は，中学生の晃二《こうじ》が，英語の授業で発表した，「剣道から学んだこと」というタイトルのスピーチである。これを読んで，あとの(1)～(9)の問いに答えなさい。（＊印をつけた語句は，あとの㊟を参考にしなさい。）

My grandfather is 70 years old. He has a *kendo school and *teaches kendo to many people. He sometimes *gives trial lessons to people who are interested in kendo, and I often help him in the lessons.

One day, a boy came to the trial lesson. I knew him. His name was John. He came to Japan one year ago. I said to him, "I didn't know that you were interested in kendo." He said, "I'm interested in Japanese culture. I've heard ①[　　　] kendo, but I've never *done it before. When did you begin to practice kendo?" I answered, "I ②(begin) it ten years ago. Today I will help you learn kendo."

When we were talking about kendo, John said to me, "When I was learning Japanese, I found that some Japanese words such as judo, shodo, and kendo have the same sound '*dou*'. ③<u>それが何を意味するのかを私に言うことはできますか。</u>" I said, "It means a 'way' in English. Becoming a good player is *the same as walking on a long way. Look at my grandfather. Now he is an *expert ④[　　　] he has practiced again and again to become a better player. He has not only good kendo *skills but also *respects for his *opponents. ⑤<u>A (called my like person is grandfather) an expert.</u>" My grandfather heard this and said, "A good kendo player should not forget respects for all people. This is the kendo *spirit." John said, "Wow, kendo is great. I ⑥[　　　] all people in the world were kendo players." I asked him, "Why?" He answered, "Because if everyone had this kendo spirit, the world would be ⑦[　　　] of respects and a more wonderful place!" When I heard this, I found kendo's great *power. I said to him, "I will become a good player and ⑧<u>I (popular try kendo to will make) in the world.</u>" John said to me, "Great! You can do it!" Everyone, ⑨<u>剣道が，将来，他の国々に広がるだろうことを想像してください。</u> Such a world is cool, isn't it? If you are interested in kendo, why don't you walk on a long way to the same dream together?

㊟　kendo school：剣道の道場　　teach(es)：教える
gives trial lessons：体験レッスンを開く　　done：do の過去分詞
the same as～：～と同じ　　expert：熟練者　　skill(s)：技術
respect(s)：敬意　　opponent(s)：対戦相手　　spirit：精神　　power：ちから

(1)　①の[　　　]内にあてはまる語は，本文の内容からみて，次のア～エのうちのどれか。最も適当なものを一つ選んで，その記号を書け。

ア　in　　イ　of　　ウ　on　　エ　at

問題 2　次の対話文は，日本の中学校に来ている留学生の Emma と，クラスメートの Riko の会話である。これを読んで，あとの(1)～(3)の問いに答えなさい。（*印をつけた語句は，あとの㊟を参考にしなさい。）

Riko:　Hi, Emma. [(a)]

Emma:　I'm OK, but I've been busy this week. [(b)]

Riko:　I'm going to go to a new *aquarium on Sunday. I love *penguins.

Emma:　Oh, you love penguins. In my country, Australia, you can see penguins *in wildlife.

Riko:　①Wow, I can't [　　] it! If I were in Australia, I could see penguins in wildlife. They are small and so cute!

Emma:　I know. But I watched the news about a *giant penguin.

Riko:　What? A giant penguin? Tell me more about it.

Emma:　The news said a penguin's leg *fossil was found. It was from about 60 *million years ago. And the giant penguin was about 1.6 meters tall and 80 *kilograms.

Riko:　Really? [(c)] I don't like big sea animals. If giant penguins were in this world, ②I would be very scared of them.

Emma:　Don't worry. That's a very long time ago, and penguins in this world are so cute. I want to see penguins in the new aquarium. [(d)]

Riko:　Sure. Let's enjoy cute little penguins in this world!

㊟ aquarium：水族館　　penguin(s)：ペンギン　　in wildlife：野生の
giant：巨大な　　fossil：化石　　million：100万　　kilogram(s)：キログラム

(1) 本文の内容からみて，文中の(a)～(d)の [　　] 内にあてはまる英文は，次のア～クのうちのどれか。最も適当なものをそれぞれ一つずつ選んで，その記号を書け。

ア　What were you doing?
イ　They are too expensive!
ウ　How are you?
エ　What are your plans for this weekend?
オ　What did you do last night?
カ　They help me with my English.
キ　It is taller and bigger than me!
ク　Can I join you?

(2) 下線部①を，「私はそれを信じることができない。」という意味にするには，[　　] 内に，どのような語を入れたらよいか。最も適当な語を一つ書け。

(3) 下線部②に scared という語があるが，この語と同じような意味を表す語は，次のア～エのうちのどれか。最も適当なものを一つ選んで，その記号を書け。

ア　angry　　イ　happy　　ウ　excited　　エ　afraid

問題 1　英語を聞いて答える問題

A　絵を選ぶ問題

①

②

③

④

B　予定表を選ぶ問題

①

曜日	予　定
月	サッカー
火	サッカー
水	買い物
木	サッカー
金	

②

曜日	予　定
月	サッカー
火	
水	サッカー
木	買い物
金	サッカー

③

曜日	予　定
月	サッカー
火	サッカー
水	
木	サッカー
金	買い物

④

曜日	予　定
月	サッカー
火	買い物
水	サッカー
木	
金	サッカー

C　応答を選ぶ問題

ア　Here's your change.
イ　I'm fine.
ウ　OK. I'll take it.
エ　Please come again.

D　対話の内容を聞き取る問題

E　文章の内容を聞き取る問題

No. 1
ア　A city library.
イ　A language school.
ウ　A museum.
エ　A supermarket.

No. 2
ア　To listen to English songs.
イ　To go to America, China, and India.
ウ　To read an English newspaper.
エ　To speak English more.

No. 3
ア　Because it was easy to learn some English words and expressions.
イ　Because he wanted to have more time to speak English at home.
ウ　Because he didn't like to speak English with his friends at school.
エ　Because it was the homework which his teacher told him to do.

令和４年

英　語　問　題

（50分）

注　意

1　放送による指示があるまでは，問題用紙を開いてはいけません。
2　問題用紙は，問題１から問題５までの６ページあります。
3　答えはすべて解答用紙に書きなさい。

問題 2 次の(1)～(3)の問いに答えなさい。

(1) 右の図のような，AD//BC の台形ABCD があり，AB ＝ BD である。

∠ABD ＝ 50°，∠BDC ＝ 60° であるとき，∠BCD の大きさは何度か。

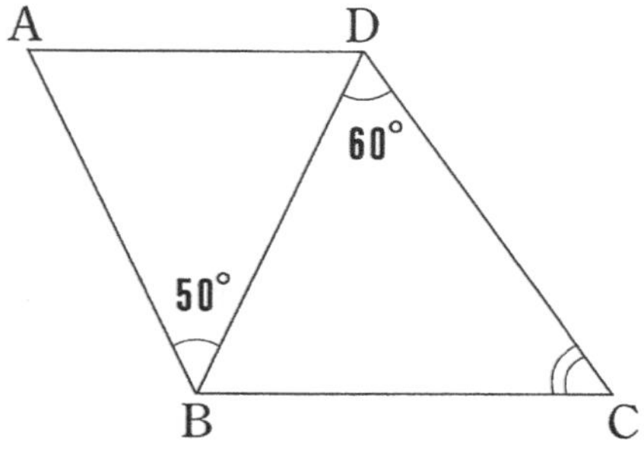

(2) 右の図のような四角すいがあり，底面は長方形で，4 辺 AB，AC，AD，AE の長さはすべて等しい。点 C と点 E を結ぶ。

BC ＝ 8 cm，CD ＝ 4 cm，△ACE の面積が 30 cm^2 であるとき，次のア，イの問いに答えよ。

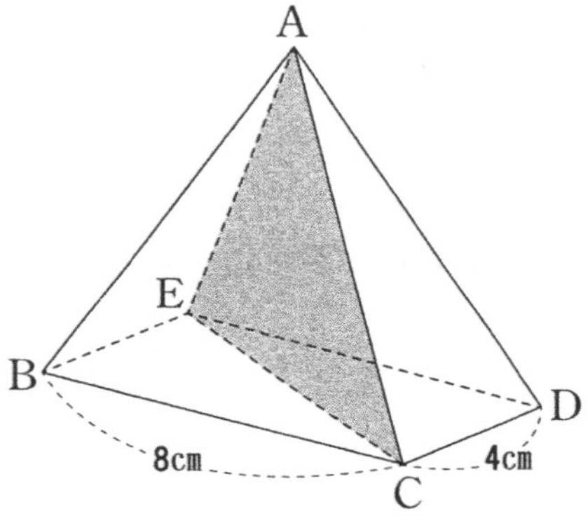

ア 次の㋐～㋓の辺のうち，面 ABC と平行な辺はどれか。正しいものを 1 つ選んで，その記号を書け。

㋐ 辺 BE　　㋑ 辺 DE

㋒ 辺 AD　　㋓ 辺 AE

イ この四角すいの体積は何 cm^3 か。

(3) 右の図のような円があり，異なる 3 点 A，B，C は円周上の点で，△ABC は正三角形である。辺 BC 上に，2 点 B，C と異なる点 D をとり，2 点 A，D を通る直線と円との交点のうち，点 A と異なる点を E とする。また，点 B と点 E を結ぶ。

AB ＝ 4 cm，BD : DC ＝ 3 : 1 であるとき，△BDE の面積は何 cm^2 か。

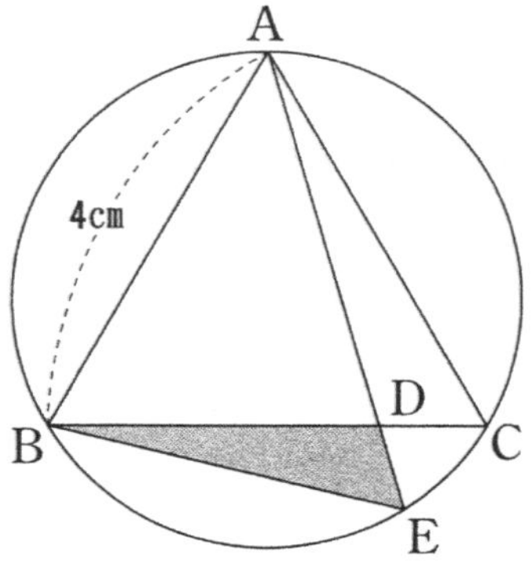

問題 1　次の(1)~(7)の問いに答えなさい。

(1)　$3 \times (-5) + 9$　を計算せよ。

(2)　$5(x - 2y) - (4x + y)$　を計算せよ。

(3)　$(6a^2 - 4ab) \div 2a$　を計算せよ。

(4)　$(\sqrt{8} + 1)(\sqrt{2} - 1)$　を計算せよ。

(5)　$3x^2 - 12$　を因数分解せよ。

(6)　2次方程式　$(x - 2)^2 = 5$　を解け。

(7)　次の㋐~㋓のうち，nがどのような整数であっても，連続する2つの奇数を表すものはどれか。
正しいものを1つ選んで，その記号を書け。

㋐　n, $n + 1$　　㋑　$n + 1$, $n + 3$　　㋒　$2n$, $2n + 2$　　㋓　$2n + 1$, $2n + 3$

令和４年

数　学　問　題

（50分）

注　意

1　先生の指示があるまでは，問題用紙を開いてはいけません。
2　問題用紙は，問題１から問題５までの６ページあります。
3　答えはすべて解答用紙に書きなさい。書くことを特別に要求されていない計算などは，問題用紙の余白を利用しなさい。

㈢ ③に 中納言殿感じ給ひて とあるが、中納言が感心したのはなぜか。それを説明しようとした次の文の［　　　］内にあてはまる言葉を、本文中からそのまま抜き出して、五字以内で書け。

「なんと趣深い春雨だことよ。花が散らない程度に降ってくれ」という意味を持つ謡が、広く一般に通用する世の［　　　］を含んでいると感じたため

㈣ ④に いかで本業を失ふべきや とあるが、これはどういう意味か。次の1～4から最も適当なものを一つ選んで、その番号を書け。

1 どうして本業を失わないといえるのか
2 どうすれば本業を失っても許されるか
3 どうして本業を失うことがあるものか
4 どうすれば本業を失わなくてすむのか

㈤ 本文の中で述べられている、茶や香、猿楽などの諸芸と学問についての、中納言と筆者の考えとして最も適当なものを、次の1～4から一つ選んで、その番号を書け。

1 中納言は諸芸や学問を本来の職務を果たしたうえでなすべきものと考えており、筆者は諸芸や学問を追究することを最優先とするべきと考えている
2 中納言は諸芸や学問を文化として奨励するべきと考えており、筆者は本来の職務を果たす妨げにならない程度に諸芸を楽しむのがよいと考えている
3 中納言は諸芸や学問をいずれもやりすぎないことがよいものと考えており、筆者は天下を治める道に通じる学問は諸芸とは異なるものと考えている
4 中納言は諸芸や学問を国を治めるために必要な教養と考えており、筆者は諸芸や学問などよりも家や国のことを大切に思うべきであると考えている

問題　三　次の文章を読んで、あとの㈠～㈩の問いに答えなさい。なお、1～20は段落につけた番号です。

1　聞くという作業は、たいへんおもしろく、奥深い作業だ。聞くといういとなみの中には、私たちが自然や社会とどう向き合うべきかについての示唆が含まれている。

2　聞き取り調査というと、あらかじめ作っておいた質問があって、それに対して話し手が「答《こたえ》」を語る、というイメージをもつかもしれない。しかし、聞き取り調査はそういうものではない。実際にやってみると、それはすぐにわかる。

3　聞くといういとなみは、aタンなるQ&Aでなく、①相互的なコミュニケーションを通して、相手の全体性を話の中で再構築することだ。

4　私たちの認識は、一人では成り立たない。一人ひとりの認識そのものが、他人との関係のなかで成立している。それは日々構築されるものだとも言える。何かを聞かれる者は、その聞かれるという行為によって、みずからの認識を再構築する。

5　語られたことは、「真実」であるというよりも、聞き手と語り手の相互作用やその場の空気といった条件下で創造された「物語」である。社会的真実とは、常にそうした「物語」である。聞き書きは、それ自体が新たに作られた「物語」であり、だからこそダイナミックないとなみたりえる。

6　だからといって、②聞き手がしゃしゃり出ては、そのダイナミズム（活発さ）は絶たれてしまう。聞き手の姿勢としては、まずもって耳を傾けること、受容的に聞くことが重要になってくる。もちろん、耳を傾けるというのは透明人間になることではない。積極的に相手を受容することで、物語が生まれる。

7　聞くこと自体が共同認識の構築であり、新しい物語の創造であり、そして合意形成のプロセスでもある。自然との関係、社会の中での関係を再構築するときの、最も基本的かつ根本的な方法が「聞く」という行為である。

8　③聞くという行為が根本的であるだけに、ただ聞けばよいというわけにはいかない。「聞く」にあたっての感受性、人や社会に対する聞き手の感受性が大事になってくる。

9　聞いている相手の話が、地域社会のさまざまないとなみや歴史の中でどういう位置づけにあるか。（たとえば昭和三〇年ごろの話を聞いているとすれば）昭和三〇年ごろというと、この地域全体はどういう様子だったか。食べものの話、電気の話、学校の話、親族の話、祭りの話、そうした地域の多面性が、その人の話の中でどう位置づけられそうか。

10　そのような想像力を働かせながら、話を聞く。相手の話の向こうにある家族や友人関係、あるいは小さいころの経験や大人になってからの経験、そうしたものへの想像力も大切だ。

11　マクロ（非常に大きいこと）からミクロ（非常に小さいこと）までのさまざまな社会のなかにその人のいとなみがあり、地域の自然がある。狭い「自然」だけ、狭い「文化」

だけでない、生活の全体性に対する感受性。地域社会全体に対する感受性。社会学的感受性とでもいうべき、そのような感受性が重要になってくる。

12 社会学的感受性のまず第一は、現場の事実、④生活者の「意味世界」を重視し、そのリアリティから物事を見ようとする姿勢だ。

13 「意味世界」とは、人が、自分を取りまく世界について、こうなっている、あるいはこうあるべきだ、と解釈しているその体系だ。決められた枠組みで物事を見るのではなく、現場の人びとの意味世界から何かを見よう、考えようという姿勢が、社会学的感受性の第一だ。

14 数字で表されない、言葉や感覚で表されるものへの感性、「自然との共生」「持続可能性」といった大きな物語に収斂《しゅうれん》（集まって一つにまとまること）されないものへの感性とも言ってよいだろう。それぞれの地域、それぞれの人生には、決して代替できない固有の価値があり、意味がある。そこに思いをいたすことが、まずもって大切なことだ。

15 社会学的感受性の第二は、⑤社会のダイナミズムや多元性への想像力である。

16 今見ている「現実」、今聞いている「歴史」は地域社会のダイナミックな動きの一局面に過ぎない。その「現実」の背景には、マクロからミクロまでのさまざまな背景がbフクザツにからみあっている。語りの向こうにあるもの、その時代時代の状況、地域の揺れ動く状況、背景にあるcセイサク。それらに思いをいたす。その人がもっている人的ネットワークの広がりを想像する。地域社会の中でのその人の位置はどのようなものか、その人の話の前の時代には何があったか。その人の話は、地域の歴史の中で、どう位置づけられるか。一年後に同じことを聞いても同じ話になりそうか。

17 社会も個人も、つねに動いている。⑥また一様でない。そうしたことへの想像力が求められる。

18 そして社会学的感受性の第三は、「フレーミング（枠組み形成）」への意識である。

19 いくら現場のディテール（全体の中の細部）から物事を見ようとしても、ディテールは無数にある。そのどこに注目するかは、私たちの⑦「フレーム」にかかっている。「フレーム」とは、私たちが物事を見るときの「枠組み」である。「フレーム」を通さないで物事を見ることは不可能と言ってよい。人びとの「生活」について話を聞きたいと考えたとき、すでに「生活」という「フレーム」がdゼンテイになっている。こちらの思う「生活」と相手の「生活」では、その範囲は違っているかもしれない。

20 「フレーム」があること自体は悪いことではないし、人間の認識はそれから完璧に逃れることはできない。求められるのは、つねに「フレーム」について意識をすることだ。現実を見るなかで、あるいは、話を聞く中で、その「フレーム」を絶えず壊したり再構築したりすることが求められる。実のところ、これはなかなかむずかしい。しかし、それを助けてくれるのも、やはり現場のディテールである。現場のディテールを見落とさないという意識があれば、あらかじめ持っている「フレーム」の組み直しが必ず必要になってくるに違いない。

（宮内泰介『歩く、見る、聞く 人びとの自然再生』岩波新書による。一部省略等がある。）

(一) a～dの ═ のついているかたかなの部分にあたる漢字を楷書で書け。

(二) ①の 相互 と、上下の文字の意味のつながり方が同じ熟語を、次の1～4から一つ選んで、その番号を書け。

1 就職　2 歓喜　3 必要　4 温泉

(三) ②に 聞き手がしゃしゃり出ては、そのダイナミズムは絶たれてしまう とあるが、筆者がこのようにいうのは、「物語」がどのようなもので、聞き手にはどのようなことが求められると考えているからか。「物語は、それが語られたときの雰囲気や」という書き出しに続けて、本文中の言葉を用いて、五十字以内で書け。

(四) ③に 聞くという行為が根本的である とあるが、筆者がこのようにいうのはどうしてか。次の1～4から最も適当なものを一つ選んで、その番号を書け。

1 相手の全体性をより強く認識するためには、意識的に新しい物語を生み出していく必要があり、聞くという行為はその手段として最も効果的だから
2 人は聞かれるという行為を経て認識を再構築するものであり、聞くという行為そのものが、自然や社会との関係の再構築を促すはたらきを持つから
3 合意形成のために必要なコミュニケーションには、みずからの認識よりも、聞くという行為を通して構築されていく新しい物語のほうが重要だから
4 私たちが新しい物語を創造するためには、誰かに聞かれるという行為を通して、みずからの認識を周りに深く理解させていかなければならないから

(五) 第9段落は、本文中においてどのような役割を果たしているか。次の1～4から最も適当なものを一つ選んで、その番号を書け。

1 既に述べられた「感受性」とはつながりのない一般的な具体例を用いることで、この後に話の内容が大きく変化することを伝える役割
2 聞くべきことの内容を分かりやすく挙げることにより、後で述べられる「共同認識」を構築する際に用いる問いかけ方を例示する役割
3 相手の全体性を再構築するために想像すべきことの具体例を示して、ここまでに述べられてきた「物語」の創造についてまとめる役割
4 話を聞くときに働かせるべき「想像力」の例を挙げることにより、後に述べられている感受性がどういうものかを捉えやすくする役割

(六) ④に 生活者の「意味世界」を重視し とあるが、生活者の「意味世界」を重視するべきだと筆者がいうのはどうしてか。それを説明しようとした次の文のア、イの □ 内にあてはまる最も適当な言葉を、本文中からそのまま抜き出して、アは十字以内、イは二十字以内でそれぞれ書け。

[ア] を用いて解釈するのではなく、現場の人びとの視点に立ち、物事を見たり考えたりすることによって、それぞれの世界には、[イ] ということに気づくことができるから。

(七) ⑤に 社会のダイナミズムや多元性への想像力 とあるが、これはどのような想像力のことをいっているのか。次の1～4から最も適当なものを一つ選んで、その番号を書け。

1 自分が現在直面している事象そのものだけではなく、その変化や背後にあるであろう多くの要素に対してできる限り広範に想像できる力

2 自分が実感している現実の表面的な部分の観察に基づいた客観的な考察を通して、過去に起こった事実とその背景を鮮明に想像できる力

3 実際に見聞きしたことで地域社会の全体像を把握するために、現実の様々な情報を集めて今後の社会の変化について明確に想像できる力

4 地域社会では様々な事実がからみ合い広がっていることを理解した上で、その歴史にとらわれず未来のことについて多様に想像できる力

(八) ⑥の 一様でない の意味として最も適当なものを、次の1～4から一つ選んで、その番号を書け。

1 同じ状態ではない　2 見通しが立たない　3 すぐに理解できない　4 意思が統一できない

(九) 次の会話文は、⑦の 「フレーム」 とはどのような枠組みであるかを理解するために、春男さんたちが授業で話し合ったときの内容の一部である。次の文中のⒶ～Ⓓの ═ をつけた部分のうち、本文から読み取れる内容と**異なっているもの**を一つ選んで、その記号を書け。

春男 ― 私たちは、自分の身のまわりで起きていることの意味を自分なりに捉えるときには、Ⓐ意識しているかどうかは別にして、必ず何かしらの枠組みを通して考えることになるんだね。そんなことは、気にしたことなんてなかったね。

夏希 ― 自分と同じ体験をした他の人が、その体験をどう思っているかについて考えるときは、できるだけ相手の立場に立って考えようとしても、Ⓑ人によって生活や文化が違うので、相手と全く同じ枠組みで見ているとは限らないと思うよ。

秋人 ― 同じ枠組みを選ぼうと努力しても、それぞれの生き方が違うわけだから、やっぱり違いは生じてくるよ。けれど、自分を取りまく世界を認識するのに枠組みを通さずにいられない以上、Ⓒ自分や相手の枠組みを意識しながら相手の話を聞くことが大切だと思うんだ。だって、自分の枠組みの幅を広げないと、世界への認識は深まらないから。

冬美 ― 相手がどのような枠組みで世界を理解しているかを常に意識して、Ⓓ相手と同じ枠組みで物事を捉えようとすることで揺るぎない枠組みを構築していくことが大切になるよね。

(十) 本文を通して筆者が特に述べようとしていることは何か。次の1～4から最も適当なものを一つ選んで、その番号を書け。

1 「聞く」という行為は他者との関わりを通して共同認識を構築してくれるだけでなく、物事の真実を明らかにすべき時にも非常に有効なものとなる

2 想像力を働かせて「聞く」ことが地域社会を理解する唯一の手段であるため、みずからの認識の再構築よりも想像力を養うことを優先すべきである

3 相手の全体性を会話の中で再構築するためには、言葉や感覚に対して自分の感性を働かせることなく受け身の姿勢で話を「聞く」ことが必要である

4 多面的で流動的な自然や社会と私たちとの関係の再構築のため、社会全体への感受性を働かせて「聞く」という行為を続けていくことが求められる

問題　四　あなたは国語の授業の中で、「成長するために大切なこと」について議論しています。最初にクラスメートの太郎さんが次のような意見を発表しました。あなたなら、太郎さんの発言に続いてどのような意見を発表しますか。あなたの意見を、あとの**条件1～条件3**と**〔注意〕**に従って、解答用紙（その二）に書きなさい。

太郎 ―― 私は、成長するためにはいろいろな人からの助言をしっかり受け止めることが大切だと思います。実際に、部活動で悩んでいたときに、先輩からアドバイスをいただいて、新しい考え方に気づくことができました。周囲の助言をよく聞くことで、これからも私は成長していけると思います。皆さんは、成長するためにはどのようなことが大切だと思いますか。

条件1　太郎さんの意見をふまえて、「成長するために大切なこと」に対するあなたの意見を書くこと。

条件2　身近な生活における体験や具体例などを示しながら書くこと。

条件3　原稿用紙の正しい使い方に従って、二百五十字程度で書くこと。ただし、百五十字（六行）以上書くこと。

〔注意〕

一　部分的な書き直しや書き加えなどをするときは、必ずしも「ますめ」にとらわれなくてよい。

二　**題名や氏名は書かないで**、本文から書き始めること。また、本文の中にも氏名や在学（出身）校名は書かないこと。